U0677724

◎上海市"十二五"重点图书

◎当代中国经济实证分析丛书

◎本项目获支持高校服务国家重大战略出版工程资助

中国高储蓄现象的理论与实证研究

汪 伟◎著

上海财经大学出版社

图书在版编目(CIP)数据

中国高储蓄现象的理论与实证研究/汪伟著 . 一上海:上海财经大学出版社,2015.8

(当代中国经济实证分析丛书)

ISBN 978-7-5642-2185-0/F·2185

Ⅰ.①中… Ⅱ.①汪… Ⅲ.①储蓄-研究-中国 Ⅳ.①F832.22

中国版本图书馆 CIP 数据核字(2015)第 148189 号

□ 责任编辑 袁春玉
□ 封面设计 朱建明
□ 责任校对 卓 妍 林佳依

ZHONGGUO GAOCHUXU XIANXIANG DE LILUN YU SHIZHENG YANJIU

中国高储蓄现象的理论与实证研究

汪 伟 著

上海财经大学出版社出版发行
(上海市武东路 321 号乙 邮编 200434)
网 址:http://www.sufep.com
电子邮箱:webmaster @ sufep.com
全国新华书店经销
上海华教印务有限公司印刷装订
2015 年 8 月第 1 版 2015 年 8 月第 1 次印刷

710mm×1000mm 1/16 20 印张 276 千字
定价:45.00 元

前　言

改革开放 30 多年来,中国依赖高储蓄、高投资与高外部需求的增长策略成就了经济增长的奇迹。这种策略在取得巨大成功的同时,也使中国经济陷入内外失衡的困境:外部失衡表现为持续扩大的贸易顺差和巨额外汇储备;内部失衡表现为经济结构不合理,过度依赖投资来拉动经济增长,要素价格与资源配置存在深层次矛盾。在内外失衡的格局下,步入经济新常态的中国经济增长的可持续性正在受到挑战。

中国的国民储蓄率呈不断上升趋势,与 20 世纪 80 年代初相比上升了约 19 个百分点,而且 2000 年以来的上升趋势更加明显,近年来一直维持在 50% 以上。从经济发展的角度来看,经济起飞本身需要较高的资本积累,从而在一定时期内需要牺牲消费需求。几乎所有发展中国家在向发达国家转变的过程中都经历过低消费、高储蓄与高投资阶段,中国也不例外。但与世界主要代表性国家的储蓄率相比,中国的储蓄率不仅远高于发达国家的平均水平,同时也明显高于新型经济体和具有高储蓄、低消费传统的东亚国家与地区。中国目前已经进入工业化的后期,但储蓄率却没有出现明显的下降态势,这说明中国偏离了经济发展过程中储蓄率变化的一般规律和标准结构。中国自 2010 年开始成为世界第二大经济体,但人均收入水平排在世界 100 名左右,远低于工业化国家,仍然是一个发展中国家。众所周知,中低收入国家在经济发展过程中往往需要进行大量的投资,对国外资金有很强的依赖性,但高储蓄却使中国成为全球最大的资本输出国之一,这一巨大反差显然难以用传统的智慧来解释。中国异乎寻常的高储蓄率成为国内外学者研究的焦点,也是我感兴趣的研究领域。近年来,我一直致力于这一问题的研究,试图运用现代经济学的理论与方法解释"中国的高储蓄率之谜"。

本书对中国高储蓄现象进行了全面梳理和研究,以生命周期/持久收入假说以及各种消费理论作为研究的理论基础,运用随机动态一般均衡模型、世代交替模型、结构向量自回归模型、动态面板等建模技术与计量方法,从政府、企业、居民三部门储蓄变化、计划生育政策、人口结构变化、收入不平等、目标性储蓄、消费习惯、流动性约束、预防性储蓄、货币政策与金融环境等方面探讨了中国高储蓄现象形成的原因,在理论研究与实证结果的基础上结合中国经济转型期的特征化事实展开分析,试图通过合乎逻辑的论证得到一些有意义的结论与启示。

本书第一章提出了研究的主题,明确了研究的目标与框架,阐述了研究的思路与主要观点并交代本书的创新点。本书第二章通过对中国部门储蓄率的测算,告诉我们总的国民储蓄率与分部门储蓄率到底有多高,然后通过对改革开放前后储蓄率的变化进行对比分析,提出可能的解释因素。本书第三章是通过对高增长、高储蓄、人口结构变化与高储蓄等特征化事实的考察,以生命周期理论为理论基础展开计量分析。本书认为常常被人们忽视的两大因素,即经济增长与人口结构变化是中国国民储蓄率上升的最主要决定因素。中国收入不平等状况日益严峻,事实上,当前中国过高的储蓄率很可能是收入不平等加剧以及居民的目标性储蓄造成的。让人望而生畏的房地产价格,高昂的教育和医疗费用,以及教育与医疗方面公共服务的缺失都会提高人们的消费标准。在房价、医疗和教育费用居高不下的情况下,中低收入居民为了应对未来发生的婚嫁、购房、子女教育和医疗等大额支出,不得不尽可能压缩当前消费、提高储蓄。本书第四章从收入不平等强化了居民的目标性储蓄的视角对上述特征事实提供了一个可能的理论与实证解释。因为居民部门是最为重要的消费与储蓄主体,而且许多消费理论适合于对居民储蓄行为的讨论,所以本书第五章、第六章检验了短视行为、流动性约束、预防性储蓄、消费习惯、刚性储蓄等理论对解释中国居民消费(储蓄)行为的适应性,并分析在货币政策下,这些因素通过何种方式发挥作用,货币政策是放大还是减弱了这些因素对居民消费的影响。同时对高储蓄现象做进一步解释。基于中小(民营)企业融资约束收紧、国民收入中劳动收入份额与消费率同步下降的中国宏观经济的特征事实,本书第七章从企业的异质性及其面临的金融环境差异出发,构建了一个包含国有和中小(民营)两类企业且后者面临借贷约束与投资扭曲的动态一般均衡模型,同时在校验模型现实解释能力的基础上进行了传导机制分析与实证研究,并从金融扭曲的视角揭示了如下现实:20世纪90年代中期以来,金融环境变化所导致的企业微观行为变动是中国劳动收入份额和消费率同时下降、企业储蓄高企的重要原因。高储蓄、低消费的成因呈多维度,到底什么样的政策对启动消费需求是长期有效的是一个极其重要的实证问题,本书第八章对农村税费改革这一政策试验的消费刺激效应进行了深入研究,发现政府通过永久性的减税来增加居民持久性收入进而扩大消费需求是一项行之有效的政策举措,从而为实施扩大消费需求的政策提供了经验证据。本书第九章对全文进行了总结并对未来的研究进行了展望。

目前,中国已经跨入中等收入国家的行列,进入了全面深化改革、推进经济发展方式转变的关键时期。本书对中国储蓄率的决定因素以及居民的消费行为特征进行了深入的理论与实证研究,揭示了中国高储蓄、低消费现象的深层次原因。希望本书的研究结论能为中国科学制订政策并顺利启动消费需求、促进经济转型提供有益的借鉴和参考。

本书是在我的上海市优秀博士论文《中国高储蓄、低消费问题研究》与我主持完成的国家社科基金项目"中国高储蓄现象的理论与实证研究"的研究成果的基础上写成的。成书之际,我要感谢我的合作者艾春荣教授、郭新强博士,他们是本书一系列研究的主要合作者。曹晖博士、钱文然硕士在数据、文献和资料的收集方面提供了帮助,在此表示感谢。本书的研究成果发表在《经济研究》、《管理世界》、《经济学季刊》、《金融研究》、《数量经济技术经济研究》等杂志上,在此,要感谢这些杂志的编辑和审稿人。感谢上海财经大学财经研究所为本书出版提供经费和支持,感谢上海财经大学出版社黄磊主编、陈明主任为本书的出版所做的优秀策划工作,感谢责任编辑袁春玉、美术编辑张克瑶的细致工作。

本书的部分成果获得财政部第五次财政理论优秀科研成果奖以及上海市第 11 届哲学社会科学优秀成果奖,感谢评奖委员会的专家与评委对本书研究成果的肯定。本书的出版还得了国家社科基金项目(10CJL014)、教育部新世纪人才支持计划(NCET-13-0891)、上海市曙光计划(12SG33)、上海市文化创意重点项目(2014111029)的资助,在此表示感谢。此外,感谢胡景北教授对本书申请各种研究资助所提供的推荐与帮助。

另外,我还要深深感谢我的家人。我所取得的每一点成功,总是伴随着亲人的鼓励、关怀和理解,这份亲情和期望是我永远的精神支柱和力量源泉。

汪伟

2015 年 6 月

目　录

第一章

导 论

第一节 问题的提出及研究意义

改革开放 30 多年来,我国 GDP 每年平均以 9.6％的速度增长,伴随着经济高速增长的是国民储蓄率的大幅提高。据中国人民银行课题组(1999)的测算,1978 年以来中国国民储蓄率较发达国家储蓄率高出十多个百分点,储蓄倾向明显高于工业化国家的平均水平。Kraay(2000)研究发现,1978～1995 年中国的平均国民储蓄率为 37％,而国际平均储蓄率仅为 21％。Modigliani 和 Cao(2004)用个人拥有财富改变量作为居民储蓄的度量,测算了 1953～2000 年中国的居民储蓄率,他们回顾了新中国居民储蓄的历史,发现了一个令人吃惊的事实:从 20 世纪 50 年代到 70 年代中期,“节俭”的中国人并不那么节俭,因为居民平均储蓄率低于 5％;但到了 70 年代中期以后,随着中国经济改革的加速推进,储蓄率却稳步上升,尽管中国的人均收入水平仍远低于工业化国家,然而他们估计 1994 年中国居民储蓄率接近 34％,与日本 20 世纪 60 年代的情况相似,他们称之为“中国储蓄之谜”。事实上,至少从 2000 年开始,中国就成为世界上储蓄率最高的国家之一。

2000 年以后,中国储蓄率持续高涨,Louis Kuijs(2005,2006,世界银行工作论文)用资金流量方法测算了中国 1990～2004 年的国民投资和储蓄率,发现中国的国民储蓄率一直维持在 40% 上下,1994 年和 2004 年的国民储蓄率更是分别高达 42.7% 和 43.5%。本书根据最新公布的统计年鉴推算发现,从 2007 年开始,中国的储蓄率已经超过 50%,2010 年更是达到惊人的52.6%,这是全世界的最高水平。中国自 2010 年开始成为世界第二大经济体,但仍然是一个发展中国家。众所周知,中低收入国家在经济发展过程中往往需要进行大量的投资,对国外资金有很强的依赖性,但高储蓄却使中国2000 年以后成为全球最大的资本输出国之一。中国的资本输出主要是购买美国债券,然后将美国债券用美元存入美国银行,美国的银行再投资到中国的工厂、制造业等。中国的国内投资率非常高,甚至达到了惊人的 48% 的水平。虽然中国的人均收入水平不高,但中国储蓄净剩余却一直保持持续增长:2000 年为 1.9%,到 2008 年达到 7.9%,近几年来储蓄净剩余虽有所下降,但仍然维持在高位。据最新的统计数据显示,截至 2014 年 1 月,我国居民储蓄存款总额已达到惊人的 48.9 万亿元[①],而且还有进一步上升的趋势。这一巨大反差显然难以用传统的智慧来解释。

中国异乎寻常的高储蓄率成为国内外学者关注的焦点,1 000 个经济学人可能会有 1 001 个答案,本书试图从理论与实证的角度给出自己的解答。导致中国高储蓄、低消费的原因是多方面的。在一个快速增长的经济中,高增长本身就可能导致高储蓄。另外,从居民的消费行为来看,低消费的原因很可能由于居民的消费短视、流动性约束以及对未来收入和支出不确定性的"预防性储蓄"动机、消费习惯等造成的。社会保障体制的不完善、贫富差距拉大以及中国计划生育政策导致人口结构的急剧变化等因素也很可能是重要原因。改革开放后,企业储蓄率的上升也是一个不容忽视的事实。

人均收入增长率的变化会影响储蓄:处在较快增长经济中的年轻人比

---

① 数据来源:中国人民银行网站(www.pbc.gov.cn),Wind 金融数据库。

处于负储蓄状态的老年人显得更加富裕,从而更多地储蓄,相应地,也比处于较慢增长经济中的个体有较高的储蓄率(Modigliani,1970,1986)。70 年代后期开始的计划经济向市场经济的转变,伴随着中国社会和劳动力的一些特征,使前所未有的爆炸式增长模式成为可能,而爆炸式增长很可能导致中国储蓄率的不断上升。

目前,中国经济正处于转型期,居民的消费行为会随着体制变革而发生相应变化。事实上,随着我国经济体制改革的深化,制度变迁因素对居民消费的影响是错综复杂的:一方面,经济环境的改变迫使居民更关注长远利益,其消费的增减不会像绝对收入假说描述的那样完全取决于当期收入的变化;另一方面,人们对相对遥远的信息不太了解或难以获得,因而难以预测遥远的未来的收入和支出,他们进行消费决策时往往只能依据当前的收入与已有的流动性资产(如储蓄存款等)以及近期可以预测的未来收入(汪红驹和张慧莲,2002)。因此,在转型经济中,消费者难以根据其终生的资源来合理规划其不同阶段的消费和储蓄,从而不能均匀地消费其一生的收入和财富,他们常常只能进行分阶段决策,规划当前与"最近的未来"之间的消费,这些情况说明消费者很可能存在着"短视"消费行为(余永定和李军,2000;叶海云,2000)。正是由于中国居民可能存在短视行为而不能根据其一生的持久收入安排消费,从而可能导致消费持续走低。①

同时,中国当前的信贷市场极不完善,低收入消费者往往受到严重的信贷约束,消费信贷对他们来说常常是可望而不可即的。消费者除了为通常的大宗耐用消费品的购买而储蓄之外,医疗支出、购房、子女教育、婚嫁都会由于受到融资约束而不得不进行日积月累的储蓄(余永定和李军,2000)。一般来说,流动性约束的当期存在会使居民的消费比他们希望的少;另外,由于心理上可预见的未来外部融资困难,他们也往往降低现期消费,进行储

① 在一个高速增长的经济中,当消费者的收入处于上升阶段时,一个完全远视的消费者会立刻开始增加他的消费支出,以便享受未来收入增长所带来的好处。显然,这一预测结果并未在中国出现。因此,笔者认为消费者的短视行为可能是其原因。当然,消费者的短视行为可能导致短期消费偏高或者偏低,但从中国的情况来看是消费持续走低,笔者认为后者是其主要表现,后文将展开计量实证分析。

蓄与财富积累,这些都可能造成中国居民的低消费倾向。

人们的生活随时可能受到各种意外事件的影响,从而具有很大的不确定性。这些意外冲击可能来自经济结构调整、宏观经济的景气变化,也可能来自世界金融危机的传染等。家庭没有预期到的收入减少(如下岗)或意外的支出增加往往就是这些经济冲击所带来的直接后果(齐天翔,2000;施建淮和朱海婷,2004)。由于经济生活中的不确定性因素增多,居民的预防性储蓄动机会因此而增强,在社会保障体系不够完善的情况下,居民一般对自己的预期收入的估计更为保守,为防范不确定事件而进行预防性储蓄的动机就显得非常强烈,这很可能是中国居民消费倾向偏低的另一个重要原因。

居民的消费习惯也可能是造成低消费倾向的重要原因。一般来说,人们对以前的消费存在心理依赖,他们通过一段时间形成偏好,而这种偏好的形成是通过与同伴和自己过去的消费决策的比较形成的,这使得人们当期的效用水平不仅依赖于当期的支出水平,而且也受制于在前期已经形成的习惯的影响。由于长期形成的低消费、高储蓄的习惯难以打破,即使在收入增加的情况下,消费者由于消费的惰性而不愿扩大消费,因而使得需求热点难以启动。

随着我国经济的持续高速增长和居民收入水平的不断提高,大部分居民的生活逐步达到小康水平,这意味着家庭消费决策的灵活性大大提高,使得居民具备了跨期选择消费的可能。但自 20 世纪 90 年代以来,我国无论是城乡间、区域间还是各社会阶层间的居民收入差距都呈迅速扩大的趋势(王小鲁和樊纲,2005)。消费者之间收入水平差距越大,其消费行为出现差异的可能性也会越大。一般来说,富人的消费倾向低于穷人的消费倾向,经济中的收入差距越不平等,总的消费率就越低。

中国从 30 多年前开始实施独生子女政策,严格的人口政策使普通家庭的孩子数急剧减少,城镇与农村人口老龄化现象已经凸显,养老问题也变得日益严峻起来(袁志刚和宋铮,2000;汪伟,2009,2010)。由于养老保险制度尚未有效建立,人口政策渐渐打破了传统家庭子女赡养老人模式的作用,并且近年来抚养孩子的成本不断上升,从而鼓励个人进行积累。因此,人口年龄结构的变化很可能是导致居民消费走低的一个重要因素。

自20世纪90年代以来,一方面,随着企业体制改革深化,预算软约束逐步"硬化",买方市场逐步形成,企业的效益有了明显改善,企业可支配收入在国民可支配收入中所占比重加大,国有商业银行股份制改革后,金融机构追求利润最大化,银行信贷变得谨慎,银行倾向于对国有企业和内部资金雄厚的大型(民营)企业发放贷款,大量中小(民营)企业融资困难,主要依赖其利润留成进行内部投资,因而企业储蓄在国民储蓄中的比重不断提高,这可能也是中国国民储蓄率上升的不容忽视的原因。另一方面,由于企业增加的利润较少分配给家庭,导致居民可支配收入在国民收入中的比重持续下降(Kuijs,2006;李扬和殷剑锋,2007)。近年来,国民收入过度向政府倾斜,导致政府的储蓄率又有了重新走高的趋势,这可能也是导致中国储蓄率在高位持续的原因之一。因此,从中国的金融市场环境和部门储蓄率的变化角度进行探讨,可能成为解开中国高储蓄谜团的重要研究方向。

从政府制定政策的角度来看,如果消费者的"短视"与流动性约束是引起消费走低的主要原因,政策的重点应该是从根本上消除使居民产生短视行为的制度因素,尽快地建立与完善我国社会主义市场经济体制,帮助居民缓解由于短视行为与流动性约束而不能平滑一生消费所带来的负面影响,以提高社会福利水平。如果消费者的预防性动机的强度很高并因此而消费不振,政策导向则应当是以增加居民的收入为根本途径,消除各种影响收入增加的不确定性因素,切实降低各种政策性负担,构建起各种保障体系,如养老保险、医疗保险等。如果消费者的消费习惯是低消费倾向的主要原因,政策的重点应当是帮助居民改变旧的消费观念,倡导新的消费理念,鼓励居民追求科学、平衡和合理的消费,从而启动消费热点。如果消费走低的原因主要来自贫富差距过大,政府则应当在税制上进行调整,而如果人口年龄结构变化是重要的影响因素,则应当从人口政策上做一些调整。如果金融市场扭曲是企业高储蓄、居民低消费的主要原因,则应当对金融体制和企业的分红制度进行改革。总之,高储蓄、低消费的成因呈多维度,破解的政策也应是全方位的。

过去 30 多年,中国经济的高增长与一直保持高储蓄率、高投资率是分不开的。但近年来我国的经济增长方式已经发生了新的变化,单纯靠投资拉动的经济增长成分已经出现了显著降低;另外,由于受到贸易顺差持续扩大与人民币升值等因素的影响,出口对经济增长的驱动力量也显著减弱,并且由过去的经济增长模式积累的经济风险在不断累积。消费疲软一直是我国可持续增长过程中遇到的最大挑战,揭示中国高储蓄、低消费的深层次原因是值得深入研究和具有重要现实意义的问题。同时,对于中国储蓄率的决定因素以及居民的消费行为特征进行深刻而细致的数量化分析将会为我国科学制定政策并顺利启动消费需求、成功实现经济转型提供有益的借鉴和参考。

第二节　本书的研究目标

1. 由于统计数据的缺失,以往的研究对中国部门储蓄率的历史变迁及其原因少有研究,因而无法勾勒出一个中国部门储蓄的总的图景,因此测算并分析中国部门储蓄率对解释中国超高储蓄率很有必要。本书试图测算 1952～2010 年中国居民、政府与企业三部门的储蓄率,并分析各部门储蓄率的变化及其原因。

2. 文献中关于幼年人口抚养比率和老年人口抚养比率对储蓄率的贡献大小与方向的研究结论并不一致,也缺乏对中国人口转型中各变量的作用机制的细致讨论。另外,以往研究均没有考虑人口结构变化与经济增长对储蓄率的交互影响,而这些交互影响恰恰反映了人口结构变化与经济增长对储蓄率上升的长期作用机制,对得到所研究问题的结论及其政策含义起着至关重要的作用。此外,以往的研究忽视了诸多潜在影响储蓄率的因素,所得到的结论是否稳健也并不清楚。本书研究人口结构变化、经济增长及其交互作用对中国储蓄率的影响,评估计划生育政策导致的生育率的外生变化与市场化改革政策带来的高增长对中国储蓄率上升的作用机制。

3. 随着经济的持续高速增长,居民收入水平也不断提高,但自 20 世纪 90 年代以来,我国无论是城乡间、区域间还是各社会阶层间的居民收入差距都呈迅速扩大的趋势(王小鲁和樊纲,2005)。日益扭曲的收入分配格局可能正是中国储蓄率不断上升的内在原因(朱国林等,2002)。事实上,一方面,高收入阶层本身就有较高的平均储蓄倾向;另一方面,在房价、医疗和教育费用居高不下的情况下,中低收入居民为了应对未来发生的婚嫁、购房、子女教育和医疗等大额支出,不得不尽可能压缩当前消费、提高储蓄目标,造成他们甚至会比富人有更高的储蓄率。然而,从收入不平等与目标性储蓄的角度对中国高储蓄率进行解释的建模性理论与实证研究却相当欠缺。本书试图从收入分配不均强化了居民的目标性储蓄动机入手进行理论与实证研究,揭示收入分配扭曲可能正是中国储蓄率上升的原因。

4. 在关于居民消费倾向下降的内在原因的讨论上,学术界并没有达成一致的结论,也缺乏对各种可能造成居民消费意愿不强的原因的细致讨论,如短视行为与流动性约束的存在从结果上都会导致消费的过度敏感与消费倾向下降,如何区分二者的影响却很少有人研究。本书试图检验各种消费理论对中国居民行为的适应性,如消费短视理论、流动性约束理论、损失厌恶理论、预防性储蓄理论、行为习惯理论等,并以此来揭示居民消费率偏低背后的行为动因。

5. 目前关于中国"高储蓄、低消费"的成因,学界已有多方面的讨论,所开出的"药方"虽不尽相同,但主流的思路是运用积极的财政政策去刺激居民消费,如减税、增加工资、加大对中低收入者的转移支付等。然而,面对2008 年的全球金融危机,世界主要经济体(包括中国)的经济刺激计划,不仅包括积极的财政政策,更重要的是采取了宽松的货币政策,通过降低利率、增加货币供给,从而成功地遏制了经济下滑势头。随着利率市场化改革和人民币汇率改革的推进,货币政策在调控宏观经济中必将起到更加重要的作用。目前,中国经济金融运行正向宏观调控预定方向发展,但居民消费不振依然是制约经济发展方式转变的"瓶颈"。中国家庭受理财意识和能力不足、金融投资工具和渠道有限以及市场金融风险较高等因素的影响,往往无法或不愿意调整其金融资产,因而存在有限参与金融市场投资的刚性储蓄行为。由此提出的问题是,货币政策能否在稳定经济增长的同时实现内需拉动?货币政策影响居民消费的传导机制是什么?对于上述问题,国内的研究文献几乎属于空白,本书将尝试回答这些问题。

6. 20 世纪 90 年代中期以来,一些研究发现存在中小(民营)企业融资约束收紧、国民收入中劳动收入份额与消费率同步下降的中国宏观经济特征事实。中国金融市场的扭曲很可能是导致上述现象发生的重要原因,然而目前尚无文献解释其中的微观机理。本书试图从中国的金融市场摩擦和企业、居民的微观行为入手,通过理论与实证研究解释上述宏观经济现象,并进一步揭示中国高储蓄现象的深层次原因。

7. 消费不足一直是中国经济的症结,启动消费需求对于中国转变经济发展方式、保证经济持续增长至关重要。到底什么样的政策对启动消费需求是长期有效的,这是一个极其重要的实证问题。中国特殊的城乡二元结构和分城乡的统计数据,为我们观察中国居民的消费行为的影响因素提供了两个天然的组别。通过整理城乡消费数据发现,改革开放以来中国城镇与农村居民消费率均呈现出明显下降的趋势,但从 2000 年开始,城镇与农村居民的消费行为似乎产生了系统性的差异。2000～2004 年之后农村居民消费率保持在较为稳定的水平,从 2005 年开始,农村居民消费率呈现出明显上升的趋势,而城镇居民消费率的下降趋势却依然如故。显然,以往的诸多解释似乎难以令人满意。那么,是什么因素导致了农村居民消费率的突然上升呢?本书试图从农村税费改革这一重大惠农政策出发研究这一现象。

第三节 行文思路与研究框架

本书每一章的行文均遵循提出问题、分析问题、解决问题的逻辑思路。(1)提出问题。从现有理论和现实两个角度提出研究主题,在此过程中对影响中国储蓄率的因素进行分析,进而将本书的重点放在检验各种理论是否能够解释中国居民的消费与储蓄行为,并进行实证分析。(2)分析问题。为了建立一个研究的理论起点和基础,每章都从理论与实证的角度总结和回顾了相关的消费与储蓄理论以及实证文献,并结合国内外的研究成果,通过对现有研究的洞察,为本书寻找研究的空间。本书以生命周期、持久收入假说以及各种消费理论作为研究的理论基础,运用随机动态一般均衡、动态面板等建模技术与计量方法进行研究,并在理论研究与实证结果的基础上结合改革开放前后中国储蓄与消费的特征化事实进行解析,试图通过本书合乎逻辑的论证给出令人信服的结论。(3)解决问题。应用前面实证检验所得出的结论,从中国消费、储蓄、投资与经济增长的变化以及未来发展趋势等方面给出政策建议。

本书由九章内容构成:

本书的第一章提出研究的问题、明确研究目标与框架、阐述研究的思路与主要观点并交代本书的创新点。通过对中国部门储蓄率的测算,本书的第二章告诉我们总的国民储蓄率与分部门储蓄率到底有多高,然后通过对改革开放前后的储蓄率变化进行对比分析,提出可能的解释因素。本书的第三章是通过对高增长、高储蓄以及人口结构变化与高储蓄等特征化事实的考察,以生命周期为理论基础展开计量分析,本书认为常常被人们忽视的两大因素(即经济增长与人口结构变化)是中国国民储蓄率上升的最主要决定因素。中国收入不平等状况日益严峻,事实上,当前中国过高的储蓄率很可能是收入不平等加剧以及居民的目标性储蓄造成的。让人望而生畏的房地产价格、高昂的教育和医疗费用以及教育与医疗方面的公共服务的缺失都会提高人们的消费标准。在房价、医疗和教育费用居高不下的情况下,中低收入居民为了应对未来发生的婚嫁、购房、子女教育和医疗等大额支出,不得不尽可能压缩当前消费、提高储蓄。本书的第四章从收入不平等强化了居民的目标性储蓄的视角对上述特征事实提供了一个可能的理论与实证解释。因为居民部门是最为重要的消费与储蓄主体,而且许多消费理论适合于对居民储蓄行为的讨论,因此本书的第五章、第六章检验了短视行为、流动性约束、预防性储蓄、消费习惯、刚性储蓄等理论对解释中国居民消费(储蓄)行为的适应性,并分析在货币政策下这些因素通过何种方式发挥作用,以及货币政策是放大还是减弱了这些因素对居民消费的影响。同时,对高储蓄现象进行进一步解释。基于中小(民营)企业融资约束收紧、国民收入中劳动收入份额与消费率同步下降的中国宏观经济特征事实,本书第七章从企业的异质性及其面临的金融环境差异出发,构建了一个包含国有和中小(民营)两类企业(后者面临借贷约束与投资扭曲)的动态一般均衡模型,在校验模型现实解释能力的基础上进行传导机制分析与实证研究。从金融扭曲的视角揭示了如下现实:20 世纪 90 年代中期以来,金融环境变化所导致的企业微观行为变动是中国劳动收入份额和消费率同时下降、企业储蓄高企的重要原因。高储蓄、低消费的成因呈多维度,到底什么样的政策对启动消费需求是长期有效的,这是一个极其重要的实证问题。本书第八章对农村税费改革这一政策试验的消费刺激效应进行了深入研究,发现政府通过永久性的减税来增加居民持久性收入并进而扩大消费需求是一项行之有效的政策举措,从而为实施扩大消费需求的政策提供了经验证据。第九章是对全书的总结与未来的研究展望。

第四节 本书创新点

本书在广泛研究国内外有关学者的有关文献、吸取有价值的研究成果的基础上,力求突出自己的研究特点,并有所创新。主要创新之处有:

1. 本书测算了 1952～2010 年中国居民、政府与企业三部门的储蓄率并分析了各部门储蓄率的变化及其原因,目前尚无人发表此类数据,本书在这方面的工作是一种探索性的创新。

2. 本书在考察国内外各种研究的基础上,考虑了中国独特的人口政策,对经济增长、人口结构变化及其交互影响对中国高储蓄率的形成机制以及动态变迁进行了分析。在计量分析上,通过各种不同的识别方法以及控制其他潜在影响储蓄率的各种因素克服以往研究的缺陷。

3. 本书通过系统考察收入不平等、目标性消费对中国储蓄率的影响,建立理论模型并进行实证分析,这是在中国特定的经济环境下对现有的消费理论的创新。

4. 本书从具有内部习惯偏好的消费函数出发,对 Campbell 和 Mankiw (1990)等的模型进行扩展,在考察我国典型二元经济结构下城镇与农村居民的消费与储蓄模式可能存在的系统性差异的基础上,结合短视行为和流动性约束与预防性储蓄动机对我国的情况进行更深入的分析,发现中国居民消费对收入变动的过度敏感性表现出比较明显的非对称模式,检验了各种消费理论对中国的适应性,是对以往研究的有益补充。

5. 本书通过将影响居民消费的主要因素纳入动态随机一般均衡(Dynamic Stochastic General Equilibrium,DSGE)的框架,构建含有刚性储蓄的动态新凯恩斯主义模型,揭示了中国货币政策影响居民消费的微观基础与传导机制,形成了一个用于解释中国居民低消费问题的完备分析框架。

6. 本书在动态一般均衡框架下对中国的金融市场环境、收入的要素分配和消费的联动机制进行了理论与实证分析,从金融视角对中国企业高储蓄与居民低消费现象提供了解释逻辑。

第二章

中国高储蓄率现象的部门分析

第一节 引 言

改革开放以来,随着经济的高速增长,中国的储蓄率也屡屡创出新高。中国的储蓄率已经连续五年超过消费在 GDP 中的比重,2010 年更是达到惊人的 52.6%,可谓世界之最。从储蓄率的国际比较来看,根据笔者的计算,1978 年以来中国的平均储蓄率为 39.8%,这不仅远高于工业化国家的平均水平,同时也明显高于具有高储蓄传统的东亚国家。[①] 从中国储蓄率历史变化的图景来看,自 20 世纪 80 年代初开始,中国的储蓄率就已经呈现上升势头,而近年来的上升趋势十分明显,与 80 年代初相比,储蓄率已经上升了约 19 个百分点(见图 2.1)。对一个国家的经济发展而言,高储蓄率是一把"双刃剑"。一方面,高储蓄率供给了中国在经济改革时期快速投资增长的资金需求,使得中国的投资率多年能够维持在 40% 以上,这在中国经济转型的初

[①] 根据世界银行数据库提供的数据进行计算,1980~2009 年中国的平均储蓄率约为 39.8%,而全球平均储蓄率约为 22.5%,发达国家平均储蓄率约为 22.0%,中等收入国家约为 25.2%,低收入国家平均只有 19.5%,OECD 国家平均约为 21.6%,美国平均约为 16.4%,具有高储蓄传统的东亚国家与地区中,日本约为 28.5%,韩国约为 31.6%,中国香港约为 32.0%。

期扮演了重要的角色；另一方面，尽管中国的投资率多年维持在很高的水平，但中国的储蓄净剩余却持续增长，这也常常被认为是导致中国贸易顺差持续扩大的"帮凶"，因此，中国过高的储蓄率也受到了国际社会的非议。伴随着人民币升值的压力、贸易摩擦加剧和劳动力成本的提高，多年来国内需求低迷也导致依靠高积累的增长模式的可持续性受到挑战。

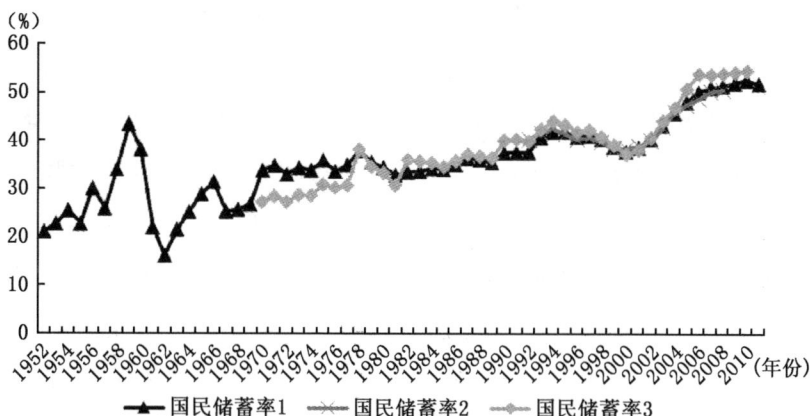

数据来源：《中国统计年鉴》、《新中国五十五年统计资料汇编》与世界银行数据库。国民储蓄率 1 是根据支出法 GDP，按照"1－最终消费率"进行计算，国民储蓄率 2 是根据资金流量表计算，国民储蓄率 3 来自世界银行数据库。

图 2.1　中国国民储蓄率(1952～2011 年)

中国储蓄率为什么居高不下？事实上，导致中国高储蓄的原因是多方面的：在一个快速增长的经济中，高增长本身就可能导致高储蓄(Modigliani,1970,1986)。从居民的储蓄行为来看，高储蓄的原因很可能是由于居民的短视、流动性约束以及对未来收入和支出不确定性的"预防性储蓄"动机、崇尚节俭的习惯等造成的。中国金融市场的不发达，中国居民缺少多元化的投资方式，体制变革期的社会保障体制的不完善、贫富差距拉大，以及中国计划生育政策导致人口结构的急剧变化等因素也可能是重要原因。由于消费与储蓄是一枚硬币的两个面，因此大多数人把高储蓄的原因解释为消费不足，继而认为只要扩大居民消费就能降低国内储蓄。诚然，中国居民消费偏低是中国高储蓄的重要原因之一,然而居民部门只是国民经济中的一个部门,只对居民部门进行分析可能会造成以偏概全的误导。

要准确剖析中国高储蓄的成因,就有必要从部门储蓄与储蓄率的角度来分解国民储蓄与储蓄率。一国的部门储蓄包括居民储蓄、政府储蓄和企业储蓄。国内外的一些学者已经开始对中国部门储蓄问题进行了若干研究,例如,中国人民银行课题组(1999)、Modigliani 和 Cao(2004)等分别对影响中国居民储蓄率的因素进行了分析;任若恩和覃筱(2006)则利用中美两国的资金流量表,从统计口径上对两国居民储蓄率进行了比较分析;郭庆旺和赵志耘(1999)、曾康霖(1996)、张明(2007)则讨论了改革开放后我国政府储蓄变动及其原因。但是这些分析大都针对的是单一经济部门,并且主要是中国的居民部门和政府部门,缺乏对包含企业部门在内的各部门储蓄率的完整考察。

要对经济体中各部门的储蓄行为进行全面、完整的研究,最好是利用完整的部门储蓄数据。但长期以来我国并没有分部门的收支数据统计,直到1992 年国家统计局才开始编制并公布国民经济核算资金流量表[①],完整的部门储蓄分析才取得若干进展。例如,许宪春(2002)、郭浩(2001)、何新华和曹永福(2005)、Louis Kuijs(2005,2006)、李杨和殷剑峰(2007)都根据当时可以得到的资金流量表,对居民、政府和企业部门的储蓄和投资行为进行了研究,得到的结论也不尽相同。由于 Louis Kuijs(2005,2006)、李杨和殷剑峰(2007)的数据最新,其研究结论可能更具启示意义。Louis Kuijs(2005,2006)发现:第一,不仅中国的居民储蓄率高于其他国家,而且企业和政府的储蓄率也同样显著地高于其他国家;第二,企业的储蓄率上升主要是因为企业盈利能力的增强,这使得企业保留利润迅速上升;第三,政府储蓄率高的主要原因在于政府期望通过"资本转移"来支持国有企业发展。李杨和殷剑峰(2007)则重点对国民收入分配结构和部门储蓄倾向这两个关键点进行研

---

① 1992～1996 年的资金流量表实际上是在 1999 年的《中国统计年鉴》中才开始公布。

究,并进一步证实了 Louis Kuijs(2005,2006)关于近年来中国的高储蓄率确实是由居民、企业和政府部门共同推动的结论。但是,李杨和殷剑峰(2007)的研究得到了一些不同的发现:其一,2000 年以来储蓄率的迅速上升则主要同政府部门的储蓄率提高有关;其二,虽然企业储蓄率较高主要源自企业可支配收入或利润的上升,但是,企业的可支配收入或利润的上升并不应当归因于企业盈利能力的提高,而应归因于企业的劳动报酬和利息支出等成本长期保持在较低的水平上;其三,近年来政府部门储蓄倾向上升的主要原因是政府直接进行了大量投资,而不是通过"资本转移"来支持国有企业发展。

以往的诸多研究对观察近年来中国国民储蓄率的走高是有见地的,然而,这些研究所使用的数据大多只从 1992 年开始,仅能反映我国近年来储蓄率的变动,对 1992 年以前我国储蓄结构的部门分布却少有文献进行讨论,这其中的主要原因是《中国统计年鉴》并没有直接的部门储蓄数据。从历史的视角看,这些研究并不能反映中国 20 世纪 50 年代至今的部门储蓄率变化的全貌。本章试图对 1952～2010 年我国的部门储蓄率进行一个粗略的测算,以弥补这一空白,并通过对新中国成立以来我国部门储蓄率变化的分析得到一些新的结论。本章的研究结论表明:(1)经历了一个较长的下降周期后,政府储蓄率在国民储蓄中的地位已经居于居民储蓄与企业储蓄之后。政府储蓄率的下降一方面源自政府在国民收入中的比重下降,另一方面源自政府储蓄倾向降低,这与市场化改革导致的国民收入分配结构变化与政府的职能变化密切相连。政府储蓄率虽然在近年有所上升,但从其半个多世纪的整体走势来看是呈明显下降趋势的。(2)80 年代中期后,随着企业体制改革的深化,预算软约束逐步"硬化",买方市场逐步形成,企业的效益有了明显改善,企业可支配收入在国民可支配收入中所占比重加大,因而企业储蓄在国民储蓄中的比重不断提高。(3)改革开放后,居民收入迅速增长与储蓄倾向上升推动中国居民储蓄率走高,但近年来居民可支配收入在国民可支配收入中的比重有所下降,从而导致中国居民储蓄率呈下降趋势。从历史的视角看,企业与居民储蓄率的上升是中国储蓄在高位持续的原因。

　　本章余下部分的结构安排如下:第二节通过有关统计资料测算中国1952~2010年居民、政府和企业部门的储蓄与储蓄率;第三节详细讨论中国部门储蓄率的历史变化及其原因;第四节对中国储蓄率的未来走势进行展望;第五节给出本章结论与政策建议。

第二节　中国部门储蓄率的测算

一、部门储蓄的界定

　　文献中经常提到各种储蓄的概念,如国民储蓄、居民储蓄、政府储蓄、企业储蓄、居民储蓄存款等。由于这几种概念的经济学意义容易混淆,因而在讨论中国的部门储蓄之前,我们首先有必要对各种储蓄的概念加以界定。根据国民经济核算原理,储蓄是一个余额的概念,是指可支配收入中扣除消费的部分。就整个国家而言,国民可支配收入与总消费之差为国民储蓄(national saving)。其中,总消费又可划分为居民消费和政府消费。当国民可支配收入按居民、政府、企业进行部门划分时,居民的可支配收入与其消费之差即为居民的储蓄(household saving),居民储蓄有实物储蓄(固定资产投资、房产)和金融资产储蓄(包括银行存款、现金、有价证券等)两种形式,而居民储蓄存款则仅指居民储蓄中存入银行的部分,它是居民金融储蓄的一部分。企业的可支配收入就是其储蓄(corporate saving);政府的可支配收入与其消费之差为政府的储蓄(government saving)。政府储蓄又称公共储蓄(public saving),它不等同于政府财政盈余/赤字(government fiscal surplus/deficit),两者的区别在于政府储蓄是政府财政收入与政府的消费性支出之差,而财政盈余/赤字是政府财政收入与全部财政支出(除消费性支出外,还有投资性支出)的差额。因此,从数值上看,政府储蓄一般大于财政收支的差额。

国民储蓄等于居民储蓄、企业储蓄与政府储蓄三项之和。从上述定义不难得知,国民储蓄是真正意义上的一个国家的储蓄,居民储蓄仅是家庭部门的储蓄,因而文献中经常提到的居民过度储蓄系预防性储蓄、流动性约束或缺少多元化投资方式的观点,其实仅适用于讨论居民部门的储蓄(何新华和曹永福,2005),要完整地分析中国超高储蓄率的原因,需要对各部门储蓄率的历史变化及其原因进行深入分析。

二、国民储蓄率的估算

中国国家统计局公布的《中国统计年鉴》与《新中国五十五年统计资料汇编》给出了按支出法计算的国内生产总值(GDP)及其构成数据,利用上面的数据可以比较容易地估算出国民总储蓄率。具体计算方法是,国民储蓄等于支出法 GDP 减去最终消费,而国民储蓄率等于国民储蓄除以支出法 GDP。表 2.1 给出了国民储蓄的名义值以及国民储蓄率。

表 2.1 　　　　　　　　　　1952～2010 年中国国民储蓄率

年份	支出法国内生产总值	最终消费	国民储蓄	国民储蓄率
1952	692.2	546.3	145.9	21.08
1953	834.3	644.4	189.9	22.76
1954	878.3	654.1	224.2	25.53
1955	934.9	722.3	212.6	22.74
1956	1 034.2	722.6	311.6	30.13
1957	1 101.9	816.4	285.5	25.91
1958	1 291.2	852.6	438.6	33.97
1959	1 451.3	821.5	629.8	43.40
1960	1 508.0	932.6	575.4	38.16
1961	1 275.2	995.1	280.1	21.97
1962	1 176.4	985.7	190.7	16.21
1963	1 293.1	1 014.3	278.8	21.56

续表

年份	支出法国内生产总值	最终消费	国民储蓄	国民储蓄率
1964	1 441.8	1 078.6	363.2	25.19
1965	1 629.2	1 158.6	470.6	28.89
1966	1 827.3	1 251.3	576.0	31.52
1967	1 707.7	1 275.7	432.0	25.30
1968	1 708.7	1 269.1	439.6	25.73
1969	1 857.7	1 359.4	498.3	26.82
1970	2 207.0	1 459.7	747.3	33.86
1971	2 392.5	1 557.9	834.6	34.88
1972	2 453.8	1 644.3	809.5	32.99
1973	2 669.6	1 751.3	918.3	34.40
1974	2 738.7	1 809.6	929.1	33.92
1975	2 950.4	1 887.4	1 063.0	36.03
1976	2 968.3	1 969.5	998.8	33.65
1977	3 166.0	2 057.8	1 108.2	35.00
1978	3 605.6	2 239.1	1 366.5	37.90
1979	4 074.0	2 619.4	1 454.6	35.70
1980	4 551.3	2 976.1	1 575.2	34.61
1981	4 901.3	3 309.1	1 592.2	32.49
1982	5 489.2	3 637.9	1 851.3	33.73
1983	6 076.3	4 020.5	2 055.8	33.83
1984	7 164.4	4 694.5	2 469.9	34.47
1985	8 792.1	5 773.0	3 019.1	34.34
1986	10 132.8	6 542.0	3 590.8	35.44
1987	11 784.7	7 451.2	4 333.5	36.77
1988	14 704.0	9 360.1	5 343.9	36.34
1989	16 466.0	10 556.5	5 909.5	35.89

续表

年份	支出法国内生产总值	最终消费	国民储蓄	国民储蓄率
1990	18 319.5	11 365.2	6 954.3	37.96
1991	21 280.4	13 145.9	8 134.5	38.23
1992	25 863.7	15 952.1	9 911.6	38.32
1993	34 500.7	20 182.1	14 318.6	41.50
1994	46 690.7	26 796.0	19 894.7	42.61
1995	58 510.5	33 635.0	24 875.5	42.51
1996	68 330.4	40 003.9	28 326.5	41.46
1997	74 894.2	43 579.4	31 314.8	41.81
1998	79 003.3	46 405.9	32 597.4	41.26
1999	82 673.1	49 722.7	32 950.4	39.86
2000	98 749.0	61 516.0	37 233.0	37.70
2001	108 972.4	66 878.3	42 094.1	38.63
2002	120 350.2	71 691.2	48 659.0	40.43
2003	136 398.8	77 449.5	58 949.3	43.22
2004	160 280.4	87 032.9	73 247.5	45.70
2005	188 692.1	97 822.7	90 869.4	48.16
2006	221 651.3	110 595.3	111 056.0	50.10
2007	263 093.8	128 793.8	134 300.0	51.20
2008	306 859.8	149 112.6	157 747.2	51.40
2009	346 316.6	166 820.1	179 496.5	51.80
2010	394 307.6	186 905.3	207 402.3	52.60

三、居民储蓄率的估算

由于中国直到 1999 年才开始公布自 1992 年开始的资金流量表，因此居民可支配数据只在 1992～2008 年这段相对短的时间可得，而研究 20 世纪 50 年代至今的居民储蓄与储蓄率变化首先要进行相关数据的估算。国内外一些学者对不同时段的中国居民储蓄与储蓄率进行过估算,其中最具代表性的是中国人民银行课题组(1999)以及 Modigliani 和 Cao(2004)所做的工作。Modigliani 和 Cao(2004)用个人拥有财富改变量作为居民储蓄的度量,测算了 1953~2000 年中国的居民储蓄与储蓄率,居民的财富包含现金余额、储蓄存款、国库券、住宅等,Modigliani 和 Cao(2004)的测算方法对改革开放以前的数据可能误差并不大,但改革开放后特别是 1990 年以后,居民金融资产的持有形式越来越多样化,除了国债以外,居民开始持有一定数量的股票、企业债券、保险、外币存款等,也可能持有一定的商品存货,而 Modigliani 和 Cao(2004)的测算并没有将它们包括在内。另外,在国债的核算上,他们并没有将居民兑付的政府还本付息的债券剔除,因而他们对中国改革开放后数据的测算存在许多遗漏,可能并不精确。

中国人民银行课题组(1999)测算的时期是 1978~1997 年,他们将居民储蓄分解为实物储蓄与金融资产两部分:实物储蓄由固定资产投资和商品存货组成,即实物储蓄=当期居民固定资产投资发生额+商品库存增加额;金融资产包含手持现金、储蓄存款、债券与股票等有价证券。中国人民银行课题组(1999)的特点是他们区分并估算了不同储蓄概念下的居民储蓄,但他们的估计与 Modigliani 和 Cao(2004)一样存在类似遗漏数据的问题。由于他们估计的时期相对较短,因而难以反映中国居民储蓄率变化的全貌。

本章对改革开放前的数据估计与 Modigliani 和 Cao(2004)类似,但我们在债券中扣除了还本付息部分。改革开放后的数据与中国人民银行课题组(1999)的估算类似,但我们仔细核算了居民持有的各种金融资产包括手持现金、储蓄存款、各种债券和股票、储蓄性保险和外币储蓄等。我们通过对现有的统计数据统计估算得到居民的金融储蓄与实物储蓄,并加总得到居民储蓄(见表2.2)。①

下面对居民储蓄中的各个变量的估计方法和数据来源进行说明:

1. 手持现金。这是居民期末持有的流通中货币。居民持有的现金余额没有完整统计,但中国人民银行的调查表明,居民个人手持现金占全部流通中的80%左右,据此,我们以流通中现金M0的80%计为居民持有现金并计算出其当期增加额。

2. 储蓄存款。它包括居民期末持有的各种期限的本币存款。居民的储蓄存款的数据用《中国统计年鉴》中的城乡居民储蓄余额变量来替代,并计算出当期增加额。

3. 债券。它分为国债和非国债两类。中国现有完整的统计资料均为发行面值的统计数字,我们根据《中国统计年鉴》与《中国人民银行统计季报》各期的债券发行数目估算居民当期持有的债券,在债券核算中扣除还本付息部分。

4. 股票。这里主要是指居民持有的股票,特别是流通股。我们假定居民持有的股票占股票流通量的60%,用《中国统计年鉴》公布的流通市值估算出居民持有的股票资产②,并计算出当期增加值。

5. 居民保险。居民的储蓄性保险应该主要包括寿险、健康险、人身意外伤害险和家庭财产险等。③ 我们对居民保险数据作如下处理:1992年前的数据用居民的保险保费的数据来替代,由于数据较小误差不是很大,对于1992年后的数据用统计年鉴中资金流量表中的保险准备金来作为居民保险的替代变量。这个指标口径比现有资料指标口径要大,但这样能较为全面地反映居民对保险机构资产拥有的权益。

---

① 1952年的部分数据在统计资料上不可得,本章进行了估算。

② 居民持有的股票量的计算可能存在几点遗漏,但我们暂且忽略。居民持有的流通股总值可能会因企业资金使用个人账户而有所扩大。居民持有的公开发行非流通股由于无市场价格,故以发行价格核算为宜,其数量不易直接获得。此外,居民可能还持有计划外发行股票,其价格可按发行价格计算,但这部分股票需从多部门调查摸底才能取得发行数量资料,故我们不予考虑。

③ 1996年以前统计年鉴上的数据的口径不同,可按照家庭财产险、养老金险、人身意外伤害险和简易人身险加总计算。

6. 外币储蓄。由于以往的几个估算一般只将本币存款作为全部存款，忽略了居民持有的外币存款。居民拥有的外币就是对发行外币国家中央银行的债权。外币按照期末汇率换算成人民币核算。外币储蓄额根据《中国统计年鉴》、《中国金融统计年鉴》和《中国人民银行季报》公布的资金流量表中的外币储蓄额数据得到并计算当期增加额。

7. 居民的实物储蓄包括城乡个人固定资产投资和商品存货，由于《中国统计年鉴》每年都公布个人固定资产投资数据，因此这部分数据可以直接得到，但是《中国统计年鉴》中缺乏居民个人商品存货增加统计。改革开放前按照居民持有商品存货的1‰进行核算；改革开放后，我们按照居民持有全社会存货的5‰进行核算，将二者相加得到居民当期的实物储蓄。

《中国统计年鉴》与《新中国五十五年统计资料汇编》在支出法 GDP 构成部分公布了居民消费数据，我们将它与测算的各年居民储蓄数据相加得到居民的各年可支配收入，从而将居民储蓄除以居民收入得到各年居民储蓄倾向，居民储蓄率则用居民储蓄除以 GDP 得到（见表 2.2）。[①]

表 2.2 　　　　　　　　　　1952～2010 年中国居民储蓄倾向与储蓄率

年份	金融储蓄	实物储蓄	居民储蓄	居民消费	居民收入	居民储蓄倾向	居民储蓄率
1952	8.46	25.73	34.19	453.0	487.19	7.02	4.94
1953	12.82	26.73	39.55	529.2	568.75	6.95	4.74
1954	12.82	27.26	40.08	550.0	590.08	6.79	4.56
1955	8.82	27.76	36.58	602.6	639.18	5.72	3.91
1956	25.58	27.58	53.16	646.8	699.96	7.59	5.14
1957	10.16	28.73	38.89	686.6	725.49	5.36	3.53
1958	38.73	28.99	67.72	724.0	791.72	8.55	5.24
1959	16.76	29.66	46.42	691.2	737.62	6.29	3.20
1960	12.83	28.02	40.85	741.7	782.55	5.22	2.71

---

① 文献中经常提到两种居民储蓄率，一种是用居民储蓄除以居民可支配收入定义，另一种是用居民储蓄除以 GDP 定义，为了避免混淆，本书将第一种定义称为居民储蓄倾向。

续表

年份	金融储蓄	实物储蓄	居民储蓄	居民消费	居民收入	居民储蓄倾向	居民储蓄率
1961	10.36	27.47	37.83	816.7	854.53	4.43	2.97
1962	−33.39	28.23	−5.16	838.7	833.54	−0.62	−0.44
1963	−13.03	29.70	16.67	844.2	860.87	1.94	1.29
1964	−2.07	29.80	27.73	889.6	917.33	3.02	1.92
1965	13.62	31.32	44.94	951.5	996.44	4.51	2.76
1966	16.99	31.73	48.72	1 021.1	1 069.82	4.55	2.67
1967	6.66	32.92	39.58	1 081.5	1 121.08	3.53	2.32
1968	10.25	34.12	44.37	1 076.6	1 120.97	3.96	2.60
1969	−2.01	34.59	32.58	1 127.7	1 160.28	2.81	1.75
1970	−9.20	36.79	27.59	1 206.8	1 234.39	2.24	1.25
1971	18.88	37.96	56.84	1 262.0	1 318.84	4.31	2.38
1972	26.40	38.29	64.69	1 334.2	1 398.89	4.62	2.64
1973	27.42	39.89	67.31	1 432.5	1 499.81	4.49	2.52
1974	23.20	40.08	63.28	1 467.0	1 530.28	4.14	2.31
1975	17.90	40.62	58.52	1 528.5	1 587.02	3.69	1.98
1976	26.62	40.55	67.17	1 588.5	1 655.67	4.06	2.26
1977	15.62	41.57	57.19	1 647.8	1 704.99	3.35	1.81
1978	42.28	37.20	79.48	1 759.1	1 838.58	4.32	2.20
1979	114.96	103.95	218.91	2 005.4	2 224.31	9.84	5.37
1980	181.30	132.60	313.90	2 317.1	2 631.00	11.93	6.90
1981	212.94	182.70	395.64	2 604.1	2 999.74	13.19	8.07
1982	229.27	201.31	430.58	2 867.9	3 298.48	13.05	7.84
1983	331.24	254.41	585.65	3 182.5	3 768.15	15.54	9.64
1984	574.57	358.05	932.62	3 674.5	4 607.12	20.24	13.02
1985	629.97	492.02	1 121.99	4 589	5 710.99	19.65	12.76
1986	861.76	511.43	1 373.19	5 175	6 548.19	20.97	13.55
1987	1 107.77	566.92	1 674.69	5 961.2	7 635.89	21.93	14.21
1988	1 415.75	680.31	2 096.06	7 633.1	9 729.16	21.54	14.26
1989	1 725.94	789.23	2 515.17	8 523.5	11 038.67	22.79	15.27

年份	金融储蓄	实物储蓄	居民储蓄	居民消费	居民收入	居民储蓄倾向	居民储蓄率
1990	2 330.072	853.08	3 183.152	9 113.2	12 296.352	25.89	17.38
1991	2 869.202	936.29	3 805.492	10 315.9	14 121.392	26.95	17.88
1992	3 837.548	951.69	4 789.238	12 459.8	17 249.038	27.77	18.52
1993	5 610.178	1 085.755	6 695.933	15 682.4	22 378.333	29.92	19.41
1994	8 558.41	1 273.35	9 831.76	20 809.8	30 641.56	32.09	21.06
1995	9 782.32	1 539.495	11 321.815	26 944.5	38 266.315	29.59	19.35
1996	11 868.54	1 817.73	13 686.27	32 152.3	45 838.57	29.86	20.03
1997	11 379.63	1 940.755	13 320.385	34 854.6	48 174.985	27.65	17.79
1998	9 980.68	2 119.02	12 099.70	36 921.1	49 020.80	24.68	15.32
1999	12 304.18	2 877.20	15 181.38	39 334.4	54 515.78	27.85	18.36
2000	14 065.84	3 605.63	17 671.47	45 854.6	63 526.07	27.82	17.90
2001	13 356.41	3 913.045	17 269.455	49 213.2	66 482.655	25.98	15.85
2002	18 591.69	4 066.545	22 658.235	52 571.3	75 229.535	30.12	18.83
2003	25 289.10	4 189.115	29 478.215	56 834.4	86 312.615	34.15	21.61
2004	22 919.86	4 560.335	27 480.195	63 833.5	91 313.695	30.09	17.15
2005	31 916.456	5 153.275	37 069.731	71 217.5	108 287.231	34.23	19.65
2006	40 923.278	5 734.62	46 657.898	80 476.9	127 134.798	36.70	21.05
2007	60 885.796	6 352.38	67 238.176	93 602.9	160 841.076	41.80	25.56
2008	63 723.34	7 354.05	71 077.39	108 392.2	179 469.59	39.60	23.16
2009	58 012.73	8 568.36	66 581.09	121 129.9	187 710.99	35.47	19.23
2010	56 906.70	9 689.14	66 395.84	133 290.9	199 686.74	33.25	16.84

四、政府储蓄率的估算

政府储蓄是政府可支配收入与政府的消费性支出之差,《中国统计年鉴》与《新中国五十五年统计资料汇编》在支出法 GDP 构成部分公布了政府消费数据,要得到政府储蓄的数据,我们还需要知道政府可支配收入。与居民可支配收入一样,完整的政府可支配收入数据只在 1992~2008 年这段时期可得,因此我们必须估计 1992 年以前和 2008 年以后的数据。目前,对政府储蓄率的估计基本都针对 1992 年以后,这其中的主要原因是数据的可得性。也有少数学者研究了改革开放后的政府储蓄率,如曾康霖(1996)、郭庆旺和赵志耘(1999)。曾康霖(1996)采取假定财政投资等于财政收入的方法,这种方法在有关数据缺失时不失为一种方法,但其缺陷也很明显。首先,政府财政投资本身可能并不等同于政府投资;其次,政府储蓄与政府投资之间本身存在缺口。郭庆旺和赵志耘(1999)计算政府储蓄的方法是用政府经常性收入减去经常性支出,他们界定的政府经常性收入包括税收收入、国有企业上缴利润和其他收入(包括外国转让与赠款净额),政府经常性支出包括行政性支出、文教科学卫生事业费支出、社会福利救济支出、补贴支出、利息支出与其他支出等。郭庆旺和赵志耘(1999)的核算方法存在的问题是,首先,政府收入漏算了政府预算外收入;其次,20 世纪 80 年代中期以后,政府开始对国有企业进行亏损补贴,这部分应当从政府收入中扣除;再次,政府收入还应当包含教育附加费收入等,政府支出的部分可能无法严格区分政府消费与政府投资。[1] 以上关于政府储蓄的测算并非国民经济核算意义下的政府储蓄,政府储蓄应当是政府可支配收入与政府消费之差,由于政府消费的数据直接可以从统计年鉴得到,因此我们只需测算政府收入,考虑到数据的可得性以及与改革开放前数据的可比性,我们将政府预算内收入与预算外收入之和作为政府的收入。[2] 由此可以测算出储蓄倾向与政府储蓄率(表 2.3)。

---

① 请注意政府消费与政府支出的区别。政府支出分为政府消费和政府投资。政府行政性支出以及政府对教育、医疗、社会保障等社会性公共产品的开支,都属于政府消费的范畴。政府的实体投资或通过国有企业的投资则属于政府投资。由此可见,政府储蓄永远大于政府财政余额。

② 这里并没有将政府发行的债务作为政府的储蓄,即政府储蓄不等于财政结余,因为财政结余中可能有债务收入,政府既可以利用发行公债也可以利用货币创造的方法来弥补赤字;也就是说,债务收入只是弥补财政赤字的资金来源,而不是政府储蓄的资金来源;政府发行的债务也不计入政府负储蓄,因为政府发行债务的目的是为政府支出融资,而本书的政府储蓄是政府收入(不含债务收入)减去政府的消费性支出,如果再算政府债务支出可能产生重复计算。当然,政府的债务收入既可能用于消费性支出也可能用于投资性支出,虽然这其中会有些误差,但应该不会太大。

表 2.3　　　　　　　　1952～2010 年中国政府储蓄倾向与储蓄率

年份	政府 预算收入	政府 预算外收入	政府收入	政府消费	政府储蓄	政府 储蓄倾向	政府 储蓄率
1952	173.94	13.62	187.56	93.30	94.26	50.26	13.62
1953	213.24	8.91	222.15	115.20	106.95	48.14	12.82
1954	245.17	14.23	259.40	104.10	155.30	59.87	17.68
1955	249.27	17.02	266.29	119.70	146.59	55.05	15.68
1956	280.19	21.42	301.61	125.80	175.81	58.29	17.00
1957	303.20	26.33	329.53	129.80	199.73	60.61	18.13
1958	379.62	55.99	435.61	128.60	307.01	70.48	23.78
1959	487.12	96.55	583.67	130.30	453.37	77.68	31.24
1960	572.29	117.78	690.07	190.90	499.17	72.34	33.10
1961	356.06	57.40	413.46	178.40	235.06	56.85	18.43
1962	313.55	63.63	377.18	147.00	230.18	61.03	19.57
1963	342.25	51.85	394.10	170.10	224.00	56.84	17.32
1964	399.54	65.86	465.40	189.00	276.40	59.39	19.17
1965	473.32	75.56	548.88	207.10	341.78	62.27	20.98
1966	558.71	81.13	639.84	230.20	409.64	64.02	22.42
1967	419.36	83.61	502.97	194.20	308.77	61.39	18.08
1968	361.25	77.44	438.69	192.50	246.19	56.12	14.41
1969	526.76	87.42	614.18	231.70	382.48	62.27	20.59
1970	662.90	100.94	763.84	252.90	510.94	66.89	23.15
1971	744.73	118.56	863.29	295.90	567.39	65.72	23.72
1972	766.56	134.24	900.80	310.10	590.70	65.58	24.07
1973	809.67	191.29	1 000.96	318.80	682.16	68.15	25.55
1974	783.14	219.72	1 002.86	342.60	660.26	65.84	24.11
1975	815.61	251.48	1 067.09	358.90	708.19	66.37	24.00
1976	776.58	275.32	1 051.90	381.00	670.90	63.78	22.60
1977	874.46	311.31	1 185.77	410.00	775.77	65.42	24.50
1978	1 132.26	347.11	1 479.37	480.00	999.37	67.55	27.72
1979	1 146.38	452.9	1 599.28	614.00	985.28	61.61	24.18
1980	1 159.93	557.4	1 717.33	659.00	1 058.33	61.63	23.25
1981	1 175.79	601.07	1 776.86	705.00	1 071.86	60.32	21.87
1982	1 212.33	802.74	2 015.07	770.00	1 245.07	61.79	22.68
1983	1 366.95	967.68	2 334.63	838.00	1 496.63	64.11	24.63

年份	政府预算收入	政府预算外收入	政府收入	政府消费	政府储蓄	政府储蓄倾向	政府储蓄率
1984	1 642.86	1 188.48	2 831.34	1 020.00	1 811.34	63.97	25.28
1985	2 004.82	1 530.03	3 534.85	1 184.00	2 350.85	66.50	26.74
1986	2 122.01	1 737.31	3 859.32	1 367.00	2 492.32	64.58	24.60
1987	2 199.35	2 028.80	4 228.15	1 490.00	2 738.15	64.76	23.23
1988	2 357.24	2 360.77	4 718.01	1 727.00	2 991.01	63.40	20.34
1989	2 664.90	2 658.63	5 323.53	2 033.00	3 290.53	61.81	19.98
1990	2 937.10	2 708.64	5 645.74	2 252.00	3 393.74	60.11	18.53
1991	3 149.48	3 243.30	6 392.78	2 830.00	3 562.78	55.73	16.74
1992	3 483.37	3 854.92	7 338.29	3 492.30	3 845.99	52.41	14.87
1993	4 348.95	1 432.54	5 781.49	4 499.70	1 281.79	22.17	3.72
1994	5 218.10	1 862.53	7 080.63	5 986.20	1 094.43	15.46	2.34
1995	6 242.20	2 406.50	8 648.70	6 690.50	1 958.20	22.64	3.35
1996	7 407.99	3 893.34	11 301.33	7 851.60	3 449.73	30.52	5.05
1997	8 651.14	2 826.00	11 477.14	8 724.80	2 752.34	23.98	3.67
1998	9 875.95	3 082.29	12 958.24	9 484.80	3 473.44	26.80	4.40
1999	11 444.08	3 385.17	14 829.25	10 388.30	4 440.95	29.95	5.37
2000	13 395.23	3 826.43	17 221.66	15 661.40	1 560.26	9.06	1.58
2001	16 386.04	4 300.00	20 686.04	17 665.10	3 020.94	14.60	2.77
2002	18 903.64	4 479.00	23 382.64	19 119.90	4 262.74	18.23	3.54
2003	21 715.25	4 566.80	26 282.05	20 615.10	5 666.95	21.56	4.15
2004	26 396.47	4 699.18	31 095.65	23 199.40	7 896.25	25.39	4.93
2005	31 649.29	5 544.16	37 193.45	26 605.20	10 588.25	28.47	5.61
2006	38 760.20	6 407.88	45 168.08	30 118.40	15 049.68	33.32	6.79
2007	51 321.78	6 820.32	58 142.10	35 190.90	22 951.20	39.47	8.72
2008	61 330.35	6 617.25	67 947.60	40 720.40	27 227.20	40.07	8.87
2009	68 518.30	6 414.65	74 932.95	45 690.20	29 242.75	39.03	8.44
2010	83 101.51	6 372.54	89 474.05	53 614.40	35 859.65	40.08	9.09

五、企业储蓄的估算

目前,对企业储蓄的估算基本上都是基于资金流量表,这样得到的数据只是在1992~2008年,因而并不完整。此前曹康霖(1996)估计过1979~1992年的中国企业储蓄,他的方法是用企业留存利润作为企业储蓄的代表。很明显,这只是一个很粗略的估计,他自己也指出这种估计并不精确。本章将企业储蓄作为一个余额的概念,因为企业的可支配收入就是企业的储蓄。因此,我们只需将国内生产总值减去居民收入与政府收入即可得到企业储蓄,企业储蓄率等于企业收入(储蓄)除以支出法国内生产总值,表2.4给出了测算结果。

表2.4 1952~2010年中国企业储蓄与储蓄率

年份	支出法国内生产总值	居民收入	政府收入	企业收入(储蓄)	企业储蓄率
1952	692.20	487.190	187.56	17.45	2.52
1953	834.30	568.750	222.15	43.40	5.20
1954	878.30	590.080	259.40	28.82	3.28
1955	934.90	639.180	266.29	29.43	3.15
1956	1 034.20	699.960	301.61	32.63	3.16
1957	1 101.90	725.490	329.53	46.88	4.25
1958	1 291.20	791.720	435.61	63.87	4.95
1959	1 451.30	737.620	583.67	130.01	8.96
1960	1 508.00	782.550	690.07	35.38	2.35
1961	1 275.20	854.530	413.46	7.21	0.57
1962	1 176.40	833.540	377.18	−34.32	−2.92
1963	1 293.10	860.870	394.10	38.13	2.95
1964	1 441.80	917.330	465.40	59.07	4.10
1965	1 629.20	996.440	548.88	83.880	5.15
1966	1 827.30	1 069.820	639.84	117.640	6.44
1967	1 707.70	1 121.080	502.97	83.650	4.90
1968	1 708.70	1 120.970	438.69	149.040	8.72
1969	1 857.70	1 160.280	614.18	83.240	4.48

年份	支出法国内生产总值	居民收入	政府收入	企业收入（储蓄）	企业储蓄率
1970	2 207.00	1 234.390	763.84	208.770	9.46
1971	2 392.50	1 318.840	863.29	210.370	8.79
1972	2 453.80	1 398.890	900.80	154.110	6.28
1973	2 669.60	1 499.810	1 000.96	168.830	6.32
1974	2 738.70	1 530.280	1 002.86	205.560	7.51
1975	2 950.40	1 587.020	1 067.09	296.290	10.04
1976	2 968.30	1 655.670	1 051.90	260.730	8.78
1977	3 166.00	1 704.990	1 185.77	275.240	8.69
1978	3 605.60	1 838.580	1 479.37	287.650	7.98
1979	4 074.00	2 224.310	1 599.28	250.410	6.15
1980	4 551.30	2 631.000	1 717.33	202.970	4.46
1981	4 901.30	2 999.740	1 776.86	124.700	2.54
1982	5 489.20	3 298.480	2 015.07	175.650	3.20
1983	6 076.30	3 768.150	2 334.63	−26.480	−0.44
1984	7 164.40	4 607.120	2 831.34	−274.060	−3.83
1985	8 792.10	5 710.990	3 534.85	−453.740	−5.16
1986	10 132.80	6 548.190	3 859.32	−274.710	−2.71
1987	11 784.70	7 635.890	4 228.15	−79.340	−0.67
1988	14 704.00	9 729.160	4 718.01	256.830	1.75
1989	16 466.00	11 038.670	5 323.53	103.800	0.63
1990	18 319.50	12 296.352	5 645.74	377.408	2.06
1991	21 280.40	14 121.392	6 392.78	766.228	3.60
1992	25 863.70	17 249.038	7 338.29	1 276.372	4.93
1993	34 500.70	22 378.333	5 781.49	6 340.877	18.38
1994	46 690.70	30 641.560	7 080.63	8 968.510	19.21

年份	支出法国内生产总值	居民收入	政府收入	企业收入（储蓄）	企业储蓄率
1995	58 510.50	38 266.315	8 648.70	11 595.485	19.82
1996	68 330.40	45 838.570	11 301.33	11 190.500	16.38
1997	74 894.20	48 174.985	11 477.14	15 242.075	20.35
1998	79 003.30	49 020.800	12 958.24	17 024.260	21.55
1999	82 673.10	54 515.780	14 829.25	13 328.070	16.12
2000	98 749.00	63 526.070	17 221.66	18 001.270	18.23
2001	108 972.40	66 482.655	20 686.04	21 803.705	20.01
2002	120 350.20	75 229.535	23 382.64	21 738.025	18.06
2003	136 398.80	86 312.615	26 282.05	23 804.135	17.45
2004	160 280.40	91 313.695	31 095.65	37 871.055	23.63
2005	188 692.10	108 287.231	37 193.45	43 211.419	22.90
2006	221 651.30	127 134.798	45 168.08	49 348.422	22.26
2007	263 093.80	160 841.076	58 142.10	44 110.624	16.77
2008	306 859.80	179 469.590	67 947.60	59 442.610	19.37
2009	346 316.60	187 710.990	74 932.95	83 672.660	24.16
2010	394 307.60	199 686.740	89 474.05	105 146.800	26.67

第三节 中国储蓄率变化的部门分析

一、政府储蓄变化的分析

1978 年改革开放前，政府是我国最大的储蓄主体。根据本章的计算（见表 2.5），1978 年以前，我国政府储蓄占国民总储蓄的比重平均为 72%，而居民储蓄与企业储蓄的比重平均为 10% 与 18%。这可以从政府的储蓄倾向与政府在国民收入中的分配格局可以比较明显地看出（见表 2.6），政府的储蓄倾向平均维持在 62% 左右,而政府在国民收入中的比重在 33% 以上。

政府储蓄在国民总储蓄中的比重超高的原因主要是计划经济体制下的政府偏好决定的。在新中国成立之后,为了尽快实现工业化,政府从 1953 年起长期实行重工业优先发展战略。为了给重工业建设筹集资金,政府实施了一系列制度性安排,以促使剩余从农村转移到城市,从居民和企业转移到政府,从而形成了政府储蓄在国民储蓄中独占鳌头而居民储蓄和企业储蓄比重很低的格局。

改革开放前,政府为了动员储蓄,采取了如下政策措施:

(1)低工资制。在国家还很贫穷的情况下,要扩大政府在国民收入中的份额,应主要通过提高对企业部门的剩余索取来实现,这就要求企业部门必须维持一个较高的盈利水平,由于盈利水平来源于总收入与总成本之差,因而压低各种要素投入成本是政府获取经济剩余、扩大储蓄规模的重要手段。其中,就劳动成本来说,要降低其在收入分配中的份额,就必须压低工资水平。长期实行低工资制使得工资在国民收入中所占比重呈连续下降趋势。据孙祁祥(1993)的测算,1952 年在我国全民所有制工业企业中,工资和福利奖金两项之和占工业净产值的比例为 58.7%,1957 年降至 42.6%,1965 年为 21.3%,1978 年进一步下降到 20.5%。国家通过税收和利润集中的财政收入则由 41.3% 上升到近 80%。

(2)工农业产品的价格"剪刀差"与生活必需品的配给制度。1953 年国家颁布《关于实行粮食的计划统购和计划供应的命令》,赋予了政府按相对偏低的垄断价格统一收购和销售农副产品的权力。在农副产品统购统销这一制度安排下,农民要按国家规定的相对偏低的收购价格将剩余的农副产品统一卖给国家,并由政府按计划统一供应给城市工业部门和城市居民消费。低价的农副产品不仅直接降低了工业的原材料投入成本,也使城市居民获得实物福利并间接降低了工业的劳务投入成本。在低成本的基础上,工业部门获得了较高的利润。这就是通常人们所说的"价格剪刀差"现象,它使得工农产品的不等价交换实质变成农业部门补贴工业部门并转移部分农业经济剩余的制度安排。从部门储蓄变化的角度看,政府通过压低农副产品价格,把农业部门的大部分储蓄转移到工业部门,最终再转移到政府手中形成政府储蓄。[1] 由于农副产品的价格长期偏低,工业生产又需要大量的农产品作为原料,因此经济基本处于短缺状态,为此政府的应对措施是在城镇实行生活必需品的配给制,实行配给制的另一好处是尽管农产品的供应处于短缺状态,但政府依然能够压制国内的产品需求而同时对外出口农产品(Naughton,2007)。通过出口农产品,政府获得了一部分外汇收入,这形成了政府储蓄来源的另一个渠道。

(3)财政统收统支的管理体制。低工资制和工农业产品的"价格剪刀差",使得国有企业能够获得一个较高的利润水平,为了掌握经济剩余,政府对国有企业实行财政统收统支管理,通过财政收入的统收,"价格剪刀差"所形成的国有企业的高利润便转移到了政府手中,形成了财政收入的主要来源。以 1978 年为例,在当年全国财政收入总额中,来源于国有经济单位上缴的税收和利润份额分别为 35.8%和 51.0%,两者相加是 86.8%。正是依靠上述制度性财政筹资机制,我国政府得以控制经济中的绝大部分储蓄,政府储蓄成为国民储蓄最主要的来源。由于政府成为最大的储蓄主体,政府由此也成为最大的投资主体,全社会基本建设投资中的绝大部分资金也来源于政府所动员的储蓄,其比重高达 70%以上。我国的工业化是在人均收入水平非常低的条件下起步的,资金短缺是工业化过程中面临的最大障碍。然而,在人均国民收入水平很低的情况下,利用上述制度安排,使得政府能够动员全社会财力,支撑起了一个非常高的国民储蓄率。1952~1978 年的 27 年间,除第一个五年计划时期和三年困难时期,其余年份国民储蓄率平均高达 30%以上。在国家还很贫穷的情况下,这样高的储蓄率无论是与中国近代发展期比较,还是与其他国家比较,都是少见的,这大大缓解了我国工业化初期资金异常短缺的压力,奠定了我国工业化的财力基础(刘家新等,

---

[1] 根据项怀诚(1999)的推算,通过这样一种制度安排,1952~1978 年的 27 年间,农民承担了总额约 6 000 亿元的"价格暗税",这部分"价格暗税",构成了政府储蓄的重要资金来源。

2002)。

1978 年党的十一届三中全会后,我国开始进行经济体制改革。计划经济体制下,国家财政是政府进行社会资源配置、实现经济管理的主要手段。因此,以改革统收统支的财政管理体制为突破口,放权让利,便迅速成为全面启动经济体制改革的必然选择。围绕着此项改革,政策上进行了一系列制度创新。这主要包括:改革利润分配制度,重塑国家、企业与个人之间的分配关系;通过市场机制形成农副产品价格并实行价格双轨制;提高职工工资,增加个人收入。以上改革的推进,动摇并最终瓦解了计划体制下财政主导型的纵向筹资机制,使我国的收入分配格局发生了显著而深刻的变化。以上这些改革减小了财政征收基础,导致在国民收入分配结构中,政府所占份额明显下降(刘家新等,2002)。国有企业上缴利润和国有企业亏损补贴一度是中国财政收入的重要来源和运用。在 1978 年,国有企业上缴利润占财政总收入的 50.5%。随着改革开放的推进,国有企业的盈利能力迅速下降,上缴利润占财政收入的比重到 1984 年下降到 16.8%。从 1985 年利改税改革全面实施后,该比重迅速降低到 3% 以下。[①] 在市场化改革的初期,由于企业效益不佳,大部分企业处于亏损状态,于是中国政府从 1985 年开始发放国有企业亏损补贴,其绝对值在 1985 年以及 1990 年前后分别达到 500 亿元人民币左右的峰值,并且自 1994 年开始,国有企业不再向政府上缴利润(张明,2007)。由于一方面政府财政征收的基础减弱,另一方面政府要补贴企业的亏损,政府储蓄从 1986 年开始迅速下降,到 1994 年政府储蓄占国民储蓄的比重已经降至历史的谷底,仅为 5.50%。相比 1985 年的 77.87%,下降了 73%。1994 年中国进行了税制改革,加强了税收征管的力度,政府的税收有所增长,政府储蓄率在进入 21 世纪之际又有重新上升的趋势,但其占国民总储蓄的平均比重已经只有 11% 左右。1978 年改革开放后,特别是从 80 年代中期开始在国民收入分配结构中,个人与企业收入所占份额大

---

① 以上数据来自《中国统计年鉴》与《新中国五十五年统计资料汇编》。

幅度上升,国民储蓄结构从以政府储蓄为主体转变为以居民储蓄和企业储蓄为主体。

表 2.5　　　　　　1952～2010 年储蓄率及储蓄的部门分布

年份	国民储蓄率	居民储蓄率	政府储蓄率	企业储蓄率	部门储蓄占总储蓄的比重		
					居民	政府	企业
1952	21.08	4.94	13.62	2.52	23.43	64.61	11.96
1953	22.76	4.74	12.82	5.20	20.83	56.32	22.85
1954	25.53	4.56	17.68	3.28	17.88	69.27	12.85
1955	22.74	3.91	15.68	3.15	17.21	68.95	13.84
1956	30.13	5.14	17.00	7.99	17.06	56.42	26.52
1957	25.91	3.53	18.13	4.25	13.62	69.97	16.41
1958	33.97	5.24	23.78	4.95	15.44	70.00	14.56
1959	43.40	3.20	31.24	8.96	7.37	71.99	20.64
1960	38.16	2.71	33.10	2.35	7.10	86.75	6.15
1961	21.97	2.97	18.43	0.57	13.51	83.92	2.57
1962	16.21	−0.44	19.57	−2.92	−2.71	120.70	−18.00
1963	21.56	1.29	17.32	2.95	5.98	80.34	13.68
1964	25.19	1.92	19.17	4.10	7.63	76.10	16.26
1965	28.89	2.76	20.98	5.15	9.55	72.63	17.82
1966	31.52	2.67	22.42	6.44	8.46	71.12	20.42
1967	25.30	2.32	18.08	4.90	9.16	71.47	19.36
1968	25.73	2.60	14.41	8.72	10.09	56.00	33.90
1969	26.82	1.75	20.59	4.48	6.54	76.76	16.70
1970	33.86	1.25	23.15	9.46	3.69	68.37	27.94
1971	34.88	2.38	23.72	8.79	6.81	67.98	25.21
1972	32.99	2.64	24.07	6.28	7.99	72.97	19.04
1973	34.40	2.52	25.55	6.32	7.33	74.29	18.39
1974	33.92	2.31	24.11	7.51	6.81	71.06	22.12
1975	36.03	1.98	24.00	10.04	5.51	66.62	27.87
1976	33.65	2.26	22.60	8.78	6.73	67.17	26.10
1977	35.00	1.81	24.50	8.69	5.16	70.00	24.84

续表

年份	国民储蓄率	居民储蓄率	政府储蓄率	企业储蓄率	部门储蓄占总储蓄的比重		
					居民	政府	企业
1978	37.90	2.20	27.72	7.98	5.82	73.13	21.05
1979	35.70	5.37	24.18	6.15	15.05	67.74	17.22
1980	34.61	6.90	23.25	4.46	19.93	67.19	12.89
1981	32.49	8.07	21.87	2.54	24.85	67.32	7.83
1982	33.73	7.84	22.68	3.20	23.26	67.25	9.49
1983	33.83	9.64	24.63	−0.44	28.49	72.80	−1.29
1984	34.47	13.02	25.28	−3.83	37.76	73.34	−11.10
1985	34.34	12.76	26.74	−5.16	37.16	77.87	−15.03
1986	35.44	13.55	24.60	−2.71	38.24	69.41	−7.65
1987	36.77	14.21	23.23	−0.67	38.65	63.19	−1.83
1988	36.34	14.26	20.34	1.75	39.22	55.97	4.81
1989	35.89	15.27	19.98	0.63	42.56	55.68	1.76
1990	37.96	17.38	18.53	2.06	45.77	48.80	5.43
1991	38.23	17.88	16.74	3.60	46.78	43.80	9.42
1992	38.32	18.52	14.87	4.93	48.32	38.80	12.88
1993	41.50	19.41	3.72	18.38	46.76	8.95	44.28
1994	42.61	21.06	2.34	19.21	49.42	5.50	45.08
1995	42.51	19.35	3.35	19.82	45.51	7.87	46.61
1996	41.46	20.03	5.05	16.38	48.32	12.18	39.51
1997	41.81	17.79	3.67	20.35	42.54	8.79	48.67
1998	41.26	15.32	4.40	21.55	37.12	10.66	52.23
1999	39.86	18.36	5.37	16.12	46.07	13.48	40.45
2000	37.70	17.90	1.58	18.23	47.46	4.19	48.35
2001	38.63	15.85	2.77	20.01	41.03	7.18	51.80
2002	40.43	18.83	3.54	18.06	46.57	8.76	44.67
2003	43.22	21.61	4.15	17.45	50.01	9.61	40.38
2004	45.70	17.15	4.93	23.63	37.52	10.78	51.70
2005	48.16	19.65	5.61	22.90	40.79	11.65	47.55
2006	50.10	21.05	6.79	22.26	42.01	13.55	44.44

年份	国民储蓄率	居民储蓄率	政府储蓄率	企业储蓄率	部门储蓄占总储蓄的比重		
					居民	政府	企业
2007	51.05	25.56	8.72	16.77	50.07	17.09	32.84
2008	51.41	23.16	8.87	19.37	45.06	17.26	37.68
2009	51.83	19.23	8.44	24.16	37.09	16.29	46.62
2010	52.60	16.84	9.09	26.67	32.01	17.29	50.70

表 2.6 居民部门与政府部门储蓄率的进一步分解

年份	居民部门		政府部门		企业部门	
	储蓄倾向	收入占比	储蓄倾向	收入占比	储蓄倾向	收入占比
1952	7.02	70.38	50.26	27.10	100	2.52
1953	6.95	68.17	48.14	26.63	100	5.20
1954	6.79	67.18	59.87	29.53	100	3.28
1955	5.72	68.37	55.05	28.48	100	3.15
1956	7.59	67.68	58.29	29.16	100	3.16
1957	5.36	65.84	60.61	29.91	100	4.25
1958	8.55	61.32	70.48	33.74	100	4.95
1959	6.29	50.82	77.68	40.22	100	8.96
1960	5.22	51.89	72.34	45.76	100	2.35
1961	4.43	67.01	56.85	32.42	100	0.57
1962	−0.62	70.86	61.03	32.06	100	−2.92
1963	1.94	66.57	56.84	30.48	100	2.95
1964	3.02	63.62	59.39	32.28	100	4.10
1965	4.51	61.16	62.27	33.69	100	5.15
1966	4.55	58.55	64.02	35.02	100	6.44
1967	3.53	65.65	61.39	29.45	100	4.90
1968	3.96	65.60	56.12	25.67	100	8.72
1969	2.81	62.46	62.27	33.06	100	4.48
1970	2.24	55.93	66.89	34.61	100	9.46
1971	4.31	55.12	65.72	36.08	100	8.79
1972	4.62	57.01	65.58	36.71	100	6.28

年份	居民部门		政府部门		企业部门	
	储蓄倾向	收入占比	储蓄倾向	收入占比	储蓄倾向	收入占比
1973	4.49	56.18	68.15	37.49	100	6.32
1974	4.14	55.88	65.84	36.62	100	7.51
1975	3.69	53.79	66.37	36.17	100	10.04
1976	4.06	55.78	63.78	35.44	100	8.78
1977	3.35	53.85	65.42	37.45	100	8.69
1978	4.32	50.99	67.55	41.03	100	7.98
1979	9.84	54.60	61.61	39.26	100	6.15
1980	11.93	57.81	61.63	37.73	100	4.46
1981	13.19	61.20	60.32	36.25	100	2.54
1982	13.05	60.09	61.79	36.71	100	3.20
1983	15.54	62.01	64.11	38.42	100	−0.44
1984	20.24	64.31	63.97	39.52	100	−3.83
1985	19.65	64.96	66.50	40.20	100	−5.16
1986	20.97	64.62	64.58	38.09	100	−2.71
1987	21.93	64.79	64.76	35.88	100	−0.67
1988	21.54	66.17	63.40	32.09	100	1.75
1989	22.79	67.04	61.81	32.33	100	0.63
1990	25.89	67.12	60.11	30.82	100	2.06
1991	26.95	66.36	55.73	30.04	100	3.60
1992	27.77	66.69	52.41	28.37	100	4.93
1993	29.92	64.86	22.17	16.76	100	18.38
1994	32.09	65.63	15.46	15.16	100	19.21
1995	29.59	65.40	22.64	14.78	100	19.82
1996	29.86	67.08	30.52	16.54	100	16.38
1997	27.65	64.32	23.98	15.32	100	20.35
1998	24.68	62.05	26.80	16.40	100	21.55
1999	27.85	65.94	29.95	17.94	100	16.12
2000	27.82	64.33	9.06	17.44	100	18.23

年份	居民部门		政府部门		企业部门	
	储蓄倾向	收入占比	储蓄倾向	收入占比	储蓄倾向	收入占比
2001	25.98	61.01	14.60	18.98	100	20.01
2002	30.12	62.51	18.23	19.43	100	18.06
2003	34.15	63.28	21.56	19.27	100	17.45
2004	30.09	56.97	25.39	19.40	100	23.63
2005	34.23	57.39	28.47	19.71	100	22.90
2006	36.70	57.36	33.32	20.38	100	22.26
2007	41.80	61.13	39.47	22.10	100	16.77
2008	39.60	58.49	40.07	22.14	100	19.37
2009	35.47	54.20	39.03	21.64	100	24.16
2010	33.25	50.64	40.08	22.69	100	26.67

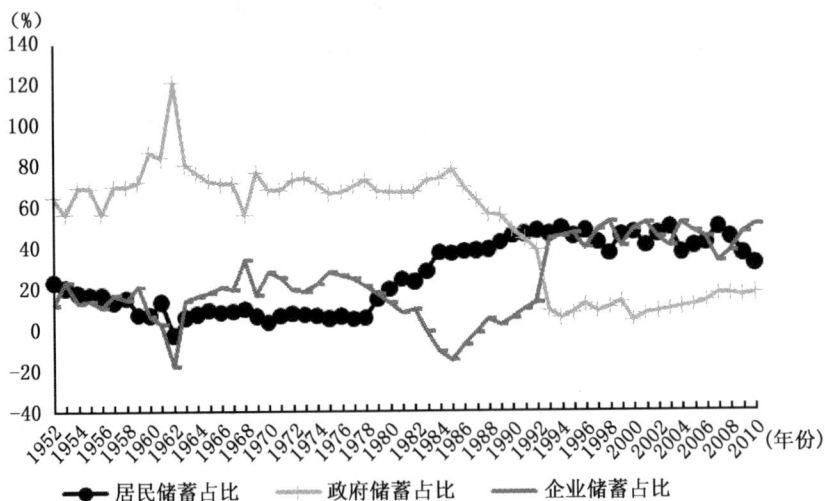

图 2.2 居民、政府与企业储蓄在国民储蓄中的比重

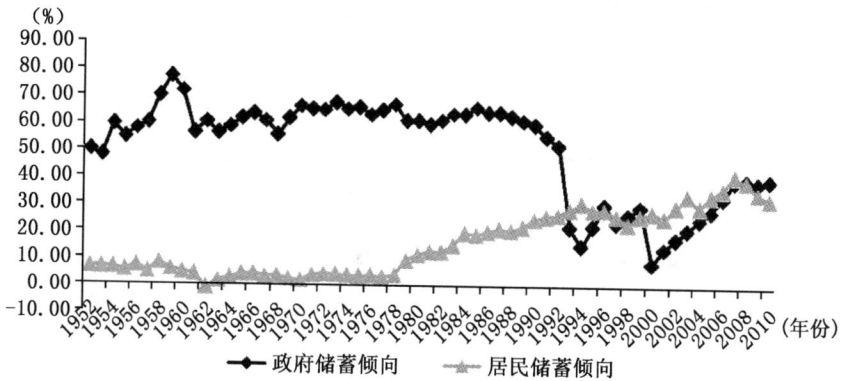

图 2.3 政府与居民储蓄倾向变化

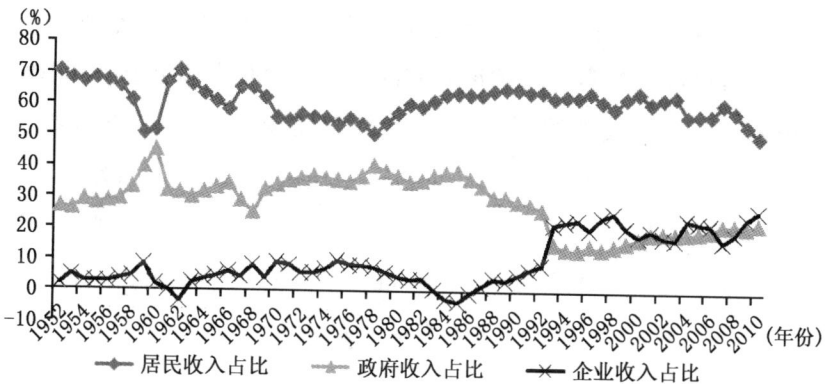

图 2.4 政府、企业与居民收入在 GDP 中的比重变化

二、企业储蓄变化的分析

从图 2.2 中可以较为直观地看到,改革开放以前,除去三年"自然灾害"时期,企业的储蓄占国民储蓄的比重基本稳定在 17%左右。这主要是因为在统收统支的计划财政管理体制下,企业在国民收入中的比重相对稳定决定的。改革开放前,企业的生产决策、收支预算基本按国家指令计划执行,企业没有市场竞争的压力,盈利企业的利润则成为政府财政收入的主要来

源,在统收统支的财政管理体制下,企业能够自行支配的财力十分有限,因而储蓄较少。从1978年开始,企业储蓄占国民储蓄的比重呈现 V 形走势,即先下降后上升,1986年是转折点。这其中的主要原因是,自市场化改革以后,农副产品收购价格逐渐提高,直接导致工农业产品价格"剪刀差"缩小,随着工业原材料价格上涨,企业的生产成本增加,计划体制下的企业超常利润水平难以维系;与此同时,为调动职工积极性而出台的各项增加工资与福利的政策直接增加了生产成本,降低了企业的盈利水平(刘家新等,2002)。由于长期以来在计划经济体制下的生产模式不适应市场需求,使得大量国有企业出现亏损,这导致改革开放后至80年代中期企业储蓄的急剧减少。从我们的核算数据中发现,1983~1987年,企业出现了负储蓄状态。80年代中期后各项改革全面展开,随着企业利润分配制度的改革,企业自主权扩大,企业的各种政策性负担开始逐渐剥离,特别是到了20世纪90年代中期以后,随着企业体制改革的深化,预算软约束逐步"硬化",买方市场逐步形成,所有工业企业的效益均有了不同程度的改善(何新华和曹永福,2005)。中国工业利润占价值增长的比率从1995年的10.6%上升到2000年的17.3%,2005年进一步上升到21.6%,近年来仍在持续上升。因此,企业可支配收入在国民可支配收入中所占比重加大(何帆和张明,2007)。从表2.6与图2.4中可以看出,企业收入占国民收入的比重已经从1985年的-5.2%上升至2005年的22.9%的历史最高位,企业整体效益的改善导致企业储蓄不断增长,企业储蓄占国民储蓄的比重从80年代中期的负储蓄状态上升到1998年的约占52%,此后企业储蓄维持在40%上下。市场化改革对于企业储蓄的另一效应在于对存货积累(inventory accumulation)的影响。标准的国家储蓄计算方式都会将存货积累当成是储蓄的一部分,因为这些库存最终都会被出售。但是在中国,许多国有企业的存货却都是一些没有市场价值的劣质品。从图2.5中可以看出,在20世纪90年代中期之前,这类库存累积占中国整体储蓄的比例很大。不过,随着国有企业改革和大量民营企业的出现,库存累积占整体储蓄的比例已大幅下降。从图2.5

中可以发现,自 20 世纪 90 年代中期以后,存货积累占整体储蓄的比例已微不足道了。这也是企业效益改善的一个重要信号与证据。从历史演进来看,1992 年的市场经济体制确立后,企业储蓄与政府储蓄的地位开始倒置,这与政府职能的变化、企业竞争力的增强以及国民收入分配结构的变化是分不开的。

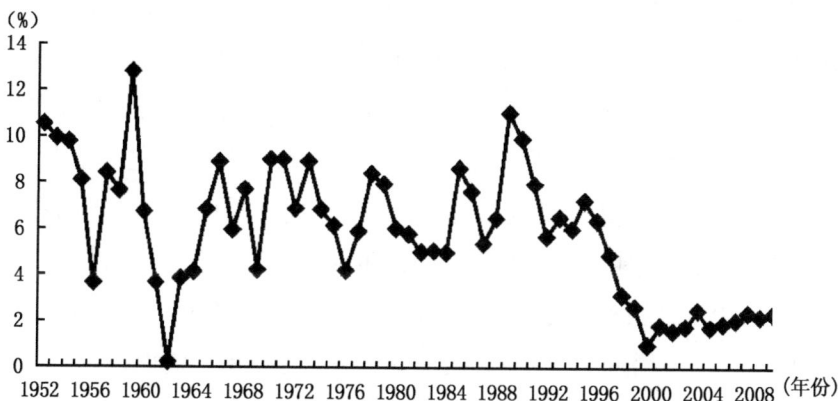

数据来源:2006～2011 年《中国统计年鉴》、《新中国五十五年统计资料汇编》。

图 2.5 1952～2010 年中国存货率变动

导致近年来我国企业储蓄上升的除了企业效益改善以外,我们认为还有两个重要原因。其一是企业直接融资困难,我国资本市场建立时间较短,由于从一开始建立就存在制度性缺陷,融资功能很弱,企业在资本市场的直接融资比例很低。根据何德旭等(2008)的测算,企业直接融资的比例只占其融资比例的 17％左右。企业融资渠道主要依靠其保留利润或向银行借贷,但商业银行由于担心经营风险一般实行信贷配给,从而导致企业融资困难。其二是企业分红制度。中国的企业不管所有制形式如何,均较少向股东支付股利。对于国有企业而言,自 1994 年税收体制改革之后,国有企业不再向政府上缴利润,但国企的利润基本上也不向政府分红。对于上市公司而言,由于分红文化传统的欠缺,连续多年分红的企业比例极低,只有在面临增发股票时,为了满足发审的规定,才会象征性地发放红利。对于民营企业来说,由于银行系统对其贷款较少,因此不得不靠自有资本进行再投资,发放红利动力减弱(何帆和张明,2007)。

三、居民储蓄变化的分析

改革开放以前,我国居民储蓄只占国民总储蓄的约 10%,我们可以从居民收入在国民收入中的比重与居民储蓄倾向变化分析为什么计划经济体制下居民储蓄率很低的原因。20 世纪 50 年代到 70 年代中期,由于从 1953 年起长期实行重工业优先发展战略,为了给重工业建设筹集资金,国家实行以牺牲当前消费为手段的高积累政策。再加上"大跃进"和"文化大革命"的破坏,居民收入在国民收入中的整体趋势是走低的,表 2.6 与图 2.4 的数据显示,我国居民收入在国民收入中所占的比重从 1952 年的 70% 降至 1978 年的 51%。历史统计数据显示,1957~1978 年 22 年间,全民所有制单位职工名义工资由 637 元增加到 644 元,仅增加 7 元,就实际工资而言,1978 年仅为 1957 年的 85.2%,22 年间减少了 14.8%,农民家庭平均每年纯收入由 72.95 元增加到 133.57 元,年均仅增加 2.9%。[①] 从居民的储蓄倾向来看,计划经济时期居民的储蓄倾向很低,平均不到 5%,其中的主要原因并非居民不愿意储蓄,而是在收入很低、很多人没有解决温饱问题的情况下,居民根本没有能力进行储蓄。计划经济时期,我国实行以定量配给制度为主的消费体制,居民消费行为主要受政府计划支配,由于供给不足,低收入的居民只能在狭小的购买空间里实现其低弱的购买力,储蓄本身有限,更谈不上为了未来消费的跨期选择而进行储蓄。从人口政策看,计划经济时期政府鼓励人口增长,抚养系数高达 75% 以上,家庭"吃饭"人口多也降低了家庭的储蓄能力。从职业与分配制度看,在计划经济时期,"铁饭碗"、"大锅饭"、职业终身制的收入分配体制使得居民收支比较稳定,居民没有失业危险,不确定性几乎不存在,因而更多的收入被用于短期消费,储蓄动机减弱,这也是

---

① 以上数据引自:"中国经济 50 年发展的路径、阶段与基本经验",《中国经济史研究》,2000 年第 1 期,第 73~85 页。

居民储蓄倾向很低的另一个重要原因。

到了 70 年代中期以后,随着中国经济改革的加速推进,储蓄率也随之稳步上升,居民个人储蓄占国民储蓄的比重则从 1978 年的 5.8% 开始一路上升至 1994 年的近 50%,比 1978 年提高 44 个百分点,90 年代中期至今仍然维持在 45% 左右。居民储蓄在国民收入中的比重上升可以归因于居民收入在国民收入中的比重提高与储蓄倾向上升两个因素。改革开放后,农村开始实行联产承包责任制,城镇职工的工资开始增加,一系列的政策使得收入分配开始向个人倾斜,居民收入占国民总收入的比重从 1978 年的 51% 上升至 1990 年的 67%,短短 13 年的时间上升了 16 个百分点,此后,在 90 年代一直维持在 65% 左右,进入 21 世纪才开始呈现下降趋势。从 1979 年到2010 年 32 年间,我国农村居民家庭人均纯收入年均增长 7.6%,城镇居民家庭人均可支配收入年均实际增长 8.1%,居民收入的增长无疑成为储蓄快速增长的重要原因。居民储蓄在国民储蓄中比重上升的另一个重要因素是居民储蓄倾向的上升,1978 年开始中国居民的储蓄倾向只有 4.32%,而此后一路上升至 1994 年的 32.1%,此后在 90 年代中期居民储蓄倾向有一段下降期,进入 21 世纪后,中国居民储蓄又重新走高,我们推算的储蓄倾向在2007 年和 2008 年达到 40% 左右。仔细观察居民储蓄倾向,可以发现至20 世纪 90 年代开始,它具有明显的顺周期特征:在 1992～1994 年经济高涨时期,其储蓄倾向较高;在 1997 年亚洲金融危机之后,其储蓄倾向逐步回落;从 2001 年本轮经济周期开始,其储蓄倾向再次回升。储蓄倾向这种顺周期的特征符合生命周期假说和持久收入假说。即在经济周期的上行阶段,当期收入水平超过了居民的持久收入水平,储蓄增加;在周期的下行阶段,当期收入低于持久收入水平,为维持既定的消费,储蓄减少(李杨和殷剑峰,2007)。

中国居民储蓄率在改革开放以后迅速上升,除了收入增长的普遍作用外,可能是其他多种因素共同推动的。(1)经济转型的因素:中国由计划经济转型为市场经济的特殊经验可能是造成中国居民高储蓄倾向的原因之一。例如,改革开放之初由于中国人民拥有私有财产的很少,改革开放之后基于对未来朝向市场化发展的预期,也促使他们愿意通过储蓄以期待将来购买国家资产的机会。(2)人口转型因素:随着收入的增加,出生率在一开始会上升,但随后又会下降。当收入快速增长时,所产生的效应会在几十年后的婴儿潮时期的人口成年时出现。依据生命周期假说理论,当婴儿潮时期出生的人口达到其最高收入年龄,并开始为将来的退休作储蓄时,此时储蓄率就会上升;而且当婴儿潮时期出生的人口开始进入他们最富生产力的年纪时,整体经济也可能因此而获得更大的增长,因此储蓄和收入增长之间也会出现正相关性,甚至收入增长将导致更高的储蓄率。中国在 20 世纪 70 年代开始执行计划生育政策,计划生育政策推动了中国人口年龄结构的迅速转型,计划生育政策的严格执行使得中国的人口出生率已大大降低,出生率的下降意味着少儿抚养系数的急剧下降,在老人抚养系数提高并不明显的情况下,总抚养系数已经从 1960~1970 年的平均 79.2% 下降到 2010 年的 34.2%。人口结构的这种变化意味着劳动年龄人口所承担的抚养和赡养等经济负担大大减轻,从而减少了家庭支出,提高了储蓄的能力。而在人口迅速转型的过程,由于我国大规模的养老保险体系尚未建立,人口政策渐渐打破了子女赡养老人的传统家庭的作用,从而鼓励个人进行积累(Modigliani 和 Cao,2004)。根据世界银行给出的数据,中国人的平均预期寿命比 1970 年时增加了 15 岁,并且还在增加,今天的中国婴儿可望活到 75 岁以上。由于城市居民在 60 岁退休,当他们预期自己活得更长时,他们通常有着为将来退休而储蓄的强烈动机,尤其是其知道养老金可能不足以维持老年支出时。(3)预防性储蓄:生命周期假说的前提是假设消费者可以完全确认他们所可能遭遇的风险。事实上,许多的风险其实都是不可确知的,或者只能部分确知。例如,因为信息不对称等因素所造成的市场失灵就会导致消费者对风险的不确定。因此,当收入状况不确定时,消费者就会通过储蓄来平滑他们在收入改变时无论是可预期或是不可预期的消费。预防性的储蓄类型可以解释为何当收入可能上升时储蓄率却并未下降的原因。就中国而言,中国的社会和私人保险市场仍处于发展的阶段,因此人们有很强的从事预防性储蓄的动机。龙志和与周浩明(2000)、施建淮与朱海婷(2004)的实证研究发现,中国城镇居民储蓄行为确实存在显著的预防性动机。(4)流动性约束:如果一个国家信贷市场尚未发展成熟,那么生命周期假说中所建构的人们会在年轻时借贷消费、中年时储蓄,退休时动用储蓄的理论就无法成立。年轻人或许根本不能通过借贷来支付教育、居住和其他昂贵物品的消费,而是必须在一开始就累积必要的资金。因此,即使是年轻人,他也可能会成为一名储蓄者。就中国而言,信贷取得不易的确成为中国居民高储蓄倾向的原因之一(万广华等,2001)。(5)为提高消费层次而储蓄:对于大部分中国人来说,收入水平的上升使得消费不再仅仅是为了养家糊口,人们对生活质量的提高有了更高的期望。中国人正在把目光转向购买住房、轿车、保健和一系列以前无法获得的耐用消费品上,为孩子提供更多更好的教育也是中国家庭的重要储蓄目标。(6)消费习惯:当收入增加时,消费者可以选择是否将他的消费层次调整至更高的消费水平。由于中国人具有传统的节俭习惯,这是维持低消费、高储蓄的原因。换言之,如果在收入还不稳定的情况下,即便消费者的收入增加,他们也不愿贸然增加消费。这种维持原有习惯的态度就可以解释为何在收入已高过基本生活开支甚多的情况下,消费者仍继续维持原有较低生活水平的原因。因此,消费者为了能够维持已习惯的生活方式,他们从事预防性储蓄的比例就会较高。众多的研究证据也显示,收入增加后无论是在发达国家或发展中国家都会导致储蓄的增加,而为了维持原有的习惯正是可能的原因之一。对此,Carroll、Overl 和 Weil(2000)从理论上给出了深入分析,艾春荣和汪伟(2008)实证研究了中国居民的习惯偏好,发现此项因素对中国居民的高储蓄倾向也具有一定的解释力。以上这些因素对中国居民储蓄倾向的上升的贡献大小如何以及谁是主要因素还有待实证分析,我们将在其他后续章节给出答案。

第四节　中国储蓄率的未来走势展望

中国超高的储蓄率一直被视为是中国之所以能够成功地由计划、低收入的经济体转型为市场导向、中等收入经济体的决定性因素。一方面,高储蓄率供给了中国在经济改革时期快速投资增长的资金需求,从而在中国经济转型的初期扮演了重要的角色。由于快速的收入增长本身就能够促进高储蓄率的发生,因此中国在改革开放初期进入由高储蓄率来推动高收入增长,再由更高的收入增长推动更高储蓄的良性循环当中。中国政府通过改革开放初期所维持的高投资率来促进收入的快速增长,并进而助长了更高的储蓄率。另一方面,尽管中国的投资率多年维持在很高的水平,但中国的储蓄净剩余却持续增长,这也常常被认为是导致中国贸易顺差持续扩大的"帮凶",因此中国过高的储蓄率也受到了国际社会的非议。伴随着人民币升值的压力、贸易摩擦加剧和劳动力成本的提高,多年来国内需求低迷也导致依靠高积累的增长模式的可持续性受到挑战。

我们可以发现,中国的储蓄率在 2012 年以前并没有明显下降的迹象,事实上还一直呈现上升的趋势。近年来,中国储蓄率进一步上升,主要是企业储蓄在国民储蓄中的比重上升的缘故。居民收入在国民收入中的比重呈下降趋势,目前居民储蓄在国民储蓄中的比重仍然与企业储蓄比重相差不多,主要原因是居民储蓄的倾向有所上升,但从长期的趋势来看,如果居民收入在国民收入中占比下降趋势不改,居民储蓄率将呈下降趋势,但下降不会很明显。从政府储蓄的变化趋势看,政府储蓄在国民储蓄中的比重在17%左右,政府储蓄倾向近年来又有所走高,这其中的主要原因是 1998 年以来,政府机构改革的力度加大,公务员队伍得以精简,政府规模缩小,作为政府消费重要组成部分的行政开支得到一定程度的压缩;同时,由于加大了税收征管的力度,增加了财政收入,政府可支配收入在国民收入中所占的比重上升,因而使政府储蓄率上升较快(何新华和曹永福,2005)。虽然我国政府代替企业投资的行为依然存在,但从长期来看,随着政府逐步退出竞争性领域,政府代替企业投资的动机弱化,政府储蓄在国民储蓄中的比重不会上升太多。企业储蓄的上升主要是企业效益的全面改善,这使得企业保留利润迅速上升,如果企业的分红制度不改变,企业的储蓄还会进一步上升。另外,企业对居民部门的劳动报酬支出和利息支出长期被稳定在较低的水平(李扬和殷剑峰,2007),这也使得企业储蓄率上升。因此,从部门储蓄的变动趋势来预测中国储蓄率的未来走势,中国高储蓄率的态势依然会持续下去。

第五节　本章结论与政策启示

本章测算了 1952～2010 年中国居民、政府与企业三部门的储蓄率并分析了各部门储蓄率的变化及其原因。我们得到了如下基本结论:(1)改革开放前,中国政府是储蓄的主体。改革开放后,在经历了一个较长的下降周期后,政府储蓄率在国民储蓄中的地位已经居于居民储蓄与企业储蓄之后。政府储蓄率的下降一方面源自政府收入在国民收入中的比重下降,另一方面政府储蓄倾向降低,这与市场化改革导致的国民收入分配格局变化及政府的职能变化密切相关。(2)80 年代中期后各项改革全面展开,随着企业利润分配制度的改革,企业自主权扩大,企业的各种政策性负担开始逐渐剥离,特别是到了 20 世纪 90 年代中期以后,随着企业体制改革的深化,预算软约束逐步"硬化",买方市场逐步形成,所有工业企业的效益均有了不同程度的改善,企业可支配收入在国民可支配收入中所占比重的加大,因而企业储蓄在国民储蓄中的比重迅速上升,企业效益提升但不分红也是企业储蓄上升的原因。(3)计划经济时期,国家的高积累政策、居民的低收入水平与过重的人口负担决定了居民的储蓄能力有限,稳定的收支预期也使得居民储蓄倾向减弱,居民储蓄占国民储蓄的比重平均只有约 10%。改革开放后,随着中国经济改革的加速推进,储蓄率也随之稳步上升,居民个人储蓄占国民储蓄的比重已从 1978 年的 5.8% 一路上升至 1994 年的近 50%,至今仍维持在 45% 左右。中国居民储蓄率在改革开放以后之所以迅速上升,除了收入增长的普遍作用外,可能是其他多种因素共同推动的,这些因素包括经济转型、人口转型、社会保障制度不完善造成的预防性储蓄、流动性约束、消费习惯等。

近年来,我国的经济增长方式已经出现了新的变化,单纯投资驱动的经济增长成分已经出现了显著降低,由于世界金融危机和人民币升值等因素的影响,出口对经济增长的驱动力量也显著减弱。因此,启动国内消费需求、促进经济稳定快速增长将是今后一个时期宏观经济政策的重点。由于居民是消费的主体,为使经济向着健康的方向发展,消除需求不足的现状重点应放在国民收入的分配结构上,使国民收入向居民部门有所倾斜。由于我国居民的储蓄倾向偏高,经济政策的重点应当放在降低居民的储蓄倾向上,政府应该尽快扩大在教育、医疗、社会保障等社会性公共产品领域的投资,发展消费信贷市场。这一举措既能降低政府储蓄率,也能够通过缓解居民的预防性储蓄动机、流动性约束来降低居民储蓄率。此外,应尽快建立企业分红的制度和文化,大力发展资本市场,改变企业过于依赖自我积累融资的现状,提高直接融资的比重,这些都有助于降低企业储蓄率。

第三章

经济增长、人口结构变化与中国高储蓄

第一节 引 言

改革开放 30 多年来,我国 GDP 每年平均以 9.6％的速度增长,伴随着经济高速增长的是国民储蓄率的大幅提高(见表 3.1)。据中国人民银行课题组(1999)的测算,中国 1978 年以来国民储蓄率较发达国家储蓄率高出十多个百分点,储蓄倾向明显高于工业化国家的平均水平。Kraay(2000)研究发现,1978～1995 年中国的平均国民储蓄率为 37％,而国际平均储蓄率仅为 21％。Modigliani 和 Cao(2004)用个人拥有财富改变量作为居民储蓄的度量,测算了 1953～2000 年中国的居民储蓄率,他们回顾新中国成立后中国居民储蓄的历史,发现了一个令人吃惊的事实:从 20 世纪 50 年代到 70 年代中期,"节俭"的中国人并不那么节俭,因为平均的居民储蓄率低于 5％;但到了 70 年代中期以后,随着中国经济改革的加速推进,储蓄率却稳步上升,尽管中国的人均收入水平仍远低于工业化国家,然而他们估计的 1994 年中国居民储蓄率接近 34％,与日本 20 世纪 60 年代的情况相似。Kuijs(2005,2006,世界银行工作论文)用资金流量方法测算了中国 1990～2004 年的国民投资和储蓄率,发现中国的国民储蓄率一直维持在 40%上下,1994 年和 2004 年国民储蓄率更是高达 42.7% 和 43.5%。本章根据最新公布的统计年鉴推算发现,2010 年、2011 年、2012 年的国民总储蓄率分别攀升至 52.6%、51.8%、50.5%。

表 3.1 中国人均收入增长率、抚养系数与储蓄率变化

时间段	1960~1970	1970~1980	1980~1990	1990~2000	1960~2000	1989~2010
人均GDP增长率	2.7%	6.3%	9.4%	10.1%	7.8%	9.6%
抚养系数	79.2%	75.3%	56.9%	53.3%	65.0%	45.8%
国民储蓄率	26.8%	32.8%	34.9%	40.6%	33.9%	43.1%

资料来源:World Bank,World Bank Online Database(2010)以及《中国统计年鉴》,并经作者测算。

中国异乎寻常的高储蓄成为国内外学者研究的热点,其解释的角度也不尽相同。上一章通过对总的储蓄与部门储蓄的分解,提出了诸多解释因素。概括起来,文献中经常提到的解释因素主要包括:公众对未来收入和支出不确定性的"预防性储蓄"动机、社会保障体制的不完善、行为习惯、流动性约束和贫富差距拉大等。这些因素固然重要,但它们几乎都可以通过政府政策来缓解或消除掉。另外,还有两个非常重要的因素却少有人提及,那就是高经济增长与人口年龄结构变化。

本章着重从经济增长与人口结构变化的角度来分析中国目前的高储蓄现象。从 20 世纪 70 年代末开始,中国实行改革开放政策。几乎与此同时,中国还实行了"一个孩子"的严格计划生育政策。改革开放促进了经济的快速增长,而计划生育政策推动了中国人口年龄结构的迅速转型。从表 3.1 中我们可以看到,经济中的抚养系数[1]的下降与储蓄率的上升似乎是同步

---

[1] 按照国际惯例,抚养系数(或抚养比)通常定义为 15 岁以下未成年人口+65 岁以上老年人口与 15~64 岁人口的比重。

的。因此,中国高增长、人口年龄结构的变化是否与高储蓄有关是一个值得深入探讨的并且具有重大现实意义的问题。从理论上来说,中国的人口转型为评估生育率的外生变化对储蓄率的冲击提供了一个有趣的自然试验,也是从另一个侧面检验生命周期理论(Modigliani 和 Brumberg,1954),并为我们观察中国居民的储蓄行为提供了一个新的视角。从长期来看,中国要实现由固定资产投资与出口驱动向消费驱动的经济增长方式转变、实现可持续增长,就必须考虑对经济增长和储蓄具有长期影响的人口政策。另外,就业、养老系统的设计、医疗保险、教育等都不可避免地与人口的年龄结构相关。因此,研究中国人口结构变化、经济增长对国民储蓄的影响,对于今后制定长期的人口和经济政策也具有重要的实践指导意义。

本章余下部分结构安排如下:第二部分回顾并评述现有理论与实证文献;第三部分以生命周期理论为出发点建立本章的计量模型并对1989~2010年省际面板数据特征进行描述;第四部分运用不同的识别方式和各种计量技术进行实证检验;第五部分从经济增长与人口结构变化及其交互作用的角度对我国高储蓄率的形成机制、动态变迁进行分析;第六部分是本章的主要结论与政策启示。

第二节　文献综述

人口结构变化与储蓄率的关系集中反映在生命周期模型中。生命周期理论的基本思想是,个体将根据自己一生的预期总收入来平滑自己在各期内的消费,从而实现整个生命周期中的效用最大化。因此,一个人在未成年期和老年期消费高于收入,进行负储蓄;在成年期内消费低于收入,进行储蓄。就一个国家而言,如果该国的未成年人抚养比率和老年人抚养比率较高,储蓄率将会较低;反之,则反是。与生命周期理论相关的含义是人均收入增长率的变化会影响储蓄:在较快增长经济中的年轻人比处于负储蓄状态的老年人显得更加富裕,从而更多地储蓄,相应地也比处于较慢增长经济中的个体有较高的储蓄率,高增长对储蓄的影响与年轻人相对老年人的数量增加具有同样的效应(Modigliani,1970,1986)。生命周期也给出了大量关于经济增长与年龄结构交互影响的预测,如 Fry 和 Mason(1982)以及 Mason(1987,1988)强调的"可变增长率"(variable rate-of-growth)模型,年龄结构对储蓄的影响依赖于处于不同年龄群体的个体的生命周期财富水平,而这些由经济增长决定。

大量经验文献考察了人口结构、经济增长与储蓄的关系。Leff(1969)使用 74 个国家的跨国数据发现,在 1964 年,如果控制人均 GDP 的对数值和过去五年的人均 GDP 增长率对数值,那么总储蓄率的对数值与 15 岁以下的人口比例和 64 岁以上的人口比例呈反比。Modigliani(1970)早期关于储蓄率的国际比较进一步证实了 Leff 的经验结果,并发现高人均收入增长会导致高储蓄。随后的研究如 Goldberger(1973)与 Ram(1982)发现并不能证实抚养系数对储蓄率有显著影响,因而他们对 Leff 与 Modigliani 的数据处理、变量设定、样本构成和估计方法提出了质疑。虽然 Leff 与 Modigliani 的发现受到了某些质疑,但人均收入增长率与储蓄率的相关关系在总量数据中一直是稳健的,Gersovitz(1988)给出了一个总结性的评论。后来,Kelly 和 Schmid(1996)保留了 Leff 简单的分析框架,但是改正了其中的很多问题。通过对 89 个国家 20 世纪 60 年代、70 年代和 80 年代三组横截面数据的分析,他们发现储蓄率在人均 GDP 较高的国家中比较高,在人均 GDP 增长率较高的国家也比较高①,但是在 20 世纪 60 年代和 70 年代数据中储蓄率与年幼人口和老年人口的比例却没有显著的关系。只有 20 世纪 80 年代的数据和生命周期模型的预期结果一样,即年幼人口和老年人的比例与储蓄率呈负相关关系。Higgins 和 Williamson(1996)的研究表明,1958 年以来,亚洲地区生育率的上升和婴儿死亡率的下降对亚洲人的储蓄、投资产生了显著影响。20 世纪 60 年代以来亚洲储蓄率显著增长,主要应归因于同一时期

---

① 根据生命周期理论,并不能得出人均 GDP 较高的国家储蓄率也比较高的结论,但在生命周期模型稳态和动态中能够得到人均 GDP 增长率越高储蓄率也越高的结论。

内未成年人抚养比率的降低。Higgins 和 Williamson(1997)使用一些亚洲国家混合的横截面与时间序列数据发现,抚养系数对储蓄率存在很强的负面影响。Loayze 等(2000)在研究世界储蓄率差异时发现,人均收入增长率是解释国际储蓄率的最稳健显著的变量,未成年人抚养比率和老年人抚养比率的上升将会减少私人储蓄,如果未成年人抚养比率上升 3.5%,储蓄率将会下降 1%;如果老年人抚养比率上升 3.5%,储蓄率将会下降 2%。Schultz(2005)运用 1952~1992 年 16 个亚洲国家和地区的数据,对 Higgins 和 Williamson(1997)的结果进行了重新估计,所得到的国家人口的年龄构成对储蓄率影响系数还不到 Higgins 和 Williamson(1997)所报告的规模的四分之一。尽管使用多种方法来进行估计,仍然没有发现当期储蓄与年龄构成之间存在重大的依赖关系。从以上有关人口结构、增长与储蓄关系的国际经验分析不难看出,人均收入增长率与储蓄率的相关关系相对稳定,而人口结构与储蓄率的关系却对数据处理、变量设定、样本构成和估计方法比较敏感,存在不少争议,并有待进一步研究。

最近,也有少数学者研究了我国的人口结构变化、经济增长与储蓄率关系。袁志刚和宋铮(2000)通过构建一个纳入中国养老保险制度基本特征的迭代模型研究发现,中国的高储蓄很可能就是人口年龄结构变动下个体的理性选择。人口老龄化一般来说会激励居民增加储蓄,由于人口老龄化是计划生育政策的必然结果,它很可能是造成中国城镇居民储蓄倾向上升的一个重要因素。陈利平(2005)通过引入消费攀比讨论了增长与储蓄的关系,并将中国的高储蓄归因于高增长。李杨和殷剑峰(2005)、李杨、殷剑峰和陈洪波(2007)等认为剩余劳动力由农业向工业(工业化)、由农村向城市(城市化)、由国有向非国有(市场化)的持续转移是中国经济能够长期、高速增长的关键,而高储蓄率和高投资率是这种增长模式的必然结果。这些研究或者注意到了人口结构对储蓄的影响,或者注意到了增长的作用,却没有将二者结合起来共同考察,也缺乏对中国数据的实证检验。现有的关于中国的实证检验与国际经验类似,也存在相互矛盾的结论。根据 Kraay(2000)

的研究,抚养系数对居民储蓄率没有显著影响,而 Modigliani 和 Cao(2004)的研究结果则显示少儿抚养系数是解释中国居民储蓄率上升的重要因素。另一方面,Kraay(2000)认为,未来收入增长率对储蓄率有显著负面影响,而 Modigliani 和 Cao(2004)则认为收入增长率对储蓄率有正的显著影响。上面的两个实证研究并没有区分幼年人口抚养比率和老年人口抚养比率对储蓄率的影响,而区分二者对研究中国人口转型中各变量的作用机制非常重要。王德文和蔡昉等(2004)、LouisKuijs(2006)、Horioka 和 Wan(2007)、汪伟(2008a)的研究则弥补了上述研究的不足。然而他们关于幼年人口抚养比率和老年人口抚养比率对储蓄率的贡献大小与方向的研究结论并不一致(表3.2总结了他们的研究结果),也缺乏对中国人口转型中各变量的作用机制的细致讨论。

鉴于以往研究的种种不足,本章运用1989~2010年省际面板数据从经济增长与人口结构变化的交互作用角度对中国高储蓄率的形成机制以及动态变迁进行分析,在计量分析上,本章将通过各种不同的识别方法以及控制其他潜在影响储蓄率的各种因素来克服以往研究的缺陷,以期通过深刻而细致的数量化分析为我国科学制定政策提供有益的借鉴和参考。

第三节　计量模型设定与数据描述

我们以生命周期理论为出发点建立本章的计量模型。生命周期假说的基本和新的内涵是国家储蓄率,S/Y 与人均收入无关但依赖于收入增长率。这个结果在 Modigliani 大量早期的文献中有所阐述,这些文献包括 Modigliani(1970,1986)、Modigliani 和 Cao(2004)。有必要对这个理论的早期论述作一个简短的概括。

该假说认为个体通过他拥有终生资源在现期消费和未来消费之间进行最优配置来实现个人效用最大化。因此,个人将终生资源而不是把现期收入作为预算约束。这个假说,再加上以下假设:(1)在有限的生命周期内对资源配置的稳定偏好独立于终生收入的大小;(2)一条按年龄的稳定资源路径,将产生一个稳定的储蓄收入比率和财富收入比率的年龄模式。假设在一定时期总收入以一个稳定增长率 g 增长。首先,考虑总收入的增长完全是由于人口以同样的增长率增长带来的,此时人均收入不变。接着,随着时间的推移,总消费和总收入都以 g 的比率增长,因此消费与收入的比率、储蓄与收入的比率、财富与收入的比率均不变。这样,对于任何给定的 g,国民财富与国民收入成比率,即 $W=\omega Y$,ω 是一个常数并且独立于收入(虽然可能依赖于 g),因此储蓄就是财富的增长,我们可以推出:

$$S/Y=\Delta W/Y\equiv\omega\Delta Y/Y\equiv\omega g \qquad (3.1)$$

这里,$g=\Delta Y/Y$ 表示收入增长率,因此储蓄率独立于收入而与收入增长率有关。如果收入增长率 g 不变,那么 S/Y 等于 ωg 将不变。当总收入增长是由生产力(人均收入)的增长带来时,相似的结论成立。由此我们可以得出这样的结论,只要收入的增长相当稳定,具有生命周期假说含义的储蓄函数可以写成如下形式[①]:

$$S/Y=\beta_0+\beta_1 g+\varepsilon \qquad (3.2)$$

这里,β_1 应当显著为正,ε 是一个随机误差项(独立同分布)。

正如 Modigliani(1970)指出的,根据生命周期假说,储蓄随稳定的人口增长而增长。但这个关系并非显而易见,真正影响储蓄的是人口的结构,特别是正在工作的和没有工作的人口关系是最重要的因素,因为后者由于只消费而不生产收入从而使国民储蓄减少。没有工作的人口包括退休人员和未成年人。[②] 当且仅当人口增长已经在足够长的一段时间稳定以至于人口结构在这种增长下达到均衡时,才可预言人口结构与人口增长相关。

当人口增长在各期不断变化时,不同年龄群体的人口数量将以不同的

---

① 得到上面的结果的一个替代方法是承认前面阐述的关于收入和消费的路径蕴涵着总储蓄是收入和财富的线性(齐次)函数。我们可以证明这个方程意味着如果收入以不变的速度增长,储蓄的财富与收入的比率将趋向于一个常数,并且因此 S/Y 将会趋向于满足方程(3.2)。

② 一个人被归入成年人的年龄在不同国家的划分标准是不同的。它随一个国家发展程度的不同而不同。对中国来说,它处于早期发展阶段,我们把 15 岁以下的人看作未成年人。按照国际惯例通常将65 岁及 65 岁以上的人口看作老年人口,而工作人口是指 15~64 岁年龄段的人口。

比例增长。现期的人口增长率将与人口结构和储蓄率没有系统关系。由于中国过去半个世纪以来人口出生率和不同年龄段的死亡率经历了大的波动,这些考虑与中国的情况是明显有联系的。在这些情况下,应该用上面提到的人口结构分析取代人口增长分析。对中国来说,存在大量的因素支持我们前面的探讨,由此我们可以得出结论,具有决定意义的人口结构统计变量是未成年人口数量与工作人口数量的比例(少儿抚养系数,用 YDEP 表示)以及老年人口与工作人口的比例(老人抚养系数,用 ODEP 表示)。在考虑人口年龄结构变化的情况下,我们可以对式(3.2)做进一步修正,我们分别加入少儿抚养系数与老人抚养系数来反映人口转型。因此,得到下面的基本面板回归方程:

$$SR_{it} = \beta_0 + \beta_1 g_{it} + \beta_2 YDEP_{it} + \beta_3 ODEP_{it} + u_i + \varepsilon_{it} \qquad (3.3)$$

上式中,下标 i 代表地区,t 表示时间,u_i 为观察不到的地区效应[①],ε_{it} 为随机扰动项,SR_{it} 表示地区 i 时期 t 的国民总储蓄率。

为了考察人口年龄结构变化与经济增长对储蓄率的交互影响,我们在基本回归模型中加入 $YDEP \times g$,$ODEP \times g$ 两个交互项,因此,新的估计方程为:

$$SR_{it} = \beta_0 + \beta_1 g_{it} + \beta_2 YDEP_{it} + \beta_3 ODEP_{it} + \beta_4 (YDEP \times g)_{it}$$
$$+ \beta_5 (ODEP \times g)_{it} + u_i + \varepsilon_{it} \qquad (3.4)$$

为了检验结果的稳健性,我们将加入其他解释变量进行检验,包括收入变量(如人均 GDP)与其他人口结构变量,如反映中国城乡二元结构变化变量的城市化和反映就业结构变化变量的城镇从业率等。我们还将控制经济中的潜在影响国民储蓄率的变量,包括工业 GDP 占 GDP 的比例(反映产业结构的变迁和企业储蓄变化的影响)、政府财政支出占 GDP 的比例(反映政府支出的影响)、城乡收入比(反映收入不平等状况)以及其他可能影响储蓄率的变量,如实际利率等(变量定义见表 3.2)。另外,我们还将通过加入滞

---

① 我们通过在回归方程中加入各年的时间哑变量来控制观察不到的时期效应。考虑到中国发展不平衡、地区差异等国情,我们在回归方程中加入东部与西部两个地区哑变量。东部地区包括北京、天津、河北、辽宁、上海、江苏、浙江、福建、山东、广东、海南;中部地区包括山西、内蒙古、吉林、黑龙江、安徽、江西、河南、湖北、湖南;西部地区包括广西、四川、贵州、云南、陕西、甘肃、青海、宁夏、新疆。

后一期储蓄率将静态模型拓展到动态模型,并运用动态面板数据的 GMM 估计方法消除可能存在的识别性偏误。

我们使用的数据是中国 1989～2010 年省际面板数据,人均 GDP 以及人均 GDP 增长率数据来自《新中国五十五年统计资料汇编》和 2005～2011 年《中国统计年鉴》,部分数据来自各省统计年鉴,个别缺失数据由作者运用插值法计算得出,人均 GDP 已用 1989 年不变价折算为实际量。抚养系数数据(YDEP,ODEP,DEP)来自《中国人口统计年鉴》以及《1990 年以来中国常用人口数据集》。名义利率来自世界银行数据库,是历年中国人民银行公布的一年期存款利率,实际利率用名义利率减去通货膨胀率得到。中国统计年鉴并没有直接的储蓄率数据,本章的国民总储蓄率用(1−最终消费率)表示,其他数据均用统计年鉴和《新中国五十五年统计资料汇编》公布的数据直接计算得到。由于重庆直到 1997 年才从四川分离出来成为直辖市,我们缺少重庆 1997 年以前的数据;另外,西藏一些年份的数据在统计年鉴中也不可得。我们将这两个区市的数据剔除,因此,我们的完全样本数量为 638 个。

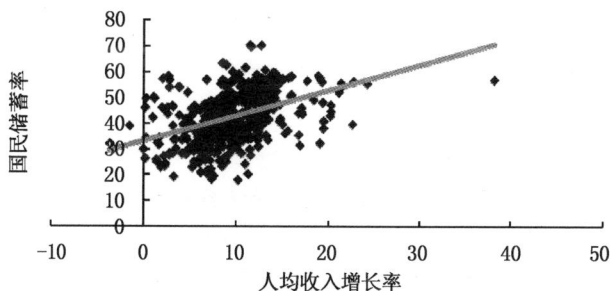

数据来源:《新中国五十五年统计资料汇编》、《中国人口统计年鉴》等,经作者分类整理。

图 3.1　国民储蓄率与人均收入增长率

表 3.2 与表 3.3 分别给出了变量定义与数据的描述性统计量。从样本期数据的描述性统计可以看出,分省的国民总储蓄率、人均 GDP 的增长率以及抚养系数数据均具有很大的变异,储蓄率的均值为 43.1%,变动范围为

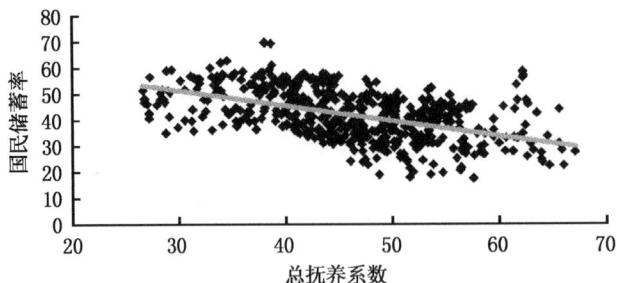

数据来源:《新中国五十五年统计资料汇编》、《中国人口统计年鉴》等,经作者分类整理。

图 3.2　国民储蓄率与总抚养系数

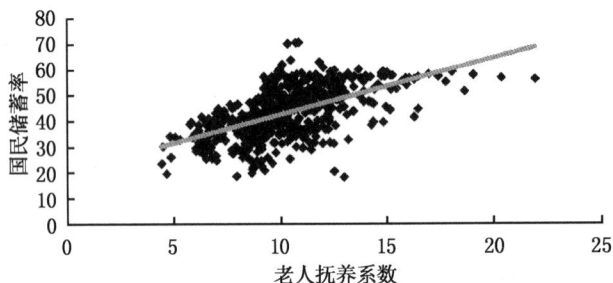

数据来源:《新中国五十五年统计资料汇编》、《中国人口统计年鉴》等,经作者分类整理。

图 3.3　国民储蓄率与者人抚养系数

17.8%～80.3%;人均 GDP 增长率的均值为 9.80%,变动范围为－3.7%～38.1%;总抚养的均值为 45.8%,变动范围为 26.5%～67.0%。1989～2010年少儿抚养系数的平均值为 34.28%,已经大大低于 45% 的世界平均水平,而老人负担系数平均值为 10.72%,已经接近 13.9% 的世界平均水平。[①] 从数据的散点图上可以看出,经济增长率与储蓄率存在同步上升趋势,二者的正相关性十分明显。总抚养系数与储蓄率则具有反向变动特征,因此,经济

[①]　世界负担系数数据来自联合国人口署数据库的统计。

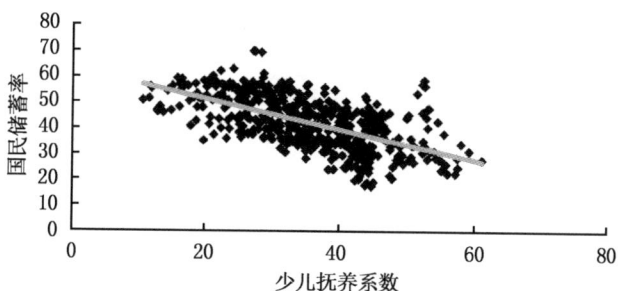

数据来源:《新中国五十五年统计资料汇编》、《中国人口统计年鉴》等,经作者分类整理。

图 3.4　国民储蓄率与少儿抚养系数

增长与人口年龄结构的数据特征似乎与生命周期理论能够很好地吻合,如果将总抚养系数细分为少儿抚养系数与老人抚养系数后,我们发现,少儿抚养系数与储蓄率呈明显负相关,而老人抚养系数与储蓄率则呈明显正相关。[1] 样本期总抚养系数下降的贡献主要来自少儿负担系数的下降,而老人抚养系数随人口老龄化的加速呈现上升趋势,这一降与一升似乎都造成了储蓄率的上升。下面我们通过各种识别方法来检验和揭示它们之间的相关关系,并将经济增长与人口结构变化相结合对我国高储蓄形成的作用机制进行剖析。

表 3.2　　　　　　　　　变量定义及近期主要实证结果[2]

变 量	表示	定 义	预期符号[3]	近期实证
国民储蓄率(因变量)	tsr	1—最终消费率		

[1] 这似乎与生命周期理论的预测并不一致,本章将在后面做解析。
[2] 我们这里主要调研了一些近期关于中国储蓄决定因素的研究,1、2、3、4、5、6 分别为 Kraay(2000)、Modigliani 和 Cao(2004)、王德文和蔡昉等(2004)、Louis Kuijs(2006)、Horioka 和 Wan(2007)、汪伟(2008a)的研究。Kraay 既使用了总量数据也使用了家庭调查数据分省面板数据,样本期为1978～1983 年、1984～1989 年;Modigliani 和 Cao 使用的是 1953～2000 年时间序列总量居民数据;王德文和蔡昉等使用 1982、1990、2000 年 3 次人口普查数据以及 13 年人口抽样调查资料和统计年鉴公布的其他分省混合数据取 5 年平均;Louis Kuijs(2006)使用的是世界发展指数数据库公布的 1960～2003 年中国总量数据取 5 年平均。Horioka 和 Wan 及汪伟分别使用的是国家统计局公布的居民分省面板数据,样本期分别为 1995～2004 年、1995～2005 年。
[3] 交互项的符号预测来自 Fry 和 Mason(1982)的结论,其他变量的符号预测根据生命周期理论或者国际经验结果。

变 量	表示	定 义	预期符号	近期实证
滞后一期国民储蓄率	lagtsr	上年总国民储蓄率	+	5+,6+
人均对数 GDP	lnpgdp	实际人均生产总值对数	不确定	3,4,6+
人均 GDP 增长率	g	实际人均生产总值的增长率	+	1−,2,3,4,5,6+
总抚养系数	dep	少儿负担系数与老人负担系数之和	−	1 不显著,3−
少儿抚养系数	ydep	15 岁以下人口/15~64 岁人口的比例	−	2,3,4,6−,5 不显著
老人抚养系数	odep	65 岁以上人口/15~64 岁人口的比例	−	3,4−,5,6+
少儿抚养增长交互项	gydep	g×ydep	−	
老人抚养增长交互项	godep	g×odep	−	.
城市化率	urbliz	城市人口占总人口的比例	−	1 不显著,4,6−
城镇从业率	uempl	城镇从业人员/总从业人员	+	
公共支出/GDP	fisrat	公共财政支出占 GDP 的比例	−	4,6−
工业/GDP	indrat	工业总产值占 GDP 的比例	+	4+
城乡收入比	urrat	城镇人均可支配收入/农村人均纯收入	不确定	
实际利率	rint	1 年期存款利率－通货膨胀率	不确定	1 不显著,3,5,6+
东部虚拟变量	east	东部省份取值为 1,其他为 0	+	3,6+
中部虚拟变量	middle	中部省份取值为 1,其他为 0	+	3,6+
时间虚拟变量	y89~y10	对应年份取值为 1,其他为 0	不确定	4 显著

表 3.3　　　**各变量描述性统计量(凡比例变量均为%,收入变量:亿元)**

	观测数	均值	标准差	最小值	最大值
国民总储蓄率	638	43.11	9.85	17.78	80.26
人均对数 GDP	638	8.58	0.92	6.62	11.12
人均 GDP 增长率	638	9.80	4.18	−3.70	38.1
总抚养系数	638	45.83	8.86	24.52	67.03
少儿抚养系数	638	34.28	10.21	9.12	61.02
老人抚养系数	638	10.72	2.66	4.38	23.16

续表

	观测数	均值	标准差	最小值	最大值
城市化率	638	39.78	20.48	12.15	93.36
城镇从业率	638	39.46	17.23	11.9	84.52
公共支出/GDP	638	14.56	5.43	4.68	52.04
工业/GDP	638	40.86	8.76	11.20	66.35
城乡收入比	638	2.92	0.75	1.24	4.91
实际利率	638	−0.45	4.74	−17.06	11.14
东部哑变量	638	0.38	0.49	0	1
中部哑变量	638	0.31	0.46	0	1

第四节　计量方法与估计结果

一、静态识别

我们分别采取不同的模型识别来估计人均收入增长、人口年龄结构变化对储蓄率的影响。本节我们不考虑模型可能存在的动态结构,即我们排除滞后因变量:上一期的储蓄率。我们首先估计生命周期理论得到的基本的回归方程(3.3)。运用混合的 OLS、固定效应和随机效应模型估计发现(见表3.4),各解释变量均非常显著,而且有我们预期的符号,人均收入增长率[①]与少儿抚养系数在各种估计中的系数变化并不大,老人抚养系数在固定效应与随机效应模型中的估计系数相差很小,但比混合的 OLS 中的估计系数有较大上升。对固定效应与随机效应识别的 Hausman 检验的 p 值接近0.9,表明各变量的固定效应系数与随机效应系数在统计上没有差异。我们尝试着在模型中加入反映时间变化的哑变量,结果发现时间哑变

---

① 人均收入增长率与储蓄率之间可能存在相互解释问题,因而人均收入增长率很可能是内生的,我们尝试用它的滞后一期值作为工具变量进行估计,发现各变量的系数与显著性没有明显改变,上面的表格中省略了估计结果。

量虽然是整体显著的,但对我们所关注的变量系数的影响并不大,而且对估计的整体解释能力的贡献也不高。[①]因此,基本方程的回归结果印证了生命周期理论的预测:经济高速增长与抚养系数的下降是导致中国储蓄率上升的重要因素[②]。从数量关系看,人均收入增长率上升1%,国民储蓄率将上升约0.4%;少儿抚养系数下降1%,将引起国民储蓄率上升约0.23%,老人抚养系数上升1%,储蓄率上升约0.56%。然而,基本回归方程(3.3)的估计并不能得到经济增长与年龄结构交互影响的预测,因此我们进一步通过加入人均收入增长率与抚养系数的交互项来估计这种影响效应(见表3.4中的第4、5、7、9列)。从我们估计的结果看,所关注变量的系数都有不同程度的变化,人均收入增长率、少儿抚养系数与老人抚养系数仍然有预期的符号且非常显著,少儿抚养系数与经济增长率的交互项基本都不显著(只有OLS Ⅲ在10%的显著性水平下显著,其可能的主要原因是由于多重共线性引起的),而老人抚养系数与经济增长率的交互项均在5%的显著性水平下显著。交互项的符号都是负的,而人均收入增长率对储蓄率的偏效应为:$\beta_1+\beta_4 YDEP+\beta_5 ODEP$,表明经济增长对储蓄率上升的贡献随着少儿抚养系数的不断下降而被强化,随着老人抚养系数的逐步上升而被弱化,而老人抚养系数的弱化作用更为明显。少儿抚养系数与老人抚养系数对储蓄率贡献的偏效应分别为:$\beta_2+\beta_4 g$ 和 $\beta_3+\beta_5 g$,表明随着经济增长率的上升,少儿抚养系数的下降对储蓄率的贡献被强化,而老人抚养系数的上升对储蓄率的贡献被弱化。我们可以通过在偏效应表达式中取各变量的样本均值得到各变量的偏效应大小,人均收入增长率、少儿抚养系数、老人抚养系数的偏效应分别约为0.40、-0.23、0.48,与前面没

---

① OLS估计中加入时间哑变量后,R^2只上升了2%,在固定效应与随机效应模型估计中结果也差不多,限于表格的宽度,我们没有给出具体结果,由于时间哑变量的解释作用并不高,本章在后面的动态识别中为了避免由于工具变量过多而影响估计结果,将排除时间哑变量。

② 由于执行严格的计划生育政策,我国的抚养系数总体是不断下降的,导致抚养系数急剧下降的主要因素是少儿抚养系数的下降,样本期普通家庭的孩子数量由4个左右下降到1~2个。随着人口转变,少儿抚养比大幅度下降,劳动年龄人口的经济负担不断减轻,国民收入中用于消费支出的部分相对减少,用于储蓄的部分相应增加。人口老龄化是与计划生育政策相伴随的产物,老人抚养系数正稳步上升,养老压力的加大导致储蓄率的进一步上升。

有加入交互项的结果相差不大。

表 3.4 　　　　　　　　　　　　静态面板估计结果

自变量	混合 OLS I	混合 OLS II	混合 OLS III	混合 OLS IV	固定效应 I	固定效应 II	随机效应 I	随机效应 II
g	0.42	0.37	1.58	1.51	0.40	1.31	0.40	1.32
	(6.76)***	(4.15)***	(3.42)***	(3.01)***	(7.59)***	(2.92)***	(7.65)***	(2.96)***
$ydep$	−0.28	−0.30	−0.18	−0.23	−0.23	−0.17	−0.24	−0.18
	(−8.15)***	(−7.28)***	(−2.29)**	(−2.79)***	(−5.56)***	(−2.19)**	(−6.19)***	(−2.39)**
$odep$	0.27	0.24	0.99	0.96	0.56	1.26	0.52	1.17
	(2.18)**	(1.85)*	(3.38)***	(2.96)***	(2.89)***	(3.72)***	(2.87)***	(3.63)***
$g \times ydep$			−0.015	−0.016		−0.01		−0.01
			(−1.94)*	(−1.70)*		(−1.23)		(−1.24)
$g \times odep$			−0.09	−0.09		−0.08		−0.08
			(−2.79)***	(−2.51)**		(−2.45)**		(−2.46)**
$east$	13.62	13.73	13.68	13.42			13.31	13.48
	(16.16)***	(16.35)***	(15.63)***	(16.65)***			(6.82)***	(6.68)***
$middle$	4.11	3.99	4.02	3.82			4.08	4.11
	(6.24)***	(6.33)***	(6.09)***	(5.86)***			(2.11)**	(2.05)**
$\_cons$	35.08	35.46	24.57	27.36	35.17	28.06	31.11	23.01
	(16.41)***	(14.98)***	(5.45)***	(6.08)***	(12.58)***	(5.52)***	(10.23)***	(4.56)***
时间哑变量联合显著的 p 值		0.0091		0.0087	0.0000	0.0000	0.0000	0.0000
观测数	638	638	638	638	638	638	638	638
组内 R^2					0.36	0.37	0.35	0.36
组间 R^2					0.65	0.62	0.80	0.80
R^2	0.69	0.72	0.69	0.72	0.48	0.48	0.69	0.71
Hausman 检验 p 值							0.8745	0.8971

注：所用的软件包是 stata 10.0，表格括号中报告的是 t 统计量，在混合的 OLS 估计中，我们使用的是经过异方差稳健标准误校正计算得到的 t 统计量，***、**、* 分别表示 1%、5%、10%显著。

在以上的基本识别下，我们进一步加入上文提到的其他解释变量以检验识别的稳健性，在考虑了经济发展水平、城乡二元结构变化、劳动力转移以及政府财政支出规模效应，并考虑企业储蓄变化、经济中的收入不平等状况以及储蓄的回报率等变量后，我们发现，这些控制变量对储蓄率整体上有解释作用。在没有加入交互项的情况下（见表 3.5），我们所关注的变量的系数尽管大都有所减小,但仍然有预期的符号,而且变量的系数有较高的显著性①,说明估计结果有较好的稳健性。再看加入交互项的估计结果(见表3.5的第4、5、8、11列),为了避免可能存在的多重共线性对估计结果的误导,我们进行变量联合显著的统计检验,发现少儿(老人)抚养系数以及少儿(老人)抚养系数与人均收入增长率的交互项是联合显著的,交互项的符号以及关注变量对储蓄率的贡献是强化还是弱化的结论仍然成立。Hausman检验发现,固定效应是恰当的估计,我们按照上文同样的计算方法可以得到人均收入增长率、少儿抚养系数、老人抚养系数的偏效应分别约为0.32、−0.17、0.51,人均收入增长率、少儿抚养系数的偏效应略有减小,老人抚养系数的偏效应相差不大。因此,控制了其他潜在影响储蓄率的因素后结论仍然具有稳健性。

---

① 在固定效应与随机效应的估计中,虽然控制时间哑变量后,老人抚养系数变得不显著了,但我们对时间哑变量的联合显著检验发现,它们是整体不显著的,所以在识别中应该不加入时间哑变量为宜,因此这并不影响我们的结论,但作为对照,我们列出了这个估计结果。

表3.5　静态面板估计结果稳健性检验

自变量	混合OLSI	混合OLSII	混合OLSIII	混合OLSIV	固定效应I	固定效应II	固定效应III	随机效应I	随机效应II	随机效应III
g	0.32 (4.58)***	0.33 (3.92)***	1.73 (3.03)***	1.80 (3.66)***	0.29 (4.68)***	0.31 (4.65)***	0.90 (2.30)**	0.29 (5.60)***	0.32 (4.68)***	1.01 (2.46)**
$ydep$	−0.17 (−3.69)***	−0.17 (−4.05)***	−0.02 (−0.36)	−0.06 (−0.88)	−0.16 (−2.37)**	−0.16 (−2.10)*	−0.13 (−1.86)*	−0.13 (−1.99)**	−0.13 (−1.98)*	−0.11 (−1.71)*
$odep$	0.33	0.36	1.11	1.28	0.53	0.31	0.98	0.38	0.30	0.89
	(2.49)**	(2.62)***	(3.28)***	(4.30)***	(2.37)**	(2.14)**	(2.71)***	(1.99)*	(1.89)*	(2.66)**
$g \times ydep$			−0.021 (−1.78)*	−0.011 (−1.56)			−0.008 (−1.34)			−0.007 (−1.25)
$g \times odep$			−0.09 (−2.52)**	−0.11 (−3.51)***			−0.06 (−1.85)*			−0.06 (−2.04)**
$lnpgdp$	4.52 (6.05)***	6.44 (3.72)***	4.51 (6.01)***	6.89 (3.93)***	3.47 (4.35)***	7.65 (3.47)***	3.28 (4.15)***	3.81 (5.221)***	7.33 (3.52)***	3.64 (5.01)***
$urbliz$	−0.24 (−5.81)***	−0.43 (−7.96)***	−0.23 (−5.45)***	−0.43 (−8.04)***	−0.15 (−3.18)***	−0.23 (−3.36)***	−0.13 (−2.75)***	−0.13 (−2.93)***	−0.26 (−4.11)***	−0.13 (−2.67)***
$uempl$	0.18 (4.93)***	0.32 (6.89)***	0.18 (4.95)***	0.31 (6.82)***	0.04 (0.62)	0.07 (1.12)	0.05 (0.78)	0.07 (1.63)	0.13 (2.35)**	0.07 (1.57)
$fisrat$	−0.15 (−2.66)***	−0.18 (−3.24)***	−0.13 (−2.33)**	−0.17 (−2.98)***	−0.17 (−2.39)**	−0.15 (−1.82)*	−0.15 (−2.19)**	−0.14 (−2.06)**	−0.15 (−1.94)*	−0.11 (−1.92)*
$indrat$	0.15 (3.63)***	0.15 (3.55)***	0.15 (3.72)***	0.15 (3.56)***	0.48 (8.90)***	0.47 (8.25)***	0.48 (8.85)***	0.41 (8.08)***	0.38 (7.52)***	0.41 (7.96)***
$urrat$	−0.89 (−1.46)	−1.08 (−1.56)	−1.08 (−1.68)*	−1.29 (−1.87)*	−1.25 (−1.60)	−0.32 (−0.41)	−1.45 (−1.86)*	−1.15 (−1.59)	−0.43 (−0.56)	−1.31 (−1.78)*

续表

自变量	混合OLS I	混合OLS II	混合OLS III	混合OLS IV	固定效应 I	固定效应 II	固定效应 III	随机效应 I	随机效应 II	随机效应 III
$rint$	0.25	0.48	0.28	0.67	0.22	1.08	0.25	0.24	0.73	0.25
	(2.11)**	(1.66)*	(2.15)**	(2.09)**	(2.21)**	(2.78)***	(2.36)**	(2.36)**	(2.24)**	(2.42)**
$east$	5.56	5.12	6.25	5.15				5.78	5.06	5.48
	(6.32)***	(5.03)***	(6.51)***	(4.61)***				(2.69)***	(2.07)**	(2.67)***
$middle$	1.96	1.42	1.69	1.18				0.98	1.45	0.76
	(2.73)***	(1.97)**	(2.34)**	(1.56)				(0.57)	(0.82)	(0.39)
$\_cons$	−3.55	−11.68	−15.28	−32.19	−1.59	−36.43	−4.87	−4.63	−30.60	−8.5
	(−0.46)	(−0.80)	(−1.71)*	(−2.01)**	(0.32)	(2.02)**	(−0.51)	(−0.62)	(−1.90)*	(−1.11)
时间哑变量联合显著的 p 值		0.003 3		0.002 3		0.23			0.1425	
$ydep \cdot g \times ydep$ 联合显著的 p 值			0.001	0.002			0.063			0.069
$odep \cdot g \times odep$ 联合显著的 p 值			0.002	0.001			0.027			0.038
观测数	638	638	638	638	638	638	638	638	638	638
组内 R^2					0.51	0.52	0.51	0.49	0.53	0.52
组间 R^2					0.60	0.67	0.62	0.78	0.79	0.79
R^2	0.75	0.77	0.75	0.77	0.57	0.63	0.59	0.70	0.72	0.71
Hausman 检验 p 值								0.065 3	0.854 5	0.000 0

注：括号中报告的是 t 统计量，在混合的 OLS 估计中，我们使用的是经过异方差稳健标准误校正计算得到的 t 统计量，***、**、* 分别表示 1%、5%、10% 显著。

二、动态识别

我们将储蓄率的滞后一期值作为解释变量放入模型中,因此,我们重新估计的方程为:

$$SR_{it} = \gamma_1 SR_{i,t-1} + \theta' X_{it} + \mu_i + \varepsilon_{it} \tag{3.5}$$

这里,X_{it} 为上面静态识别中所包含的所有变量。在我们的估计过程中需要处理一些问题。首先,我们在模型设定过程中加入被解释变量(储蓄率)的滞后一期值,以此表征储蓄率的动态调节过程,因此我们的模型实际上是一个动态面板模型。使用动态模型的另一个目的是为了区分储蓄的长期与短期效应。其次,解释变量中的实际利率、人均可支配收入的增长率等变量与储蓄率可能具有双向因果关系,因此我们必须处理联立内生性问题。再次,在影响储蓄率的各种因素中,我们的模型中允许出现我们观测不到的各省的特征(如文化、资源、居民的节俭习惯等)与解释变量相关。为了处理这些问题,我们在计量分析中使用 GMM 方法。在处理内生性时我们的估计使用系统内部的工具变量。同时,我们允许解释变量的弱外生性,这里,弱外生性是指我们必须假定误差项与解释变量当期以及当期以前的值不相关但允许对未来反馈。在我们的模型中,当期储蓄率可以影响解释变量的未来实现值(如人均收入增长率、实际利率等)。在上面的限制条件下,将式(3.5)作一阶差分,我们得到下面的估计方程:

$$SR_{it} - SR_{i,t-1} = \gamma_1 (SR_{i,t-1} - SR_{i,t-2}) + \theta'(X_{it} - X_{i,t-1}) + (\varepsilon_{it} - \varepsilon_{i,t-1})$$

$$\tag{3.6}$$

GMM 估计通过下面的矩条件给出工具变量集:

$$E[(\varepsilon_{it} - \varepsilon_{i,t-1}) \cdot \varepsilon_{i,t-s}] = 0 \quad s \geqslant 2; t = 3, \cdots, T \tag{3.7}$$

$$E[(\varepsilon_{it} - \varepsilon_{i,t-1}) \cdot X_{i,t-s}] = 0 \quad s \geqslant 2; t = 3, \cdots, T \tag{3.8}$$

$$E[(\varepsilon_{it} - \varepsilon_{i,t-1}) \cdot SR_{i,t-s}] = 0 \quad s \geqslant 2; t = 3, \cdots, T \tag{3.9}$$

上面的差分转换方法就是 Arellano 和 Bond(1991)提出的差分广义矩(Difference-GMM)估计方法。但差分转换也有一定的缺陷,它会导致一部分样本信息损失,并且当解释变量在时间上有持续性时,工具变量的有效性将减弱从而影响估计结果的渐进有效性。系统广义矩(System-GMM)估计(Arellano 和 Bover 1995;Blundell 和 Bond,1997)能够较好地解决上面的问题,它能同时利用差分和水平方程中的信息,差分转换所用到的工具变量即式(3.8)、式(3.9)中的工具变量在系统方程估计中仍然继续使用。在观察不到各省的固定效应与解释变量的差分(方程 3.6 右边的变量)不相关这种比较弱的假设下,我们能够得到额外的矩条件,从而给出系统中水平方程的工具变量集:

$$E[(\varepsilon_{it-1}-\varepsilon_{i,t-2}) \cdot (\mu_i+\varepsilon_{it})]=0 \qquad (3.10)$$

$$E[(X_{it}-X_{i,t-1}) \cdot (\mu_i+\varepsilon_{it})]=0 \qquad (3.11)$$

由于系统广义矩估计利用了更多的样本信息,在一般情况下比差分广义矩估计更有效。但这种有效性有一个前提,即系统估计中新增工具变量是有效的,Arellano 和 Bover(1995)、Blundell 和 Bond(1997)建议使用萨甘差分统计量(Difference Sargan)检验,其原假设是新增工具有效,即检验式(3.10)、式(3.11)是否成立,如果不能拒绝原假设则表明系统估计方法是有效的。检验工具变量整体有效性的检验统计量是 Sargan 统计量。另外,需要检验的是 ε_{it} 是否存在序列相关,在我们的估计中分别给出差分转换方程的一阶和二阶序列相关(AR(1),AR(2))检验,我们的原假设是 ε_{it} 不存在序列相关,在原假设下经过差分转换后的残差一定有一阶序列相关性,但如果没有二阶序列相关性,则可断定原假设成立。[1] 在一般情况下两步估计优于一步估计,因此,我们在回归中使用两步估计。

我们分别用动态面板两步差分广义矩(Twostep-Difference-GMM)以及两步系统广义矩(Twostep-System-GMM)方法估计加入滞后因变量的基本识别方程,作为对照,我们还包括了混合 OLS 估计结果(见表 3.6 和表 3.7)。[2]

---

[1] 在原假设下 ε_{it} 序列不相关,$(\varepsilon_{it}-\varepsilon_{i,t-1})$ 与 $(\varepsilon_{i,t-1}-\varepsilon_{i,t-2})$ 一定相关,$(\varepsilon_{it}-\varepsilon_{i,t-1})$ 与 $(\varepsilon_{i,t-2}-\varepsilon_{i,t-3})$ 不相关。

[2] 根据 Baltagi(1995)的结论,滞后因变量的 OLS 估计结果一般是上偏的,而其他解释变量的系数一般会出现下偏,对比本章的各种估计结果也能很清楚地看到。

两步萨甘差分统计量对应的 p 值均为 1.000,这表明系统广义矩估计新增工具是有效的。在工具变量的设置上我们做了如下处理,由于我国实行严格的计划生育政策,因此我们有理由将少儿抚养系数与老人抚养系数当作外生变量,同时地区虚拟变量也肯定是严格外生变量,为了稳健起见,其他变量均作为弱外生变量对待,我们使用系统"内部工具",用弱外生变量的滞后值作为它们自己的工具变量。样本的 Sargan 检验 p 值均在 1.000,表明工具是整体有效的。残差序列相关性检验表明,差分后的残差只存在一阶序列相关性而无二阶序列相关性,因此估计的结果可以断定原模型的误差项无序列相关性。模型整体显著性检验的 Wald 检验 p 值表明模型整体非常显著。

从加入动态结构的基本识别(见表 3.6)以及控制其他潜在因素的动态识别(见表 3.7)的估计结果可以看出,人均收入增长率是除滞后因变量的其他所有变量中唯一最为稳健的变量,其对储蓄率的偏效应约为 $0.40\sim0.66$。我们关注的少儿抚养系数以及它与人均收入增长率的交互项在各种识别中是联合显著的,其偏效应在没有加入其他控制变量时,为 $-0.09\sim-0.18$,而控制其他变量后,为 $-0.13\sim-0.24$,二者的差异并不大。老人抚养系数以及它与人均收入的交互项的显著性的稳健性稍差,在少数估计中并不显著并且其偏效应出现相反的符号,但我们能够很清楚地看到,人均收入增长率与抚养系数交互项的符号都是负的,因此,关注变量对储蓄率的贡献是强化还是弱化的结论在动态识别中仍然是成立的。因此,从整体来看,我们的结论仍然是稳健的。

表 3.6　　　　　　　　　　　　　　　动态面板估计结果

自变量	混合 OLS	混合 OLS	两步差分 GMM	两步差分 GMM	两步系统 GMM	两步系统 GMM
lagtsr	0.87	0.87	0.75	0.73	0.65	0.66
	(41.27)***	(42.61)***	(16.38)***	(22.54)***	(22.41)***	(29.17)***
g	0.32	0.93	0.37	1.35	0.54	1.86
	(11.24)***	(3.18)***	(19.35)***	(2.21)**	(13.89)***	(2.30)**

自变量	混合OLS	混合OLS	两步差分GMM	两步差分GMM	两步系统GMM	两步系统GMM
$ydep$	−0.03	0.04	−0.18	−0.08	−0.09	−0.04
	(−2.04)*	(1.13)	(−3.17)***	(−0.82)	(−2.75)***	(−0.41)
$odep$	−0.13	0.18	0.16	0.72	−0.07	0.90
	(−1.86)*	(0.94)	(1.88)*	(1.91)*	(−0.69)	(1.93)*
$g \times ydep$		−0.009		−0.01		−0.008
		(−2.28)**		(−1.69)*		(−0.97)
$g \times odep$		−0.04		−0.063		−0.11
		(−1.67)*		(−1.57)		(−2.23)**
$east$	0.75	0.92			3.17	2.64
	(1.81)*	(2.24)**			(2.28)**	(2.20)**
$middle$	0.28	0.27			1.52	0.56
	(0.90)	(0.81)			(0.73)	(0.84)
$\_cons$	3.69	−1.52	−0.25	−0.26	10.61	−0.17
	(2.78)***	(−0.48)	(−1.93)*	(−2.37)**	(4.43)***	(−0.02)
$ydep,g \times ydep$ 联合显著的 p 值		0.015		0.000 0		0.000 0
$odep,g \times odep$ 联合显著的 p 值		0.024 2		0.162		0.076 1
观测数	609	609	609	609	609	609
联合显著 Wald 检验	0.000 0	0.000 0	0.000 0	0.000 0	0.000 0	0.000 0
Sargan 检验 p 值			1.000	1.000		
Sargan 差分检验 p 值					1.000	1.000
AR(1)检验 p 值			0.001 6	0.000 7	0.002	0.002
AR(2)检验 p 值			0.924 1	0.827 6	0.689	0.684

注:括号中报告的是 t 统计量,在混合的 OLS 估计中,我们使用的是经过异方差稳健标准误校正计算得到的 t 统计量,***、**、* 分别表示 1%、5%、10%显著,差分方程和水平方程都使用的工具为少儿抚养系数、老人抚养系数、东部与中部虚拟变量,其他变量(包括滞后一期储蓄率、滞后一期收入增长率、滞后一期交互项)的滞后值仅用于差分方程作工具,滞后阶数为(2,5)。

表 3.7 　　　　　　　　　　　动态面板估计结果稳健性检验

自变量	混合 OLS	混合 OLS	两步差分 GMM	两步差分 GMM	两步系统 GMM	两步系统 GMM
lagtsr	0.86	0.86	0.69	0.65	0.60	0.59
	(38.64)***	(38.11)***	(7.88)***	(8.39)***	(12.35)***	(9.69)***
g	0.37	1.18	0.40	1.55	0.66	3.59
	(12.15)***	(3.89)***	(12.09)***	(1.76)*	(6.30)***	(3.42)***
ydep	−0.03	0.08	−0.13	0.006	−0.24	0.11
	(−1.09)	(1.83)*	(−2.58)***	(0.17)	(−3.16)***	(0.93)
odep	−0.09	0.34	0.22	0.96	−0.14	1.62
	(−1.25)	(1.57)	(1.56)	(1.48)	(−0.98)	(2.11)**
g×*ydep*		−0.01		−0.018		−0.03
		(−2.67)***		(−1.68)*		(−3.25)***
g×*odep*		−0.04		−0.08		−0.19
		(−2.18)**		(−1.38)		(−2.59)***
lnpgdp	−0.55	−0.61	−2.69	−2.58	0.02	−0.58
	(−1.49)	(−1.64)	(−1.42)	(−1.62)	(0.08)	(−0.86)
urbliz	0.02	0.03	0.02	0.02	0.06	0.04
	(0.48)	(0.23)	(0.25)	(0.46)	(1.12)	(0.59)
uempl	0.02	0.03	0.02	0.04	−0.10	−0.13
	(0.83)	(0.95)	(0.16)	(0.67)	(−1.45)	(−1.35)
fisrat	−0.06	−0.06	−0.09	−0.09	−0.32	−0.25
	(−1.48)	(−1.42)	(−4.05)***	(−3.83)***	(−2.41)**	(−1.74)*
indrat	0.03	0.03	0.16	0.18	−0.16	0.09
	(1.40)	(1.36)	(2.69)***	(3.41)***	(−1.18)	(0.89)
urrat	−0.32	−0.41	−3.16	−2.81	−3.96	−2.87
	(−1.03)	(−1.28)	(−2.53)**	(−2.27)**	(−2.81)***	(−2.18)**
rint	−0.12	−0.12	0.09	0.08	0.004	−0.12
	(−1.81)*	(−1.84)*	(0.95)	(0.77)	(0.07)	(−1.58)
east	0.05	0.04			−1.26	−0.18
	(0.12)	(0.10)			(−0.94)	(−0.11)
middle	−0.36	−0.47			−2.83	−3.31
	(−1.02)	(−1.20)			(−2.29)**	(−2.53)**
_*cons*	7.92	1.71	0.42	0.38	40.17	9.92
	(2.73)***	(0.43)	(1.01)	(1.22)	(3.351)***	(0.68)

续表

自变量	混合OLS	混合OLS	两步差分GMM	两步差分GMM	两步系统GMM	两步系统GMM
$ydep$,$g \times ydep$ 联合显著的 p 值		0.0226		0.0752		0.0021
$odep$,$g \times odep$ 联合显著的 p 值		0.0578		0.3446		0.0490
观测数	609	609	609	609	609	609
联合显著 Wald 检验	0.0000	0.0000	0.0000	0.0000	0.0000	0.0000
Sargan 检验 p 值			1.0000	1.0000		
Sargan 差分检验 p 值					1.0000	1.0000
AR(1)检验 p 值			0.0025	0.0037	0.001	0.001
AR(2)检验 p 值			0.9572	0.9129	0.291	0.547

注:括号中报告的是 t 统计量,在混合的 OLS 估计中,我们使用的是经过异方差稳健标准误校正计算得到的 t 统计量,***、**、* 分别表示 1%、5%、10%显著,差分方程和水平方程都使用的工具为少儿抚养系数、老人抚养系数、东部与中部虚拟变量,其他变量(包括滞后一期储蓄率、滞后一期收入增长率、滞后一期交互项)的滞后值仅用于差分方程作工具,滞后阶数为(2,5)。

第五节　经济增长、人口年龄结构变化对储蓄率的影响分析

根据上面的计量分析,本章认为中国的高储蓄率主要是两个急剧转变的政策共同作用的结果。第一个是最初从 20 世纪 70 年代后期开始的计划经济向市场经济的转变,伴随着中国社会和劳动力的一些特有特征,使前所未有的爆炸式增长模式成为可能。如果我们以 1978 年为界,1953~1977 年与 1978~2011 年相比,即改革开放前后相比,人均收入增长率的平均值(简单算术平均)由 5.5%上升到 9.6%,上升了 4.1 个百分点。从人均收入增长(PGR)与投资率(IR)、储蓄率(SR)的互动关系我们可以比较明显地看出(见图 3.5),经济增长率的变动先于投资率与储蓄率的变动,而且变动的方向具有一致性,这种关系从 20 世纪 50 年代早期至今具有相当的稳定性,上述特征与 20 世纪日本和韩国经济发展过程中的经济增长、投资率、储蓄率变化

的特征基本吻合。由此可见,我国的高储蓄、高投资很大程度上是由高增长引起的。

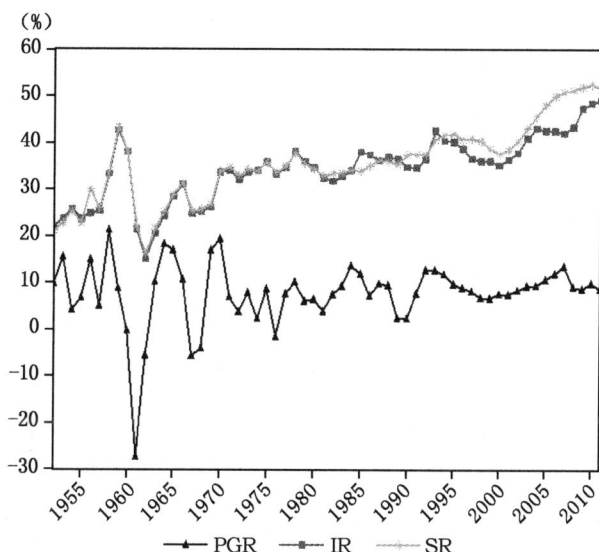

数据来源:《新中国五十五年统计资料汇编》和《中国统计年鉴》。

图 3.5　人均产出增长率(PGR)、投资率(IR)与储蓄率(SR)

我们可以进一步从改革开放前后国民储蓄率的结构变化进行分析。改革开放以前,中国之所以能维持 30%左右的国民储蓄和投资率,是因为存货储蓄占的比重很高,而居民储蓄占比很低。[①] 20 世纪 50 年代到 70 年代中期,由于从 1953 年起长期实行重工业优先发展战略,为了给重工业建设筹集资金,国家实行以牺牲当前消费为手段的高积累政策,再加上"大跃进"和"文化大革命"的破坏,居民收入提高缓慢。由于收入水平增长率较低,居民储蓄率也非常低,根据 Modigliani 和 Cao(2004)的测算,平均的居民储蓄率低于 5%;但到了 70 年代中期以后,随着中国经济改革的加速推进,居民收

---

① 本章根据中国统计年鉴的数据推算发现,1978 年以前,由于生产非市场主导,中国的国民储蓄(投资)中非意愿的存货储蓄(投资)比重很高,约占国民生产总值的 10%,而改革开放后由于经济向市场机制转型,存货占 GDP 的比重已不到 2%。

入迅速增长,1979～2011 年 32 年间,我国农村居民家庭人均纯收入年均增长 7.6%,城镇居民家庭人均可支配收入年均实际增长 8.1%,储蓄率也随之稳步上升,1994 年中国居民储蓄率达到惊人的 34%,与日本 20 世纪 60 年代的情况相似,90 年代中期至今仍然维持在 30% 左右,而且这种动态模式表现为:首先上升的是经济增长率,然后储蓄率缓慢上升。从图 3.5 可以看出,80 年代中期以来我国 GDP 增长率已经处于较高水平,储蓄率则存在上升趋势,并收敛到一个较高的稳态水平。由此可见,居民收入的增长无疑成为储蓄快速增长的基本原因。

改革开放前,企业的生产决策、收支预算基本按国家指令计划执行,企业没有市场竞争的压力,大部分企业处于亏损状况,少数盈利的国有企业利润则成为政府财政收入的主要来源,因而企业储蓄多数是没有价值的存货,几乎没有有效储蓄。市场化改革以来,特别是到了 20 世纪 90 年代中期以后,随着企业体制改革的深化,预算软约束逐步"硬化",买方市场逐步形成,所有工业企业的效益均有了不同程度的改善,因而企业可支配收入在国民可支配收入中所占比重加大,企业整体效益的改善导致企业储蓄不断增长。根据中国统计年鉴的测算发现,1996 年企业储蓄为 GDP 的 17.5%,而 2004、2005、2006 年更是上升到了 22.6%、22.3% 与 22.8%(见第二章的数据估算)。由于中国经济高速增长,政府税收增长较快,导致近年来政府储蓄显著增加,根据本章与世界银行 Kuijs(2006)的测算,2005 年中国政府储蓄占 GDP 的比重接近 6%,占国民总储蓄的 15% 左右。居民、企业与政府储蓄的同时增长导致了国民储蓄率的不断上升,这些都归因于经济增长。[①]

第二个转变是人口政策。70 年代开始我国实行计划生育政策,这对储蓄率产生了双重深远的影响,并为评估生育率的外生变化带来的人口转型对储蓄率的冲击提供了一个有趣的自然试验。首先,计划生育政策的严格执行使得中国的人口出生率已大大降低,出生率的下降意味着少儿抚养系

[①] 汪伟(2008b)进行了储蓄与增长的因果关系检验,证实了高增长是高储蓄的 Granger 原因。

数的急剧下降,在老人抚养系数的提高并不明显的情况下,总抚养系数已经从 1960～1970 年的平均 79.2% 下降到 2009 年的 36.9%(见图 3.6),中国正经历"人口红利"集中释放期。人口结构的这种变化意味着劳动年龄人口所承担的抚养和赡养等经济负担大大减轻,从而减少了家庭支出,提高了储蓄的能力。在人口迅速转型的过程中,由于我国大规模的养老保险体系尚未建立,人口政策渐渐打破了子女赡养老人的传统家庭的作用,从而鼓励个人进行积累。其次,在我国"人口红利"时期,从 20 世纪 60 年代开始,我国适龄劳动人口(15～64 岁人口)逐渐上升,到 2008 年,适龄劳动人口比重已经达到 75% 以上。在适龄劳动人口比重增加的同时,我国适龄劳动人口的就业率一直维持在 98% 左右的水平,这导致总人口的劳动参与率随着人口年龄结构的变化而递增(蔡昉,2004)。在改革开放开始的 1979 年,我国的总人口参与率只有 42% ,到 2008 年,总人口参与率已经达到近 64%。[①] 劳动参与率上升使得工作人口比重上升,从而使全部人口的总收入增加,这必然会提高储蓄水平;另外,由于年轻工作人口的相对增加,导致总人口的消费倾向下降、储蓄倾向上升。随着生育高峰时出生的人口逐渐进入就业范畴,丰富的劳动力资源使劳动力价格保持在较低水平,投资的收益率较高。劳动者为养老而进行储蓄又为社会提供了大量的资金,压低了利息水平,这两者都有利于促进投资的增长。众多的劳动人口产生了大规模的市场,促进了分工的进一步细化,提高了劳动生产率。"人口红利"时期的经济将呈现出投资活跃、市场规模持续扩大、劳动生产率不断提高、经济持续高速发展的局面,而经济的持续高速增长又扩大了适龄劳动人口的就业,使得储蓄率进一步上升,因此经济增长与人口年龄结构的变化对储蓄率的上升产生了相互强化的作用。从本章计量检验的经济增长率与少儿抚养系数及其交互项的联合显著性也很好地证实了这种强化作用。根据中国人口与发展研究中心的预测(蔡昉,2004),目前我国适龄劳动人口的高比重将一直维持到

---

① 来自中国统计年鉴以及中国人口统计年鉴公布的历次人口普查和 2006 年 1% 人口的抽样调查结果,作者对部分数据进行了计算。

2015 年左右,而导致我国经济高速增长的其他基本因素并未明显变化,因此在未来 5～15 年的时间里,中国的高储蓄率依然会持续。

然而,我们也应当清醒地看到,我国少儿抚养系数已经下降到了非常低的水平,2009 年的统计数据显示,少儿抚养比仅为 25.3%,其下降的空间已经很小(见图 3.6)。至于收入的增长速度,进一步提高或长期维持在现在这么高的水平上并不现实。因此,经济增长与少儿抚养系数变化对储蓄率上升的交互强化作用在不久的未来会逐渐减弱。而中国人口老龄化的趋势正在凸显,根据第五次全国人口普查资料,2000 年我国 65 岁及以上老年人口占总人口的比重已达 6.96%。如果按照国际通行的 65 岁及以上老年人口占总人口 7%,即为老年型人口结构类型,那么 2000 年,我国已开始迈入老年型社会的门槛。但这仅仅是我国人口老龄化的开始,2006 年这一数字已经上升到 9.2%,根据中国人口与发展研究中心的预测(蔡昉,2004),到 2010 年,我国 65 岁及以上人口占总人口的比重将上升至 10.4%,2020 年将达到 12.7%,2030 年为 15.9%,2040 年为 21.5%,2050 年为 23.0%。中国进入老龄化社会的初期,储蓄率仍然居高不下,如何解释呢?老龄化对储蓄的影响存在两种相反的解释:根据生命周期理论,一个人在未成年期和老年期消费高于收入,进行负储蓄;而在成年期内消费低于收入,进行储蓄。因此,老年人越多社会储蓄越少;按照理性预期理论,预期寿命的提高意味着退休后的生活将更长,而生活水平不能下降甚至要提高,就必然要增加储蓄,或者由于养老保险制度不健全,中青年会预期年老时期收入减少而增加储蓄。因此,老龄化程度越高,储蓄率越高。本章的计量检验发现,后者可能起了主导作用。

随着人口老龄化的加深,总人口中劳动力数量的绝对或相对减少,这将影响经济中劳动投入的水平与质量,由此影响到经济增长的潜力。社会负担加重,还会大大提高劳动力成本,降低产品的竞争力,也会降低经济发展的速度。而随着经济增长速度的下降,储蓄率很可能随之下降。注意到日本的情况是有启示意义的,日本在 50 年代的经济增长率达到 8%,但在下一个十年进一步上升到 9.5%,接踵而来的 20 年里逐渐下降到 4% 以下,

1990～2000 年只有 1.5%,其相应的储蓄率由经济起飞时期的约 36% 下降至约 26%,而经济增长率与储蓄率的同时下降与日本的人口老龄化有密切的关系,20 世纪五六十年代是日本经济高速增长期,其人口结构比较年轻,1950 年的老龄人口比重只有 4.9%,伴随着经济起飞,日本人口结构迅速老龄化,到 1970 年,老龄人口比重上升至 7.1%,只用 20 年时间就进入了老龄化社会。其后,人口老龄化日益严重,2010 年日本老龄人口的比重已超过 22%。[①] 这似乎进一步印证了本章的研究发现,老人抚养系数与人均收入增长率的交互项对储蓄率的上升有弱化作用,而这种弱化作用会随着老龄化程度的加深而显得更为突出。

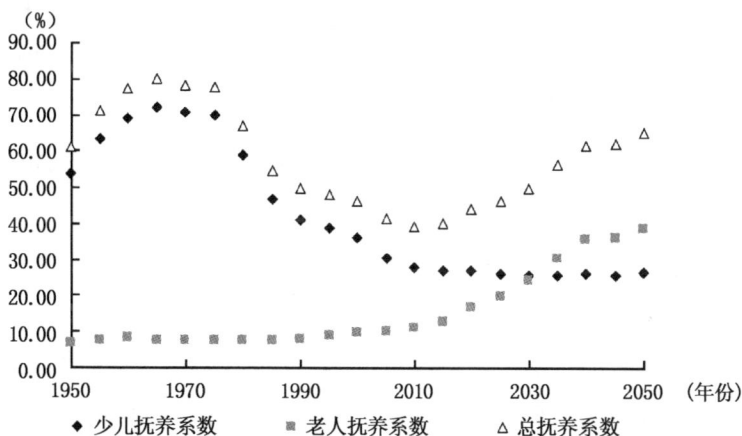

数据来源:World Bank, World Bank Online Database, 中国人口与发展研究中心的预测。

图 3.6 中国近 100 年人口年龄结构变化

第六节 本章结论与政策启示

本章以生命周期理论为出发点,并运用中国 1989～2010 年的省际面板数据考察了经济增长、人口年龄结构变化以及它们的交互作用对中国储蓄

[①] 数据来源:World Bank, World Bank Online Database。

率的影响。我们通过不同的识别方式和各种计量技术实证检验发现:经济高速增长与抚养系数的下降是导致中国储蓄率上升的重要因素,经济增长对储蓄率上升的贡献随着适龄劳动人口数量的增加而被强化,但会随着人口老龄化程度的加深而被弱化。尽管使用了不同的识别方法与计量技术并控制了其他潜在影响中国储蓄率的各种因素,但我们的结果依然稳健。

本章认为中国的高储蓄率可能主要是两个急剧转变的政策共同作用的结果。第一个是最初从 70 年代后期开始的计划经济向市场经济的转变,伴随着中国社会和劳动力的一些特有特征,使前所未有的爆炸式增长模式成为可能,而爆炸式增长导致中国储蓄率的不断上升。第二个转变是人口政策,70 年代开始实行的计划生育政策使中国迅速实现人口转型,并通过“人口红利”的集中释放带来高储蓄。经济增长与适龄劳动力数量的增加互相强化又进一步导致中国储蓄率的提高,人口政策渐渐打破了子女赡养老人的传统家庭的作用,在寿命延迟与养老保养体系尚未全面建立的情形下,从而鼓励个人进行积累。

高储蓄率可能是人口转变过程中的客观规律,它要求我们维持一个相对较高的投资率。一方面,在中国经济增长模式没有实现有效转变之前,维持一个高投资率有助于支撑中国经济的快速增长;另一方面,计划生育政策的严格执行使得中国人口老龄化速度加快,中国老年人口的绝对数量庞大,相对数量也在不断上升,而城乡养老保障水平相差悬殊。因此,在未来若干年的高速增长期,政府应抓紧建立适合中国国情的可持续养老保障体系。

随着人口老龄化的加深,人口红利将逐渐消失。因此,在目前的宏观政策上,恰恰是提振消费、优化产业结构、转变经济增长方式的最有利时机。中国的发展不能永远依靠人口红利,但我们可以抓住人口红利集中释放的有利时机,推动产业的升级和转移,同时通过增加教育投入,加强对劳动力的技能培训,培养高素质的劳动者,以此加快人力资本积累的速度,这样可以提高核心竞争力,确保经济社会持续健康发展。

从长期看,虽然随着人口红利期的逐渐消逝,经济增长的减缓以及社会变革逐步趋于平稳,社会保障制度逐步完善,这些导致高储蓄率形成的长期因素的影响将会有所弱化,但在相当长的一个时期内还不会有本质性的改变,高储蓄率、高投资率的一般态势还将持续一段时间。

第四章

收入不平等、目标性消费与中国高储蓄

第一节 引言

本章着重从收入不平等与目标性储蓄的角度研究中国的高储蓄率。随着我国经济的持续高速增长,居民收入水平也不断提高,但自 20 世纪 90 年代以来,我国无论是城乡间、区域间还是各社会阶层间的居民收入差距都呈迅速扩大的趋势(王小鲁和樊纲,2005)。中外一些已有的研究资料表明,中国的基尼系数在 1980 年为 0.32,70 年代末 80 年代初的农村经济改革使得基尼系数在 1984 年一度下降到 0.26 左右,其后在 1990 年上升到 0.355,其后持续上升,2001 年为 0.45,2005 年已经攀升至 0.47(世界银行,2006)。根据统计资料进行推算,2010 年中国的基尼系数已经接近 0.5。近年来的数据可能还不足以反映中国的收入不平等的状况,如果考虑实物收入、补贴收入和非法非正常收入,中国的基尼系数可能远比以上报告的要高(陈宗胜和周云波,2001;王小鲁,2007;赵人伟,2008)。中国正在从一个收入比较平等的国家转变为贫富差距极其悬殊的国家。①

　　消费者之间收入水平差距越大，其消费行为出现差异的可能性也会越大。通常的观点认为，富人的储蓄倾向高于穷人，经济中的收入分配越不平等，总的储蓄率越高。然而这一点并非显而易见，因为经济中的储蓄率通常是加总计算的结果，如果一个经济中富人只占极少数，而穷人占的比重极高，在穷人储蓄倾向很低的情况下，总储蓄率可能不会太高。因此，收入不平等并不必然会带来高储蓄率。而我们从数据观察到的事实特征来看，无论是用基尼系数还是用泰尔指数作为不平等的测度指标，自改革开放以来，收入不平等与居民储蓄倾向的上升似乎是同步的（见图4.1和图4.2）②。虽然我们缺少微观数据，但中国特殊的城乡二元结构和分城乡的统计数据，为我们观察收入不平等对居民储蓄行为的影响提供了两个天然的组别。城镇与农村居民收支的数据显示，改革开放30多年来，低收入组的农村居民的储蓄倾向平均高出高收入组的城镇居民约2个百分点，而在大多数年份都是低收入组的农村居民的储蓄倾向较高。这意味着在中国的经济环境中，高收入群体和低收入群体的储蓄倾向都很高，低收入阶层甚至比高收入阶层具有更高的储蓄倾向，这似乎与传统的凯恩斯消费理论相悖（Keynes，1936）。这一点耐人寻味，但应如何解释呢？

　　本章试图从收入不平等强化了目标性储蓄的视角对此提供一个可能的解释。目标性储蓄也是余永定和李军（2000）讨论的问题，他们认为中国居民消费行为呈现出两个重要特点。其一，在其生命周期的不同阶段中一般都存在一个特定的消费高峰，以及一个相应的储蓄目标。在婚前，他们可能会为购房、结婚而储蓄；婚后他们又会根据具体情况而形成新的储蓄目标，如购置耐用消费品，为子女的教育、婚嫁而储蓄；子女成家立业后，他们又会

① 按照国际通常的判别标准，基尼系数若低于0.2表示收入绝对平均，0.2～0.3表示比较平均，0.3～0.4表示相对合理，0.4～0.5表示收入差距较大，0.5以上表示收入差距悬殊。
② 我们看到图4.1和图4.2中的数据在1978～1983年期间拟合不好，这主要是改革开放初期农村率先进行了土地改革，农民收入快速增长，城乡收入不平等下降，而在农民储蓄能力增强后，储蓄率正处于上升阶段。

81

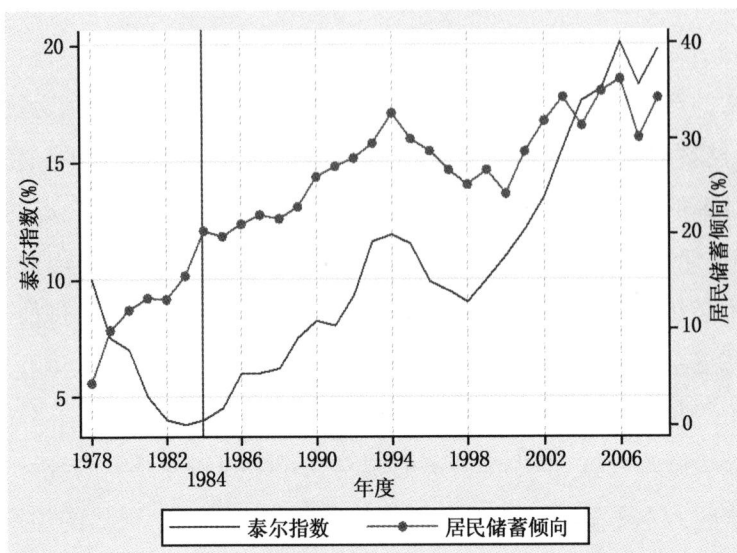

图 4.1　泰尔指数与居民储蓄倾向

为自己的养老或遗赠而储蓄。其二,他们认为中国居民通常根据上面提到的一生中的几个重要阶段进行分期规划。他们将中国居民消费行为的形成归结于未来长期目标的不确定性、信息的缺乏、信贷市场不发达以及体制方面的制约因素等。这些无疑对理解中国居民的消费行为具有启发意义。然而,他们对居民消费的解释却忽视了在一个贫富差距不断拉大的社会中存在个体消费行为的异质性。我们认为,余永定和李军(2000)对居民消费行为的刻画比较适合中国大多数的中低收入阶层,因为随着中国经济的增长,他们的收入水平已经有了一定程度的提高,满足基本的维持性消费已不成问题,这意味着家庭消费决策的灵活性大大提高,使得居民能够根据一定的储蓄目标进行规划。反观少数富裕阶层的人们,他们的消费却不会受到种种因素的制约,他们可以根据其一生的资源来合理安排消费,分期规划和目标性消费可能对他们意义不大。事实上,袁志刚和朱国林(2002)也持同样的观点。另外,标准的代表性消费者模型并不适合于解释低收入群体和高

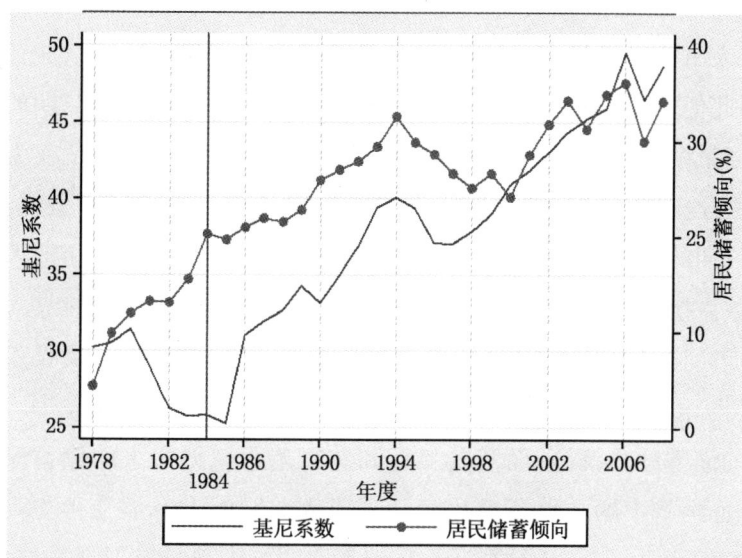

图 4.2　基尼系数与居民储蓄倾向

收入群体的储蓄倾向的差异,特别是在中国的经济环境下,为什么农村居民的储蓄倾向反而高于城镇居民? 我们认为,要解释这一现象,需要同时考虑收入不平等和目标性储蓄对中国居民消费行为的影响,由于中低收入消费者受到了更多的消费制约,在收入差距拉大,房价、医疗与教育费用居高不下的情况下,中等以下收入居民为了应对未来发生的买房、子女教育、治病等大额支出,他们的消费目标会随之提高。为了实现消费目标,他们甚至会有一个比富人更高的储蓄倾向。①

　　基于以上的文献和数据观察,本章展开两个方面的工作。首先,我们建立一个考虑两类代表性家庭的两期消费决策模型。在我们的模型中,我们假定经济中有两类行为人:富人和穷人。他们具有不同的消费行为,富人根

---

　　① 我们对穷人的储蓄倾向为什么高于富人的解释不同于最近关于不平等对中国居民消费行为影响的一篇实证文献(Jin 等,2009),他们认为穷人之所以比富人有更高的储蓄倾向是因为穷人为了进入富人俱乐部和享受社会地位提高带来的好处,压制消费并提高储蓄,这一解释似乎有些牵强,因为在贫富差距悬殊的中国,穷人的收入远远低于富人,即使穷人将其收入全部储蓄,也无法进入富人阶层。

据其一生的资源极大化终身的效用;穷人也根据自己的资源安排一生的消费,但穷人由于终身收入资源较低,他们的某些消费目标往往只能在第二期实现,因此他们会安排一个第二期的阶段性消费目标,这个第二期的阶段性目标可以是结婚、购房、为子女提供好的教育、购买耐用消费品或为了应对疾病的医疗支出等,因而他们在第二期必须要有一个最低的消费标准;而且这个第二期的目标取决于经济中的收入分布,它是自己收入和富人收入的非减函数。换句话说,穷人看到自己收入提高或自己与富人的收入差距拉大都会提高自己的消费标准。由于受到消费目标的制约,以及收入不平等对消费目标的强化效应,他们可能会有一个比富人更高的储蓄率。由于富人本身的储蓄倾向就高,而消费目标和贫富差距使得穷人的储蓄倾向甚至更高,因而经济中的总储蓄率也会随着收入差距的上升而变得更高。为了使我们的模型更符合中国的实际,我们考虑两类人都具有习惯偏好,这样我们的模型就能很好地解释中国储蓄率为什么在高位持续并不断上升。其次,运用中国 1978~2008 年的统计数据,我们的理论结果得到了很好的验证,并且实证结果具有相当的稳健性。

本章余下部分结构安排如下:本章第二节简要回顾有关收入不平等与目标性消费对储蓄率影响的理论与实证文献;第三节建立本章的理论模型,刻画收入不平等如何通过家庭的目标性消费影响居民储蓄率;第四节运用中国 1978~2008 年的统计数据进行实证分析和稳健性检验;第五节总结全文。

第二节　文献综述

一、理论文献中的收入不平等与储蓄

对消费者消费行为的研究通常要探讨消费同收入分布之间的关系,而消费与收入分布的关系根植于消费理论。凯恩斯(Keynes,1936)认为,边际消费倾向随着收入的上升而递减,因此收入分配会影响经济中的储蓄率,如

果经济中贫富差距拉大,储蓄率将上升。这也是学者们经常引证收入不平等导致高储蓄率的理由。其后,凯恩斯理论的支持者们(Lewis,1954；Kaldor,1955；Pasinetti,1962)通过工人和资本家模型强调了经济中的储蓄主要来自资本家(富人),因此收入分配对储蓄率具有重要影响。然而,在 20 世纪 50 年代几乎同时发展起来的生命周期理论和持久收入假说(Modigliani 和 Brumberg,1954；Friedman,1957)却否认收入分布对储蓄率的影响。在他们的标准模型中,消费者会根据其一生的收入进行消费决策,各期的消费是其生命周期收入或持久收入的一个恒定比例,因此收入分布不会影响消费倾向,经济中的储蓄率与收入分布无关。上述理论的结论通常是从代表性消费者模型得到的,这依赖于很强的假设,即要求经济中所有人都具有相同的偏好,当消费者个体的差异性出现时,经济中的总储蓄率就会随收入分布的变化而变化。另外,即使经济中所有人的偏好相同,由于个人面临的约束不一样(如借贷的难易程度等)也会使得收入分布对储蓄率产生影响。甚至在个人的偏好和面临的约束都相同的情况下,只要收入和消费的关系是非线性的,加总的储蓄函数也会出现"分配效应"问题(Stoker,1986)。

　　对收入分布会如何影响储蓄率的理论拓展始于将遗赠动机纳入标准的生命周期模型。Blinder(1975)认为,消费者往往关心后代的福利,常常会留有遗产,如果遗赠是奢侈品,那么遗赠储蓄便会随收入水平的上升而上升,富人和富裕国家的储蓄率就会更高。Musgrove(1980)从生存性收入(subsistence income)的角度解释了收入分布对储蓄的影响,人们的收入中维持基本生活的部分将会全部用于消费,收入分配的储蓄效应主要是对超额收入起作用。人力资本投资的差异也可能解释为什么收入分布会影响储蓄率,通常人力资本投资的回报是递减的,因此穷人会比富人将收入中的更大比例投资到人力资本上,而人力资本支出在国民收入核算中通常计入消费。因此,穷人的储蓄率会比富人低(Beck,1975)。

　　后续的理论发展主要讨论在存在预防性储蓄、缓冲库存储蓄与流动性约束时收入分配如何影响储蓄率。目前,这方面的建模性讨论几乎没有看到,但我们还是可以从这些理论中得到一些推断性的结论。当收入面临不确定性时,预防性储蓄对穷人的影响一般会比富人大。为了避免其预防性资产下降,穷人倾向于增加储蓄,因此他们通常比富人有更高的边际财富消费倾向。当有额外的财富或收入时,他们就会将其中的大部分投入消费,因此将收入从富人向穷人转移会降低储蓄率。但当穷人面临非常大的不确定性或者对风险更为厌恶时,相反的情况也可能出现。借贷约束要求消费者增加储蓄,同样,借贷约束一般对穷人的影响更大,当收入从富人向穷人转移时,会使借贷约束放松,从而降低储蓄率。缓冲库存储蓄理论认为,消费者在长期会保持一个财富收入比,但当面临收入冲击时,他们会通过资产的增减来缓冲消费,收入不确定性或借贷约束通常会对穷人在短期有更大的影响,将收入从富人向穷人转移可能会降低短期的储蓄率,但在长期,财富收入比会保持恒定,储蓄率不会受到收入分配的影响(Schmidt-Hebbel 和 Serve,2000)。炫耀性消费也可能产生边际储蓄倾向递增的凯恩斯消费函数,Walther(2004)在其理论模型中就给出了一个解释。

迄今为止的理论分析表明,收入不平等对总的私人储蓄通常具有直接的正效应。但 20 世纪 90 年代中期的一些政治经济学文献认为:收入不平等会造成社会紧张和政治不稳定以及使投资风险增加,从而降低经济增长率和储蓄率(Alesina 和 Rodrik,1994;Alesina 和 Perotti,1996;Persson 和 Tabellini,1994;Perotti,1996)。此外,收入分布还会通过税收和政府支出影响投资和经济增长,在一个收入更为不平等的社会,收入再分配的需求会增加,从而要求一个更高的税收,这会造成物质资本和人力资本回报的下降,从而导致投资减少和增长率下降。对储蓄而言,如果存在增长对储蓄的正效应,那么不平等程度的上升会通过上面的渠道降低储蓄率。上述文献所揭示的不平等和投资的反向联系,还可能通过企业保留利润隐含着不平等对储蓄的负效应。公司保留利润通常是企业自有投资的资金来源。不平等对总储蓄率的影响依赖于企业的拥有者(居民)能否将家庭决策与企业决策分开考虑。如果不能分开决策,降低企业储蓄将不会被提高家庭储蓄所抵消,意味着总储蓄率下降。此外,收入分配不平等可能还会降低公共储蓄,当严格的李嘉图等价定理不成立时,政府再分配支出的增加会降低总储蓄率。最近的一篇政治经济学文献(Jin 等,2009)反驳了上述观点,这篇文献认为收入不平等会促使穷人对社会地位的"寻找",为了进入富人俱乐部,穷人会比富人有更高的储蓄倾向,因而经济中的储蓄率会上升。因此,不平等对储蓄率的影响方向在理论上还存在争议,只能通过经验研究来评估。

二、经验文献中的收入不平等与储蓄

微观数据的经验结论相对一致,富人通常比穷人储蓄得更多,收入不平等越严重,加总的储蓄率越高。Menchik 和 David(1983)收集了美国威斯康星州 1946~1964 年间的个人收入和遗产数据。他们的研究发现遗赠储蓄确实是财富的增函数,收入越高者,遗赠储蓄越多,边际消费倾向越低。Diamond 和 Hausman(1984)利用 1966~1976 年美国纵向调查(NLS)面板数据估计了个人财富积累模型,他们发现一些退休后的老人仍然继续积累财富,持久收入越高的人,其储蓄倾向也越高。Bunting(1991)使用美国 1961~1987 年的消费者支出调查数据(CES)发现,家庭的边际储蓄倾向随着收入等级的上升而上升。Bernheim 和 Scholz(1993)使用美国 1983 年和 1986 年的消费者金融调查(SCF)数据,将教育作为持久收入的代理变量后发现,持久收入低的人,其资产积累少于生命周期理论的预测,持久收入高的人,其储蓄倾向更高。Hubbard 等(1995)使用 1962~1983 年的消费者金融调查(SCF)数据也发现低终身收入资源的人储蓄得少。他们将预防性动机和美国的基于资产均值测试的养老保险制度相结合,在生命周期模型中给出了一个解释。Dynan 等(2004)的研究可以算是对以往研究的一个盖棺定论,他们使用了包括消费者金融调查(SCF)、收入动态面板调查(PSID)以及消费者支出调查(CES)在内的各种美国微观调查数据,也使用了各种新的经验方法,并且还在生命周期模型中考虑了各种可能改变不同收入组别消费者的储蓄行为的影响因素(这些因素包括社会保障利益的差别、时间偏好率的

差异、非位似偏好、遗赠动机、不确定性和最低消费等),其研究结论是:富人储蓄倾向的确比穷人要高。Jin 等(2009)运用中国 1997~2006 年家庭调查数据发现,收入不平等程度的上升是解释中国居民储蓄倾向上升的一个重要原因。不过他们并没有从数据上证实富人是否比穷人有更高的储蓄倾向,他们反而认为中国的穷人为了"地位的寻找"(status-seeking)比富人会有更高的储蓄率。

与微观数据得到一致性结论不同的是,宏观数据的众多实证研究常常得到不一致的结论。Blinder(1975)运用美国 1949~1972 年时间序列数据检验发现了一个与其理论预测相反的结果:收入不平等不影响总消费或者会增加总消费(降低储蓄)。他认为造成上述结果的原因可能是不能将数据分成不同的收入类别进行检验和基尼系数的计算没有考虑低收入的年轻女性参加就业从而低估了收入不平等程度。Della Valle 和 Oguchi(1976)运用 1960~1971 年 37 个国家的截面数据重新检验了收入不平等与消费的关系。如果将发达国家和发展中国家混合在一起,他们得到的结果与 Blinder(1975)的结果相一致;但如果只使用 10 个 OECD 国家的数据作为样本,得到的结论则与传统的凯恩斯理论相一致。但 Della Valle 和 Oguchi(1976)过于简单的总消费函数和不充分的数据使得他们的结论不能完全让人信服。Musgrove(1980)在考虑生存性收入的基础上建立了纳入收入集中度、收入分布的不对称以及它们与收入水平交互项的消费函数并运用更多国家的各种收入数据进行实证检验,但他们得到的结果与 Della Valle 和 Oguchi 的结论相似,没有证据表明在所有国家中收入不平等对储蓄有影响,只有富裕国家存在强烈的收入分配对储蓄的效应。Gupta(1985)运用联立方程的方法检验了 34 个发展中国家 20 世纪 70 年代早期的数据,他发现收入不平等对储蓄率虽然具有正效应,但统计上并不显著。Venieris 和 Gupta(1986)将 49 个国家 50~70 年代不同年份数据按照收入进行了分组,他们发现就平均和边际储蓄而言,中等收入国家最高,高收入国家次之,低收入国家最低;低收入国家储蓄率低的一个重要原因是社会不稳定,收入再分配是否降低储蓄率依赖于再分配的对象。Schmidt-Hebbel 和 Serven(2000)对 20 世纪的一些经验文献进行了总结并指出了以往研究中存在的诸多问题,在其计量分析中,他们细致地考虑了储蓄方程的识别方式、储蓄率和不平等的各种测度指标、发达和发展中国家不同子样本、更新和更全的数据库以及横截面和面板等不同的估计技术,结果发现没有证据表明收入分配对储蓄率有影响。以上一些关于宏观总量数据的经验分析表明发展中国家或欠发达国家的收入分配似乎对储蓄率影响很小或没有影响,而富裕国家常常存在收入分配对储蓄率的影响。

但一些文献也发现了发展中国家或欠发达国家的收入分配与储蓄率正相关的经验证据。Cook(1995)使用 49 个欠发达国家样本发现:国内储蓄率与收入不平等存在着明显的正相关关系,他们按照收入和部门测度了两类不平等指标并且在估计中控制了其他影响储蓄率的变量,结果仍然是稳健的;Edwards(1996)关于收入不平等与储蓄率关系的研究是其讨论私人储蓄与公共储蓄关系的副产品。他运用 36 个国家(包括发达国家和发展中国家,主要是拉丁美洲国家)1970~1992 年的面板数据发现了一个混合的结果:当控制一组变量时,收入不平等对储蓄率有显著的正影响,而将控制变量换成另一组时,收入不平等却有不显著的负影响。Smith(2001)运用两套数据集对收入不平等与私人储蓄率的关系进行了研究。第一套是取 1970~1993 年均值的截面数据,包括 20 个工业国家和 46 个发展中国家共 66 个国家;第二套是 1960~1995 年 24 个国家(主要是 OECD 国家)取 5 年平均的面板数据集。在研究中,他考虑了数据调查方法、遗漏变量、测量误差、替代性的不平等测度指标和数据来源、收入不平等对私人储蓄率的影响渠道和不同的识别方式等对估计结果的影响。他的主要发现是:收入不平等对私人储蓄率具有稳健的正效应,并且信贷市场的不完美很可能是收入不平等影响私人储蓄率的主要原因。另外,也有一些政治经济学文献的实证研究得出了收入不平等与私人储蓄率负相关的结论,如 Alesina 和 Rodik(1994)、Alesina 和 Perotti(1996)的研究等。这些研究认为收入不平等会造成社会紧张和政治不稳定并使投资风险增加,从而降低经济增长率和储蓄率。因此,收入不平等对储蓄率到底具有何种影响在宏观数据经验文献中还存在不少争议。

三、收入不平等与储蓄率的一个可能的理论连接渠道:目标性储蓄/消费

目前,讨论目标性储蓄/消费的文献极其有限,Samwick (1998)从储蓄者的不同储蓄动机研究了与养老金相关的税收改革如何影响储蓄,他认为目标性储蓄会显著影响人们的退休养老计划。Berninghaus 和 Seifert-Vogt(1993)认为储蓄目标是迁移回报的重要影响因素。Ashok S. Guhal 和 Brishti Guha(2008)研究发现,如果存在一个固定退休资源目标,那么即使存在完美的养老保险市场,消费也会对当期收入过度敏感,在迭代模型中由于储蓄目标的存在会导致多重均衡。Browning 和 Lusardi(1996)指出,必须考虑人们的结婚、生育以及退休等重大事件对消费的影响,因此目标性消费可能是消费理论中的新的研究方向。余永定和李军(2000)讨论了消费目标对中国居民消费行为的影响,这对中国这种特别重视生命周期重大事件的国家具有重要意义,但他们没有区分不同收入阶层的人们的消费行为的差异。朱国林等(2002)曾从生存性消费、遗赠储蓄和预防性储蓄动机出发建立了一个解释收入不平等如何使得中国消费不振的理论框架,但他们没有展开实证研究,也没有考虑到目标性消费的影响。袁志刚和朱国林(2002)注意到了收入不平等对中国居民消费行为的影响,并运用国外的理论文献进行了一些分析,他们强调了分期规划目标对中国中低收入阶层的重要性,但他们仍然没有在这方面展开理论和实证工作。目前,有关不平等如何影响中国储蓄率的有价值的实证分析还相当稀少,武剑(1999)曾将基尼系数作为我国居民金融储蓄方程的一个解释变量,但回归结果显示收入分配差距的扩大对居民储蓄存款增长解释力度有限。Jin 等(2009)的微观数据研究证实了收入不平等程度的上升是中国居民储蓄倾向上升的一个重要原因,他们认为穷人为了能够进入富人俱乐部并获得"社会地位"上升带来的好处而有一个比

富人更高的储蓄倾向,正如前文指出的,这一解释不能令人信服。

　　本章认为,目标性消费/储蓄不失为一个重要的连接收入不平等与储蓄率的理论渠道。事实上,当前中国过高的储蓄率很可能是收入不平等加剧以及居民的目标性储蓄造成的。让人望而生畏的房地产价格、高昂的教育和医疗费用,以及教育与医疗方面的公共服务的缺失都会提高人们的消费目标。在房价、医疗和教育费用居高不下的情况下,中低收入居民为了应对未来发生的婚嫁、购房、子女教育和医疗等大额支出,不得不尽可能压缩当前消费、提高储蓄。当目标性消费存在时,收入不平等如何影响消费行为和储蓄率尚无文献进行讨论,这也正是本章在理论和实证上要开展的工作。

第三节　理论模型

　　长期以来,生命周期—持久收入模型(LCH/PIH)一直是研究居民消费与储蓄问题的主要理论框架。这里,我们将收入不平等与目标性消费引入这一理论框架并建立一个简单的两期规划模型,这不仅解决了标准的生命周期—持久收入模型无法解释收入分布影响居民储蓄率的问题,而且考虑了收入不平等下家庭的异质性储蓄行为。基于上文的讨论,我们考虑在一个存在收入不平等的经济环境中存在异质性经济个体(家庭),据其终生收入的差异而划分为高收入者(富人)和中低收入者(穷人),两类人具有不同的消费行为。富人的消费往往不会受到种种因素的制约,他们可以根据其一生的资源来合理安排消费。不同的是,穷人由于终身收入资源较低,他们的某些消费目标往往只能在第二期实现,因此他们会安排一个第二期的阶段性消费目标,这个第二期的阶段性目标可以是结婚、购房、为子女提供好的教育、购买耐用消费品或为了应对疾病的医疗支出等,因而他们必须在第二期有一个最低的消费标准;而且这个第二期的目标取决于经济中的收入分布,它是自己收入和富人收入的非减函数。换句话说,穷人看到自己收入提高或自己与富人的收入差距拉大都会提高自己的消费标准,其原因包括追求社会地位、攀比消费等。

与西方国家相比,我国是儒家文化的发源地,具有强烈的为家庭利益牺牲个人利益的文化传统。抑制个人消费为子孙储蓄成为高储蓄的动因之一,而且"未雨绸缪"的风险厌恶主义思想代代相传。此外,由于我国近代长时间处于贫穷落后的境地,长期的低收入使人们形成一种低消费的惯性,它不会随着经济增长和收入增加而立即消除。这种消费习惯不仅是经历过战争和饥荒的老一辈终生难以改变的,而且在很大程度上会影响其子女一生(张明,2005)。为了使我们的模型更符合中国的实际,我们考虑两类人都具有习惯偏好。下面我们将分别给出穷人和富人的最优化消费决策,进而分析收入不平等对居民储蓄(消费)行为的影响。

一、中低收入者的规划问题

具有习惯偏好的代表性中低收入者在其资源与第二期消费目标的双重约束下,极大化其一生的预期总效用:

$$\max_{\langle c_1,c_2,s_p\rangle} \log(c_1) + \beta E_1 \log(c_2 H_2^{-\alpha}) \tag{4.1}$$

$$\text{s. t.} \quad c_1 = (1-s_p)y_p \tag{4.2}$$

$$c_2 = R s_p y_p \tag{4.3}$$

$$c_2 \geqslant E_1 \left[C(y_p, y_r/y_p, u, v) \right] \tag{4.4}$$

这里,c_1 和 c_2 分别表示第一期和第二期的消费,β 表示时间偏好因子,$E_1(\cdot)$ 表示个人基于第一期信息的条件期望。H_2 表示习惯消费量,在两期模型中,H_2 正好等于 c_1[①]。$\alpha \in [0,1]$ 表示消费习惯的重要性,如果 $\alpha=0$,这意味着只有第二期消费量影响其效用;如果 $\alpha=1$,则表示影响其效用的是第二期消费量相对于其习惯消费量的比例。s_p 表示中低收入者的储蓄率,y_p 表示中低收入者一生实际收入的现值,y_r 表示高收入者一生实际收入的现

---

① 习惯消费量(habit stock of consumption)定义为所有过去消费的加权平均值:$H_t \equiv (1-\zeta)\sum_{j=0}^{\infty} \zeta^j c_{t-1-j}$,这里 $1-\zeta$ 表示习惯消费的折现因子,$0 \leqslant \zeta \leqslant 1$。当 $\zeta=0$ 时,c_{t-1} 之前的消费不影响习惯消费量,这表示只有一期消费习惯的情形,即:$H_t = c_{t-1}$。在两期模型中,显然 $h_2 = c_1$。

值，$R=1+r$，其中，r 表示实际利率。方程(4.4)的现实解释为，中低收入者为了支付其第二期在购房、子女教育、医疗保健等方面的支出，以及提高其社会地位的考虑，个人必须预期在第二期能负担得起一个目标性最低消费水平。该消费目标表示为 $E_1[C(y_p,y_r/y_p,u,v)]$，它取决于个人的收入水平 y_p、个人与富人的收入差距 y_r/y_p、其他非随机的因素 u 以及随机因素 v。为简单起见，假设 $C(y_p,y_r/y_p,u,v)=C_0 y_r^\theta y_p^{1-\theta}e^{u+v}=C_0 y_p(y_r/y_p)^\theta e^{u+v}$，$0<\theta<1$，其中，$C_0$ 表示目标性边际消费因子，θ 表示家庭目标性消费对收入差距$(y_r>y_p)$的弹性。在一个收入完全相等的经济中，$y_p=y_r$，上述消费目标函数退化为以下形式：$C(y_p,y_r/y_p,u,v)=C_0 e^{u+v}y_p$。我们模型的一个含义是，即使在一个完全平等的经济中，消费目标的存在也会影响经济中的最优储蓄率。当存在收入差距时$(y_r>y_p)$，穷人第二期的消费目标会高于收入完全平等时的消费目标，而且收入差距越大，穷人的消费目标越高。因此，收入差距对消费目标具有强化效应。为了便于求解，我们还假定影响消费目标的外生冲击 v 服从白噪声过程，满足 $v\sim N(0,\sigma_v^2)$。

上面最优化问题的拉格朗日函数为：

$$\max_{\langle s_p\rangle}\log[(1-s_p)y_p]+\beta E_1\{\log(Rs_p y_p)-\alpha\log[(1-s_p)y_p]\}$$
$$+\lambda\{Rs_p y_p-E_1[C(y_p,y_r/y_p,u,v)]\}\} \tag{4.5}$$

根据 Kuhn-Tucker 条件，我们得到：

$$-(1-\alpha\beta)/(1-s_p)+\beta/s_p+\lambda\beta Ry_p=0 \tag{4.6}$$

$$\lambda[Rs_p y_p-E_1 C(y_p,y_r/y_p,u,v)]=0 \tag{4.7}$$

其中，拉格朗日乘子 λ 表示中低收入家庭的单位目标性消费水平(c_2)增加所带来的边际效用，即目标性消费的影子价值。下面我们对中低收入者是否存在目标性最低消费水平的紧约束分两种情况进行讨论。

情形一：$\lambda=0$，即 $c_2>E_1[C(y_p,y_r/y_p,u,v)]$。根据式(4.6)、式(4.7)可以得到：

$$s_N^*=\frac{\beta}{1+(1-\alpha)\beta} \tag{4.8}$$

此时,中低收入家庭的第二期消费 c_2 不受目标性最低消费水平的约束,其储蓄率受该家庭的时间偏好(β)和消费习惯强度(α)的影响。如果中低收入家庭更加注重现期消费,具有较强的消费习惯,则该家庭将提高其储蓄率(s_N^*)。

情形二:$\lambda > 0$,即 $c_2 = E_1 [C(y_p, y_r/y_p, u, v)]$。同样,根据式(4.6)、式(4.7),我们可以得到:

$$s_B^* = \frac{1}{R} (y_r/y_p)^\theta e^u E_1 (e^v) \tag{4.9}$$

这意味着当中低收入家庭受目标性最低消费水平约束时,其储蓄率将取决于总实际利率(R)、收入差距(y_r/y_p)、经济结构因素(u)以及外生随机冲击(v)等因素的影响。具体而言,实际利率的降低、收入差距的扩大将提高家庭的储蓄率,而经济结构因素(如人口年龄结构、城市化进程、产业结构优化等)对居民储蓄率的具体影响需要进行实证分析。

根据式(4.6)、式(4.7)可知,存在临界收入水平 y_p^*,该收入使中低收入家庭的目标性最低消费约束紧与否无差异,当满足 $y_p > y_p^*$ 时,该家庭不受目标性最低消费水平的约束;反之则反是。整理可得如下(推导详见附录):

$$y_p^* = \left(\frac{1+\beta-\alpha\beta}{R\beta} C_0\right)^{1/\theta} E_1 \left[e^{(u+v)/\theta}\right] y_r \tag{4.10}$$

式(4.10)表明,富人的收入(y_r)越高,则临界收入水平越高,此时中低收入家庭越容易受目标性最低消费水平的约束。此外,临界收入 y_p^* 还受中低收入家庭的时间偏好(β)、消费习惯强度(α)、利率(R)以及经济结构因素(u)和外生随机冲击(v)等因素的影响。由于经济结构的变动(u)和外生随机冲击(v)的存在将产生不确定性(ε),从而临界收入(y_p^*)的实现具有随机性,这意味着目标性最低消费约束紧与否将以概率实现,该概率同时受当期收入差距、时间偏好和消费习惯等外生变量的影响,因此中低收入家庭受目标性最低消费约束的条件概率为:$\Pr(\lambda > 0 | \alpha, \beta, y_r/y_p, \varepsilon) = p$,$0 < p \leqslant 1$。例如,当收入差距缩小、政府社会保障性支出增加时,中低收入家庭的实际收入容易超过临界收入,此时目标性最低消费约束紧的概率将下降,从而减

少居民储蓄;而当房地产价格上涨、收入差距扩大时,中低收入家庭的目标性消费容易受临界收入水平的约束,此时目标性最低消费约束紧的概率上升,这将提高居民的储蓄率。

综上所述,根据式(4.6)、式(4.7)整理可得如下中低收入者的储蓄率 s_p^*:

$$s_p^* = p\frac{\beta}{1+(1-\alpha)\beta} + (1-p)\frac{1}{R}(y_r/y_p)^\theta e^u E_1(e^v) \qquad (4.11)$$

该式表示,中低收入家庭的储蓄率主要取决于:收入不平等(y_r/y_p),实际总利率(R),消费习惯强度(α),时间偏好因子(β)以及影响该储蓄率的经济结构因素(u)和外生经济冲击(v)。由此可见,式(4.11)不仅刻画了中低收入家庭进行储蓄的目标性消费动机,而且考虑了文献中影响居民储蓄率的传统因素,如习惯偏好、预防性储蓄、人口结构等因素。因此,本章基于包含目标性消费的跨期异质模型,通过构建结构计量模型,可以对文献中所讨论的影响居民高储蓄率的各种因素在统一的框架中进行定量分析。

二、高收入者的规划问题

对于代表性高收入者而言,不会受到消费目标的制约,在预算约束下,其终生效用极大化问题如下:

$$\max_{\{c_1,c_2,s_p\}} \log(c_1) + \beta E_1 \log(c_2 H_2^{-\alpha}) \qquad (4.12)$$

$$\text{s.t.} \quad c_1 = (1-s_r)y_r \qquad (4.13)$$

$$c_2 = Rs_r y_r \qquad (4.14)$$

类似地,通过求解拉格朗日函数,我们得到富人的储蓄率 s_r^* 为:

$$s_r^* = \frac{\beta}{1+(1-\alpha)\beta} \qquad (4.15)$$

命题一:在高收入者和中低收入者具有相同的时间偏好和习惯强度的情形下,基于目标性消费和收入不平等对目标性消费的强化效应,中低收入者较高收入者有更高的储蓄率。

证明:根据方程(4.6),我们知道 s_N^* 满足 $(1-\alpha\beta)/(1-s_N^*) = \beta/s_N^*$,$s_B^*$

满足$(1-\alpha\beta)/(1-s_B^*)=\beta/s_B^*+\lambda\beta Rs_B^* y_p$,这意味着:$s_B^*>s_N^*$,如图 4.3 所示。这表明,家庭收入越高、投资收益率越高、对未来的预期越乐观,那么该家庭对目标性消费的储蓄就越少。由于穷人的储蓄率为:$s_p^*=ps_N^*+(1-p)s_B^*$,而富人的储蓄率为:$s_r^*=s_N^*$,从而易证:$s_p^*>s_r^*$,即穷人具有更高的储蓄率。

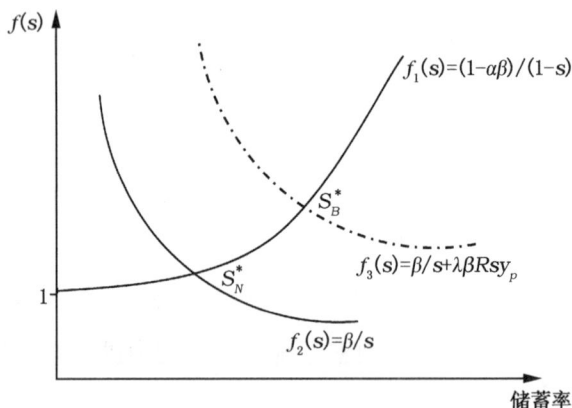

图 4.3　目标性消费约束下的储蓄率

当然,该命题成立的前提是高收入者和中低收入者具有相同的时间偏好和习惯强度[①],如果中低收入者由于收入较低且当期消费支出较大,因而比高收入者更加看重当期消费,满足 $\beta_p<\beta_r$,这将使得高收入者具有更高的储蓄倾向。不过从中国城乡数据来看,我们的结论得到数据的支持,在1978～2008 年间的大部分时间内,农村居民的储蓄倾向高于城市居民的储蓄倾向(见图 4.4);同时,农村居民的平均储蓄倾向(19.38%)高出城市居民的平均储蓄倾向(17.32%)2.06 个百分点。对此的一种可能性解释是,虽然农村居民的收入较低,但是由于城乡差距不断拉大,农村家庭在子女教育、养老、医疗等方面具有较城镇居民更高的目标性储蓄动机,这使得农村居民

[①]　国内外实证文献中没有给出高收入者较中低收入者具有更高或更低消费习惯的一致证据,因而我们倾向于认为二者具有近乎相同的消费习惯偏好。

表现出更高的储蓄倾向。近年来,伴随着大学生就业困难、工资收入较低等现象,农村家庭的教育投资回报率呈下降趋势[①],这降低了农村家庭在子女教育上的目标性储蓄,这在一定程度上解释了自 1999 年以来农村居民储蓄倾向不断下降,并自 2005 年开始低于城镇居民储蓄倾向的经验事实。

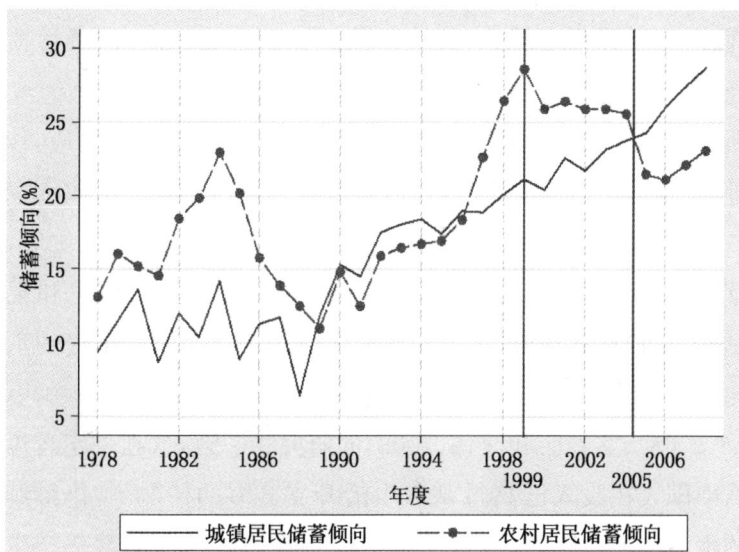

图 4.4 城镇居民储蓄倾向和农村居民储蓄倾向

三、经济中的总储蓄率函数

我们假设经济中的中低收入人口占比为 $\eta(0<\eta<1)$,且高收入者和中低收入者具有相同的时间偏好和习惯强度,据此,我们得到经济中的总储蓄率函数:

$$SR=\frac{\eta s_p^* \times y_p+(1-\eta)s_r^* \times y_r}{\eta y_p+(1-\eta)y_r}=\frac{A+B\ (y_r/y_p)^\theta+C(y_r/y_p)}{1+(1-\eta)/\eta \times (y_r/y_p)}$$

(4.16)

---

① 陈晓玲和尹丹(2004)认为农村教育的投资成本由农村承担,而城市却得到了由农村教育积累的人力资本所产生的收益这样一种投资与收益的不对称性,从而降低了农村教育投入。王美艳(2009)认为,大专及以上教育并不能显著提高农村劳动力的收入。

其中，$A = p\dfrac{\beta}{1+(1-\alpha)\beta}$，$B = (1-p)\dfrac{1}{R}e^{u}E_{1}(e^{v})$，$C = \dfrac{1-\eta}{\eta}\dfrac{\beta}{1+(1-\alpha)\beta}$。这意味着，总的居民储蓄率受收入不平等($y_r/y_p$)[①]、利率($R$)、习惯偏好强度($\alpha$)以及其他经济因素($u$)等的影响，具体可概括为命题二(推导详见附录)。

命题二：假设中低收入者和高收入者具有相同的时间偏好和消费习惯强度，则收入不平等程度越高，经济中的总储蓄率就越高；消费习惯越强(α越大)，经济中的总储蓄率就越高。

该命题意味着，收入不平等对居民总储蓄率具有单调正效应，伴随着收入不平等的加剧，由于中低收入者存在目标性储蓄行为，中低收入家庭为了实现第二期的消费目标，如购房、结婚、子女教育、提高社会地位等，将增加居民储蓄，这最终推高了经济中的总储蓄率。同时，由于历史和现实的原因，我国居民消费具有很强的习惯偏好，根据命题二可知，家庭的消费习惯越强(α越大)，经济中的总储蓄率就越高。这与龙志和等(2000)、Chamon和 Prasad(2008)、艾春荣和汪伟(2008)的研究相一致，这在一定程度上解释了为什么中国人在收入已高过基本生活开支甚多的情况下，仍继续维持原有较低的生活水平。因此，居民消费习惯是我国居民高储蓄率产生的重要原因。

值得注意的是，根据式(4.16)可知，实际利率对居民总储蓄率的边际效应满足：$\dfrac{\partial SR}{\partial R} = -\dfrac{1}{R^{2}}\dfrac{(1-p)e^{u}E_{1}(e^{v})(y_r/y_p)^{\theta}}{1+(1-\eta)/\eta \times (y_r/y_p)} < 0$，即实际利率与居民储蓄率反向变动。这与我国居民存款实际利率长期以来为负，但是居民总储蓄率一直居高不下的现实是相吻合的，也与 Wen(2009)关于中国高储蓄率与低实际利率并存现象的理论研究相一致。可能的解释在于：一方面由于我国利率市场化程度不高，一年期存款基准名义利率[②]呈离散阶梯形变动，利

---

① 给定高收入者与中低收入者之间的人口占比$(1-\eta)/\eta$，中低收入者与高收入者的收入比(y_r/y_p)提高意味着占人口比重$(1-\eta)$的高收入者占居民总收入的比重将提高，即收入不平等加剧。因此，给定人口收入结构，收入差距(y_r/y_p)可作为收入不平等的正向度量指标。

② 我们同时用一年期贷款基准利率作为名义利率并考察名义利率的均值、标准差和及其与居民储蓄率的相关系数，结果没有显著性改变。

率杠杆影响居民储蓄的渠道不通畅；另一方面，我国居民的储蓄对一年期存款基准名义利率的变动不敏感，居民储蓄行为主要受其他因素，如目标性储蓄、通货膨胀率等因素的影响，这一点可从居民储蓄率与名义利率的相关系数(0.085)较低得到证实。正是由于实际利率由名义利率和通货膨胀率共同决定，而名义利率的调整对居民储蓄行为的影响并不显著。[①] 因此，我们主要考虑通货膨胀率对居民总储蓄率的影响。

综上所述，我国居民总储蓄率函数可以归纳为如下一般形式：

$$SR = F(\pi, H, y_r/y_p, u, v) \tag{4.17}$$

其中，SR 表示总储蓄率；π 表示通货膨胀率，利率的变化对储蓄率的影响取决于收入效应和替代效应的强弱；H 表示家庭的消费习惯，其强度由参数 α 决定；y_r/y_p 表示收入不平等程度，收入不平度程度的加剧将提高居民总储蓄率；u 表示影响总储蓄率的其他经济结构因素，如人口年龄结构、政府支出、城市化进程、产业结构的变化、劳动参与情况等；v 表示无法控制的外生随机冲击。下面我们将基于式(4.17)对所采用的结构计量模型进行严格设定，在此基础上定量分析收入不平等、消费偏好、通货膨胀率、人口结构和城市化等各种因素在推高我国居民高储蓄率中的作用。

第四节　实证分析

一、数据处理和说明

我们使用两套数据集来进行计量分析，第一套数据集为 1978～2008 年的年度时间序列数据，第二套数据集为 1989～2008 年省际面板数据集。所有原始数据均来自《中国统计年鉴》、《中国人口统计年鉴》和中经网统计数

---

① 在对包含名义利率(非平稳)的 ARIMAX 模型的实证回归分析中，我们发现名义利率对居民储蓄行为的影响在 5％的显著性水平下不显著，实证结果表现出稳健性，故我们没有报告名义利率的回归结果，有兴趣的读者可以找作者索取。

据库,部分数据经作者测算,表 4.1 给出了 1978～2008 年的年度时序数据的各变量的描述性统计结果。具体说明如下:

表 4.1 各变量描述性统计量[①]

变量	定义	观测数	均值	标准差	最小值	最大值
国民总储蓄率(%)	1-最终消费率	31	39.82	5.18	32.49	51.4
城镇储蓄倾向(%)	城镇居民储蓄/城镇居民可支配收入	31	17.25	6.03	6.46	28.76
农村储蓄倾向(%)	农村居民储蓄/农村居民纯收入	31	19.38	5.03	10.99	28.63
居民储蓄倾向 1(%)	居民储蓄/居民持久收入	31	26.34	8.76	7.16	40.74
居民储蓄倾向 2(%)	居民储蓄/居民可支配收入	31	25.10	7.88	4.75	36.13
城乡收入比	城镇居民收入/农村居民纯收入	31	2.59	0.46	1.82	3.33
基尼系数(%)	参见后文说明	31	36.61	7.02	25.25	49.6
泰尔指数(%)	参见后文说明	31	10.21	4.79	3.8	20.1
实际利率(%)	一年期存款利率-通货膨胀率	31	−0.38	5.14	−14.02	6.92
总抚养系数(%)	15 岁以下＋64 岁以上人口/15～64 岁人口	31	50.55	9.38	36.72	39.13
政府支出/GDP(%)	财政支出占 GDP 的比重	31	18.60	5.29	11.15	31.55
工业产值/GDP(%)	工业产值占 GDP 比重	31	40.42	2.01	36.74	44.09
劳动参与率(%)	工作人口占总人口比重	31	52.64	5.93	41.71	58.34
城市化率(%)	城镇人口占总人口比重	31	30.24	8.43	17.92	45.68

首先,计算居民储蓄率。我们将居民储蓄率定义为居民储蓄与居民可支配收入的比值,而非居民储蓄与 GDP 的比值,这样定义的储蓄率实际上是居民的平均储蓄倾向。定义的理由是:居民的储蓄与消费的决策主要是受自身收入的影响,而 GDP 需要经过初次分配和再分配才形成居民的可支配收入,而且近年来居民可支配收入在 GDP 中的比重呈下降趋势,国民收入分配的格局向企业和政府倾斜,因此使用居民储蓄与居民可支配收入的比值作为储蓄率更能真实地反映居民的消费与储蓄行为。基于以上考虑,本章实证回归的 SR_t 主要是指居民储蓄率,而将国民储蓄率作为替代性的

---

① 居民储蓄倾向 1 来自汪伟(2009b)的估计,居民储蓄倾向 2 来自 Modigliani 和 Cao(2004)的估计并补充计算后续年份。

储蓄率变量来讨论实证结果的稳健性。

由于基于理论模型的总储蓄率实际是出自持久收入的储蓄倾向,所以我们需要估计出居民的持久收入。这里我们采用 Friedman(1957)的计算方法:$y_t^p = 0.6y_t + 0.24y_{t-1} + 0.16y_{t-2}$,以近似居民的持久收入 y_t^p。由于长期以来中国分部门的收支统计数据不可得,我们需要先估计国民经济核算意义下的居民储蓄和收入。参照中国人民银行课题组(1999)对居民储蓄的测算方法,我们通过现有的统计数据估算得到居民的金融储蓄与实物储蓄并加总得到居民储蓄 S_t,然后将其和统计年鉴公布的居民消费数据相加得到居民各年的可支配收入(详细的计算方法,参见汪伟(2009b))。这样,根据前面对持久收入的定义,我们就可以计算出居民的持久收入以及出自持久收入的储蓄倾向:$SR_t = S_t/y_t^p$,定义为:居民储蓄率 1。Modigliani 和 Cao(2004)用个人拥有财富改变量测算过中国 1953～2000 年中国居民储蓄率,本章按照 Modigliani 和 Cao(2004)给出的数据与方法,补充计算了后续年份的居民储蓄率数据,并将其作为一个替代性的居民储蓄率指标,定义为:居民储蓄率 2。

其次,测算收入不平等。度量收入不平等的常用指标主要是基尼系数和泰尔指数,它们都能刻画出收入不平等的变化趋势,同时又各具特点。本章中,1978～2005 年的基尼系数,我们主要采用黄少安和陈屹立(2007)的估计结果;2005～2008 年的基尼系数由我们根据陈宗胜和周云波(2002)所定义的城乡加权法具体测算。泰尔零阶指数由笔者具体测算,其计算公式为:$I_0 = (1/N)\sum_{i=1}^{N} \log(\bar{Y}/Y_i)$,其中,$N$ 为样本数(除西藏、重庆外的全国 29 个省、市、自治区),Y_i 为第 i 个样本收入,$\bar{Y}$ 为平均收入(即 Y_i 的平均值)。同时,将总人口分为 k 组($k=2$,即农村和城镇),则泰尔指数为 $I_t = \sum_k V_k I_{0k} + \sum_k V_k \log(\bar{\bar{Y}}/\bar{Y_k})$,其中,$V_k$ 是第 k 组人口比重,I_{0k} 是第 k 组的零阶泰尔指数,$\bar{Y_k}$ 是第 k 组的平均收入,$\bar{\bar{Y}}$ 是总平均收入。这样,我们就将总体收入不平等 I_t

分解为省际之间收入不平等 $\sum_k V_k I_{0k}$ 和城乡之间收入不平等 $\sum_k V_k \log$ $(\overline{\overline{Y}}/\overline{Y_k})$。同时,我们将城乡收入比作为稳健性检验的解释变量之一。

最后,其他变量的详细定义见表 4.1。从整体来看,我们的数据有比较大的变异,而且我们关注的收入不平等的测度指标基尼系数和泰尔指数都与居民储蓄倾向具有同步上升的趋势(见图 4.1 和图 4.2)。从其简单的单变量非参数估计的散点图上也可以看出它们之间存在近似线性关系(见图 4.5~图 4.7)。[①] 因此,线性模型是比较恰当的识别居民储蓄率与收入不平等关系的计量模型。下面,本章通过计量分析来检验我们的理论模型所得到的结论。

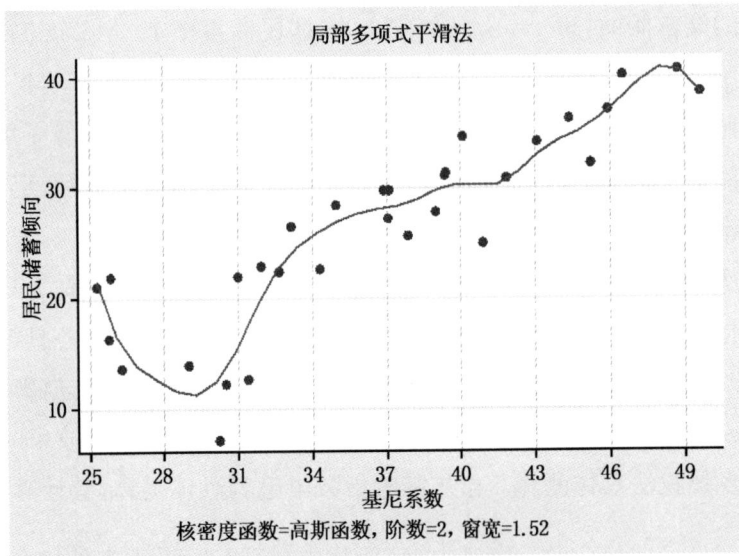

图 4.5　居民储蓄倾向对基尼系数非参数估计散点

---

①　这里,我们采用局部多项式回归方法(Local Polynominal Regression),不仅可以有效解决边界估计偏差(Boundary Bias of Support)问题,而且可以提高拟合精度,函数逼近的方法采用二阶泰勒展式。在核密度估计函数方面,我们采用传统的高斯函数,窗宽根据最小二乘交错鉴定法选取(Least Squres Cross-Validation)。

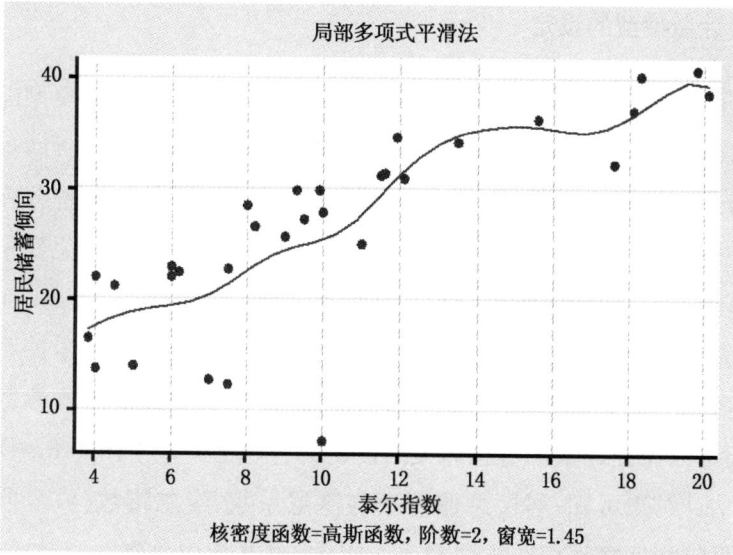

核密度函数=高斯函数，阶数=2，窗宽=1.45

图 4.6　居民储蓄倾向对泰尔指数非参数估计散点

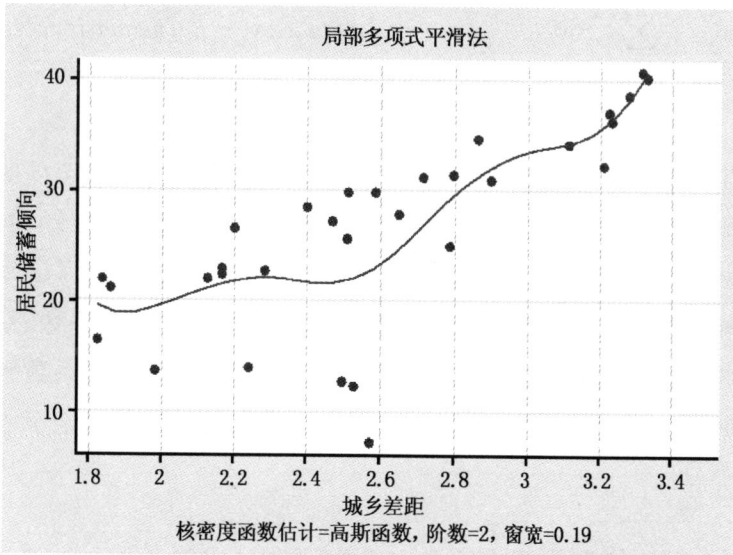

核密度函数估计=高斯函数，阶数=2，窗宽=0.19

图 4.7　居民储蓄倾向对城乡收入比非参数估计散点

二、计量模型的设定

计量模型的合理设定主要包括两个方面:一方面是计量模型总体关系的设定,这决定了计量估计方法是采用参数估计还是非参数估计,如果是参数估计,那么是线性回归还是非线性回归;另一方面是关于被解释变量的选取,即被解释变量的选取应该有理论支持或实证证据,尽量避免变量选取的随意性,特别是"命题证明式"变量选取(李子奈,2007;洪永淼,2007)。

首先,设定计量模型的总体关系。为了保证计量模型总体关系设定的科学性,我们采用不先验设定解释变量和被解释变量关系的非参数估计方法,从而可以保证计量模型总体关系设定的客观性。基于图4.6~图4.7的非参数估计结果可知,居民总储蓄率与基尼系数、泰尔指数、城乡收入比等收入不平等指标之间存在线性关系。因此,根据结构总储蓄函数式(4.17),我们采用如下含有外生解释变量(X)的自回归移动平均协整计量模型 $ARIMAX(p,d,q)$:

$$SR_t = \mu + \sum_p \alpha_p SR_{t-p} + \beta_1 \pi_t + \beta_2 Inequality_t + \beta_3 Inequality_t \times dummy$$

$$+ \sum_{j=4}^{N} \beta_j Z_{jt} + \varepsilon_t \qquad (4.18)$$

其中,SR_t 和 SR_{t-p} 分别表示在 t 期的居民储蓄率和滞后 p 期的储蓄率,π_t 表示通货膨胀率,$Inequality_t$ 表示收入不平等指标。在经验文献中,基尼系数和泰尔指数是用来测度收入不平等的最常用指标,考虑到我国城乡差距较大及城乡二元经济的结构特征,我们具体采用基尼系数、泰尔指数和城乡收入比来刻画经济中的收入不平等程度[①]。由于基尼系数和泰尔指数在1984年表现出结构性变动(参见4.2和图4.3),我们设定了一个时间

---

① 除了上面提到的指标外,常用的还有收入最高的20%的人口收入占总收入的比重,收入最低的40%的人口收入占总收入的比重,收入最低的40%的人口与收入最高20%的人口的收入比值,中间60%的人口占总收入的比重等。由于《中国统计年鉴》中缺少1978~2008年的分组收入的完整统计,我们无法使用这类指标。

虚拟变量 dummy[①]，它在 1984 年以前的年份取值为 1，用于刻画改革开放初期农村经济改革导致中国收入不平等状况有所下降的结构性断点。$\{Z_{jt}\}$ 表示影响居民储蓄率的其他经济变量，ε_t 为观察不到的影响居民储蓄行为的随机扰动项，滞后 q 阶。

其次，选取被解释变量。为了保证被解释变量选取的科学性，我们主要从两个方面出发。第一，基于具有微观基础的居民储蓄率函数式(4.17)，我们选取刻画居民消费习惯的滞后储蓄率、通货膨胀率和收入不平等指标作为解释变量。第二，在选取影响居民储蓄率的其他经济变量$\{Z_{jt}\}$时，我们主要基于相关文献进行选取，从而获得理论上和实证上的支持[②]。Leff(1969)、Modigliani 和 Cao(2004)认为子女和老人的抚养负担会影响个人或家庭的工作时间和收入，从而影响居民的消费目标和储蓄行为，因而选取总抚养系数作为解释变量。Loayza、Schmidt-Hebbel 和 Serven(2000)认为城市化率是影响居民总储蓄率的重要因素，特别是我国的城市化进程受户籍制度的约束，更多的是劳动力等要素的城市化，而外来人口在教育、医疗、社会保障等方面受到制约，这不仅会影响经济中的收入分布，而且会影响居民的消费和储蓄行为，因而选择城市化率作为解释变量。工业产值占 GDP 比重一方面刻画了经济中产业结构的变化，另一方面也可以看作是企业储蓄的代理变量。产业结构升级(汪伟，2009)和企业储蓄增加(Kuijs，2006)会改变经济中的收入分布，也可能会影响居民的储蓄行为。因此，选择工业产值/GDP 作为解释变量。收入不平等程度越高，政府出于社会公平考虑可能会扩大支出、增加转移支付，因而会改变经济中的收入分布和影响人们的消费目标和储蓄行为。因此，我们在回归中还控制政府支出占 GDP 的比重这

---

①　我们采用 Chow 检验统计量，对 1984 年的收入不平等指标进行结构断点检验，结果表明在 5% 的显著性水平下可以认为 1984 年存在结构性改变(Structural Change)。
②　这里我们采用从一般到特殊的动态建模原则(李子奈，2010)，除文中给出的解释变量之外，我们还考虑了经济增长、人口结构和贸易平衡等因素对居民储蓄率的影响，考虑到数据长度和检验显著性等因素，计量回归模型最终确定为式(4.18)。

一变量。[①] 经济中的劳动参与率也可能是改变经济中的收入分布和影响人们的消费目标与储蓄行为的一个重要变量,因此本章采用劳动参与率作为解释变量,选用这一变量的另一个目的是考虑到城镇登记失业率作为衡量社会就业的指标存在片面性。综上所述,解释变量$\{Z_{jt}\}$主要包括总抚养系数、城市化率、工业产值/GDP、政府支出/GDP和劳动参与率等经济变量。

最后,本章计量模型的具体设定和检验遵循如下步骤:首先,检验相关经济变量的平稳性。通过对经济变量序列曲线图的观察,即经济序列是否存在时间趋势和存在偏离 0 位置的随机变动,进而确定所采用 ADF[②] 检验的回归形式,滞后阶数采用 AIC 信息准则确定,检验发现所有的经济变量均为 10% 显著性水平下的一阶差分平稳序列(见表 4.2)。为了研究居民储蓄率和收入不平等、城市化率等经济变量之间的长期均衡关系,我们主要采用基于回归系数的多变量 Johansen 协整检验[③],协整方程形式的设定主要采用 Johansen 的 "Pantula principle" 方法,同时采用迹(trace)统计量和最大特征值(λ-max)统计量进行协整检验。虽然以上两种统计量所确定的协整向量个数有时不止一个,但是我们建立的结构向量模型式(4.18)不涉及协整向量的选择,所以只需要证明存在协整关系即可。基于 Johansen 协整检验的结果表明,居民储蓄率 SR_t 与收入不平等指标 $Inequality$、通货膨胀率及其他控制变量$\{Z_{jt}\}$存在长期均衡关系。[④] 由于基于 1978~2008 年的数据,我们主要关心的是居民储蓄率与收入不平等之间的长期均衡关系,因而没有采用研究短期波动关系的误差修正模型(Error Correction Model,ECM),而是采用包含外生解释变量(X)的自回归移动平均协整计量模型

---

① 选择政府支出/GDP 作为解释中国居民消费行为的变量已经成为大多数国内文献的共识(李广众,2005;李永友和丛树海,2006;潘斌等,2006;王文甫,2010),但目前国内外文献关于政府支出是挤入还是挤出居民消费的问题还存在争论。

② 我们同时采用 KPSS、ERS、NP 等检验统计量对上述经济变量进行平稳性检验,检验结果没有显著性差异。

③ 区别于适用于两变量协整检验的 EG 方法(Engle 和 Granger,1987),以及不适用于带常数项和时间趋势项的 CEDW 方法(Cointegration Regression Durbin-Watson)。

④ 具体的 Johansen 协整检验结果见附录。

$ARIMAX(p,d,q)$。然后,我们通过被解释变量的自相关系数和偏自相关系数确定模型的阶数 p[①];采用 Durbin-Watson(D.W.)统计量检验残差序列的相关性[②],通过确定模型的滞后阶数 q 进行序列相关修正,这保证了模型设定的统计合理性。最后,考虑到影响居民储蓄率的其他可能因素,如计划生育政策等,我们通过 F 统计量和似然比(LR)统计量对模型设定进行了遗漏变量检验,检验结果表明本章模型的设定比较稳健。

表 4.2　　　　　　　　　　各经济变量的平稳性检验

经济变量	ADF 值	检验类型 (c,t,p)	1%临界值	5%临界值	平稳性
居民储蓄率 1	−2.99	$(c,t,1)$	−4.30	−3.57	否
居民储蓄率 2[③]	−2.99	$(c,t,1)$	−4.30	−3.57	否
国民储蓄率[④]	−2.30	$(c,t,1)$	−4.34	−3.59	否
通货膨胀率	−2.27	$(c,0,1)$	−3.68	−2.97	否
基尼系数	−2.19	$(c,t,2)$	−4.32	−3.58	否
泰尔指数	−2.34	$(c,t,1)$	−4.29	−3.57	否
城乡收入比	−4.90	$(c,t,1)$	−4.31	−3.57	否
总抚养系数	−1.59	$(c,t,1)$	−3.67	−2.96	否
城市化率	−2.40	$(c,t,2)$	−4.32	−3.58	否
工业产值/GDP	−1.64	$(c,0,0)$	−3.67	−2.96	否
政府支出/GDP	−2.01	$(c,t,1)$	−4.31	−3.57	否
劳动参与率	−1.29	$(c,t,1)$	−4.30	−3.57	否
Δ(居民储蓄率 1)	−6.11	$(c,0,0)$	−3.68	−2.97	是***
Δ(居民储蓄率 2)	−6.52	$(c,0,0)$	−3.68	−2.97	是***
Δ(国民储蓄率)	−3.51	$(c,0,0)$	−3.68	−2.97	是***
Δ(通货膨胀率)	−5.19	$(c,0,1)$	−3.69	−2.97	是***

---

①　我们同时采用 AIC 信息准则和 SIC 信息准则对模型的滞后阶数进行稳健性检验。

②　我们同时采用 Breush-Godfrey LM 检验统计量对序列相关进行检验,检验结果表现出相当的稳健性。

③　该居民储蓄倾向是我们根据 Modigliani 和 Cao(2004)给出的数据与方法,在补充计算了后续年份居民储蓄倾向数据的基础上所构造一个替代性的居民储蓄率指标。

④　详细的计算方法参见汪伟(2009b)。

经济变量	ADF 值	检验类型 (c,t,p)	1%临界值	5%临界值	平稳性
Δ(基尼系数)	-4.27	$(c,0,0)$	-3.68	-2.97	是***
Δ(泰尔指数)	-4.11	$(c,0,0)$	-3.68	-2.97	是***
Δ(城乡收入比)	-3.85	$(c,0,0)$	-3.68	-2.97	是***
Δ(总抚养系数)	-5.52	$(c,0,7)$	-4.42	-3.62	是***
Δ(城市化率)	-3.79	$(c,0,0)$	-3.68	-2.97	是***
Δ(工业产值/GDP)	-3.63	$(c,0,0)$	-3.68	-2.97	是**
Δ(政府支出/GDP)	-2.98	$(c,0,0)$	-3.68	-2.97	是**
Δ(劳动参与率)	-5.52	$(c,0,0)$	-3.68	-2.97	是***

注:检验类型(c,t,p)分别表示 ADF 检验中是否会有常数项、时间趋势项以及滞后阶数(采用 AIC、SIC 信息准则确定),*** 、** 分别表示 1%、5%显著,Δ 表示原经济变量的一次差分。

三、实证结果分析

本节使用 1978~2008 年的年度时序数据集进行实证分析,其中的被解释的居民储蓄率变量有三个度量指标,分别是根据 Friedman(1957)的持久收入法测算的居民储蓄率 1、根据 Modigliani 和 Cao(2004)用个人财富改变量测算的居民储蓄率 2 以及国民储蓄率;作为解释变量的收入不平等指标包括基尼系数、泰尔指数和城乡收入差距。通过对以上不同居民储蓄率和收入不平等指标的组合回归分析,可以从不同角度分析收入不平等对居民储蓄率的影响及其稳健性。基于前面严格设定的计量回归模型式(4.18),表 4.3 给出了相应的实证结果,其中,回归模型式(1.1)给出的是基于理论模型的一个初步估计结果,结果显示基尼系数和滞后一期储蓄率都有非常显著和较大的正系数,这与我们的理论预测相吻合。下面,我们将基于回归方程(1.2)~方程(1.8),分别从影响居民储蓄率的习惯偏好、收入不平等和其他经济变量的角度对造成我国居民高储蓄率的因素进行定量分析和经济解释。

首先,非常显著的滞后储蓄率系数反映了中国居民具有很强的储蓄习惯。回归方程(1.2)～方程(1.8)中消费惯性系数平均为 0.50,我们估计的结果与汪伟(2008)基于 1995～2005 年省际面板数据估计的结果(城镇居民为 0.52,农村居民为 0.65),以及 Loayza、Schmidt-Hebbel 和 Serven(2000)运用跨国面板数据估计的结果(为 0.30～0.83)基本一致。估计表明,中国居民勤俭节约的消费习惯,使其相对于西方国家居民的超前消费而言更倾向于储蓄,储蓄习惯对解释中国居民的高储蓄率具有重要意义,也与具有习惯偏好的理论模型的预测相一致。

其次,收入不平等程度加剧将提高居民储蓄率。根据回归方程(1.2)～方程(1.8)可知,基尼系数、泰尔指数和城乡收入差距等不平等指标对居民储蓄率均表现出显著的增效应,结果具有相当的稳健性,符合命题二的论述。以基尼系数为例,收入不平等每提高 1 个百分点,居民储蓄率将增加 0.63 个百分点,这意味着至 2008 年我国基尼系数上升了 24 个百分点,它带来居民储蓄倾向上升约 15.12 个百分点,而同期的居民储蓄率实际上升了 19 个百分点。因此,收入不平等的加剧几乎可以解释居民储蓄倾向上升的 80%,这是一个非常大的储蓄效应。同样,城乡收入差距的扩大也进一步提高了居民储蓄率,且表现出更高的边际效应,这与命题一的论述是相吻合的,即农村居民的目标性储蓄使占人口多数的农民具有较城镇居民更高的储蓄倾向。看起来加快城市化将有助于降低居民高储蓄利率,然而回归结果表明:城市化进程可能提高了中国的储蓄率,这与 Loaya、Schmidt-Hebbel 和 Serven(2000)运用跨国面板数据的研究相反。对此,一种可能的解释是中国的城镇化进程不仅没有降低进城农民的目标性储蓄,反而加剧了农民工在教育、医疗、社会保障、住房等各方面的目标性储蓄。根据中国的经济实际,原因可能来自两个方面:一方面由于城镇化进程中存在着"不确定性",城市新居民在收入、购房支出、教育投入和医疗支出方面进行了大量的预防性储蓄,同时为了更快融入当地社会,进行了相应的目标性储蓄;另一方面,由于中国现存的户籍制度约束,尽管农民工大量进城,但他们并没有同等享有城市在教育医疗、社会保障、公共服务、安家落户等方面的权益,从而出现了"滞后城市化"现象[①],出于目标性最低消费的动机,他们将增加储蓄。

然而,我们注意到各不平等指标与时间(1984年)虚拟变量的交互项表现出对居民储蓄率的显著负效应,这与图4.2和图4.3相一致。究其原因,主要在于改革开放初期农村率先进行了家庭联产承包责任制等改革,显著提高了农村居民的收入,有效地缩小了城乡差距,从而降低了农民的目标性储蓄。这为如何抑制收入不平等加剧,从而降低居民高储蓄率提供了一种思路,即改革现行户籍制度,保障农民工等低收入者的权益,大力发展非农产业,通过推进"新农村"建设等措施,切实降低收入不平等,缩小城乡差距。

最后,分析其他经济因素对居民储蓄率的经济效应。工业产值占GDP比重的估计系数显著为负,说明中国企业储蓄率与居民储蓄率之间具有一定程度的替代性。政府支出/GDP表示政府支出规模,回归结果表明政府支出规模的扩大在一定程度上降低了居民储蓄率,这与国内政府支出挤入居民消费的相关研究具有一致性(李广众,2005;李永友和丛树海,2006;潘斌等,2006;王文甫,2010),也表明李嘉图定价定律在中国并不成立。通货膨胀率的估计系数在统计上均不太显著,换用名义利率和实际利率得到的回归结果也非常类似[②],这说明通过利率或通胀调控的政策均不能有效降低居民储蓄率。总抚养系数在上述估计中基本上都是显著的,因此人口年龄结构的确是影响储蓄率的重要因素,而且中国特殊的人口政策可能强化了人口年龄结构对储蓄的影响。当生育率持续下降而老龄化凸显的时候,在中国养儿防老的文化传统下,理性行为人对此会做出反应:一是通过主动增加储蓄来提高未来养老收入;二是通过增加子女教育投资来提高养老时的收入回报,特别是当孩子数量受到独生子女政策的限制时,父母会更加重视

---

① 2010年10月,中国社会科学院财贸研究所、中国人民大学经济研究所、中国发展研究基金会等研究机构认为,中国现行的户籍制度造成了中国的"伪城镇化"、"不完全城市化"或者"滞后城市化"。

② 限于表格的宽度,回归结果没有在正文中报告,感兴趣的读者可以向作者索取。

孩子的质量,这就更需要加大对子女教育的投资,从而更多地储蓄。

表 4.3 中我们通过使用收入不平等程度的替代性测度指标(如基尼系数、泰尔指数、城乡收入)以及各种储蓄率指标(如按照汪伟(2009b)方法测算的居民储蓄率 1,按照 Modigliani 和 Cao(2004)方法测算的居民储蓄率 2,以及直接使用支出法 GDP 计算得到的国民储蓄率等)对计量方程(4.17)进行了多次估计,得到的结果基本一致,因此,我们的估计结果具有稳健性。

综上所述,近年来我国收入不平等加剧是我国居民储蓄率居高不下的重要原因,其中因收入不平等引发的目标性储蓄起到了关键作用。我们认为造成我国居民高储蓄率的原因,除消费习惯、人口年龄结构、政府支出规模等经济因素外,中国经济转型期的收入不平等带来如此大的储蓄效应还有其深层次原因:一方面,高收入阶层本身就具有较高的平均储蓄倾向,其中的原因包括消费占其收入的比重较低,高收入阶层为了保持更有利的竞争地位、遗赠子女而主动储蓄,以及受我国金融市场不发达、投资理财工具匮乏的制约而被迫储蓄(万广华等,2001);另一方面,中低收入阶层本身的收入较低,在其生命周期的不同阶段,他们为了准备购房、子女教育、医疗保障和养老等目标而进行大量的储蓄,甚至出于改变自身命运、追求社会地位的考虑而进行过度储蓄,这使得中低收入阶层的储蓄倾向高于高收入阶层的储蓄倾向,这一点在图 4.5 中得到部分证明。由此可见,处于经济转型期的中国,受收入不平等、现行户籍制度和不健全的社会保障制度等因素的影响,不仅高收入家庭进行目标性储蓄,中低收入家庭的目标性储蓄甚至更高,从而导致我国长期以来居民储蓄率居高不下的现状。

以上对收入不平等、目标性储蓄以及消费习惯、城市化等影响居民储蓄率因素的分析,具有重要的政策含义。对我国而言,不论是人口老龄化加剧、现行户籍制度下的"滞后城市化",还是城乡差距扩大、收入不平等加剧,它们对居民储蓄行为的影响主要是通过影响居民生命周期中的目标性储蓄来实现。因此,要真正实现内需拉动的经济增长方式、降低居民高储蓄率,需要切实降低居民的目标性储蓄动机,包括改革现行户籍制度、完善社会保障体制、调整收入分配结构等。

表 4.3　　　　　　　　　　　居民储蓄率与收入不平等的实证结果

被解释变量	居民储蓄率1	居民储蓄率1	居民储蓄率1	居民储蓄率1	居民储蓄率2	居民储蓄率2	居民储蓄率2	国民储蓄率
解释变量	回归(1.1) ARIMAX (1,1,1)	回归(1.2) ARIMAX (1,1,0)	回归(1.3) ARIMAX (1,1,0)	回归(1.4) ARIMAX (1,1,0)	回归(1.5) ARIMAX (1,1,0)	回归(1.6) ARIMAX (1,1,0)	回归(1.7) ARIMAX (1,1,0)	回归(1.8) ARIMAX (1,1,0)
滞后一期 储蓄率	0.42** (2.11)	0.45** (2.40)	0.52*** (3.90)	0.56*** (3.64)	0.42** (2.16)	0.69*** (5.31)	0.72*** (5.03)	0.64*** (3.91)
基尼系数	0.29*** (2.72)	0.66** (2.49)			0.60** (2.06)			
基尼系数* 虚拟变量	−0.17** (−2.19)	−0.21*** (−3.40)			−0.23*** (−3.01)			
泰尔指数			1.74*** (4.35)			1.69*** (3.41)		0.79*** (3.50)
泰尔指数* 虚拟变量			−1.69*** (−3.92)			−2.14*** (−3.44)		−0.70*** (−3.33)
城乡收入比				4.79* (1.88)			3.71* (1.79)	
城乡收入比 *虚拟变量				−2.71*** (−3.40)			−3.07*** (−2.79)	
通货膨胀率	0.02 (0.25)	0.07 (0.82)	0.05 (0.68)	0.12* (1.92)	0.12 (1.11)	0.03 (0.30)	0.17* (1.81)	0.82 (0.78)
总抚养系数		1.03*** (3.12)	0.77*** (4.75)	0.73** (2.62)	1.18*** (3.06)	0.83*** (3.36)	0.86** (2.53)	1.09*** (2.86)
城市化率		0.72*** (3.05)	0.32* (1.89)	0.64** (2.60)	0.94*** (3.09)	0.94*** (5.05)	0.84** (2.65)	0.72*** (2.83)
工业产值 /GDP		−1.08*** (−2.61)	−0.95** (−2.15)	−0.68* (−1.86)	−1.18** (−2.40)	−1.26*** (−4.12)	−0.72 (−1.66)	−0.95** (−2.40)
政府支出 /GDP		0.02 (0.09)	−0.54** (−2.25)	−0.04 (−0.17)	−0.08 (−0.36)	−0.63** (−2.17)	−0.03 (−0.11)	−0.07 (−0.43)
劳动参与率		0.23 (0.78)	0.03 (0.11)	0.44 (1.63)	0.12 (0.36)	2.52 (0.53)	0.34 (1.28)	0.47 (1.22)
调整后 R^2	0.9	0.96	0.97	0.96	0.95	0.96	0.96	0.98
D.W.统计量	1.95	2.03	1.96	2.09	2.18	2.12	2.16	1.98

　　注:所使用的软件包为 Stata10.0,括号中报告的是稳健 t 统计量,*** 、** 、* 分别表示在 1%、5% 和 10% 水平下显著。我们在初始回归中还考虑了居民收入的因素,但结果不显著且不影响回归结果,所以剔除了。

四、稳健性检验：面板数据 GMM 估计

本节我们使用中国 1989～2008 年 29 个省的面板数据[①]进行稳健性再讨论。由于没有分省的总居民储蓄率数据，因此，我们使用国民储蓄率作为储蓄率的替代变量。另外，由于统一的分省基尼系数或泰尔指数也不可得，我们只能使用分省的城乡收入比作为收入不平等的测度指标，由于前文我们使用各种收入不平等指标和储蓄率指标均不影响我们的估计结果的稳健性，因此本节的分析应该不会出现大的偏差。

在工具变量的设置上我们作了如下处理，由于我国实行严格的计划生育政策，因此我们有理由将总抚养系数当作外生变量，同时地区虚拟变量也肯定是严格外生变量，为了稳健起见，其他变量均作为弱外生变量对待，我们使用系统"内部工具"，用弱外生变量的滞后值作为它们自己的工具变量。我们分别用差分广义矩（Difference-GMM）以及系统广义矩（System-GMM）方法估计方程，表 4.4 报告了估计的结果。样本的 Hansen 过度识别检验的 p 值均在 1.000，表明工具变量集是整体有效的。Hansen 差分统计量对应的 p 值均为 1.000，这表明系统广义矩估计新增工具是有效的。残差序列相关性检验表明，差分后的残差只存在一阶序列相关性而无二阶序列相关性，因此，估计的结果可以断定原模型的误差项无序列相关性。模型整体显著性检验的 Wald 检验 p 值表明模型整体非常显著。以上检验均表明我们模型的识别是恰当的。

表 4.4 中的第一个估计报告了使用三个基本解释变量的差分 GMM 估计结果，我们关注的收入不平等变量具有非常显著的正系数，这符合我们的预期。在第二个估计中我们改用系统 GMM 方法，尽管估计的系数有所下

---

①　由于重庆直到 1997 年才从四川省分离出来成为直辖市，因而我们缺少重庆 1997 年以前的数据。另外，西藏一些年份的数据在统计年鉴上也不可得，我们将这两个区市的数据剔除了。考虑到中国发展不平衡、地区差异等国情，我们将 29 个省区市划分为东、中、西三个地区，并在后文的回归方程中国加了东部与中部两个地区哑变量。东部地区包括北京、天津、河北、辽宁、上海、江苏、浙江、福建、山东、广东、海南；中部地区包括山西、内蒙古、吉林、黑龙江、安徽、江西、河南、湖北、湖南；西部地区包括广西、四川、贵州、云南、陕西、甘肃、青海、宁夏、新疆。

降,但收入不平等变量仍然非常显著,而且 Hansen 差分检验表明系统广义矩估计新增工具是有效的,因此,GMM 估计结果很可能优于差分 GMM。基于上文对估计方法的讨论,我们在后续估计中全部采用系统 GMM 估计方法。我们逐步控制了前文提到的可能影响储蓄率的因素,最终城乡收入比的估计系数收敛到 1.20,而且在 1% 的显著性水平下显著。因此,我们的估计结果对不同的样本数据集和估计方法也是稳健的。

表 4.4 面板系统 GMM 估计结果

	被解释变量:国民储蓄率(NaSavRate)						
解释变量	差分 GMM	系统 GMM	系统 GMM	系统 GMM	系统 GMM	系统 GMM	系统 GMM
滞后一期储蓄率	0.75***	0.88***	0.87***	0.85***	0.86***	0.86***	0.86***
	(26.8)	(28.7)	(29.4)	(29.1)	(27.0)	(32.0)	(29.8)
城乡收入比	2.10***	1.55***	1.01***	1.44***	1.42***	1.20***	1.20***
	(5.33)	(3.48)	(3.10)	(3.53)	(3.45)	(2.67)	(2.67)
通货膨胀率	0.04***	0.04**	0.04*	0.02	0.02	0.03	0.03
	(4.46)	(2.11)	(1.86)	(0.82)	(0.81)	(1.06)	(1.05)
工业产值/GDP			0.10***	0.11***	0.11***	0.10***	0.10***
			(3.95)	(3.60)	(3.33)	(2.57)	(2.89)
政府支出/GDP				−0.08	−0.08	−0.08	−0.08
				(−1.48)	(−1.35)	(−1.39)	(−1.52)
劳动参与率					0.03	0.03	0.03
					(0.46)	(0.47)	(0.49)
总抚养系数						−0.02	−0.02
						(−0.66)	(−0.38)
城市化率							0.002
							(0.02)
东部哑变量		3.05***	2.41***	2.47***	2.40***	2.05**	2.05*
		(2.81)	(2.84)	(2.90)	(2.76)	(1.99)	(1.92)
中部哑变量		3.47***	1.39**	1.29**	1.37*	1.09	1.09
		(2.98)	(2.34)	(1.96)	(1.94)	(1.48)	(1.45)
观测数	522	522	522	522	522	522	522
联合显著 Wald 检验	0.000	0.000	0.000	0.000	0.000	0.000	0.000
Hansen 过度识别检验的 p 值	1.0000	1.0000	1.0000	1.0000	1.0000	1.0000	1.0000

续表

被解释变量:国民储蓄率(NaSavRate)							
解释变量	差分GMM	系统GMM	系统GMM	系统GMM	系统GMM	系统GMM	系统GMM
Hansen 差分检验 p 值		1.0000	1.0000	1.0000	1.0000	1.0000	1.0000
AR(1)检验 p 值	0.000	0.000	0.000	0.000	0.000	0.000	0.000
AR(2)检验 p 值	0.999	0.973	0.952	0.842	0.848	0.871	0.869

注:括号中报告的是 t 统计量,我们使用的是经过异方差序列相关校正计算得到的稳健 t 统计量,$***$、$**$、$*$ 分别表示 1%、5%、10%显著,在系统 GMM 估计中差分方程和水平方程都使用的工具为总抚养系数、东部与中部虚拟变量,其他变量的滞后值仅用于差分方程作工具,滞后阶数为(2,5)。

第五节　本章结论与政策启示

本章在习惯偏好下通过建立一个考虑两类代表性家庭的两期消费决策模型,讨论了收入不平等与消费目标如何影响中国的储蓄率。我们的理论模型得到了两个基本结论:(1)在高收入者和中低收入者具有相同的时间偏好和消费习惯强度的情形下,基于收入不平等对目标性消费的强化效应,中低收入者比高收入者具有更高的储蓄率;(2)收入不平等程度越高,消费习惯越强,那么经济中的总储蓄率就越高。本章的第一个结论能够很好地解释为什么改革开放 30 年来农村居民的储蓄倾向在平均意义上高于城镇居民。通过对改革开放 30 年来的统计数据进行计量分析,本章的第二个结论也得到很好的验证,并且实证结果对各种收入不平等指标和居民储蓄率指标、不同的数据样本和计量估计方法均具有相当的稳健性。

我们的计量分析发现:除居民消费习惯、人口结构、城市化、政府支出规模等因素外,收入不平等的加剧几乎可以解释居民储蓄倾向上升的近 80%,这是一个非常大的储蓄效应,其中的目标性储蓄起到了关键作用。

本章认为中国经济转型期的收入分配不均带来如此大的储蓄效应有其

深层原因:一方面,高收入阶层本身就有较高的平均储蓄倾向,这其中的原因可能是他们为了在社会竞争中维持其社会地位而储蓄,为其子女将来的发展而遗赠的动机或者由于受到创新产品的缺失等因素的制约而被迫储蓄;另一方面,中低收入阶层受自身收入和与高收入阶层收入差距的影响,出于追求社会地位、攀比消费,以及购房、为子女提供好的教育、购买耐用消费品或为了应对疾病的医疗支出等目标性最低消费水平的影响,将会进一步增加其储蓄,而收入不平等程度的加剧可能更加强化了中低收入阶层的目标性消费。揭示目标性储蓄与收入不平等、户籍制度、城市化进程之间的关系,对我们正确认识高储蓄现象,并制定相应的政策,具有重要意义。

消费不足、储蓄率过高与过度依赖投资和出口拉动经济增长一直是中国经济的症结,而本章的理论与实证分析认为日益扭曲的收入分配格局可能正是其内在原因。因此,要破解中国经济的困局,需要从调节国民收入分配格局入手,加大对中低收入阶层的转移支付并建立与完善住房、教育、医疗和养老等公共服务体系,这也是缓解当前社会矛盾、促进社会公平以及构建和谐社会的题中要义。我们欣喜地看到,政府正在着力开展这方面的工作。我国 2004 年全面取消了农业税,2006 年农村九年制义务教育阶段学杂费全部免除,2007 年至今农村正在全面推行新型合作医疗制度和低保制度,同时也在进一步完善城镇低保和其他社会保障制度,政府近期正在推出放松户籍和抑制房价等惠民政策。这些无疑会进一步改善收入分配状况,对于纠正由于收入分配失衡带来的储蓄率过高和经济结构扭曲具有非常重要的作用。

第六节 附 录

(一)推导:中低收入家庭的临界收入(y_p^*)

首先,根据方程(4.6),整理可得:

$$-(1-\alpha\beta)/(1-s_p^*)+\beta/s_p^*=0$$

$$\Rightarrow(1-\alpha\beta)s_p^*=\beta(1-s_p^*)\Rightarrow(1+\beta-\alpha\beta)s_p^*=\beta$$

$$\Rightarrow s_p^*=\beta/(1+\beta-\alpha\beta)$$

即中低收入家庭的临界储蓄率 s_p^* 满足:

$$s_p^*=\beta/(1+\beta-\alpha\beta) \tag{1}$$

其次,根据方程(4.7),整理可得:

$$Rs_p y_p=E_1 C(y_p,y_r/y_p,u,v)$$

$$\Rightarrow Rs_p^* y_p^*=E_1 C(y_p^*,y_r/y_p\times y_p/y_p^*,u,v)$$

$$\Rightarrow y_p^*=E_1 C(y_p^*,y_r/y_p\times y_p/y_p^*,u,v)/(Rs_p^*)$$

$$\Rightarrow y_p^*=(1+\beta-\alpha\beta)/(R\beta)\times E_1 C(y_p^*,y_r/y_p\times y_p/y_p^*,u,v)$$

即中低收入家庭的临界收入水平 y_p^* 满足:

$$y_p^*=(1+\beta-\alpha\beta)/(R\beta)\times E_1 C(y_p^*,y_r/y_p\times y_p/y_p^*,u,v) \tag{2}$$

最后,将式(1)代入式(2)中,整理可得:

$$
\begin{aligned}
y_p^* &=\frac{1+\beta-\alpha\beta}{R\beta}\times E_1 C\left(y_p^*,\frac{y_r}{y_p}\times\frac{y_p}{y_p^*},u,v\right)\\[2mm]
&=\frac{1+\beta-\alpha\beta}{R\beta}E_1\left[C_0 y_p^*\ (y_r/y_p^*)^\theta e^{u+v}\right]\\[2mm]
&\Rightarrow\ 1=\frac{1+\beta-\alpha\beta}{R\beta}E_1\left[C_0\ (y_r/y_p^*)^\theta e^{u+v}\right]\\[2mm]
&\Rightarrow y_p^*=\left(\frac{1+\beta-\alpha\beta}{R\beta}C_0\right)^{1/\theta}E_1\left[e^{(u+v)/\theta}\right]y_r
\end{aligned}
\tag{3}
$$

即决定中低收入家庭是否受目标性最低消费水平约束的临界收入如下:

$$y_p^*=\left(\frac{1+\beta-\alpha\beta}{R\beta}C_0\right)^{1/\theta}E_1\left[e^{(u+v)/\theta}\right]y_r \tag{4}$$

(二)命题二的证明

证明:根据定义,可得居民总储蓄率的表达式如下:

$$S_A=\frac{\eta s_p^*\times y_p+(1-\eta)s_r^*\times y_r}{\eta y_p+(1-\eta)y_r}=\frac{\eta s_p^*+(1-\eta)s_r^*\times y_r/y_p}{\eta+(1-\eta)\times y_r/y_p}$$

$$= \frac{\eta \left[p \dfrac{\beta}{1+(1-\alpha)\beta} + (1-p)\dfrac{1}{R}(y_r/y_p)^{\theta}e^{u}E_1(e^{v}) \right] + (1-\eta)\dfrac{\beta}{1+(1-\alpha)\beta} \times y_r/y_p}{\eta + (1-\eta) \times y_r/y_p}$$

$$= \frac{\left[p \dfrac{\beta}{1+(1-\alpha)\beta} + (1-p)\dfrac{1}{R}(y_r/y_p)^{\theta}e^{u}E_1(e^{v}) \right] + \dfrac{(1-\eta)}{\eta}\dfrac{\beta}{1+(1-\alpha)\beta} \times y_r/y_p}{1+(1-\eta)/\eta \times y_r/y_p}$$

定义 $A \equiv p \dfrac{\beta}{1+(1-\alpha)\beta}$, $B \equiv (1-p)\dfrac{1}{R}e^{u}E_1(e^{v})$, $C \equiv \dfrac{(1-\eta)}{\eta}$

$\dfrac{\beta}{1+(1-\alpha)\beta}$, 则上式整理可得:

$$S_A = \frac{A + B(y_r/y_p)^{\theta} + C(y_r/y_p)}{1+(1-\eta)/\eta \times (y_r/y_p)} \tag{5}$$

为了证明的方便,我们定义收入不平等变量 $x \equiv y_r/y_p \geqslant 1$,则方程(5)

可改写为: $f(x) \equiv \dfrac{A+Bx^{\theta}+Cx}{1+(1-\eta)/\eta \times x}$,进而整理可得:

首先,证明:收入不平等程度越高,则经济中的居民储蓄率就越高。

$$\frac{\partial f(x)}{\partial x} = \frac{[B\theta x^{\theta-1}+C] \times [1+(1-\eta)/\eta \times x] - [A+Bx^{\theta}+Cx](1-\eta)/\eta}{[1+(1-\eta)/\eta \times x]^2}$$

$$= \frac{[B\theta x^{\theta-1}+C] \times [1+(1-\eta)/\eta \times x] - x[Ax^{-1}+Bx^{\theta-1}+C](1-\eta)/\eta}{[1+(1-\eta)/\eta \times x]^2}$$

$$=$$

$$\frac{[B\theta x^{\theta-1}+C] + [B\theta x^{\theta-1}+C] \times (1-\eta)/\eta \times x - xAx^{-1}(1-\eta)/\eta - [Bx^{\theta-1}+C](1-\eta)/\eta \times x}{[1+(1-\eta)/\eta \times x]^2}$$

$$=$$

$$\frac{[B\theta x^{\theta-1}+C] - xAx^{-1}(1-\eta)/\eta + [B\theta x^{\theta-1}+C] \times (1-\eta)/\eta \times x - [Bx^{\theta-1}+C](1-\eta)/\eta \times x}{[1+(1-\eta)/\eta \times x]^2}$$

$$= \frac{[B\theta x^{\theta-1}+C] - A(1-\eta)/\eta}{[1+(1-\eta)/\eta \times x]^2}$$

$$= \frac{B\theta x^{\theta-1} + \dfrac{(1-\eta)}{\eta}\dfrac{\beta}{1+(1-\alpha)\beta} - p\dfrac{\beta}{1+(1-\alpha)\beta}\dfrac{(1-\eta)}{\eta}}{[1+(1-\eta)/\eta \times x]^2}$$

$$= \frac{B\theta x^{\theta-1} + C(1-p)}{[1 + (1-\eta)/\eta \times x]^2} > 0$$

即：$\dfrac{\partial SR}{\partial (y_r/y_p)} = \dfrac{B\theta (y_r/y_p)^{\theta-1} + C(1-p)}{[1 + (1-\eta)/\eta \times (y_r/y_p)]^2} > 0$，得证。

其次，证明：消费习惯越强（α），则经济中的总储蓄率就越高。

$\dfrac{\partial f(x)}{\partial \alpha} = \dfrac{1}{1 + (1-\eta)/\eta x} \left(\dfrac{\partial A}{\partial \alpha} + x \dfrac{\partial C}{\partial \alpha} \right)$，其中，$\dfrac{\partial A}{\partial \alpha} = p \dfrac{\beta^2}{1 + (1-\alpha)\beta}$，$\dfrac{\partial C}{\partial \alpha} =$

$\dfrac{(1-\eta)}{\eta} \dfrac{\beta^2}{1 + (1-\alpha)\beta}$，代入整理可得如下：

$$\frac{\partial f(x)}{\partial \alpha} = \frac{1}{1 + (1-\eta)/\eta x} \left(p \frac{\beta^2}{1 + (1-\alpha)\beta} + x \frac{(1-\eta)}{\eta} \frac{\beta^2}{1 + (1-\alpha)\beta} \right)$$

$$= \frac{1}{1 + (1-\eta)/\eta x} \frac{\beta^2}{[1 + (1-\alpha)\beta]^2} \left[p + x \frac{(1-\eta)}{\eta} \right]$$

$$= \frac{1}{1 + (1-\eta)/\eta x} \frac{\beta^2 [p\eta + x(1-\eta)]}{\eta [1 + (1-\alpha)\beta]^2}$$

$$= \frac{\beta^2 [p\eta + x(1-\eta)]}{[1 + x(1-\eta)][1 + (1-\alpha)\beta]^2} > 0$$

即 $\dfrac{\partial SR}{\partial \alpha} = \dfrac{\beta^2 [p\eta + (1-\eta)(y_r/y_p)]}{[1 + (1-\alpha)\beta]^2 [1 + (1-\eta)(y_r/y_p)]} > 0$，得证。

（三）Johansen 协整计量检验结果

表 4.5　　　　　　　　　　　回归(1.1)的协整检验结果

原假设	特征根	迹统计量（P 值）	λ-max 统计量（P 值）
0 个协整向量	0.73	56.93 (0.01)*	36.80 (0.00)*
至多 1 个协整向量	0.38	20.12 (0.41)	13.37 (0.42)

注：所使用的软件包为 Eviews6.0，* 表示在 5%的显著水平下拒绝原假设。

表4.6   回归(1.2)的协整检验结果

原假设	特征根	迹统计量(P 值)	λ-max 统计量(P 值)
0 个协整向量	0.84	102.13 (0.00)*	50.76 (0.00)*
至多1个协整向量	0.62	51.37 (0.02)*	27.23 (0.06)
至多2个协整向量	0.42	24.15 (0.19)	15.10 (0.28)

注:所使用的软件包为 Eviews6.0,* 表示在 5% 的显著水平下拒绝原假设。

表4.7   回归(1.3)的协整检验结果

原假设	特征根	迹统计量(P 值)	λ-max 统计量(P 值)
0 个协整向量	0.81	109.38 (0.00)*	46.53 (0.00)*
至多1个协整向量	0.65	62.85 (0.00)*	29.54 (0.03)*
至多2个协整向量	0.53	33.31 (0.02)*	21.40 (0.05)*
至多3个协整向量	0.32	11.91 (0.16)	10.82 (0.16)

注:所使用的软件包为 Eviews6.0,* 表示在 5% 的显著水平下拒绝原假设。

表4.8   回归(1.4)的协整检验结果

原假设	特征根	迹统计量(P 值)	λ-max 统计量(P 值)
0 个协整向量	0.90	130.45 (0.00)*	64.74 (0.00)*
至多1个协整向量	0.65	65.71 (0.00)*	29.71 (0.03)*
至多2个协整向量	0.60	35.99 (0.01)*	25.45 (0.01)*
至多3个协整向量	0.31	10.54 (0.24)	10.54 (0.18)

注:所使用的软件包为 Eviews6.0,* 表示在 5% 的显著水平下拒绝原假设。

表4.9   回归(1.5)的协整检验结果

原假设	特征根	迹统计量(P 值)	λ-max 统计量(P 值)
0 个协整向量	0.84	97.60 (0.00)*	51.71 (0.00)*
至多1个协整向量	0.59	45.88 (0.08)	25.22 (0.10)

注:所使用的软件包为 Eviews6.0,* 表示在 5% 的显著水平下拒绝原假设。

表 4.10 　　　　　　　　　回归(1.6)的协整检验结果

原假设	特征根	迹统计量(P 值)	λ-max 统计量(P 值)
0 个协整向量	0.78	107.95 (0.00)*	43.01 (0.01)*
至多 1 个协整向量	0.63	64.94 (0.00)*	27.71 (0.05)*
至多 2 个协整向量	0.53	37.23 (0.01)*	21.15 (0.05)*
至多 3 个协整向量	0.42	16.08 (0.04)*	15.09 (0.04)*
至多 4 个协整向量	0.04	1.00 (0.32)	1.00 (0.32)

注:所使用的软件包为 Eviews6.0,* 表示在 5% 的显著水平下拒绝原假设。

表 4.11 　　　　　　　　　回归(1.7)的协整检验结果

原假设	特征根	迹统计量(P 值)	λ-max 统计量(P 值)
0 个协整向量	0.92	139.05 (0.00)*	0.92 (0.00)*
至多 1 个协整向量	0.68	66.91 (0.00)*	0.68 (0.01)*
至多 2 个协整向量	0.57	34.62 (0.01)*	0.57 (0.02)*
至多 3 个协整向量	0.33	11.18 (0.20)	0.33 (0.15)

注:所使用的软件包为 Eviews6.0,* 表示在 5% 的显著水平下拒绝原假设。

表 4.12 　　　　　　　　　回归(1.8)的协整检验结果

原假设	特征根	迹统计量(P 值)	λ-max 统计量(P 值)
0 个协整向量	0.80	118.85 (0.00)*	45.24 (0.00)*
至多 1 个协整向量	0.70	73.65 (0.00)*	33.92 (0.01)*
至多 2 个协整向量	0.55	39.73 (0.00)*	22.57 (0.03)*
至多 3 个协整向量	0.42	17.16 (0.03)*	15.29 (0.03)*
至多 4 个协整向量	0.06	1.87 (0.17)	1.87 (0.17)

注:所使用的软件包为 Eviews6.0,* 表示在 5% 的显著水平下拒绝原假设。

第五章

短视行为、流动性约束、预防性动机、习惯偏好与中国居民低消费

第一节 引 言

居民的消费与储蓄行为根植于消费(储蓄)理论,许多消费理论适合于居民储蓄行为的讨论,因此本章重点分析、检验各种在生命周期/持久收入假说基础上发展起来的消费(储蓄)理论对中国居民消费(储蓄)行为的适应性,同时对高储蓄现象做进一步解释。

总的来看,过去 30 多年,我国经济处于高速增长阶段,但出现了总需求不足下的居民储蓄总量的持续扩张与储蓄率的大幅升高。导致名义收入向储蓄转移的主要原因很可能是居民的消费习惯、短视、流动性约束以及对未来收入和支出不确定性的"预防性储蓄"动机造成的。居民的消费和储蓄动机与"消费的过度敏感性"紧密相连,消费的过度敏感性是与 Hall(1978)提出的消费服从"随机游走假说"相关的一个概念。这一理论表明:如果消费者关于持久收入的预期是理性的,则前期消费就是本期持久收入的最佳预期。因此,本期消费仅与前期消费有关,其他任何变量(包括同期收入)对消

费都没有解释或预测能力。然而,在多数实证结果中,消费对收入都是"过度敏感"的,即消费的变动对可预期收入的变化做出反应。事实上,随着我国经济体制改革的深化,制度变迁因素对消费敏感度的影响是错综复杂的:一方面,经济环境的改变迫使消费者更关注长远利益,其消费的增减不会像绝对收入假说描述的那样完全取决于同期收入的变化;另一方面,消费者对相对遥远的信息不太了解或难以获得,因而难以预测遥远的未来的收入和支出,他们进行消费决策时往往只能依据当前的收入与已有的流动性资产(如储蓄存款)以及最近可预测的未来收入(汪红驹和张慧莲,2002)。同时,低收入居民往往受到严重的信贷约束,个人的消费支出几乎完全靠自己的收入和储蓄来支付,因此,低收入消费者必须进行阶段性的储蓄。除了通常的耐用消费品支出可能成为消费者的短期储蓄目标之外,医疗制度、住房制度、子女教育制度等改革措施也会影响短期储蓄目标(余永定和李军,2000)。因此,在转型经济中,消费者不能根据其一生的收入和财富来规划其消费和储蓄决策,也就不可能均匀地消费其一生的收入和财富,而只能是在不同的阶段,规划现在与"最近的未来"之间的消费,这种情况说明在我国很可能存在着"短视"消费行为(叶海云,2000)。另外,人们的生活随时会受到各种经济冲击的影响,从而充满了不确定性。这些冲击可能来自正常的商业周期,也可能来自金融危机或者经济结构调整等。冲击造成的后果之一就是使个人和家庭面临没有预期到的收入减少(比如失业)或意外的支出增加(施建淮和朱海婷,2004)。由于经济生活中的不确定性因素增多,居民的预防性储蓄动机会显著增强,消费者行为与"随机游走假说"就可能存在较大差异。一般来说,人们对以前的消费存在心理依赖,他们通过一段时间形成偏好,而这种偏好的形成是通过与同伴和自己过去的消费决策的比较形成的,这使得人们当期的效用水平不仅依赖于当期的支出水平,而且也受制于在前期已经形成的习惯的影响。以上种种原因都可能造成经济转型期我国居民的消费路径与"随机游走假说"相去甚远。随着我国经济的持续高速增长,居民收入水平不断提高,大部分居民的生活逐步达到小康水平,这意味着家庭消费决策的灵活性大大提高,使得居民具备了跨期选择消费的可能。但近年来我国城乡收入分配差距有进一步拉大的趋势,而消费者之间收入水平差距越大,其消费行为出现差异的可能性也会越大。

本章在考察我国典型二元经济结构下城镇与农村居民的消费与储蓄模式可能存在的系统性差异的基础上,试图深入剖析各种因素对居民消费敏感性的影响并检验各种消费理论。本章余下部分结构安排如下:第二部分回顾与评述现有理论与实证文献;第三部分从具有内部习惯偏好的消费函数出发对 Campbell 和 Mankiw(1990)等的模型进行扩展并建立计量经济模型;第四部分运用 1995~2010 年省际动态面板数据进行实证分析;第五部分总结本章结论。

第二节　文献综述

在具有个体跨期优化的消费理论分析中,学者们大多以 Modigliani 和 Brumberg(1954)的生命周期理论(Life Cycle Hypothesis, LCH),以及 Friedman (1957)的持久收入假说(Permanent Income Hypothesis, PIH)作为研究的起点。该理论认为消费取决于持久收入,并且持久收入是跨越一生时段的平均值,这一理论暗含着消费的变动是可预测的。但计量检验并未跟上理论研究的步伐,最初有关消费和收入的研究都仅仅局限于二者的短期关系上。直到 1978 年,Hall 在卢卡斯批判的基础上,把理性预期方法应用于消费行为理论,将 LCH/PIH 和理性预期理论相融合,并导出非常著名的最优跨期消费服从"随机游走"的结论后,LCH/PIH 才有了广泛的实证基础,此后,才产生了大量的后续研究。

根据随机游走假说,可预测的收入变动并不对消费造成影响。但在实证分析中,由于该理论的假设太强而不断遇到挑战,例如,Flavin(1985)、Zeldes(1989)、Campbell 和 Mankiw(1990)、Deaton(1991)、Shea(1995)以及 Drakos(2002)等的研究表明消费者行为并不符合随机游走假说。这些挑战引发了对消费者行为问题更加现实的思考,学者们从很多方面对这一现象提出了解释,如短视行为、流动性约束、资本市场不完善、损失厌恶(Bowman,Minehart 和 Rabin,1993)或者预防性储蓄动机等,这些思考丰富和发展了消费函数理论。

近几年来,一些学者对我国也进行了类似的检验。万广华等(2001,2003)先后运用 1961～1998 年度数据以及大样本农户家庭调查资料研究发现,中国居民消费行为在 20 世纪 80 年代早期发生了结构性转变,受到流动性约束的消费者所占比重的上升以及不确定性的增大,造成了中国当前的消费不振与内需不足;申朴和刘康兵(2003)认为,城镇居民的消费存在过度敏感性,并有进一步增强的趋势,居民收入增长率减缓、不确定性和流动性约束是其主要原因;宋冬林和金晓彤等(2003)指出,我国城镇居民并不存在即期的流动性约束,但由不确定性引发的粘性预期、远期和理念上的流动性约束、非理性和非生命周期行为的作用等促发了居民消费的过度敏感性特征;欧阳俊和刘建民等(2003)使用总量数据和城乡住户调查数据进行的研究表明,我国居民的消费决策并未面临有效的流动性约束。龙志和和周浩明(2000)、施建淮和朱海婷(2004)、田岗(2005)、朱信凯(2005)、杭斌(2007)、刘兆博和马树才(2007)则分别研究了中国城镇与农村居民的预防性储蓄动机及其强度,发现即使在控制了流动性约束等因素后,预防性储蓄动机仍显著影响居民消费。以上文献表明,随机游走假说在我国不成立已经是不可争辩的事实,但在关于其内在原因的讨论上,学者们却并没有达成共识,也缺乏对各种可能造成消费过度敏感性的原因的细致讨论,如短视行为与流动性约束的存在从结果上都会导致消费的过度敏感性,如何区分二者的影响却很少有人研究。值得一提的是,孔东民(2005)运用 1980～2003 年全国时间序列数据做了一些分析,然而,他的研究并没有考虑我国典型二元经济结构下城镇与农村居民的消费与储蓄模式可能存在的系统性差异,因而结论的稳健性有待斟酌。

另外,这些研究基本都是假定偏好具有时间可分性,这意味着消费决策不会受到持续性或任何形式比较的影响,也无须考虑同伴或自己的习惯,这并不符合现实。在更为现实的背景下,消费者通过一段时间形成偏好,而这种偏好的形成是通过与同伴和他们自己过去的消费决策的比较形成的。习惯的重要性可以追溯到 Duesenberry(1952)首次将习惯纳入消费行为研究中。根据 Duesenberry(1952)的描述,一旦消费习惯形成,再也不容易打破它,他将其称为"棘轮效应"。习惯形成的研究在 20 世纪 80 年代以后引起了众多学者的兴趣,许多学者从理论上强调了习惯对消费与储蓄的影响,例如,Abel(1990);Constantinides(1990);Able(1990);Carroll、Overl 和 Weil(2000)。然而,国外学者对居民消费行为是否存在习惯以及习惯对消费产生哪些影响的实证研究结论并不完全一致。Eichenbaum 等(1988)利用总量消费数据的研究发现,不能支持美国居民消费行为存在习惯的结论。Ferson 和 Constantinides(1991)却发现,美国居民的消费行为在月度、季度与年度数据上都存在很强的习惯。Naik 和 Moore(1996)则在控制了个体的异质性后,仍然发现美国居民的消费习惯存在。Braun 等(1993)发现,日本居民的消费行为也具有习惯。Heaton(1993)却得出了一个混合的结论,利用月度与季度消费数据的研究结果表明,美国居民的消费行为在非耐用消费品与服务上并不存在习惯[①],但如果使用未调节非耐用消费品与服务的数据,则支持了美国居民的消费行为存在较弱的习惯。Dynan(2000)则总结了上述研究结论的差异,他认为产生差异的原因在于研究者所采用的数据、模型和推导出的一阶条件不同。Campbell 和 Deaton (1989)、Carroll 和 Weil(1994)、Campbell 和 Cochrane(1999)认为,正是由于习惯的存在,消费对持久收入变动的冲击调整缓慢,从而又使消费呈现出过度平滑的特征。那么,在控制了习惯的影响后,居民消费是否仍然存在过度敏感性呢? 这一问题在国内鲜有深入研究。目前,国内只有少数学者对中国居民消费习惯形成问题从理论与实证上做过分析(例如,龙志和、王晓辉和孙艳,2002;陈利平,

---

[①] 他的研究发现消费在时间上是替代的,即消费具有耐久性(Durability),关于耐久性的概念,我们在本章第三部分给出。

2005；齐福全和王志伟，2007）。然而，他们都没有从上面的角度进行讨论，也没有细致地区分消费在时间上不可分的两种形式：一般意义的习惯与耐久性；另外，在计量中没有有效克服内生性问题。

现有的文献通常区分"内部"与"外部"两类不同的习惯形式（Deaton，1992）。"内部"习惯是指个体自己过去的选择对当前行为的影响，而"外部"习惯则意味着个体的消费水平受到他或她所处的社会环境的影响。本章从具有内部习惯偏好的消费函数出发，对 Campbell 和 Mankiw（1990）等的模型进行扩展，并结合短视行为、流动性约束与预防性储蓄动机对中国的现实进行更为深入的分析，探寻"随机游走假说"为何不能成功解释中国消费变动的内在原因。

第三节　理论基础、计量模型设定与数据

本章主要考虑个体当前消费如何受到自己过去消费的影响。假定个体通过过去的消费形成习惯存量 H，H 具有如下时间演化形式：

$$H_t = (1-\theta)H_{t-1} + c_{t-1} \quad 0 < \theta < 1 \tag{5.1}$$

习惯通过过去的消费积累存量，但以 θ 的比例折旧。上式中的习惯具有很长的"记忆"，因为过去的所有消费都对习惯的形成有贡献。如果参数 θ 等于 1，我们得到简化形式的习惯，即只有上一期的消费影响当期消费决策。θ 越接近 0，对于过去消费所形成的习惯给予的权重越大。

假定当期消费受到过去习惯的影响，代表性消费者的效应函数具有如下形式：

$$U_t = U(c_t - \alpha H_t) \tag{5.2}$$

如果 $\alpha > 0$，参数 $\alpha (0 < \alpha < 1)$ 度量行为习惯的强度，α 越大，当习惯存量增加时，每一期消费同样数量的资源给消费者带来的效用越来越少。效用随 H 的增加而减少，这是传统意义上的习惯情形。当 $\alpha < 0$ 时，我们可以将 H 解释为以前消费的服务流。因此，在这种情形下，效用函数纳入了消费的

耐久性(Durability 和 Deaton,1992)。在耐久情形下,消费在不同期是替代的而非互补。参数 α 的符号揭示了个体消费习惯的耐久性或持续性。

我们一般化 Zeldes(1989)、Campbell 和 Mankiw(1990)、Seckin(2000a,2000b)、Dynan(2000)等的模型,假定消费具有习惯偏好并受到流动性约束,无限活着的代表性消费者选择消费流与资产流极大化一生的总效用:

$$V = Max_{\{c_t\}_{t=0}^{\infty},\{A_{t+1}\}_{t=0}^{\infty}} E_0 \sum_{t=0}^{\infty} \beta^t U(C_t - \alpha C_{t-1}, Z_t, e_t) \tag{5.3}$$

$$\text{s. t.} \quad A_{t+1} = (1+r)[A_t + Y_t - C_t] \tag{5.4}$$

$$A_{t+1} \geqslant 0, \lim_{t \to \infty} A_t (1+r)^{-t} = 0 \tag{5.5}$$

其中,$U(\cdot)$是代表性消费者的效用函数,这里假定只有上一期的消费影响当期消费决策,即参数 θ 等于 1,$U'(\cdot)>0$,$U''(\cdot)<0$,C_t,Y_t,A_t 分别表示代表性消费者 t 期的消费以及收入与非人力资产,$E_t(\cdot)$表示基于 t 期可获得信息的条件期望。r 分别表示储蓄的市场回报率(实际利率),β 是时间贴现因子($0<\beta<1$)。Z_t 表示被观测到的"偏好改变",一组时期 t 的改变边际效用的变量,e_t 是观测不到的"偏好改变"。由于偏好在时间上是不可分的,当期效用不仅依赖当期消费 c_t,而且还依赖于上一期消费 c_{t-1}。代表性消费者在预算约束式(5.4)和式(5.5)下选择当期消费量与下一期持有的资产量,但我们假定消费者受到了很强的流动性约束,即消费者在每一期都不能通过借贷为自己的消费融资,因此下一期的资产存量不能为负,即必须有约束:$A_{t+1} \geqslant 0$。$\lim_{t \to \infty} A_t (1+r)^{-t} = 0$ 是横截性条件,其意义是消费者最优消费路径下在其生命终点不留有有价值的资产。上面的优化问题对应的欧拉方程为:

$$U'(C_t - \alpha C_{t-1}, Z_t, e_t) - \beta(1+r)E_t[U'(C_{t+1} - \alpha C_t, Z_{t+1}, e_{t+1}) =$$
$$\alpha\beta[E_t U'(C_{t+1} - \alpha C_t, Z_{t+1}, e_{t+1}) - \tag{5.6}$$
$$\beta(1+r)E_t U'(C_{t+2} - \alpha C_{t+1}, Z_{t+2}, e_{t+2})] + (1+r)\mu_t$$

这里,$\mu_t \geqslant 0$ 是流动性约束的拉格朗日乘子,我们定义 $\widehat{C}_t = C_t - \alpha C_{t-1}$

为有效(或净的)消费水平,并注意到 $0<|\alpha\beta|<1$,求解上面的差分方程,我们可以将式(5.6)改写为下面的一般形式:

$$U'(\widehat{C}_t,Z_t,e_t)=\beta(1+r)E_t\big[U'(\widehat{C}_{t+1},Z_{t+1},e_{t+1})$$

$$+(1+r)\mu_t+(1+r)E_t\sum_{i=1}^{\infty}(\alpha\beta)^i\mu_{t+i} \tag{5.7}$$

方程(5.7)表明当期净消费的边际效用等于贴现的未来净消费的边际效用,流动性约束的当期影子价格以及流动性约束的所有未来影子价格的加权平均和这三项之和。注意,在没有流动性约束时,后面两项将不出现在方程(5.7)中。由于 $\mu_t \geqslant 0$,在存在流动性约束的情况下,消费者当期的净消费水平将低于不存在流动性约束的情形,从而消费者增加当期储蓄。并且方程(5.7)的右边第三项表明行为惯性与流动性约束结合在一起减少消费者的当期消费。

为了便于分析,我们先在理想状况下求解模型,假定相对风险厌恶不变的效用函数形式为 $U(\widehat{C}_t)=Z_t \cdot \widehat{C}_t{}^{1-\theta}/1-\theta$,不存在流动性约束,消费者偏好的改变没有随机性,则由方程(5.7)可得:

$$Z_t\widehat{C}_t^{-\theta}=\beta(1+r)Z_{t+1}E_t(\widehat{C}_{t+1}^{-\theta}) \tag{5.8}$$

我们假定对数收入服从正态分布,对数消费也服从正态分布(Hansen 和 Singleton,1983)[①], $\ln\widehat{C}_{t+1}\sim N(E_t(\ln\widehat{C}_{t+1}),\sigma^2)$,式(5.8)可以改写为:

$$E_t(\widehat{C}_{t+1}^{-\theta})=E_t(e^{-\theta\ln\widehat{C}_{t+1}})=e^{-\theta E_t(\ln\widehat{C}_{t+1})} \cdot e^{\theta^2\sigma^2/2} \tag{5.9}$$

将式(5.9)代入式(5.8)并两边取对数可得:

$$E_t(\ln\widehat{C}_{t+1})=\ln\widehat{C}_t+(\ln\beta+\ln(1+r))/\theta+(\ln Z_{t+1}-\ln Z_t)/\theta+\theta\sigma^2/2 \tag{5.10}$$

注意, $\ln\widehat{C}_{t+1}=E_t(\ln\widehat{C}_{t+1})+\nu_{t+1}$,这里的 ν_{t+1} 是 $t+1$ 期的新生信息,基

---

① 这里假设 CRRA 相对风险厌恶不变效用函数和对数正态的目的是为了得到模型的一个闭合解。

于上一期的信息集 I_t，它的条件期望为 0，即有 $E_t(\nu_{t+1}|I_t)=0$，上式可以进一步改写为：

$$\Delta \ln \widehat{C}_{t+1} = \ln \widehat{C}_{t+1} - \ln \widehat{C}_t = (\ln\beta + \ln(1+r))/\theta + \Delta \ln Z_{t+1}/\theta + \theta\sigma^2/2 + \nu_{t+1}$$

$$(5.11)$$

根据 $\widehat{C}_t$ 的定义，并沿用 Dynan(2000)的做法，将 $\Delta \ln \widehat{C}_{t+1} = \Delta \ln(C_{t+1} - \alpha C_t)$ 近似为 $\Delta \ln \widehat{C}_{t+1} = \Delta \ln C_{t+1} - \alpha \Delta \ln C_t$，将方程(5.11)改写为(对数值用小写字母表示)：

$$\Delta c_{t+1} = (\ln\beta + \ln(1+r))/\theta + \alpha \Delta c_t + \Delta z_{t+1}/\theta + \theta\sigma^2/2 + \nu_{t+1} \quad (5.12)$$

基于 Campbell 和 Mankiw(1990)，我们进一步扩展上面的分析。假定经济中存在两类消费者，第一类消费者基于"拇指法则"(即经验法则)进行消费，其比例为 λ，消费为 c_{1t}，且有 $c_{1t} = \lambda \Delta y_t$；第二类消费者基于方程 (5.12)进行消费，其比例为 $1-\lambda$，消费为 c_{2t}，$\Delta c_{2t} = (1-\lambda)(\ln\beta + \ln(1+r))/\theta + \alpha \Delta c_{t-1} + \theta\sigma^2/2 + \Delta z_t/\theta + \nu_t)$。由于 $\Delta c_t = \Delta c_{1t} + \Delta c_{2t}$，所以经过化简可得：

$$\Delta c_t = \gamma_0 + \lambda \Delta y_t + \gamma_1 \Delta c_{t-1} + \gamma_2 r_t + \gamma_3 \sigma^2 + \gamma_4 \Delta z_t + \varepsilon_t \quad (5.13)$$

上式中 $\ln(1+r) \approx r$(r 一般很小)，其中，

$$\gamma_0 = \ln\beta(1-\lambda)/\theta, \gamma_1 = (1-\lambda)\alpha, \gamma_2 = (1-\lambda)/\theta, \gamma_3 = (1-\lambda)\theta/2,$$

$$\gamma_4 = (1-\lambda)/\theta, \varepsilon_t = (1-\lambda)\nu_t$$

式(5.13)就是本章要检验的基本回归模型。在随机游走假说下，在控制了储蓄的回报率后，可预测到的收入变动应该不会影响消费。因此，如果 Δy_t 和 r_t 用 $t-1$ 的信息来测度，λ 应当等于 0。如果上式中的 λ 系统性的显著异于 0，则消费呈现出对收入变动的过度敏感性，便可以认为随机游走假说不成立。

Campbell 和 Mankiw(1990)在实证研究中发现 λ 大致在 $0.35 \sim 0.73$，他们指出，该现象的出现是由于经济行为人的经验法则所致，但是他们并没有进一步阐明究竟是什么原因造成了 λ 显著大于 0。后面的许多实证认为，

造成 λ 显著异于 0 的原因可能是个体的消费决策存在短视行为或是受到了流动性约束而使得消费不平滑,然而大部分的检验并没有区分二者的影响。Shea(1995)认为,在个体出现短视的情形下,消费紧密跟随收入,消费对收入的上升与下降应当具有同样的敏感性,即消费相对于收入的变动呈现出对称性。而流动性约束下的消费行为是不对称的,当流动性约束出现时,与收入下降的情形相比,消费对于可以预测的收入增加的反应更为强烈。这是由于消费者通常是在收入较低或者收入下降的情形下才会面临信贷约束,流动性约束只会妨碍借贷而不会对储蓄造成影响,当预期收入上升时,流动性约束的放松使得受到约束的消费者能迅速增加消费。基于上面的讨论,我们将方程(5.13)重新表述为:

$$\Delta c_t = \gamma_0 + \lambda_1(Pos_t)\Delta y_t + \lambda_2(Neg_t)\Delta y_t + \gamma_1 \Delta c_{t-1} + \gamma_2 r_t + \gamma_3 \sigma^2 + \gamma_4 \Delta z_{t+1} + \varepsilon_t$$

$$(5.14)$$

这里,Pos 与 Neg 是两个时期的虚拟变量,分别表示"好年份"与"坏年份",在当期收入增长率的实现值高于或低于预测值时取 1,否则取 0。在随机游走假说假设下,λ_1 与 λ_2 都应当等于 0,在短视行为假设下,λ_1 与 λ_2 应当大于 0 且相等,而在流动性约束下,λ_1 应当是正的且 λ_1 大于 λ_2。表 5.1 总结了不同的假说及其可检验假设。

表 5.1　　　　　　　　　　　　　　　对不同理论的检验

模　　型	可检验的假设
随机游走假说	$\lambda_1 = \lambda_2 = 0$
短视行为	$\lambda_1 = \lambda_2, \lambda_1 > 0, \lambda_2 > 0$
流动性约束	$\lambda_1 > 0, \lambda_1 > \lambda_2$
传统习惯	$\gamma_1 > 0$
消费的耐久性	$\gamma_1 < 0$
预防性储蓄	$\gamma_3 > 0$

z_t 表示 t 期影响消费者偏好改变的变量,这些变量影响消费者 t 期的边

际效用,它一般是代表性消费者的人口特征变量,如年龄、性别、受教育程度、婚姻状况和家庭规模等。由于本章使用的是分省的总量数据,我们缺少这些数据的具体信息,我们采取替代性的办法控制经济中的人口结构变化,用负担系数[1]作为 z_t 的代理变量。综合以上考虑,我们估计的面板模型如下:

$$\Delta c_{it} = \gamma_1 \Delta c_{i,t-1} + \gamma' X_{it} + \eta_i + \varepsilon_{it} \tag{5.15}$$

其中,X_{it} 为一组解释消费变动的变量,$X_{it} = ((Pos_t)\Delta y_t, (Neg_t)\Delta y_t, r_t, \sigma^2, DEP)'$,$DEP$ 表示家庭的负担系数,$\gamma' = (\lambda_1, \lambda_2, , \gamma_2, \gamma_3, \gamma_4)$,$\eta_i$ 为观察不到的各省的固定效应,ε_{it} 为观察不到的影响居民消费变动的随机扰动项。

在非对称的分析上,我们采取的定量方法是:运用 H-P 滤波方法将收入增长率 Δy_t 的趋势分离出来,记为 $\hat{\Delta y_t}$,并假定这一部分可以被消费者根据过去的信息完全预测。定义虚拟变量 Pos,将 Δy_t 高于 $\hat{\Delta y_t}$ 的年份称为"好年份"($Pos=1$),而将 Δy_t 低于 $\hat{\Delta y_t}$ 的那些年份称为"坏年份"($Neg=1$)。[2]如何量化收入不确定性这一变量是估计过程中应注意的一个问题。在以往的研究中,万广华等(2001)认为消费的不确定性主要源于收入波动,可使用收入增长的预测误差值的平方作为不确定性变量的量化指标。Kraay(2000)假设对数收入服从带漂移的随机游走或一阶自回归过程,并以此来估计收入变化的方差。为简化起见,我们用收入增长率的方差作为个体自身收入和消费不确定性的度量。

我们使用的数据是中国 1995~2010 年省际面板数据,所有居民数据来自《中国统计年鉴》,人口数据来自《中国人口统计年鉴》。名义利率来自世

---

[1] 负担系数按照国际惯例,通常定义为 15 岁以下未成年人口＋65 岁以上人口与 15~65 岁人口的比重。

[2] Shea(1995)以及 Drakos(2002)在分别检验美国与希腊数据时将预期收入增长率 $\hat{\Delta y_t} > (<) 0$ 的年份定义为好(坏)年份,但由于中国经济在本章的样本期处于高速增长阶段,居民实际收入增长率以及预期增长率在样本中基本没有负值,因此,本章的将好(坏)年份定义 Δy_t 高于(低于) $\hat{\Delta y_t}$ 的年份,这是基于数据特点的一种适当选择。

界银行数据库,是历年中国人民银行公布的一年期存款利率;实际利率由名义利率减去通货膨胀率(用消费价格指数减 100 表示)得到。由于重庆直到 1997 年才从四川省独立出来成为直辖市,因而我们缺少重庆 1995、1996 年的数据。另外,西藏 1995、1997、1998 年的数据在统计年鉴上也不可得,故将其剔除。因此,我们的完全样本数量为 464 个。数据中的收入变量、城镇使用人均可支配收入、农村使用人均纯收入以及各名义量(如可支配收入、消费性支出等)均已用 1995 年不变价折算为实际量。基于我国城乡二元经济结构的特点,城镇居民与农村居民的消费模式可能会存在系统性差别,因此,我们将样本分为城镇与农村两个子样本。表 5.2 给出了数据的描述性统计,从数据的描述性统计可以看出,城镇人均可支配收入与总消费的增长率均高于农村且波动明显小于农村,食品消费变动也有类似的模式。城镇在好年份的收入增长率均值为 8.38%,总消费增长率的均值为 7.47%,坏年份的收入与总消费增长率均值基本处于同一水平,约为 5%,收入增长率与消费增长率基本处在同样的水平,而农村的消费增长率始终维持在 4.7% 左右,处于一个较低的水平。这显然预示着城镇与农村居民对收入变动的反映模式存在显著的差异。

表 5.2   **各变量描述性统计量(凡比例变量均为%)**

变量	观测数	均值	标准差	最小值	最大值
城镇总消费增长率	464	6.65	4.24	−3.61	20.51
农村总消费增长率	464	6.22	4.75	−4.45	23.32
城镇食品消费增长率	464	3.96	5.28	−11.79	19.28
农村食品消费增长率	464	2.63	6.49	−13.43	19.16
城镇收入增长率	464	6.68	5.57	−10.73	31.27
农村收入增长率	464	5.12	7.21	−9.60	51.44
城镇好年份收入增长率	282	8.38	4.46	−3.25	22.76
城镇坏年份收入增长率	282	5.11	3.31	−3.55	13.00
城镇好年份总消费增长率	282	7.47	4.60	−4.35	26.25

变量	观测数	均值	标准差	最小值	最大值
城镇坏年份总消费增长率	282	5.09	3.82	−3.65	12.99
农村好年份收入增长率	282	8.45	5.61	−2.15	51.44
农村坏年份收入增长率	282	6.75	7.73	−9.60	31.28
农村好年份总消费增长率	282	4.76	5.31	−10.17	34.32
农村坏年份总消费增长率	282	4.69	7.81	−9.60	21.64
城镇实际利率	464	1.05	3.61	−18.72	14.58
农村实际利率	464	0.96	3.42	−11.52	10.98
城镇通货膨胀率	464	3.48	5.69	−10.80	29.70
农村通货膨胀率	464	3.51	5.71	−3.50	22.50
负担系数	464	44.58	7.81	22.46	65.48

表 5.3 给出了各变量相关系数矩阵。观测发现,城镇样本中的总消费与收入增长率的相关系数高达 0.69,而农村样本中这两个变量的相关系数只有 0.1 左右。消费增长率与其滞后一期值的相关系数很小,城镇约为 0.03,农村约为 −0.09。总体来看,消费增长率与其他变量存在一定程度的相关性,城镇与农村的相关系数呈现出一些差异。表 5.4 给出了与食品消费变动相关的变量的相关系数矩阵。城镇与农村的食品消费与收入增长率的相关系数相差不大,城镇约为 0.30,农村略高一些,约为 0.35。与总消费变动不同的是,食品消费与其滞后一期值的相关系数有很大不同,城镇仍然很小,约为 −0.03,农村则较大,相关系数约为 0.15。食品消费增长率与其他变量的相关关系与总消费增长率与它们的相关关系基本一致。[①]

---

① 由于食品消费支出主要是居民生活的必需品,一般对利率变动不敏感,因而我们没有考察它们的相关关系。

表 5.3 变量的相关系数矩阵

城镇	rucongr	L. rucongr	ruincgr	urint	vruincgr	dep
rucongr	1.000 0					
L. rucongr	0.035 2	1.000 0				
ruincgr	0.721 8	0.204 6	1.000 0			
urint	0.045 6	−0.275 2	0.041 2	1.000 0		
vruincgr	0.321 5	−0.125 8	0.392 4	0.049 3	1.000 0	
dep	−0.178 2	−0.315 8	−0.225 2	0.352 9	0.078 4	1.000 0
农村	rrcongr	L. rrcongr	rrincgr	rrint	vrrincgr	dep
rrcongr	1.000 0					
L. rrcongr	−0.094 7	1.000 0				
rrincgr	0.108	0.245 5	1.000 0			
rrint	−0.317 3	−0.188 9	0.037 2	1.000 0		
vrrincgr	−0.092 8	−0.205 4	−0.347 6	0.092 0	1.000 0	
dep	−0.225 7	0.037 1	0.022 5	0.378 1	−0.032 6	1.000 0

注：rucongr、L. rucongr、ruincgr、urint、vruincgr、rrcongr、L. rrcongr、rrincgr、rrint、vrrincgr、dep 分别表示城镇与农村消费增长率、滞后一期消费增长率、可支配收入增长率、实际利率、收入增长率的方差、负担系数。

表 5.4 变量的相关系数矩阵

城镇	rufoodgr	L. rucongr	ruincgr	vruincgr	dep
rufoodgr	1.000 0				
L. rufoodgr	−0.035 2	1.000 0			
ruincgr	0.307 2	0.026 3	1.000 0		
vruincgr	0.136 8	−0.081 1	0.385 1	1.000 0	
dep	−0.201 6	−0.204 5	−0.227 8	0.086 2	1.000 0
农村	rrfoodgr	L. rrcongr	rrincgr	vrrincgr	dep
rrfoodgr	1.000 0				
L. rrfoodgr	0.148 1	1.000 0			

农村	rrfoodgr	L. rrcongr	rrincgr	vrrincgr	dep
rrincgr	0.352 2	0.271 9	1.000 0		
vrrincgr	−0.122 1	−0.138 5	−0.349 1	1.000 0	
dep	−0.146 2	0.162 4	0.023 1	−0.042 5	1.000 0

注：rufoodgr、L. rufoodgr、ruincgr、vruincgr、rrcongr、L. rrcongr、rrincgr、vrrincgr、dep 分别表示城镇与农村食品消费增长率、滞后一期食品消费增长率、可支配收入增长率、实际利率、收入增长率的方差、负担系数。

第四节　计量分析

我们分别用动态面板两步差分广义矩以及两步系统广义矩方法估计城镇与农村两个子样本。城镇样本两步萨甘差分统计量对应的 p 值分别为 0.862 与 0.981，农村样本的 p 值为 0.845 与 0.849，这表明系统广义矩估计新增工具是有效的。后面我们将用系统估计得到的系数对回归结果作解释，作为参照也同时报告差分估计的系数。在工具变量的设置上我们做了如下处理，由于我国实行严格的计划生育政策，因而我们有理由将负担系数当作外生变量，为了稳健起见，其他变量均作为弱外生变量对待，我们使用系统"内部工具"，用弱外生变量的滞后值作为它们自己的工具变量。两个样本的 Sargan 检验 p 值均在 0.80 以上，表明工具是整体有效的。残差序列相关性检验表明，差分后的残差只存在一阶序列相关性而无二阶序列相关性，因此，估计的结果可以断定原模型的误差项无序列相关性。模型整体显著性检验的 Wald 检验 p 值表明模型整体非常显著。表 5.5、表 5.6 报告了回归结果，我们将回归结果总结如下[1]：

---

[1]　由于我们的横截面数(31)相对于时间维度(11)较小，在估计方程中没有包含反映时期效应的年份虚拟变量。

表 5.5　　　　　　　　　　城镇与农村总消费变动的 GMM 估计结果

因变量:总消费增长率	城镇样本				农村样本			
解释变量	两步差分广义矩	两步差分广义矩	两步系统广义矩	两步系统广义矩	两步差分广义矩	两步差分广义矩	两步系统广义矩	两步系统广义矩
滞后一期消费增长率	−0.11	−0.14	−0.12	−0.13	−0.10	−0.10	−0.09	−0.11
	(−8.89)***	(−9.12)***	(−7.16)***	(−5.22)***	(−3.96)***	(−4.04)***	(−3.61)***	(−5.31)***
收入增长率	0.72		0.72		0.18		0.27	
	(14.18)***		(11.64)***		(5.36)***		(5.385)***	
好年份的收入增长率		0.75		0.76		0.21		0.19
		(13.86)***		(18.25)***		(5.69)***		(5.82)***
坏年份的收入增长率		0.86		0.84		0.24		−0.12
		(10.28)***		(13.64)***		(4.78)***		(−1.56)
实际利率	0.12	0.06	−0.02	−0.11	−0.08	−0.07	−0.82	−0.70
	(1.82)*	(0.76)	(−0.39)	(−1.16)	(−0.96)	(−0.79)	(−5.26)***	(−6.01)***
收入增长率的方差	0.25	0.21	0.45	0.25	0.11	0.12	0.16	−0.11
	(6.52)***	(4.78)***	(10.36)***	(5.85)***	(1.46)	(1.59)	(4.31)***	(−3.22)***
负担系数	0.07	0.02	−0.06	0.03	−0.22	−0.29	−0.05	−0.05
	(1.21)	(0.34)	(−1.46)	(0.39)	(−1.92)*	(−2.39)**	(−0.82)	(−0.98)
截矩	0.26	0.13	4.59	0.60	0.68	0.68	5.14	6.58
	(2.76)***	(1.25)	(2.59)***	(0.21)	(4.46)***	(3.97)***	(1.80)*	(3.94)***
观测数	435	435	464	464	435	464	464	464
联合显著 Wald 检验	0.000 0	0.000 0	0.000 0	0.000 0	0.000 0	0.000 0	0.000 0	0.000 0
$\lambda_1=\lambda_2$ 检验的 p 值	0.000 0	0.001 0	0.000 0	0.001 1	0.000 0	0.523 3	0.000 0	0.000 0
Sargan 检验 p 值	0.803 6	0.927 6			0.846 1	0.932 8		
Sargan 差分检验 p 值			0.862	0.981			0.871	0.865
AR(1)检验 p 值	0.000 1	0.000 2	0.000 1	0.000 1	0.002 4	0.002 5	0.001	0.001
AR(2)检验 p 值	0.158 9	0.182 5	0.234	0.132	0.3357	0.2815	0.887	0.393

注:所用的软件包是 Stata 10.0,表格括号中报告的是 t 统计量,***、**、* 分别表示 1%、5%、10%显著,差分方程和水平方程都使用的工具为负担系数,仅用于差分方程的工具是滞后一期消费增长率的所有滞后值以及收入增长率的滞后一、二期值,实际利率的滞后一、二期值,收入方差的滞后一、二期值。我们在系统 GMM 估计的首次回归中还加入了东部与中部虚拟变量,但结果不显著,所以剔除了。

表 5.6 城镇与农村食品消费变动的 GMM 估计结果

因变量:食品消费增长率	城镇样本				农村样本			
解释变量	两步差分广义矩	两步差分广义矩	两步系统广义矩	两步系统广义矩	两步差分广义矩	两步差分广义矩	两步系统广义矩	两步系统广义矩
滞后一期消费增长率	−0.04 (−1.56)	−0.03 (−0.69)	−0.03 (−0.96)	−0.002 (−0.06)	0.11 (5.01)***	0.11 (5.02)***	0.08 (2.47)**	0.16 (5.68)***
收入增长率	0.26 (4.31)***		0.48 (22.54)***		0.70 (27.60)***		0.85 (15.32)***	
好年份的收入增长率		0.27 (3.85)***		0.61 (13.36)***		0.74 (15.12)***		0.71 (19.82)***
坏年份的收入增长率		0.28 (2.39)**		0.79 (11.03)***		0.84 (8.17)***		0.43 (5.92)***
收入增长率的方差	0.25 (2.78)***	0.24 (2.69)**	0.20 (1.89)*	0.13 (1.94)*	0.40 (12.80)***	0.53 (9.12)***	0.62 (7.85)***	0.35 (4.21)***
负担系数	−0.28 (−2.53)**	−0.19 (−2.23)**	−0.14 (−5.63)***	−0.09 (−2.44)**	−0.58 (−9.44)***	−0.52 (−8.23)***	−0.15 (−1.89)*	−0.14 (−1.52)
截距	1.36 (4.51)***	1.41 (4.62)***	5.08 (5.01)***	2.39 (1.42)	0.21 (2.53)**	0.32 (2.52)**	2.48 (0.72)	4.43 (1.06)
观测数	464	464	464	464	464	464	464	464
联合显著 Wald 检验	0.000 0	0.000 0	0.000 0	0.000 0	0.000 0	0.000 0	0.000 0	0.000 0
$\lambda_1=\lambda_2$ 检验的 p 值	0.000 0	0.86	0.000 0	0.000 5	0.000 0	0.123 5	0.000 0	0.001 0
Sargan 检验 p 值	0.802 5	0.792 9			0.602 7	0.672 9		
Sargan 差分检验 p 值			0.832	0.848			0.960	0.792
AR(1)检验 p 值	0.000 2	0.000 1	0.001	0.001	0.000 4	0.000 5	0.001	0.000
AR(2)检验 p 值	0.153 4	0.173 2	0.221 5	0.125 7	0.768 3	0.783 6	0.874	0.837

注:差分方程和水平方程都使用的工具为负担系数,仅用于差分方程的工具是消费增长率的滞后二期值以及二期以后的值,收入增长率的滞后一、二期值,收入方差的滞后一、二期值。

我们的估计对消费变动的测度采取了两种不同的形式。首先,我们使用居民每年总的消费性支出增长率的变动,这其中既包含耐用品也包含了非耐用消费品的支出,耐用品的消费一般是居民一次大额支出,其服务的流量将持续很多期,我们以此来考察居民消费是否具有耐久性;其次,我们考察非耐用消费品的变动模式,以此来考察居民的消费习惯。

一、对总消费变动的分析

我们先分析总消费变动的影响因素,后面再做非耐用消费的变动分析。从城镇与农村样本总消费支出变动方程的估计结果可以看出,滞后一期消费增长率的系数为负,说明效用函数在消费上表现出一定程度的耐久性,城镇系数与农村系数相差不大,都大约为−0.1,过去的消费增加10%,现在的消费减少约1%。这意味着过去的高消费和当期低消费的相互替代使个体保持效用不变。近年来,我国居民的消费结构发生了较大的变化,食品、衣服等生活必需品在总消费支出中的比重逐渐下降,而高档耐用消费品在总消费支出中的比重却不断上升。但是我国人均收入与财富水平仍较低,许多消费者必须经过一段时间的储蓄后才买得起所需耐用消费品。因为高档耐用消费品的使用年限长,一般来说,提前消费带来的效用要比推迟消费的效用大。从我们的实证结果来看,当偏好在时间上不可分时,两期消费在效用上具有相互替代性,这在一定程度上能够解释我国居民的边际消费倾向近年来为什么不断降低。

在对消费的过度敏感性的估计过程中,我们首先施加了对称性限制,即假定消费对收入变动的敏感是由于消费者短视造成的。在城镇总消费变动方程中,无论是差分 GMM 还是系统 GMM 估计的敏感系数 λ,均显著异于 0 且高达 0.7 以上,而农村方程的估计系数约为 0.2,虽然明显低于城镇系数,但也是高度显著的,这表明在控制了习惯偏好可能带来的消费对收入冲击的缓慢调整的影响后,我国居民消费仍呈现出对收入变动的过度敏感性,明显拒绝了随机游走假说。接下来我们对过度敏感性的原因进行检验。我们将收入变动区分为"好年份"与"坏年份",估计的系数发生了一些变化。我们发现了一个有趣的结果,城镇样本的系数具有不同程度的提高,而农村样本的系数在差分 GMM 估计中变化不大,系统 GMM 估计中好年份系数变化不大,坏年份的系数很小且不显著,我们施加系数相等($\lambda_1 = \lambda_2$)的约束检验,农村样本的差分 GMM 估计约束检验的 p 值为0.523 3,无法拒绝 λ_1 $=\lambda_2$,因而符合短视理论。系统 GMM 估计约束检验的 p 值为0.000 0,在 1%的显著性水平下拒绝 $\lambda_1=\lambda_2$,支持 λ_1 显著大于 λ_2,这意味着农村居民的消费对收入的预期上升比下降反应更为强烈,这与流动性约束理论相符。因此,总体来说,农村样本较好地支持了短视或流动性约束理论。城镇样本无论是差分 GMM 还是系统 GMM 估计的 p 值均小于 0.001,明显拒绝了 $\lambda_1=\lambda_2$ 的假设,表明 λ_1 显著小于 λ_2,这意味着城镇居民的消费对收入的预期下降比上升反应更为强烈。我们在回归中尝试用不同的工具变量后发现,λ_1 始终显著小于 λ_2,这说明短视行为与流动性约束假说对城镇居民并不能成立。城镇样本的敏感系数的非对称结果与 Kahneman、Knetsch 和 Richard(1991)以及 Bowman、Minehart 和 Rabin(1993)提出的"损失厌恶"理论完全一致,该理论认为消费者偏好呈现出"损失厌恶",即当消费高于某一参考水平时,效用函数是凹的,而低于这个参考水平时却是凸的。在相对应的收益与损失下,其边际损失比边际收益敏感,损失 1 单位边际的痛苦大于获取 1 单位的边际快乐。对于损失带来的负面感觉,在程度上要比获利带来的正面感觉强烈得多,这种非对称性反映了消费者被迫降低生活标准(哪怕是一点点)会受到很大的精神损失。这样,消费者对收入的预期下降比上升反应更为强烈。因此,与宋冬林和金晓彤等(2003)、欧阳俊和刘建民等(2003)以及孔东民(2005)得到的我国不存在即期流动性约束的结论不同,本章在考虑城乡二元经济结构环境后得出了一个新的结果,我们的农村样本支持了流动性约束或短视假说,城镇样本则拒绝了流动性约束假说。

农村与城镇居民的消费对收入变动反应模式的显著差异,其背后有着深层次的原因。城镇居民消费对收入变动呈现出"损失厌恶",本章认为原因在于:在体制变化过程中,"损失厌恶"实际上是城镇居民从高收入幻觉向收入不稳定预期转变过程中的一种自然反映。改革开放以前,国有城镇企业长期执行低工资制度。20 世纪 80 年代开始对企业进行"放权让利"式经营管理模式改革,将一部分企业利润留给企业以增强其技术改造能力,但实际上"企业留存利润"的大部分都转到了职工个人手中,导致国有企业出现严重的收入超经济分配现象,即国有企业职工收入增长速度超过劳动生产率的增长速度,预算软约束使得国有企业的收入分配难以监督,存在所谓"吃完增量吃增长,吃完企业吃银行"的混乱局面(范剑平,1999)。城镇居民在长期低工资解冻后突然发现自己的收入超常增长,产生高收入"幻觉性消费",对收入增长的乐观预期使其消费倾向居高不下。但是,到了 20 世纪 90年代中期以后,随着国有企业体制改革的深化,预算软约束逐步"硬化",买方市场逐步形成,企业效益也出现了分化,国有企业破产和职工下岗的现象屡见不鲜,一系列的体制变革使城镇职工高收入幻觉逐步破灭,高收入幻觉性消费也随之消失。市场竞争的压力使在岗职工和下岗职工都出现了收入不稳定预期,收入预期乐观者的比重显著下降,并且收入预期不稳定者的储蓄倾向上升,从而表现出对收入的预期下降比上升反应更为强烈。为此,政府应当进一步深化改革,从优化体制和环境上促进经济发展和技术进步,改善就业机制,完善社会保障制度,从而不断提高城镇居民持久收入,以矫正由于过度敏感带来的城镇居民的消费波动。

由于中国正处于经济转型时期,农村居民对相对遥远的信息不太了解或难以获得,因而难以预测遥远的未来的收入和支出,他们进行消费决策时往往只能依据当前的收入与已有的流动性资产(如储蓄存款等)以及近期可以预测的未来收入(汪红驹和张慧莲,2002)。因此,在转型经济中,农村居民难以根据其终生的资源来合理规划其不同阶段的消费和储蓄,从而不能均匀地消费其一生的收入和财富,他们常常只能进行分阶段决策,规划当前与"最近的未来"之间的消费,这种情况说明在中国农村地区存在着"短视"消费行为(叶海云,2000)。90 年代以后,农村居民收入增长减缓,信贷供给对他们来说常常是可望而不可即,家庭的消费通常只能靠家庭的收入和多年的储蓄来支付,因此需要进行阶段性的储蓄。除了购买耐用消费品可能成为他们的短期储蓄目标之外,农业再生产投入、建房、医疗、子女教育、婚嫁等也会影响短期储蓄目标。从实证检验的结果看,农村居民消费对"好年份"的反应比"坏年份"强烈,主要反映了流动性约束的放松使受到约束的消费者增加了消费的灵活性,而这种灵活性恰恰是农民对于融资约束所做出的理性反应。从政府的角度来看,应当拓展农民非农就业机会,推进城市化的进程,努力缩小城乡收入分配的差距,从而不断增强农村居民的持久收入预期,构建起适合我国农村发展的金融体系,帮助农村居民缓解由于短视行为与流动性约束而不能平滑一生消费所带来的负面影响。

我们估计的收入增长率的方差系数在几乎各种估计中显著(城镇样本的一个估计除外),说明居民储蓄表现出预防性动机,这与以往的研究吻合(Kraay,2000;龙志和等,2000;孙风等,2001;万广华等 2001,2003;施建淮等,2004)的研究结果相一致。本章的实证表明,导致居民消费倾向偏低的一个重要原因在于制度变迁过程中的不确定性。对城镇居民而言,在收入分配体制、就业体制、医疗体制、教育体制以及社会保障体制等方面改革不断深化的背景下,居民更多地面临未来收入与支出的不确定性,由于原有福利制度的解体和社会保障制度尚未完全建立健全,绝大多数城市居民要通过储蓄方式来应对未来的不确定性。尤其是 20 世纪 90 年代中期以来,"铁饭碗"被打破,失业下岗人数大大增加,收入差距扩大,住房、医疗、教育等福利制度取消,恶化了城镇居民对未来的收支预期,造成预防性储蓄迅速增加。对农村居民来说,经济转型期的农民生活随时可能受到各种各样的外部冲击,从而充满了诸多不确定性。在以家庭为主的农业经济中,农户既是生产单元又是消费单元,生产消费和生活消费常常交织在一起,在农业生产要素投入和农产品的价格上涨不确定的情况下,收入往往也是不确定的。由于农业生产的周期比较长,本年度的消费常常依赖上一年的收入和储蓄,收入和消费具有跨年度的特征,在当年的收入不确定时,农户需要同时兼顾生产和生活,一般会保持较低的消费倾向(刘建国,1999)。

标准的经济学分析认为利率对消费变动的影响是不确定的。其影响体现在两个方面,替代效应的作用使储蓄上升,从而减少消费,而收入效应的作用使储蓄下降、消费增加。城镇样本估计的结果表明利率对效果变动的实际影响很小(消费变动的利率弹性小于 0.1),估计的结果在 5% 的显著性水平下都不显著(第一个估计在 10% 的显著性水平下显著),我们的城镇样本的结论与大部分经验研究(李焰,1999;万广华等 2001,2003)基本一致。农村样本在差分 GMM 估计中不显著,但在系统 GMM 估计中显著,且系数很大,说明在利率对消费变动的两种效应中,替代效应占了主导地位。从样本的简单相关系数也可以明显看出利率对城镇与农村消费变动的差异。

在控制了其他因素后我们发现,负担系数的变化对总消费变动的影响有限,除了农村样本的第二估计在 5% 的显著性水平下显著外,其他估计都不太显著且系数较小。负担系数对消费变动不显著的原因可能来自正、反方面的作用而相互抵消了。中国从 30 多年前开始实施独生子女政策,严格的人口政策使普通家庭的孩子数由平均 3 个减少到 1 个,从而使家庭负担减轻,但近年来抚养孩子的成本却不断上升。另外,随着我国进入人口老龄化社会,出生率已接近或低于死亡率(如上海等省市人口出现了负增长),而人均寿命却稳定增长,导致养老压力加大,从而又加重了家庭的负担。这两方面的正、负影响可能相互抵消了(汪伟,2008a)。

二、对食品消费变动的分析

以上我们分析了影响总消费性支出增长率的变动因素,说明居民消费在整体上表现出一定程度的耐久性。由于总消费性支出中既包含了耐用品也包含了非耐用消费品的支出,耐用品的消费本身给消费者提供的跨期服务可能掩盖了居民的行为习惯,因此,本章进一步细致考察非耐用消费品的变动模式,以此揭示居民的消费模式是否真正受到习惯的影响。我们沿用 Dynan(2000)的方法,用食品消费支出的变化作为对非耐用消费变动的代理。

虽然我们估计的城镇滞后一期食品消费增长率的系数都为负,但其值很小,说明城镇居民在非耐用消费品的消费上并不存在习惯,这与样本的简单相关系数是吻合的。反观农村滞后一期消费增长率的系数却较大,大部分估计在 0.12 以上,表明农村居民的消费存在一定的习惯。农村居民消费倾向偏低的原因很多,我们的检验表明习惯是不可忽视的重要因素。我国半数以上的人口生活在农村,随着农民收入水平的提高,需求层次理应随之提高,因而农村消费市场具有巨大的潜力,但由于长期形成的低消费高储蓄的习惯难以打破,需求热点难以启动。因此,倡导新的消费理念、改变旧的消费观念以及追求科学、平衡和合理的消费对启动农村消费市场就显得尤为重要。

从回归结果中我们可以看出,食品消费支出的变动依然呈现出对收入的过度敏感性。与总消费变动的过度敏感性相反,城镇对食品支出的敏感性明显弱于农村,估计城镇敏感系数为 0.27,农村则在 0.7~0.8。根据国家统计局公布的数据显示,2006 年全国农村居民人均纯收入只有 3 587元,农村居民家庭恩格尔系数仍高达 43%,非耐用消费品在总支出中占的比重相当大,特别是 90 年代以后农民收入增长减缓,在人均收入仍然很低的情况下,农村居民跨期选择的能力有限,非耐用消费品的支出紧紧跟随收入。同时,城市的情形却大为不同,2011 年城镇居民人均可支配收入为 21 810元,是农村居民的 3 倍多,恩格尔系数仅为 35.8%。随着城镇居民生活的富裕,食品等非耐用消费品的支出在总消费中的重要性逐年下降,对收入的敏感性的降低也就在情理之中了。

从过度敏感性的表现形式来看,城镇样本的差分 GMM 估计不能拒绝对称性假说,消费表现出短视行为,而系统 GMM 估计拒绝了对称性假设,支持了"损失厌恶"。农村样本差分 GMM 估计不能拒绝短视行为,系统 GMM 估计则支持了流动性约束假说。整体结论与总消费变动情形得到的结论类似,说明我们前面的分析具有稳健性。

三、稳健性再讨论

在统计数据的调查、收集和整理过程中一般都存在某种程度的测量误差,国家统计局公布的数据也不例外。在通常情况下,如果因变量的测量误差是随机的,问题并不严重,但如果自变量被误测,则问题往往严重得多。为了考察居民消费的行为习惯,我们在模型设定过程中加入了因变量(消费变动)的滞后一期值,因而使因变量的测量误差变得严重起来。因此,我们必须处理测量误差问题。假定 $c_{it}^* = c_{it} + \xi_{it}$,$c_{it}^*$ 代表消费支出的观测值,而 c_{it} 代表消费支出的真值,ξ_{it} 是测量误差。在考虑测量误差后,方程(5.15)变为:

$$\Delta c_{it}^* = \gamma_1 \Delta c_{i,t-1}^* + \gamma' X_{it} + \eta_i + \omega_{it} \tag{5.16}$$

这里,$\omega_{it} = \varepsilon_{it} + \xi_{it} - (1 - \gamma_1)\xi_{i,t-1} + \gamma_1 \xi_{i,t-2}$,由于 $\Delta c_{i,t-1}^* = \Delta c_{i,t-1} + \xi_{i,t-1} - \xi_{i,t-2}$,与 ω_{it} 负相关,因而通常的估计方法会导致有偏与不一致的估计。其他解释变量的误测也会带来类似的不一致问题。由于误差结构的 MA(2) 结构,我们可以通过取消费增长率滞后四期以后的值作为工具,其他解释变量取滞后三期和四期值为工具变量。表 5.7 中报告了差分 GMM 估计结果。

表 5.7　考虑测量误差情形的城镇与农村消费变动的 GMM 估计结果

因变量:消费增长率	城镇样本				农村样本			
	总消费增长率		食品消费增长		总消费增长率		食品消费增长率	
解释变量	两步差分广义矩	两步差分广义矩	两步系统广义矩	两步系统广义矩	两步差分广义矩	两步差分广义矩	两步系统广义矩	两步系统广义矩
滞后一期消费增长率	−0.07 (−4.05)***	−0.12 (−7.86)***	0.03 (0.91)	0.05 (1.51)	−0.16 (−4.12)***	−0.14 (−3.99)***	0.09 (3.80)***	0.10 (3.52)***
收入增长率	0.72 (15.16)***		0.48 (13.22)***		0.25 (6.67)***		0.61 (12.35)***	
好年份的收入增长率		0.82 (17.32)***		0.43 (7.26)***		0.23 (6.11)***		0.62 (9.42)***
坏年份的收入增长率		0.98 (13.82)***		0.37 (3.25)***		0.12 (2.45)**		0.13 (1.24)
实际利率	0.27 (3.82)***	0.19 (2.47)**			0.02 (0.26)	0.21 (1.98)**		
收入增长率的方差	0.35 (6.27)***	0.25 (4.26)***	0.12 (1.58)	−0.02 (−0.39)	0.26 (6.12)***	0.23 (2.56)**	0.34 (7.10)***	0.05 (0.68)
负担系数	−0.03 (−0.45)	−0.02 (−0.29)	0.46 (6.58)***	0.43 (5.06)***	−0.22 (−1.97)**	−0.36 (−4.18)***	−0.42 (−5.79)	−0.29 (−4.22)***
截距	0.41 (2.78)***	0.22 (1.60)	1.86 (14.17)***	0.56 (0.24)	0.81 (4.19)***	0.95 (5.58)***	1.19 (9.26)*	1.16 (7.02)***

续表

因变量:消费增长率	城镇样本				农村样本			
	总消费增长率		食品消费增长		总消费增长率		食品消费增长率	
解释变量	两步差分广义矩	两步差分广义矩	两步系统广义矩	两步系统广义矩	两步差分广义矩	两步差分广义矩	两步系统广义矩	两步系统广义矩
观测数	356	356	356	356	356	356	356	356
联合显著 Wald 检验	0.000 0	0.000 0	0.000 0	0.000 0	0.000 0	0.000 0	0.000 0	0.000 0
$\lambda_1=\lambda_2$ 检验的 p 值		0.000 0		0.285 4		0.004 5		0.000 0
Sargan 检验 p 值	0.736 8	0.812 7			0.856 1	0.789 2		
Sargan 差分检验 p 值			0.861 9	0.757 2			0.562 9	0.693 6
AR(1)检验 p 值	0.000 1	0.000 2	0.000	0.000 3	0.011 5	0.006 9	0.000 6	0.000 4
AR(2)检验 p 值	0.145 1	0.132 5	0.261 2	0.178 4	0.725 6	0.768 1	0.557 1	0.762 5

注:使用的工具是消费增长率的滞后四期值以及负担系数,收入增长率的滞后三、四期值,实际利率的滞后三、四期值(总消费方程),收入方差的滞后三、四期值。

从回归的结果我们可以看出,在总消费增长率变动上,城镇与农村仍然表现出一定程度的耐久性,而且系数与没有假定测量误差时估计的结果相差不大;在食品支出变动上,农村的习惯系数变化不大,城镇系数虽然为正,但系数很小且不显著,这与前面回归所得结果基本没有差异。再看消费对收入的过度敏感系数,无论是总消费支出的变动还是食品消费支出的变动,都呈现出对收入的过度敏感性,过度敏感系数与我们前面估计的结果变化不大。总消费变动对收入的敏感性城镇高于农村,食品支出变动的敏感性则恰好相反,与前面的估计结果一致。从过度敏感性的表现形式来看,城镇样本关于总消费变动的估计支持了"损失厌恶"理论,而农村样本则支持了流动性约束假说。另外,城镇食品方程无法拒绝短视假设,农村则依然支持流动性约束假说。以上结果综合表明我们前面的分析具有稳健性。

应当看到,本章的经验估计仍然存在一定的缺陷,本章使用的是总量年度数据,虽然使用面板数据的估计方法克服了可能存在的内生性,但使用年度总量数据对分析习惯偏好本身并不甚理想。另外,我们的总量数据由于缺少人口特征变量,因而很难控制居民生命周期的偏好改变。因此,本章实证的稳健性仍需要有更丰富的数据支持,如取不同时期的样本、使用大规模的样本家庭的微观调查数据等,由此得出的结论也将更为准确,并且便于与国外同类研究加以对比。

第五节　本章结论与政策启示

本章从具有内部习惯偏好的消费函数出发,在考察中国典型二元经济结构下城镇与农村居民的消费模式可能存在的系统性差异的基础上,对 Campbell 和 Mankiw(1990)等的模型进行扩展,并结合短视行为和流动性约束与预防性储蓄对随机游走假说在中国解释消费变动失效的内在原因进行了细致的分析。我们运用 1995～2010 年省际面板数据进行了实证检验,得出了如下结论:

在总消费增长率变动上,城镇与农村表现出一定程度的耐久性;在非耐用消费支出上,农村居民表现出一定的习惯,但城镇居民的消费习惯几乎不存在。无论是城镇还是农村居民的消费变动,都呈现出对预期收入变动的过度敏感。城镇居民总消费变动的敏感性明显高于农村,而与此恰好相反,城镇居民的非耐用消费支出变动的收入敏感系数低于农村。过度敏感性表现出比较明显的非对称模式,城镇样本关于消费变动的估计支持了"损失厌恶"理论,而农村样本则支持了流动性约束或短视假说。无论是城镇还是农村居民,都表现出较强的预防性储蓄动机。利率对居民消费变动的作用不够明显,消费增长率的利率弹性较低,人口结构的变化对居民消费变动有一定的解释作用。

居民消费疲软一直是我国可持续增长过程中遇到的最大挑战。我国农村生活着 9 亿人口(按户籍统计),随着农民收入水平的提高,需求层次理应随之提高,因而农村消费市场具有巨大的潜力,但由于长期形成的低消费高储蓄的习惯难以打破,需求热点难以启动。因此,倡导新的消费理念、改变旧的消费观念以及追求科学、平衡和合理的消费对启动农村消费市场就显得尤为重要。我国城镇居民的消费已从温饱型逐步升级为小康型,消费的对象与热点已从以解决温饱问题的生存资料为主,逐步演进为以提升生活质量的小康型生活资料为主。住房、教育、轿车、旅游、医疗正在成为市场需求中的消费热点。在不同的经济发展阶段和收入水平上,人们的消费热点是不同的,从而启动消费的重点也是不同的。我们的实证结果表明,城镇居民对食品等非耐用消费品的敏感系数并不高,因此,必须密切关注上述居民消费行为的变化特点和发展动向,适时地运用政策手段培育消费热点,促进居民消费的增长。但是也应该看到,启动消费更重要的是要立足长远,实现可持续消费。为此,政府应当进一步深化改革,从优化体制和环境上促进经济发展和技术进步,改善就业机制,从而不断提高居民持久收入,打破短视、流动性约束、损失厌恶与预防性动机造成的居民高储蓄和低消费倾向,为居民消费的持续稳定增长奠定坚实的基础。

第六章

刚性储蓄、货币政策与中国居民消费抑制

第一节 引 言

改革开放 30 多年来,中国经济的高增长主要依靠高储蓄、高投资和高出口,然而,这种经济发展模式缺乏可持续性。高投资容易导致产能过剩、经济过热和不良贷款,同时面临严重的资源和环境压力;高出口则导致外贸依存度过高,增加了经济运行的风险。因此,如何通过刺激居民消费实现经济增长方式的转变,一直是政策制定和理论研究的热点。目前,关于中国"高储蓄、低消费"的成因,学界已有多方面的讨论,所开出的药方虽不尽相同,但主流的思路是运用积极的财政政策去刺激居民消费,如减税、增加工资、加大对中低收入者的转移支付等。然而,面对 2008 年的全球金融危机,世界主要经济体(包括中国)的经济刺激计划,不仅包括积极的财政政策,更重要的是采取了宽松的货币政策,通过降低利率、增加货币供给,从而成功地遏制了经济下滑势头。随着利率市场化改革和人民币汇率改革的推进,货币政策在调控宏观经济中必将起到更加重要的作用。目前,中国经济金融运行正向宏观调控预定方向发展,但居民消费不振依然是制约经济发展

方式转变的"瓶颈"。由此提出的问题是,货币政策能否在稳定经济增长的同时实现内需拉动? 货币政策影响居民消费的传导机制是什么? 对于上述问题,国内的研究文献几乎属于空白,本章将尝试回答这些问题。

在复杂的经济系统中,货币政策对居民消费的影响,往往通过与其他因素相结合的方式发挥作用。影响中国居民消费的其他因素很多,根据国内外的研究文献,主要的影响因素可概括为流动性约束、消费习惯和预防性储蓄动机等。首先,关于流动性约束方面:在目前的体制转型时期,不合理的利率结构、名目繁多的行政管制带来的交易成本、垄断定价以及风险防范机制的缺乏等体制约束是中国居民消费存在流动性约束的根源(臧旭恒,1994;臧旭恒和裴春霞,2002;张明,2007;王文甫,2010),其他因素还包括较高的信贷消费门槛等。一般而言,流动性约束的当期存在会使居民的消费比他们希望的少,另外,由于心理上可预见的未来外部融资困难,他们往往也降低现期消费,进行储蓄与财富积累,这些都可能造成中国居民的低消费倾向。在货币政策下,流动性约束对居民消费的影响呈现出何种特征,目前国内外文献却鲜有讨论。其次,关于消费习惯方面:通常来说,人们对以前的消费存在心理依赖,并通过一段时间和文化积淀形成一定的行为偏好,这种偏好的形成是通过与同伴和自己过去的消费决策的比较形成的,这使得人们当期的效用水平不仅依赖于当期的支出水平,而且也受制于在前期已经形成的消费习惯的影响。中国是儒家文化的发源地,具有强烈的为家庭利益牺牲个人利益的文化传统,勤俭节约、注重储蓄等家庭消费习惯一直被视为中国的传统美德(龙志和等,2000;张明,2005;艾春荣和汪伟,2008)。Fuhrer(2000)认为引入消费者习惯偏好(habit formation),可以解释货币冲击下消费的持续性和通货膨胀惯性,然而这方面的研究在中国尚未得到充分重视。最后,关于预防性储蓄动机方面:由于中国正处在体制变革期,教育、住房和医疗改革等制度变迁导致家庭对未来收入和支出充满不确定性,从而产生强烈的"预防性储蓄"动机,这不仅直接减少消费,而且削弱了利率下调对消费的刺激作用(宋铮,1999;谢平,2000;施建淮和朱海婷,2004)。

但以往的研究并不是在动态一般均衡的逻辑框架下,因而无法帮助我们了解预防性储蓄在货币政策作用下对居民消费的动态效应。

鉴于中国经济的庞大规模和复杂程度,上述因素毫无疑问都在不同程度上降低了居民消费,因而为了实现经济平稳增长就需要一系列政策调控和结构改革。然而,由于上述因素的相对重要性并不清楚,因而难以确定哪些政策和改革更加重要和紧迫。有鉴于此,本章将流动性约束、消费习惯和预防性储蓄动机等诸多因素引入随机动态一般均衡模型中,考察这些因素的相对重要性,并试图在货币政策下讨论这些因素通过何种方式发挥作用,以及货币政策是放大还是减弱了这些因素对居民消费的影响。我们发现:当央行实施货币政策时,依然会通过流动性约束和预防性储蓄动机影响居民消费,其中的预防性储蓄动机起着更加重要的作用,而消费习惯增强了货币政策对居民消费影响的持久性。与扩张性财政政策将挤入居民消费的一般性结论相反(李广众,2005;李永友和丛树海,2006;潘斌等,2006;王文甫,2010),扩张性货币政策倾向于抑制居民消费。

货币政策对中国居民消费的动态影响还与刚性储蓄[①]相关联,出于两方面的考虑,我们在模型中引入了刚性储蓄。第一,中国家庭具有刚性储蓄的现实特征。万广华等(2001)认为,金融市场不发达所导致的投资渠道匮乏是造成中国居民"高储蓄、低消费"的重要因素,对此,我们认为金融市场发展的滞后,不仅导致家庭的"被迫性"高储蓄,而且由于存在因家庭理财意识和能力不足、市场投机风险较大等因素导致的较高金融资产调整成本,以及居民消费计划、企业利润留成等原因,家庭在央行实施货币政策时,往往不能或不愿意调整其金融储蓄资产,即在金融市场上存在有限参与。因此,研究居民消费动态不能忽视中国家庭的刚性储蓄行为。第二,也是最重要的,为了刻画货币政策的流动性效应。大量的经验研究发现,央行实施扩张性货币政策会导致短期名义利率下降的流动性效应,能否模拟出流动性效应

---

① 关于刚性储蓄的详细讨论,可以参见 Lucas(1990)、Fuerst(1992)等文章。

已经成为检验模型现实与否的"试金石"。然而,无论是传统的真实经济周期模型(Real Business Cycle,RBC)、货币效用模型(Money In Utility,MIU)和流动性约束(又称货币先行,Cash In Advance,CIA)模型,还是具有名义刚性的新凯恩斯主义模型(New Keynesian Model)[①]都仅仅刻画了扩张性货币政策当期提高名义利率的预期通货膨胀效应(或费雪效应),无法解释降低名义利率的流动性效应。流动性效应作为货币政策影响经济的特征事实,已经成为任何货币经济周期模型必须正确解释的首要问题。本章的研究表明,引入刚性储蓄后,面对扩张性货币供给冲击,此时的新凯恩斯主义模型不仅可以产生通货膨胀效应和通货膨胀的惯性特征,而且可以产生现实中的流动性效应,从而解决了货币经济周期模型构建中的重要理论问题,有助于分析货币政策的流动性效应对居民消费的动态影响,同时也为研究中国流动性过剩问题提供了可行的货币政策分析框架。

　　本章分析思路和基本结论如下:首先,通过选取中国宏观经济季度数据,本章采用 SVAR 方法得出货币政策影响实际产出和居民消费的经验事实:扩张性货币政策在短期内增加产出的同时抑制了居民消费,长期内则导致产出超调和消费持续性。然后,通过将影响居民消费的主要因素纳入动态随机一般均衡(Dynamic Stochastic General Equilibrium,DSGE)的框架,构建含有刚性储蓄的动态新凯恩斯主义模型,集中讨论了货币政策对居民消费的动态效应。鉴于货币政策在稳定经济增长方面的重要性,以及进行模型评估的考虑,本章同时考察了货币政策对实际产出的动态效应。基于中国宏观经济进行校准后的数值模拟发现,引入刚性储蓄的模型经济可以较好地解释货币政策下实际产出和居民消费变动的经验事实,这为建立更加一般的货币政策评估模型提供了参照。基于该模型的中国货币政策传导机制分析表明,刚性储蓄下的流动性效应和可贷资金效应是扩张性货币政策增加实际产出的主要传导机制,价格粘性和投资调整成本则是导致产出

[①]　有关这些模型的详细讨论可参考 Walsh(2010)。

超调的主要因素;扩张性货币政策主要通过刚性储蓄家庭的流动性约束和预防性储蓄抑制居民消费,而居民的消费习惯则是产生消费持续性的重要原因。鉴于扩张性货币政策既有增加产出、抑制消费的短期效应,也有导致产出超调、产生消费持续性和通货膨胀惯性的长期动态效应,在实施货币政策时,央行应进行综合考虑,采取更加审慎的货币调控政策。

与现有研究相比,本章具有以下特点:第一,选用中国宏观经济季度数据,进行 SVAR 实证分析,不仅得到了货币政策影响产出和居民消费的经验事实,而且为模型构建提供了事实参照;第二,利用动态随机一般均衡框架,构建中国货币政策效应的微观基础,如果模型具有现实解释能力,则可以据此进行深入的货币政策传导机制分析;第三,考虑到之前的货币经济周期模型无法产生流动性效应,这与实证研究结论不一致,于是本章首次从刚性储蓄的角度尝试引入流动性约束、消费习惯和预防性储蓄动机等影响居民消费的主要因素,构建了一个用于解释中国居民低消费问题的完备分析框架。

本章余下部分安排如下:第二部分建立三变量 SVAR 模型,得到扩张性货币政策下实际产出和居民消费动态变动的经验事实;第三部分引入中国的现实经济特征,构建包含刚性储蓄的动态新凯恩斯主义模型;第四部分进行参数校准和数值模拟,在模型经济可以解释经验事实的基础上,分析影响实际产出和居民消费的货币政策传导机制;第五部分总结全文,给出政策建议。

第二节 基于 SVAR 模型的经验事实

为得到扩张性货币政策冲击下实际产出和居民消费的动态反应,我们应用宏观经济实证领域中常用的结构向量自回归模型(Structural Vector Regression,SVAR)来识别货币政策并分析其宏观经济效应。相对于简约式(Reduced-form)VAR 模型而言,SVAR 模型通过对相应的扰动项施加具有经济理论背景的约束条件,可以识别出具有特定经济特征的外生冲击,从而可对不同外生冲击下相关经济变量的变动轨迹进行分析。Sims(1980，1986)、Bernanke(1986，1989)、Shapiro 和 Watson(1988)对 SVAR 模型进行了早期研究,但自从 Blanchard 和 Quah (1989)在 SVAR 模型中引进长期约束条件、Gali(1992)引入长期约束和短期约束来识别经济中的永久性冲击和暂时性冲击后,SVAR 模型开始被广泛运用于宏观经济波动和货币政策宏观效应等相关问题的实证分析。

一、SVAR 模型设定和 BQ 分解

我们采用包含三个内生变量的 SVAR 模型:$X_t = [\log Y_t^c, \log C_t^c, \Delta \log M_t]'$,表示由对数真实 GDP 的周期部分、对数居民消费的周期部分和货币增长率构成的经济系统,$\varepsilon_t \equiv [\varepsilon_{yt}, \varepsilon_{ct}, \varepsilon_{mt}]$ 表示该经济系统的三个结构扰动项,分别表示技术冲击、需求冲击以及货币增长率冲击,三者作为独立的外生经济冲击满足正交条件。下面就如何从简约式 VAR 模型来识别(Identification)SVAR 模型给出一个简述。

首先,根据 Wold 定理,X_t 可由如下的结构移动平均模型产生:

$$X_t = C_0 \varepsilon_t + C_1 \varepsilon_{t-1} + C_2 \varepsilon_{t-2} + \cdots \qquad (6.1)$$

这里,C_0 定义了该系统中三个内生经济变量之间当期结构关系的 3×3 矩阵,$E(\varepsilon_t \varepsilon_t') = I_{3 \times 3}$,$I$ 为单位阵。为了识别式(6.1),需要估计出 C_i 和 ε_{t-j},$i, j \geq 0$。

其次,SVAR 模型的估计并不是直接从式(6.1)中得到的,而是根据如下估计的简约式 VAR 模型:

$$X_t = u_t + B_1 u_{t-1} + B_2 u_{t-2} + \cdots \qquad (6.2)$$

这里,u_t 表示向量简约式扰动项,满足 $E(u_t u_t') = \Omega_{3 \times 3}$。假设存在非奇异矩阵 S,满足 $u_t = S \times \varepsilon_t$。比较式(6.1)和式(6.2),可以得到:$C_0 = S$,$C_1 = B_1 S$,$C_2 = B_2 S$,$\cdots$,即:$C(L) = B(L)S$,这里,$L$ 表示滞后算子。因此,可以得到 $u_t = C_0 \varepsilon_t$,即:

$$\varepsilon_t = C_0^{-1} u_t; \quad C_i = B_i C_0, \quad i \geq 1 \qquad (6.3)$$

同时,根据 $E(u_t u_t') = \Omega$,可以得到:

$$C_0 C_0' = \Omega \tag{6.4}$$

根据式(6.3)和式(6.4)可知,只要识别出 C_0 便可以估计出式(6.1)表示的 SVAR 模型。然而,由于矩阵 Ω 为正定对称矩阵,因而要识别 C_0 仍然需要一个额外的约束条件。我们根据经济理论施加长期约束条件,即采用 BQ 分解方法。

最后,为了分解和识别货币政策冲击,我们根据 Christiano 等(1998)提出的原则,给出两个假设:(1)只有技术冲击对实际产出和居民消费水平具有永久效应;(2)产出的长期水平不受货币政策(如货币供应量增长率)冲击的影响,即长期货币超中性。以上货币政策识别条件意味着货币政策冲击对实际产出、居民消费可能具有短期效应,但是在长期不影响产出水平和居民消费水平。需要指出的是,以上假设被证明符合货币经济均衡模型的一般结论,这使得外生经济冲击对内生经济变量的设定具有合理的经济含义。根据式(6.1)整理可得:

$$\begin{bmatrix} \log Y_t^c \\ \log C_t^c \\ \Delta \log M_t \end{bmatrix} = C(L) \begin{bmatrix} \varepsilon_{yt} \\ \varepsilon_{ct} \\ \varepsilon_{mt} \end{bmatrix} \tag{6.5}$$

其中,式 $C(L) = \sum_{i=0}^{\infty} C_i L^i, i > 0$。根据 BQ 长期识别条件可知,长期矩阵(Long-run Matrix)满足: $C(1) = \sum_{i=0}^{\infty} C_i = \begin{bmatrix} c_{11} & 0 & 0 \\ c_{21} & c_{22} & 0 \\ c_{31} & c_{32} & c_{33} \end{bmatrix}$,即货币增长率冲击对实际产出和居民消费水平没有持久效应;需求冲击对实际产出也没有持久效应。至此,综合式(6.4)和式(6.5),我们便可以识别出式(6.1)表示的 SVAR 模型。

综上所述,SVAR 模型的识别过程可以概括为:首先,估计出简约式 VAR 模型,即式(6.2);然后,通过比较式(6.2)与式(6.1),得到识别关系式(6.3);最后,通过施加约束条件:$c_{12}=0$,$c_{13}=0$,$c_{23}=0$ 及式(6.4)得到 C_0,进而识别出 C_i 和 ε_{t-j},$i,j \geqslant 0$。根据式(6.1)可知,经济系统 X_t 是由各种结构性外生冲击 ε_t 构成的线性组合,从而可以进行脉冲反应实验,即可以分析 1 单位扩张性货币政策冲击 ε_{mt} 对实际产出和居民消费的宏观经济效应。

二、变量定义和数据处理

首先,定义变量和选取数据。本章的数据来源于中经专网统计数据库和中国统计年鉴,鉴于货币政策时滞较短[①],我们认为选用季度数据或月度数据是较为合适的。鉴于中经专网数据中居民消费数据的可得性问题,我们选取 1992 年第 1 季度到 2010 年第 4 季度的 GDP 数据[②]、城镇家庭消费性支出数据[③]和货币量 M 数据 1[④],样本容量为 76。

其次,对数据分别进行季节性调整、剔除通货膨胀、滤除趋势项等处理。我们发现 GDP、城镇居民消费和货币量 M1 均表现出一定的季节性特征,于是我们采用 Eviews 6.0 中的 TRAMO/SEATS 方法对这 3 个经济变量的数据进行了季节性调整,得到除季节性波动部分外的包括趋势部分和不规则部分的季节调整项。为了得到经通货膨胀处理的实际数据,我们将以上变量除以以 1990M1＝100 为基期的 CPI 指数,从而得到相关经济变量的实际值。然后,对实际产出、实际居民消费取对数,对货币量 M1 取对数差分(这表示货币增长率),这一方面可减弱它们的异方差性和不平稳性,另一方面

---

① 王大树(1995)基于 1984～1992 年月度数据的实证研究,认为货币供给对产出的时滞为 1～4 个月,对物价的时滞为 6～11 个月。卞志村(2004)基于 1995 年 1 月到 2003 年 3 月数据的实证研究,发现 M1 对 GDP 的时滞为 7 个月,对物价 CPI 的时滞为 3 个月。刘远征和唐海滨(2009)基于 2000 年 1 月至 2009 年 2 月数据的实证研究,发现 M2 对 CPI 的时滞为 3～4 个月。周晖和王擎(2009)研究认为随着证券和房地产市场的发展,货币政策通过资产价格渠道对产出的时滞大约在 3 个月以内。

② GDP 采用 2003Q1—2010Q4 的季度数据,二次平均插值后得到相应的月度数据。数据处理方法依据 Weber(1995)及 Perron(1989、1990)。

③ 消费使用的是"城镇家庭人均消费性支出(现价)_累计数",处理方法为:对数据进行一次差分得到月度水平值。对于 2003 年之后的季度数据,采用二次平均插值法将其转化为月度数据。

④ 我们选用狭义货币量 M1 的原因在于,中国人民银行在 1996 年正式确定 M1 为货币政策中介目标、M0 和 M2 为观测目标(夏斌、廖强,2001),因而选用 M1 度量央行货币供给政策较为准确。

可实现与模型中对数线性化后经济变量的一致对应性。最后,我们采用 HP 滤波器分别从对数真实 GDP、对数真实城镇家庭消费性支出中分解出其周期部分,即 $\log Y_t^c$ 和 $\log C_t^c$。

至此,我们得到了用于简约式 VAR 模型估计的 3 个内生时间序列数据 $\{\log Y_t^c\}$、$\{\log C_t^c\}$ 和 $\{\Delta \log M_t\}$,在估计带常数项的 VAR 模型之前,需要对模型的滞后阶数、平稳性等进行检验。滞后长度信息标准显示,VAR 的最佳滞后阶数为 4,特征根多项式的根模(Modulus of Root)均位于单位圆内,这表明 VAR(4)是平稳的,见表 6.1。

表 6.1 VAR 模型的滞后阶数选取和稳定性检验

样本区间:[1992 年第 1 季度,2010 年第 4 季度]

内生变量:$[\log Y_t^c, \log C_t^c, \Delta \log M_t]'$

检验统计量数值:AIC=4,　FPE=4,　H-QC=4,　SC=4

特征多项式的根模:
0.88　0.88　0.82　0.82　0.78　0.61
0.61　0.43　0.43　0.11　0.09

三、实际产出和居民消费的脉冲响应分析

根据我们的 SVAR 模型的识别方法,将 BQ 长期识别约束条件置于简化式 VAR 模型之上估计出 SVAR 模型,从而得到实际产出和居民消费对扩张性货币政策冲击的脉冲反应函数,如图 6.1 所示。图中实线显示了各变量对冲击的脉冲反应,虚线所包含的范围是用 Bootstrap 进行 1 200 次反复抽样得到的 95% 的置信区间(Hall,1992)。

首先,来看产出对扩张性货币政策冲击的动态响应过程。在央行 1% 正的货币增长率冲击下,实际产出呈"驼峰"形态调整,并在第 5 个季度达到峰值(高于稳态水平 1 个百分点)。然后,实际产出经历约 10 个季度的回调后,向下穿越横轴并在第 17 个季度到达谷底(低于稳态水平 0.5 个百分

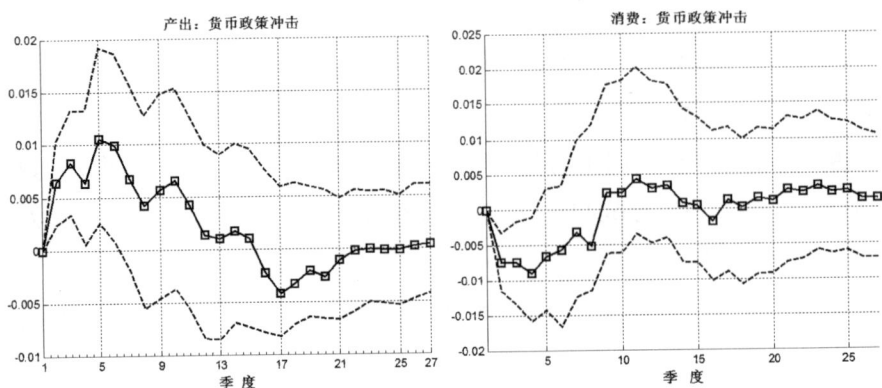

（1992 年第 1 季度～2010 年第 4 季度）

图 6.1　扩张性货币政策下实际产出和居民消费的动态响应

点）。最后,实际产出经历约 4 个季度后逐渐收敛到初始稳态水平。由此可见,扩张性货币政策短期内持续增加实际产出,能够有效刺激经济好转,但也存在产出超调的经济震荡调整过程,带来一定程度的经济波动。

其次,来看消费对扩张性货币政策冲击的动态响应过程。当央行实施 1% 的扩张性货币增长率政策时,消费当期无显著变动,4 个季度后消费迅速下降到偏离稳态 4 个百分点的谷底,之后表现出持续 7 个季度的回调过程,到达高于稳态 0.5 个百分点的峰值。随后,居民消费经历震荡衰减的调整过程,并在第 25 个季度左右回归到初始稳态水平。由此可见,扩张性货币政策在短期内对居民消费具有较明显的抑制效应,但随后表现出较强的持续性消费拉动效应。

总结以上的脉冲反应分析,本章得到以下结论:(1)扩张性货币政策可以作为短期内刺激经济的有效工具,但容易导致产出超调的经济波动;(2)扩张性货币政策短期内倾向于抑制居民消费,但之后会有一定的内需拉动效应。值得注意的是,扩张性货币政策短期内无法实现同时刺激经济和拉动内需的双重任务。由此提出的问题是,扩张性货币政策引起实际产出和居民消费水平产生上述动态变动的传导机制是什么呢? 传导机制中影响货币政策宏观经济效应的关键经济变量或现实经济特征又是什么呢？对此,我们将在引入影响实际产出和居民消费的中国现实经济特征的基础上,构建具有现实解释能力的动态随机一般均衡模型(Dynamic Stochastic General Equilibrium,DSGE),进而基于该模型进行货币政策的传导机制分析。

第三节　基于刚性储蓄的动态新凯恩斯主义模型

一、中国现实经济特征的引入

为了使模型可以准确刻画中国货币政策对实际产出和居民消费的宏观效应,我们在模型中引入了中国现实经济的重要特征。根据中国的现实经济,家庭受理财意识和能力不足、金融投资工具和渠道有限以及市场金融风险较高等因素的影响,往往无法或不愿意调整其金融资产,因而存在有限参与金融市场投资的刚性储蓄行为(汪勇祥、吴卫星,2004);中国家庭主要基于其工资性收入进行当期消费,透支消费和信贷消费行为还不普遍(万广华等,2001;申朴、刘康兵,2003),同时具有明显的习惯性消费特征(龙志和,2000);中国经济处于转型期,教育、住房和医疗改革等不确定性因素使中国家庭具有强烈的预防性储蓄动机(宋铮,1999;谢平,2000)。在中国的经济环境中存在大量的垄断竞争行业和寡头垄断行业,如电力、通信、能源和交通等行业,使得油价、通信资费、电价等具有一定的刚性,而且不同性质企业的产品价格调整是非同步的,这也会产生商品价格粘性。企业设备的安装使用、人员招聘和培训等意味着企业投资存在调整成本,而引入企业的可变资本利用率对于刻画中国近年来的产能过剩和存货投资十分重要。中国入世后,随着国内金融市场的开放、国有商业银行的股份制改革和城市商业银行的发展,以及利率市场化改革的推进,银行等金融机构作为独立法人的地位增强,金融机构追求利润最大化的现代企业特征更加突出。

综上所述,中国的现实经济特征主要分为两类。一类是影响家庭消费行为的经济特征,主要包括:家庭存在资产调整成本和刚性储蓄;家庭消费存在流动性约束和消费习惯;家庭具有预防性储蓄的动机。一类是影响经济产出的现实特征,主要包括:垄断竞争的产业结构和价格粘性;企业投资存在调整成本和可变资本利用率;银行等金融机构追求利润最大化。

二、经济主体的最优化决策系统

模型经济包括四种类型的经济主体:家庭、厂商、金融中介机构和货币当局,其中,厂商分为中间品厂商和最终品厂商,家庭是厂商和金融中介机构的所有者(股东)。在 t 期初,家庭将上期货币存量一部分存入金融中介机构获取储蓄收益,一部分用于购买消费品,并向企业提供劳动。企业雇用劳动力时需要先行支付工资,对此需要向金融中介机构贷款融资,并支付贷款利息。家庭在流动性约束下,基于其现金和工资收入进行当期消费。货币当局通过公开市场操作,增发新货币调控经济。此时,家庭受资产调整成本等约束,无法及时调整其金融储蓄,新增货币供给流入金融中介机构,加上家庭储蓄,形成金融存款。金融中介机构将金融存款贷给企业,收取贷款利息。期末,企业将产品销售收入,用于支付贷款利息和家庭股利;金融中介机构向家庭支付存款利息和银行股利;家庭基于当期预算约束,选择下一期的货币持有量。我们的模型的具体描述如下:

(一)家庭

经济中存在着许多无限期生存的家庭,单位化在 $[0,1]$ 之间的连续统上,拥有中间品厂商、最终品厂商和银行等金融中介机构,代表性家庭对消费 C_t、劳动供给 N_t、金融储蓄 D_t 和所持货币存量 M_t 进行最优决策,目标函数如下:

$$\max_{\{C_t, N_t, D_t | \Omega_t, M_t\}} E_0 \sum_{t=0}^{\infty} \beta^t \left[\Theta_t \left(C_t - \xi C_{t-1}\right)^{1-\nu} / (1-\nu) \right.$$
$$\left. + \phi \left(1 - N_t - H_t\right)^{1+\gamma} / (1+\gamma) \right], 0 < \beta, \phi < 1 \qquad (6.6)$$

这里,信息集 Ω_t 表示在 t 期货币政策实施之前的历史信息集,Θ_t 表示

家庭消费偏好的变动,金融储蓄 $D_t | \Omega_t$ 的条件选择表示家庭当期无法及时调整储蓄的刚性储蓄(Rigidity Savings)行为。我们不考虑家庭的偏好冲击,设定 $\Theta_t = 1$。家庭的效用函数意味着关于消费的三阶导数为正,根据 Leland(1968)、Kimball(1990)、Romer(2004),效用函数的正三阶导数与未来收入的不确定性相结合将降低当期消费,从而提高储蓄,因而该储蓄被称为预防性储蓄。ν 为家庭的相对风险规避系数。$\xi \in [0,1]$ 为习惯偏好因子,表示家庭存在消费习惯的强度。H_t 表示家庭对手持现金 Q_t 等资产进行调整的动态成本,根据 Christiano 和 Eichenbaum(1995),定义 $H_t \equiv \alpha_1 \times \{\exp[\alpha_2(Q_t/Q_{t-1} - g^*)] + \exp[-\alpha_2(Q_t/Q_{t-1} - g^*)] - 2\}$,其中,$Q_t = M_{t-1} - D_t$。

由于刚性储蓄的存在,我们强调家庭在 t 期的决策时间顺序(Timing),这决定了家庭最优决策的信息结构(Information Structure)。在 t 期初,由于存在流动性约束,代表性家庭对其持有的货币量(M_{t-1})在现金和金融储蓄之间进行最优分配决策,并在要素市场上出租劳动,获得中间品厂商的预付工资收入($W_t N_t$)。当中央银行通过公开市场操作等方式增发货币(X_t)时,由于金融市场的不发达、居民理财意识和能力欠缺、交易成本、居民消费计划和企业利润留成等原因,家庭无法或不愿意调整其金融储蓄资产,即存在刚性储蓄(Rigidity Savings)。此时,产品市场开放,家庭通过手持现金和工资性收入购买消费品,满足如下流动性约束(Cash In Advance,CIA):

$$P_t C_t \leqslant M_{t-1} - D_t + W_t N_t, 0 \leqslant D_t \qquad (6.7)$$

在 t 期末,资产市场开放,家庭从企业获得股利收入(F_t),从银行等金融机构获得储蓄收益($R_{Ht} D_t$)和股利收入(B_t),并基于预算约束选择消费和下一期货币持有量,满足如下预算约束:

$$P_t C_t + M_t \leqslant W_t N_t + R_{Ht} D_t + F_t + B_t + M_{t-1} \qquad (6.8)$$

其中,P_t 和 W_t 分别表示消费品的价格水平和名义工资,R_{Ht} 表示金融

中国高储蓄现象的理论与实证研究

储蓄的名义利率,F_t 和 B_t 分别为来自企业和金融机构的股利收入[1]。

综上所述,代表性家庭在 t 期的最优化选择问题为:通过选择消费、劳动供给和货币持有量,以及货币政策冲击前的金融储蓄,实现流动性约束和预算约束下的预期折现效用总和最大化。下面主要给出关于金融储蓄(D_t)的最优一阶条件[2]:

$$E_{\Omega_t}\left[\varphi\alpha_1\alpha_2/Q_{t-1}(1-N_t-H_t)^\gamma(e^{\alpha_2(Q_t/Q_{t-1}-g^*)}-e^{-\alpha_2(Q_t/Q_{t-1}-g^*)})-\tilde\lambda_{1t}\right.$$
$$+\tilde\lambda_{2t}\tilde R_{Ht}+\tilde\lambda_{3t}\left]+\beta E_{\Omega_{t+1}}\left[-\phi(1-N_{t+1}-H_{t+1})^\gamma\alpha_1\alpha_2 Q_{t+1}\right.\right.$$
$$/Q_t^2(e^{\alpha_2(Q_{t+1}/Q_t-g^*)}+e^{-\alpha_2(Q_{t+1}/Q_t-g^*)})\right]=0 \tag{6.9}$$

这里,拉格朗日乘子 $\tilde\lambda_{1t}$、$\tilde\lambda_{2t}$ 和 $\tilde\lambda_{3t}$ 分别表示流动性约束、预算约束和金融储蓄的单位变动对家庭效用的影响。欧拉方程(6.9)表示家庭基于货币政策冲击之前的信息集 Ω_t 进行金融储蓄决策的动态条件,条件期望表示家庭的金融储蓄在货币政策冲击实现之前已经决定,存在事后无法调整的刚性储蓄。

(二)企业

企业分为最终品厂商和中间品厂商。假设在中间品市场上,存在 $[0,1]$ 之间连续统上的垄断竞争中间品厂商 j,中间品厂商提供的产品之间存在一定的替代性,设替代弹性为 η_p。最终品厂商负责将中间产品加总起来生产最终产品(Y_t),采用 Dixit 和 Stigliz(1977)的生产函数:$Y_t=\left[\int_0^1 Y_{jt}^{/\eta_p}dj\right]^{\eta_p/(\eta_p-1)}$。假设最终品厂商为完全竞争者,从其最优化行为中可以得到最终品的价格指数 $P_t=\left[\int_0^1 P_{jt}^{(1-\eta_p)}dj\right]^{1/(1-\eta_p)}$ 和中间品厂商 j 的产品需求曲线 $Y_{jt}=(P_{jt}/P_t)^{-\eta_p}Y_t$。

中间品厂商 j 投入资本(k_{jt})、雇用劳动力来进行生产,其生产函数为 $Y_{jt}=A_{jt}k_{jt}^\theta N_{jt}^{1-\theta}$,其中,$k_{jt}=u_{jt}\tilde k_{j,t-1}$,这表示投入生产的资本量 k_{jt} 取决于

---

[1] Christiano(1991)同样假定家庭拥有企业和金融机构的股份。
[2] 家庭其他选择变量的最优一阶条件及其具体推导详见附录,下同。

实际安装的资本 $\tilde{k}_{j,t-1}$ 及其利用率 u_{jt}。中间品厂商 j 的资本累积方程为 $\tilde{k}_{jt}$ $=\tilde{i}_{jt}+(1-\delta_{jt})\tilde{k}_{j,t-1}$，其中，资本的折旧率为可变资本利用率的函数，满足 $\delta_{jt}=\delta u_{jt}$；中间品厂商的投资 $(\tilde{i}_{jt})$ 存在投资调整成本，满足 $\tilde{i}_{jt}=\Phi(i_{jt}/$ $\tilde{k}_{j,t-1})\tilde{k}_{j,t-1}$，其中，投资的调整成本函数满足 $\phi'(.)>0,\phi''(.)<0$，且 $\phi(I/K)=1-\delta+I/K,\varphi'(I/K)=1$，$I$ 和 K 分别为稳态时的投资和资本。我们不考虑技术冲击和资本利用率冲击，设定 $A_{jt}=1$ 且 $u_{jt}=1$。中间产品厂商在雇用劳动力时，需要提前预付工人工资，存在工资先行（Wage In Advance，WIA）的企业营运成本（Working Capital）。对此，中间品厂商向银行等金融机构进行短期借款融资 $(\tilde{L}_{jt})$，并在产品销售完成后向作为股东的家庭支付股利 F_{jt}。

在价格粘性模型设置下，我们假设可调价中间品厂商采用 Calvo（1983）式调价方式，即每一期厂商有 θ_p 的概率不能调价，相应有 $(1-\theta_p)$ 的概率能够调价；不能调价的厂商将采用滞后通胀指数（Lagged Inflation Indexation）的定价方式，即 $P_{jt}=\pi_{t-1}P_{j,t-1}$ 的后顾式定价方式，这不仅有利于刻画通货膨胀的惯性特征，而且滞后通胀 π_{t-1} 的引入也符合中国通货膨胀变动的经验实证结果（陈彦斌，2008；王君斌，2010；黄志刚，2010）。

通过求解中间品厂商有关最优价格决定的一阶条件，并进行相应的对数线性化近似化简，可以得到如下前瞻后顾式混合新凯恩斯菲利普斯曲线（Hybrid New Keynesian Phillips Curve，HNKPC）：

$$\hat{\pi}_t=1/(1+\beta)\hat{\pi}_{t-1}+\beta/(1+\beta)E_t\hat{\pi}_{t+1}+(1-\beta\theta_p)(1-\theta_p)/[(1+\beta)\theta_p]\hat{\mu}_t$$

$$(6.10)$$

其中，$\pi_t\equiv P_t/P_{t-1}$ 为 t 期的通货膨胀率水平，$\hat{\mu}_t$ 为中间品厂商的边际成本对其稳态水平的偏离。在处于经济转型的中国，后顾式决策机制的存在反映了市场经济的不完全性，除了信息不对称外，还有中国特有的计划经济遗留产物——价格双轨制，即在一个经济系统中同时允许两种定价模式：

体制内的计划定价和体制外的市场定价。在体制内,当期的价格是按照计划而来的,而计划是根据前期的水平,通常是上一年的价格水平而制定的。在体制外,实行自由的市场经济,微观经济主体按照利润最大化来决策。虽然名义上的价格双轨制在20世纪90年代已经被废除,目前只有少数生产领域(比如煤电)还存在价格双轨制,但是中国经济中仍然存在许多价格管制、价格调控,同时,许多国企的现代企业制度尚不健全,还不是真正意义上的微观经济主体,前瞻式定价的能力、意愿都较弱,后顾式定价成为主要选择。经受市场经济洗礼比较充分的中小企业,前瞻式定价是它们在竞争中学到的主要能力之一,但前瞻式定价需要企业能及时、全面地搜集价格、需求等相关信息,并能做出充分、迅速和正确的反应。在转型期经济变化如此之快以及在国际国内形势错综复杂的情势之下,做出正确的预期绝非易事。因此,中小企业在进行前瞻式定价的同时,往往也会选择后顾式定价这一次优选择(薛鹤翔,2010)。

(三)金融中介机构

在完全竞争的金融信贷市场上,银行等金融中介机构负责吸收家庭储蓄存款(D_t)和新增货币供给(X_t)、发放贷款($\tilde{L}_t$),从而实现预期加总折现收益(B_t)最大化,其最优化问题如下:

$$\max_{\langle B_t, \tilde{L}_t, D_t \rangle} E_0 \sum_{t=0}^{\infty} \beta^t \tilde{\lambda}_{1t} B_t \qquad (6.11)$$

同时,金融中介机构面临两个约束条件。第一,金融机构根据来自企业的贷款收入和央行的货币发行量(X_t),向家庭支付股利和存款收益,满足如下预算约束:

$$B_t + R_{Ht} D_t \leqslant R_{Ft} \tilde{L}_t + X_t \qquad (6.12)$$

其中,R_{Ft}为金融机构的贷款利率。第二,金融机构的负债不能超过其资产,需要满足如下信贷约束:

$$X_t + D_t \leqslant \tilde{L}_t \qquad (6.13)$$

在均衡路径上,金融中介机构服从零利润条件,即 $R_{Ht}D_t = R_{Ft}(\tilde{L}_t - X_t)$ 成立。金融信贷市场出清时,$W_t N_t = \tilde{L}_t$,即企业的贷款需求等于银行等金融机构的信贷供给。

(四)货币当局

货币当局负责执行货币政策,通过公开市场操作发行的货币主要流入银行等金融中介机构。一般而言,绝大部分货币当局通过控制短期名义利率来实施货币政策,如泰勒规则,即短期名义利率对产出缺口和通货膨胀缺口做出反应。为了使货币市场在给定的短期名义利率下达到均衡,货币当局必须调整货币供应量以满足货币需求,因此,泰勒规则实际上间接决定了货币供应量。有鉴于此,许多文献使用货币增长率作为货币政策来估计货币政策冲击的影响,如 Cooley 和 Quadrini(1999)、Walsh(2002)以及 Christiano 等(2005)。我们使用与经验事实相匹配的货币增长率作为货币政策。具体而言,定义货币供给增长率为 $g_t \equiv M_t/M_{t-1}$,其中的货币供给量 $M_t = X_t + M_{t-1}$,服从如下 AR(1)随机过程:

$$\log g_t = (1-\rho_m)\log g^* + \rho_m \log g_{t-1} + \varepsilon_{mt}, \varepsilon_{mt} \sim N(0,\sigma_m^2) \quad (6.14)$$

这里,扰动项 ε_{mt} 刻画了未预期到的货币增长率变动,g^* 为货币增长率的稳态值,$\rho_m \in (0,1)$,g^* 和 ρ_m 的变动可以刻画货币政策机制的改变。

(五)均衡系统

给定经济中的偏好、技术和资源约束,给定状态变量集 $\{K_{t-1}, M_{t-1}, P_{t-1}\}$ 和货币供给冲击(g_t),当经济达到均衡系统时,各经济主体实现约束下的最优化:家庭实现预期总效用最大化,各厂商(中间品厂商、最终品厂商)实现预期总利润最大化,银行等金融机构实现预期收益最大化。同时,消费品市场、劳动市场、资本市场、货币市场和金融信贷市场等均出清,所有资源约束得到满足。

第四节　数值模拟与货币政策传导机制分析

一、参数校准

假设在平衡增长路径上的各经济变量的增长率为 0,根据 Farmer (1997),这一设定并不会影响模型的预测功能。基于中国宏观经济数据和相关文献进行参数校准,如表 6.2 所示。

表 6.2　　　　　　　　　　　　　模型基准参数

家庭偏好参数:$\beta=0.985,\nu=1,\varphi=1.0,\gamma=0.2,\xi=0.58,\alpha_1=5.0\times10^{-5},\alpha_2=1000.00$
厂商生产参数:$\theta=0.50,\delta=0.025,\eta_p=4.61,\theta_p=0.75$
货币政策参数:$g^*=1.016,\rho_m=0.54,\sigma_m=0.068$

首先,校准家庭的偏好参数。基于季度数据的考虑,家庭主观效用的贴现率设定为 0.985,这表示稳态时资本的季度实际利率为 1.5%,这一设定来源于黄赜琳(2005),这与中国从 1995 年 1 月到 2009 年 12 月期间的平均每月物价水平上升 0.5% 的经验事实相吻合。$\nu=1$,这意味着家庭效用函数对消费取对数形式,这与国内 RBC 模型有关效用函数的设置相一致,如李春吉和孟晓宏(2006)。根据 Gali 等(2007)的劳动供给弹性 $1/\gamma$,取 $\gamma=0.2$,我们在对模型进行参数敏感性分析时发现,模拟结果对该参数在一定区间内的取值比较稳健。我们采用 GMM 方法来估计习惯偏好因子(ξ),工具变量的选取参照 Hansen 和 Singleton(1996)以及 Attanasio 和 Low(2004)的方法,选取滞后名义利率、滞后工资收入和消费增长率作为工具变量,估计可得 $\xi=0.58$。根据 Christiano 和 Eichenbaum(1992)以及 Nason 和 Cogley (1994),我们设定资产调整成本的参数为:$\alpha_1=5.0\times10^{-5},\alpha_2=1\,000.00$。

其次,校准企业的生产参数。Chow 和 Li(2002)利用中国 1952~1998 年的数据对总量生产函数进行估计,发现规模报酬不变的柯布—道格拉斯生产函数适用于中国,他们估计的资本份额为 0.55;国内其他学者对资本份额的估计也在 0.5 左右,例如,张军(2002)估计的资本份额为 0.499,王小鲁和樊纲(2000)估计的资本份额也为 0.5,因此,我们取资本份额 $\theta = 0.5$。关于资本的折旧率,按照陈昆亭和龚六堂(2006)的做法,我们选取的年折旧率为 0.10,这意味着固定资产的平均使用年限为 10 年,取其季度平均值,表示季度折旧率 $\delta = 0.025$。关于中间品之间的替代弹性(η_p),陈昆亭等(2004)取其值为 10,李春吉和孟晓宏(2006)的模型模拟取值为 3.71,而 Zhang(2009)基于中国宏观季度数据的 GMM 实证估计值为 4.61,我们设定 $\eta_p = 4.61$。陈昆亭和龚六堂(2006)取 $\theta_p = 0.60$,Zhang(2009)基于 GMM 估计取 $\theta_p = 0.84$,我们取 $\theta_p = 0.75$,表示企业 4 个季度调价一次,脉冲反应实验表明模型模拟结果对此参数取值较为敏感。

最后,校准货币政策参数。基于 1992 年第 1 季度到 2010 年第 4 季度的中国货币增长率数据,货币增长率的稳态值 $g^* = 1.016$。根据对数货币增长率 g_t 的 AR(1)过程,估计得到 $\rho_m = 0.54$,标准差 $\sigma_m = 0.068$。

二、实际产出和居民消费的脉冲响应分析

我们采用 Marimon 和 Scott(1999,第三章)的方法来求解模型。我们对均衡系统在稳态处进行对数线性化,得到对数线性化后的均衡系统。然后,对该线性系统施加一单位的货币供给冲击,便可以得到实际产出和居民消费等宏观经济变量的脉冲反应(如图 6.2 所示),横轴表示季度时期,纵轴表示经济变量偏离稳态的百分比。

从图 6.2 中可以看出,当央行实施扩张性货币政策时,实际产出当期显著上升,而居民消费有所下降,这表明扩张性货币政策在增加经济产出的同时,对消费具有抑制效应,这与图 6.1 中的经验事实相当吻合。从动态变动的角度来看,实际产出存在向下偏离稳态后,呈驼峰形态回归初始稳态水平的"超调"(overshooting)现象,这也与图 6.1 中的经验事实相吻合。所谓"超调",通常是指一个变量对给定扰动做出的短期反应超过了其长期稳定

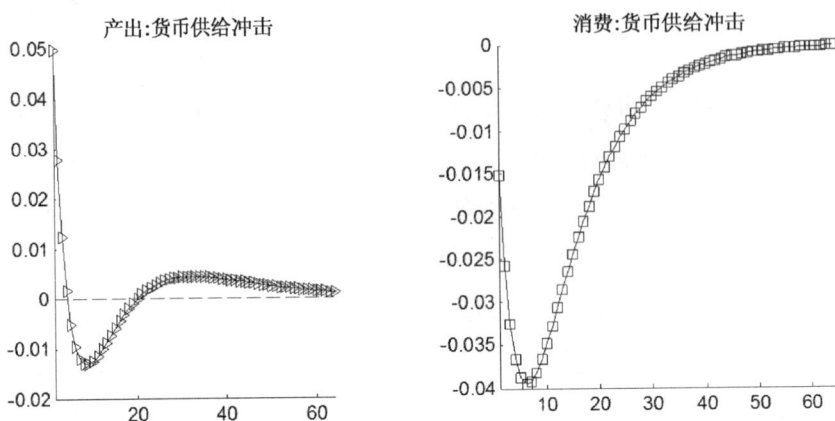

图 6.2 实际产出和居民消费对 1% 正货币增长率冲击的动态反应

均衡值,并因而被一个相反的调节所跟随。最为著名的"超调"现象要数多恩·布什提出的"汇率超调",即汇率对外部冲击做出了过度调整,汇率变动偏离了在价格完全弹性情况下调整到位后的购买力平价汇率。"超调"实际上与过度调整(over adjustment)密切相关,经济变量对外部冲击在前期做出了过度调整才会导致在后期出现逆向反应。从图 6.2 中可以看出,对于货币增长率提高 1% 的外生冲击,实际产出当期表现出提高 5% 的过度强烈的正向反应,然后在第 3 期反应转负,出现了超调。从消费的动态变动来看,消费表现出倒驼峰形态的调整过程,消费在当期下降后持续下探,大约在第 5 期触底反弹回到初始稳态水平,这表明扩张性货币政策冲击对居民消费的动态效应存在一个缓慢释放的过程,居民消费存在较强的持续性,这与图 6.1 中的经验事实相吻合。通常,衡量消费持续性的一个很好的指标是合约乘数,即消费在合约后那期的反应程度与其在合约开始期的反应程度之比,因而我们采用 Calvo 式工资刚性,当 θ_p 取 0.75 时,价格合约的平均长度为 4 个季度,此时,居民消费的合约乘数高达 2.67,这表明居民消费具有很强的持续性。

由此可见,虽然我们基于刚性储蓄的动态新凯恩斯主义模型无法模拟扩张性货币政策下实际产出的"驼峰"形态,但是却能够较好地模拟出扩张性货币政策增加实际产出、抑制居民消费的短期效应,且导致产出超调和消费持续性的动态特征,具有较强的现实解释能力。由此提出的问题是,扩张性货币政策导致以上产出和消费动态变动的内在传导机制是什么呢? 中国经济中的哪些现实特征或经济因素在其中起到了关键作用? 鉴于模型所模拟的产出和消费的脉冲反应与中国现实经济相吻合(比较图 6.1 和图 6.2),我们将基于包含中国宏观经济特征的理论模型,对货币政策的产出效应和消费效应进行传导机制分析。

三、货币政策的传导机制分析

(一)扩张性货币政策的流动性效应和产出超调

由于央行的货币供给主要是通过金融中介机构注入实体经济中,因此,银行等金融机构除了作为家庭和企业的中介机构外,还具有货币注入渠道的功能。当央行实施扩张性货币政策时,银行的可贷资金(loanable funds)主要由家庭储蓄和央行的新增货币供给构成,但是由于家庭受资产调整成本等因素的影响,无法及时调整其金融储蓄(即刚性储蓄),因而可贷资金的供给主要由央行的新增货币供给决定,且只有贷款企业可以直接获得。在确定性经济中,由于家庭基于完全可预期的货币供给和企业的贷款需求进行储蓄决策,此时的刚性储蓄并不重要。但是,当经济中存在不确定的货币供给和信贷需求时,家庭事后无法调整其储蓄决策的刚性储蓄将对经济产生重要影响。高于平均水平的货币注入(或信贷需求低于平均水平)将扩张金融市场,而低于平均水平的货币注入(或信贷需求高于平均水平)将紧缩金融市场,这里的“扩张”和“紧缩”是相对于无刚性储蓄的金融市场而言。

当央行实施扩张性货币政策时,刚性储蓄使企业获得超出预期的流动性,进而影响资产价格和实体经济。就资产价格而言,企业通过将现金置换为其他资产(包括证券和实物资本),推高了资产价格、降低了名义利率(即流动性效应),企业投资增加,产出增加。就实体经济而言,货币注入的不对称使银行等金融机构获得了更多的可贷资金,导致银行更快地扩大放贷和投资,从而刺激企业对商品和服务的实际需求(即可贷资金效应);对家庭的影响则恰恰相反,倾向于抑制居民消费。因此,扩张性货币政策改变了当期产出的需求结构(composition),企业部分增加,家庭部分下降,这种结构效应的大小依赖于企业和家庭的偏好。由此可见,当经济中存在刚性储蓄时,扩张性货币政策刺激产出的主要渠道是流动性效应和可贷资金效应,前者是传统凯恩斯主义的主要观点。

理论上认为扩张性货币政策同时具有流动性效应和预期通货膨胀效应(或费雪效应),前者倾向于降低当期名义利率,增加产出;后者倾向于提高当期名义利率,降低产出。我们引入刚性储蓄,较好地解释了在扩张性货币政策下流动性效应将超过预期通货膨胀效应,从而使名义利率水平下降的经验事实(如图6.3所示)。从图6.3中可以看出,在扩张性货币政策下,虽然通货膨胀率当期上升,但是名义利率水平明显下降;同时,通货膨胀率表现出驼峰形态的调整过程,这表明通货膨胀率具有很强的惯性特征,这与中国的实际通货膨胀动态相吻合①。

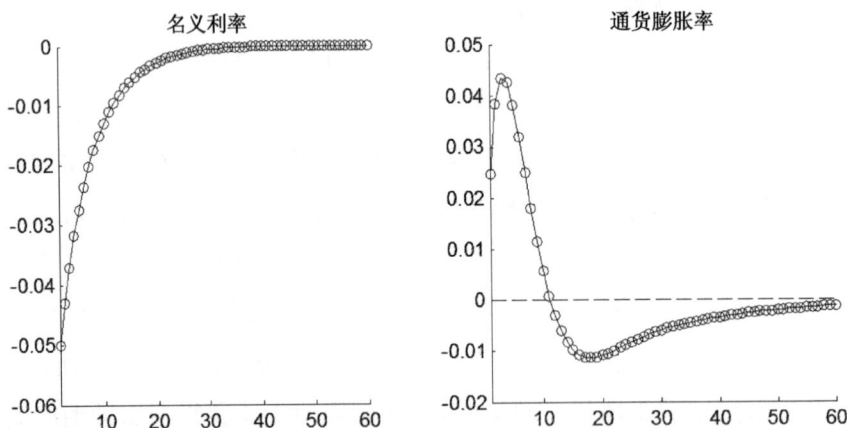

图6.3 扩张性货币政策下名义利率和通货膨胀率的动态反应

① 基于式(6.10)的新凯恩斯菲利普斯曲线,可以对通货膨胀的惯性特征进行传导机制分析。由于通货膨胀的动态不是我们讨论的重点,相关分析从略,感兴趣的读者可以参考陈彦斌(2008)、王君斌(2010)和Christiano等(2005)相关文献。

　　在粘性价格模型下,扩张性货币政策在迅速增加当期产出的同时,产出在中远期表现出低于初始水平的"超调"特征,对此粘性价格起到了关键作用。一方面,当经济受到扩张性货币政策冲击时,由于价格粘性,实际利率随着名义利率的下降而降低,厂商投资意愿增加,这将使得当期产出迅速增加。然而,由于粘性价格的设定决策,产品价格无法对此做出充分反映,只有部分具有定价能力的厂商能及时调整价格,于是商品的边际收益与价格及时调整的情况相比相对较低,这使得产出表现出高于初始水平且不断下降的持续性。另一方面,价格粘性的存在使得商品市场的调整速度十分缓慢,而要素市场和金融信贷市场的调整相对较快,货币扩张在当期减少居民实际劳动收入之后,居民预期劳动的边际产出还会进一步下降。在金融信贷市场上,扩张性货币供给冲击通过流动性效应和通货膨胀效应降低实际利率,厂商的投资意愿增加。随着资本的不断积累和投资调整成本的增加,资本的实际边际收益(产出)不断下降。此时,厂商将倾向于减少投资,从而造成产出水平低于稳态水平,出现"产出超调"。以上分析认为,价格粘性和投资调整成本是造成产出超调的主要因素,这里,我们选取厂商价格保持不变的概率θ_p进行敏感性分析(如图 6.4 所示)。由于θ_p决定了价格合约的

实际产出

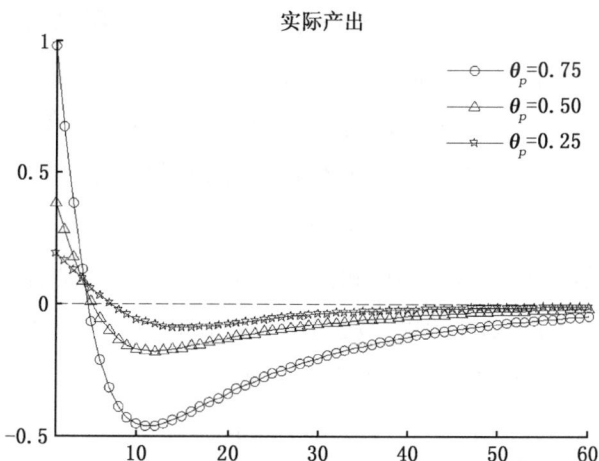

图 6.4　不同 θ_p 取值下实际产出的脉冲反应

长度 $1/(1-\theta_p)$，因而当 θ_p 越大时，价格合约越长，厂商便越无法调整商品价格，此时，价格粘性也就越高。从图 6.4 中可以看出，实际产出对 θ_p 比较敏感，随着 θ_p 增大，产出的"超调"特征显著增强。

综上所述，刚性储蓄下的流动性效应和可贷资金效应是扩张性货币政策增加实际产出的主要传导机制，价格粘性和投资调整成本则是导致产出超调的主要因素。

(二)扩张性货币政策的消费抑制效应和消费持续性

我们的数值模拟表明扩张性货币政策抑制了居民消费，这一点有悖于人们的经济学直觉。究其原因，扩张性货币政策对居民消费存在正反两个方面的影响，传导机制也有很大的差异，其总效应是居民消费抑制。就增加居民消费的传导机制而言，最重要的是利率机制，即扩张性货币政策通过流动性效应，降低短期名义利率，增加投资和产出，最终刺激居民消费；同时，名义利率的下降意味着资产价格的提高，这将通过财富正效应增加居民消费；此外，扩张性货币政策引发高通胀预期，居民的银行储蓄会遭受贬值的风险，这将刺激居民增加当前的消费。就减少居民消费的传导机制而言，除之前所提到的，刚性储蓄下的可贷资金效应外，扩张性货币政策主要是通过流动性约束、预防性储蓄动机和消费习惯等渠道抑制居民消费。与西方发达国家相比，中国金融市场很不发达、社会保障制度还不健全，特别是中国正处于经济社会转型期的实际国情，决定了中国的家庭不仅存在刚性储蓄，而且存在更强的流动性约束和预防性储蓄动机，勤俭节约的家庭消费习惯也起到了"推波助澜"的作用。下面，我们将具体分析在扩张性货币政策的作用下，流动性约束、预防性动机和消费习惯如何抑制居民消费。

首先是家庭的流动性约束。流动性约束对消费的诸多方面都具有潜在的影响，主要从两方面抑制消费。第一，也是最明显的，每当流动性约束紧(binding)时，流动性约束使个人消费较没有流动性约束时要少。第二，如Zeldes(1989)所强调的，即使流动性约束在当期不是紧约束，但在未来必须遵从流动性约束这一事实也会减少消费。例如，假定下一期收入可能较低，如果没有流动性约束，并且如果那时的收入确实较低，则个人可通过借钱避免消费急剧下降。但如果有流动性约束，则除非个人拥有储蓄，否则收入下降会使消费大大下降。因此，流动性约束的存在促使个人减少当期消费进行储蓄，以此作为对收入下降效应的保险。当央行实施扩张性货币政策时，正如前文所提到的，银行等金融机构主要吸收了央行的新增货币供给，但由于流动性约束的存在，金融机构的新增货币并没有转化为居民的消费信贷。因此，在流动性约束下，扩张性货币政策难以启动居民的消费需求。

其次是家庭的预防性储蓄动机。由于家庭效用函数的三阶导数为正，这意味着当高的消费值上升时，边际效用下降得很少；但当低消费值下降时，为正的三阶导数将放大边际效用的上升，结果不确定性的增加提高了预期消费在既定值下的预期边际效用。因此，扩张性货币政策冲击作为经济中非预期到的外生冲击，通常会影响当期和外来的实际产出、工资水平和实际利率等资产价格，因而通过影响居民的工资性收入、资本性收入和政府转移支付等方式增加了居民收入的不确定性，并通过预防性储蓄动机提高了居民储蓄的激励，抑制了居民消费。当然，很重要的一个问题是，预防性储蓄在数量上是否是重要的。由于预防性储蓄对预期消费增长的影响取决于家庭的相对风险回避系数(v)[1]，因而我们通过选取不同的相对风险回避系数($v\in\{0.5,2,4\}$)，定量考察预防性储蓄对居民消费的重要性（见图6.5）。从图6.5中可以看出，预防性储蓄动机对居民消费具有重要影响，这与中国处于经济转型期的"高储蓄低消费"的经济现实相吻合，v越大，家庭的预防性储蓄越多，居民消费越少。

值得注意的是，家庭受理财意识和能力、金融投资工具可得性等因素的影响，进行资产调整存在成本(H_t)，面对未预期到的扩张性货币供给冲击下未来资产价格的提高，家庭往往无法或不愿意调整其金融储蓄资产，家庭的刚性储蓄行为进一步强化了流动性约束和预防性储蓄动机，从而减少当期

---

[1]　预期消费增长率 $E(g^c)\simeq 1/2(v+1)\mathrm{var}(g^c)$，详细论述可以参见 Romer(2006)第373～374页。

消费。此外,在刚性储蓄、流动性约束和预防性储蓄动机的制约下,即使出现明显的通货膨胀,居民扩大消费的意愿也并不强烈,这与我们观察到的中国经济"高通胀、低消费"的经济现象相吻合。

居民消费

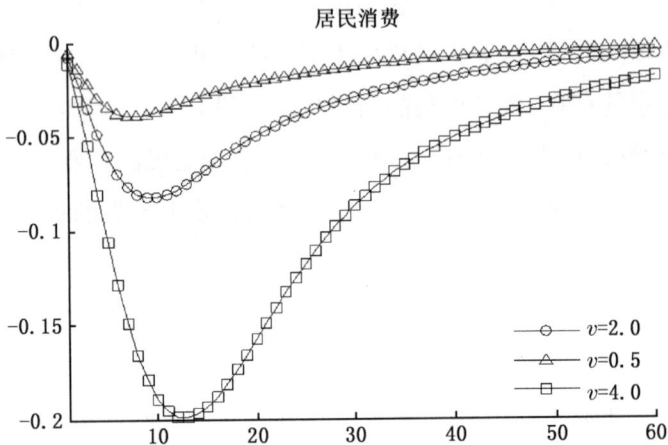

图 6.5　不同 v 取值下预防性储蓄动机对居民消费的影响

　　对于扩张性货币政策下的消费持续性,主要的影响因素有两个。首先是产出对居民消费的影响。当央行实施扩张性货币政策时,实际产出增加,居民可支配收入随之增加,消费也将增加;反之亦反之,这表明在货币政策的作用下,居民消费具有随产出变动的顺经济周期特征;同时,受价格粘性等因素的影响,扩张性货币政策使得实际产出表现出"倒驼峰"调整的持续性,以上可以从图 6.2 中看出。因此,居民消费的持续性部分取决于实际产出的持续性。其次是居民存在消费习惯。对具有消费习惯的居民而言,其消费水平不仅取决于当期的消费选择,而且受过去消费水平的影响,倾向于进行跨期消费平滑,这也将造成居民消费的持续性变动,而货币政策正好加剧了这种持续性。关于居民习惯偏好因子对居民消费持续性的影响,可以参见图 6.6。从中我们可以看出,相对于实际产出而言,居民消费的持续性(驼峰形态)对习惯偏好因子 ξ 的变动更加敏感。居民的消费习惯越强(ξ 变大),则居民消费的持续性也显著增强,这说明习惯偏好是刻画居民消费行为的具有统计显著性和经济意义的重要因素,也是理解扩张性货币政策对居民消费效应的关键变量。

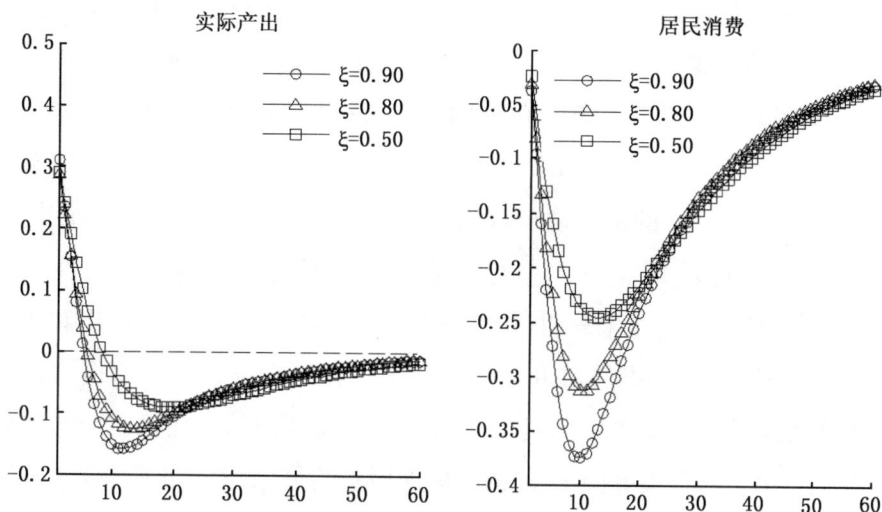

图 6.6　习惯偏好因子 $\xi \in \{0.5, 0.8, 0.9\}$,其他结构参数取值不变

由此可见,当家庭存在刚性储蓄时,中国扩张性货币政策主要通过流动性约束和预防性储蓄动机抑制居民消费,而居民的消费习惯则是产生消费持续性的重要原因。

四、稳健性检验

由于微观经济数据的不完整或数据处理方法的不同,导致对模型中一些结构参数的校准值存在较大差异。与其他方法相比,校准法[①]有两大显著优点:第一,校准法选择结构参数值时依赖大量的微观实证数据,从经济意义上说,参数值的设定是非常合理的,因而建立的模型是高质量的。第二,计量方法确定结构参数值,对于统计意义上接受或拒绝,经济意义上很难解释。一个模型能较好地模拟现实经济,从计量意义来说,可能是拒绝的;或

---

① 对校准法的详细讨论可参考 Kydland 和 Prescott(1982)、Hansen 和 Heckman(1996)或 Romer(2006)。

一个模型,从计量意义来说,是接受的,而从经济意义上来说,是不合理的。

为了使结论更加可靠,我们对扩张性货币政策冲击下实际产出和居民消费的脉冲反应进行了稳健性检验。具体地,通过选择不同的模型结构参数来进行数值模拟[①]:家庭的相对风险规避系数 ν 在 $(0,4]$ 内取值,$\nu=4$ 被认为是相对风险规避系数具有可信性的最高值;根据劳动供给弹性在 $[0.33,5]$ 之间的变动范围,γ 在 $[0.2,6]$ 内取各种不同值;根据 Griffin(1992),选取中间品替代弹性 η_p 的随机取值区间为 $[4,12]$;厂商价格保持不变概率 θ_p 的随机取值区间为 $[0.25,0.75]$;劳动时间在效用函数中的相对重要性 ϕ 可取各种不同值。实验结果表明,在扩张性货币政策冲击下,实际产出和居民消费的脉冲反应在动态轨迹和运动方向上均没有明显改变。值得注意的是,鉴于习惯偏好在刻画中国货币政策影响居民消费的传导机制中的重要性,我们给出了习惯偏好因子(ξ)的稳健性检验结果(如图 6.6 所示),ξ 分别取 $[0.50,0.80,0.90]$。根据图 6.6 可知,在引入习惯偏好的货币经济模型中,实际产出和居民消费的动态反应总体上表现出稳健性。

第五节　本章结论与政策启示

本章采用包含实际产出(GDP)、居民消费和货币供给量(M1)的三变量结构向量自回归模型,得出中国货币政策如何影响产出和居民消费的经验事实:央行实施扩张性货币政策,短期内可以迅速增加经济产出,但也抑制了居民消费,长期内则导致产出超调。基于刚性储蓄的动态新凯恩斯主义模型,我们引入了家庭的流动性约束、消费习惯和预防性储蓄动机等影响家庭消费行为的现实因素,以及投资调整成本、粘性价格和垄断竞争等影响经济产出的宏观经济特征。我们在对模型校准后进行数值模拟,模拟结果与

[①]　关于具体模拟参数的选择,我们主要选取了有代表性的点,比如习惯偏好因子选取 0.8 和 0.9 是考虑到 Fuhrer(2000)基于美国数据的估计结果。至于在其他可能的结构参数下实际产出和居民消费的脉冲反应结果,可向作者索取。

以上经验事实的吻合程度较高,特别是居民刚性储蓄的引入产生了扩张性货币政策降低名义利率的流动性效应,从而解决了粘性价格货币经济周期模型长期以来所存在的重要理论问题。在此基础上,本章分析了中国货币政策影响产出和居民消费的传导机制:第一,扩张性货币政策主要通过刚性储蓄下的流动性效应和可贷资金效应增加产出,价格粘性和投资调整成本则是导致产出超调的主要因素;第二,扩张性货币政策主要通过流动性约束和预防性储蓄动机抑制居民消费,居民的消费习惯则是产生消费持续性的重要原因。

上述结论对于正确认识货币政策的传导机制,增强货币政策的针对性、灵活性和有效性,通过实施合理的货币政策实现保持经济平稳较快发展和拉动内需的双重任务,具有一定的借鉴意义。在经济不景气时,采用扩张性货币政策可以迅速实现经济复苏,这与 2008 年全球金融危机爆发后,中国人民银行实施极度宽松的货币政策,并在 2009 年快速实现经济复苏的政策实践和宏观经济运行实际是相吻合的。然而,我们也必须注意到扩张性货币政策的负面效应,即抑制居民消费且容易产生经济波动。在当前经济运行基本平稳,但是内需严重不足的条件下,中国人民银行应该采用较为稳健的货币政策,通过回收货币流动性,一方面抑制通货膨胀,另一方面减少对居民消费的抑制效应。重要的是,在实施货币政策时要考虑货币政策实施的力度和节奏,以免造成不必要的经济波动。鉴于流动性约束和预防性储蓄动机对居民消费的抑制效应,央行可以通过制定消费信贷刺激政策、增加实施货币政策的透明度和规则性,在有效管理通货膨胀预期的同时,减少居民的预防性储蓄。

基于本章的研究,我们认为还可以在三方面有所拓展:第一,我们的模型无法正确模拟出扩张性货币供给冲击对实际产出的"驼峰"效应,因而无法分析导致产出持续性的货币政策传导机制,这将是我们今后的一个研究方向。第二,扩张性货币政策对消费持续性的实证研究可以进一步改进。由于转型期中国经济的复杂性,将结构冲击分为技术冲击和货币供给冲击可能无法包含所有的冲击类型,比如利率市场化改革、汇率形成机制改革等制度冲击。因此,我们的实证研究的一个可扩展之处是通过引入与消费和货币政策紧密相关的其他宏观经济变量,如工资、利率和人民币汇率等,构建更多变量的 SVAR 模型,从而更为准确地识别影响居民消费的各种结构冲击,得到更为精确的关于消费持续性的结论。第三,鉴于刚性储蓄在刻画货币政策流动性效应中的重要性,基于我们的刚性储蓄的有限参与模型,可以深入讨论中国的最优货币政策,以及预期通货膨胀效应和流动性效应等对宏观经济的影响,特别是考察具有现实意义的中国货币流动性过剩问题。关于这一点,Christiano、Eichenbaum 和 Evans(2005)的研究可以提供一个有益的参考。

第六节　模型附录:模型推导与求解

本部分给出了模型的详细推导过程和求解说明,主要分为三个部分。第一部分,给出基于正文模型的最优化一阶条件求解过程;第二部分,给出模型的对数线性化均衡系统;第三部分,根据整理后的对数线性化系统方程组,通过 MATLAB 编程进行具体求解。

第一部分:模型最优化求解

一、家庭

基于正文中所给出的代表性家庭的最优化选择行为,我们可以得到家庭在流动性约束和预算约束下的最优化问题:

$$\max_{\{C_t,N_t,D_t|\Omega_t,M_t\}} E_0 \sum_{t=0}^{\infty} \beta^t \left[\Theta_t \frac{(C_t - \xi C_{t-1})^{1-\nu}}{1-\nu} + \phi \frac{(1-N_t-H_t)^{1+\gamma}}{1+\gamma} \right]$$

$$\text{s.t.} \quad P_t C_t \leqslant M_{t-1} - D_t + W_t N_t$$

$$P_t C_t + M_t \leqslant W_t N_t + R_{Ht} D_t + F_t + B_t + M_{t-1}$$

$$0 \leqslant D_t$$

定义 $\tilde{R}_{Ht} \equiv 1 + R_{Ht}$ 为家庭的总存款利率，对上式进行整理得到如下拉格朗日函数：

$$\max_{\{C_t,N_t,D_t|\Omega_t,M_t\}} E_0 \sum_{t=0}^{\infty} \beta^t [\Theta_t (C_t - \xi C_{t-1})^{1-\nu}/(1-\nu) + \phi(1 - N_t - H_t)^{1+\gamma}$$

$$/(1+\gamma) - \tilde{\lambda}_{1t}(P_t C_t - M_{t-1} + D_t - W_t N_t) - \tilde{\lambda}_{2t}[M_t - \tilde{R}_{Ht}D_t - F_t$$

$$- B_t] + \tilde{\lambda}_{3t}D_t]$$

s. t. $\quad H_t = \alpha_1 \{\exp[\alpha_2(Q_t/Q_{t-1} - g^*)] + \exp[-\alpha_2(Q_t/Q_{t-1} - g^*)] - 2\}$,

$Q_t = M_{t-1} - D_t$

求解关于 $\{C_t, N_t, D_t, M_t\}$ 的最优一阶条件：

$$C_t: \Theta_t(1-\nu)(C_t - \xi C_{t-1})^{-\nu} - \tilde{\lambda}_{1t}P_t - \beta\xi(1-\nu)E_t\Theta_{t+1}(C_{t+1} - \xi C_t)^{-\nu} = 0 \tag{1}$$

当 $\nu = 1$ 时，家庭的瞬时效用函数变为：$\Theta_t \log(C_t - \xi C_{t-1}) + \phi(1 - N_t - H_t)^{1+\gamma}/(1+\gamma)$，对应的一阶最优条件为：$\Theta_t/(C_t - \xi C_{t-1}) - \lambda_{1t} = \beta\xi E_t\Theta_{t+1}/(C_{t+1} - \xi C_t)$。

$$N_t: \qquad -\phi(1 - N_t - H_t)^{\gamma} + \tilde{\lambda}_{1t}W_t = 0 \tag{2}$$

$$D_t: E_{\Omega_t}\left[-\phi(1 - N_t - H_t)^{\gamma}\frac{\partial H_t}{\partial Q_t}\frac{\partial Q_t}{\partial D_t} - \tilde{\lambda}_{1t} + \tilde{\lambda}_{2t}\tilde{R}_{Ht} + \tilde{\lambda}_{3t}\right]$$

$$+ \beta E_{\Omega_{t+1}}\left[-\phi(1 - N_{t+1} - H_{t+1})^{\gamma}\frac{\partial H_{t+1}}{\partial Q_t}\frac{\partial Q_t}{\partial D_t}\right] = 0$$

其中，$\dfrac{\partial H_t}{\partial Q_t} = \alpha_1\alpha_2/Q_{t-1}[e^{\alpha_2(Q_t/Q_{t-1}-g^*)} - e^{-\alpha_2(Q_t/Q_{t-1}-g^*)}]$，$\dfrac{\partial H_{t+1}}{\partial Q_t} =$

$-\alpha_1\alpha_2 Q_{t+1}/Q_t^2[e^{\alpha_2(Q_{t+1}/Q_t-g^*)} + e^{-\alpha_2(Q_{t+1}/Q_t-g^*)}]$，且 $\dfrac{\partial Q_t}{\partial D_t} = -1$，代入整理可得：

$$E_{t-1}[\phi\alpha_1\alpha_2/Q_{t-1}(1 - N_t - H_t)^{\gamma}(e^{\alpha_2(Q_t/Q_{t-1}-g^*)} - e^{-\alpha_2(Q_t/Q_{t-1}-g^*)})$$

$$- \tilde{\lambda}_{1t} + \tilde{\lambda}_{2t}\tilde{R}_{Ht} + \tilde{\lambda}_{3t}] + \beta E_t[-\phi(1 - N_{t+1} - H_{t+1})^{\gamma}\alpha_1\alpha_2 Q_{t+1}$$

$$/Q_t^2(e^{\alpha_2(Q_{t+1}/Q_t-g^*)} + e^{-\alpha_2(Q_{t+1}/Q_t-g^*)})] = 0 \tag{3}$$

$$M_t: \quad -\tilde{\lambda}_{2t} + \beta E_t \left[-\phi (1-N_{t+1}-H_{t+1})^\gamma \frac{\partial H_{t+1}}{\partial Q_{t+1}} \frac{\partial Q_{t+1}}{\partial M_t} + \tilde{\lambda}_{1,t+1} \right] = 0$$

其中,$\partial H_{t+1}/\partial Q_{t+1} = \alpha_1 \left[e^{\alpha_2(Q_{t+1}/Q_t-g^*)} - e^{-\alpha_2(Q_{t+1}/Q_t-g^*)} \right] \alpha_2/Q_t$,且$\partial Q_{t+1}/\partial M_t = 1$,代入整理可得:

$$\tilde{\lambda}_{2t} = \beta E_t \{ -\phi \alpha_1 \alpha_2 / Q_t (1-N_{t+1}-H_{t+1})^\gamma$$

$$\left[e^{\alpha_2(Q_{t+1}/Q_t-g^*)} - e^{-\alpha_2(Q_{t+1}/Q_t-g^*)} \right] + \tilde{\lambda}_{1,t+1} \} \tag{4}$$

二、企业

(一)最终品厂商

处于完全竞争市场上的最终品厂商通过选择中间投入品 Y_{it},以实现利润最大化,其目标函数为:$\max_{\langle Y_{jt} \rangle} P_t Y_t - \int_0^1 P_{jt} Y_{jt} dj$,这里,$Y_t = \left[\int_0^1 Y_{jt}^{(\eta_p-1)/\eta_p} dj \right]^{\eta_p/(\eta_p-1)}$,表示最终品厂商采用 Dixit 和 Stigliz(1977)的技术所生产的产品,求解该最优化问题,可以得到关于 Y_{jt} 的如下最优一阶条件:

$$Y_{jt} = (P_{jt}/P_t)^{-\eta_p} Y_t \tag{5}$$

该式表示中间品厂商 j 所面临的需求函数。最终品市场出清的均衡价格 P_t 为:

$$P_t = \left[\int_0^1 P_{jt}^{1-\eta_p} dj \right]^{1/(1-\eta_p)} \tag{6}$$

(二)中间品厂商

处于垄断竞争市场上的中间品厂商 j 的最优化问题可以分两步解决,具体如下:

第一步,给定产量 Y_{jt},选择 $\{k_{jt}, N_{jt}, \tilde{L}_{jt}\}$ 以实现成本最小化。值得注意的是,企业的运营成本(Working Capital)通过短期借款融资实现,即工资先行。

$$\min_{\langle k_{jt}, N_{jt}, \tilde{L}_{jt} \rangle} W_t N_{jt} + R_{Ft} \tilde{L}_{jt} + Z_t k_{jt}$$

$$s.t. \qquad A_t k_{jt}^{\theta} N_{jt}^{1-\theta} \geqslant Y_{jt}, s.t. \quad k_{jt} = u_{jt} \tilde{k}_{j,t-1} \qquad (7)$$

$$W_t N_{jt} \leqslant \tilde{L}_{jt} \qquad (8)$$

定义 $\tilde{R}_{Ft} \equiv 1 + R_{Ft}$ 为总企业贷款利率,整理可得如下拉格朗日函数:

$$L = \min_{\langle \tilde{k}_{j,t+1}, N_{jt} \rangle} \tilde{R}_{Ft} W_t N_{jt} + Z_t u_{jt} \tilde{k}_{j,t-1} - P_t \mu_{jt} [A_t (u_{jt} \tilde{k}_{j,t-1})^{\theta} N_{jt}^{1-\theta} - Y_{jt}]$$

这里,$\mu_{jt} = \mu_t$ 表示实际边际成本。求解该最优化问题,可得如下最优一阶条件:

$$\tilde{k}_{j,t-1}: \qquad Z_t u_{jt} = \theta P_t \mu_t Y_{jt} / \tilde{k}_{j,t-1} \qquad (9)$$

$$N_{jt}: \qquad \tilde{R}_{Ft} W_t = (1-\theta) P_t \mu_t Y_{jt} / N_{jt} \qquad (10)$$

第二步,通过选取 $\langle P_{jt}, F_{jt} \rangle$ 实现预期企业股利所带来的家庭效用最大化。值得注意的是,调价厂商定价采用 Calvo(1983)设定(θ_p),不调价厂商采用滞后通胀指数的定价方式,即 $P_{jt} = \pi_{t-1} P_{j,t-1}$,这有利于刻画通货膨胀惯性,且将滞后通胀 π_{t-1} 引入。调价厂商的最优化问题如下:

$$\max_{\langle P_{jt}^* \rangle} E_t^j \sum_{\tau=0}^{\infty} (\beta\theta_p)^{\tau} \tilde{\lambda}_{1,t+\tau} F_{j,t+\tau} \qquad (11)$$

$$s.t. \quad F_{jt} = P_t Y_{jt} - \tilde{R}_{Ft} W_t N_{jt} - Z_t u_{jt} \tilde{k}_{jt-1} = (P_{jt}^* X_{t,t} - P_t \mu_t) Y_{j,t}$$

整理可得:

$$\max_{\langle P_{jt}^*, F_{jt} \rangle} E_t^j \sum_{\tau=0}^{\infty} (\beta\theta_p)^{\tau} \tilde{\lambda}_{1,t+\tau} (P_{jt}^* X_{t,t+\tau} - P_{t+\tau} \mu_{t+\tau}) Y_{j,t+\tau} \text{ s.t.}$$

其中,$X_{t,t+\tau} = \begin{cases} \pi_t \times \pi_{t+1} \times \cdots \times \pi_{t+\tau-1} & for \ \tau \geqslant 1 \\ 1 & for \ \tau = 0 \end{cases}$,$P_{jt}^* X_{t,t+\tau}$ 表示厂商保持最优定价 P_{jt}^* 不变的定价方式。整理可得,如下约束条件下的拉格朗日函数:

$$\max_{\langle P_{jt}^* \rangle} E_t^j \sum_{\tau=0}^{\infty} (\beta\theta_p)^{\tau} \tilde{\lambda}_{1,t+\tau} (P_{jt}^* X_{t,t+\tau} - P_{t+\tau} \mu_{t+\tau}) (P_{jt}^* / P_{t+\tau})^{-\eta_p} Y_{t+\tau}$$

关于 P_{jt}^* 的最优一阶条件:

$$P_{jt}^{*} = \frac{\eta_p E_t^j \sum\limits_{\tau=0}^{\infty} (\beta\theta_p)^\tau \tilde{\lambda}_{1,t+\tau} Y_{t+\tau} (P_{t+\tau})^{\eta_p} \tilde{\mu}_{t+\tau}}{(\eta_p - 1) E_t^j \sum\limits_{\tau=0}^{\infty} (\beta\theta_p)^\tau \tilde{\lambda}_{1,t+\tau} Y_{t+\tau} (P_{t+\tau})^{\eta_p-1} X_{t,t+\tau}} \tag{12}$$

将式(12)和 $P_{jt} = \pi_{t-1} P_{j,t-1}$ 代入式(6),整理可得:

$$P_t = [(1-\theta_p)(P_t^*)^{1-\eta_p} + \theta_p (\pi_{t-1} P_{t-1})^{1-\eta_p}]^{1/(1-\eta_p)} \tag{13}$$

我们考虑对称均衡的情形。根据厂商的生产函数,可以得到加总的生产函数:

$$Y_t = A_t K_t^\theta N_t^{1-\theta} \tag{14}$$

其中,$K_t = u_t \tilde{K}_{t-1}$ 表示实际投入的资本取决于实际已安装资本($\tilde{K}_{t-1}$)的利用率水平(u_t)。根据厂商的资本累积方程,可以得到加总的资本累积方程:

$$\tilde{K}_t = \tilde{I}_t + (1-\delta_t)\tilde{K}_{t-1} \tag{15}$$

其中,资本折旧率为可变资本利用率的函数,即 $\delta_t = \delta u_t$;由于存在投资调整成本,设定投资调整成本函数为:$\tilde{I}_t = \Phi(I_t/\tilde{K}_{t-1})\tilde{K}_{t-1}$。我们不考虑可变资本率冲击对宏观经济的影响,设定 $u_t = 1$。

三、金融中介机构

根据正文中所述,服从预算约束和金融信贷约束的金融中介机构的最优化问题如下:

$$\max_{\langle B_t, \tilde{L}_t, D_t \rangle} E_0 \sum_{t=0}^{\infty} \beta^t \tilde{\lambda}_{1t} B_t$$

$$s.t. \qquad B_t + R_{Ht} D_t \leqslant R_{Ft} \tilde{L}_t + X_t$$

$$\tilde{L}_t \leqslant X_t + D_t$$

整理可得拉格朗日函数:

$$\max_{\langle B_t, D_t \rangle} E_0 \sum_{t=0}^{\infty} \beta^t \{\tilde{\lambda}_{1t} B_t - \tilde{\kappa}_t [B_t + R_{Ht} D_t - R_{Ft}(X_t + D_t)]\}$$

最优一阶条件:

B_t：
$$\tilde{\lambda}_{1t} = \tilde{\kappa}_t \tag{16}$$

D_t：
$$-\tilde{\kappa}_t (R_{Ht} - R_{Ft}) = 0 \tag{17}$$

整理可得：
$$R_{Ht} = R_{Ft} \tag{18}$$

$$B_t = \tilde{R}_{Ft} X_t \tag{19}$$

$$\tilde{L}_t = X_t + D_t \tag{20}$$

四、货币当局

货币当局负责发行货币 $X_t \equiv M_t - M_{t-1}$，其中，货币供给增长速度为 g_t $\equiv M_t / M_{t-1}$，满足随机冲击：$\log g_t = (1-\rho_m) \log g^* + \rho_m \log g_{t-1} + \varepsilon_{mt}$，$\varepsilon_{mt} \sim N(0, \sigma_m^2)$。

五、均衡系统

给定经济中的偏好、技术和资源约束，给定状态变量集 $\{K_{t-1}, M_{t-1}, P_{t-1}\}$ 和货币供给冲击 (g_t)，当经济达到均衡系统时，各经济主体实现约束下的最优化：家庭实现预期总效用最大化，各厂商（中间品厂商、最终品厂商）实现预期总利润最大化，银行等金融机构实现预期收益最大化。同时，消费品市场、劳动市场、资本市场、货币市场和金融信贷市场等均出清，所有资源约束得到满足。

第二部分：均衡系统的对数线性化

根据均衡系统的定义，我们所构建模型的均衡系统将由家庭、厂商、银行等金融中介机构等经济主体的一阶最优条件，货币当局实施扩张性货币政策的货币增长率冲击，家庭的流动性约束和预算约束、厂商的工资先行约束、金融中介机构的信贷约束和预算约束等约束条件，以及消费品市场、劳动市场、资本市场、货币市场和金融信贷市场等的市场出清条件和资源约束构成。下面将具体给出以上均衡系统条件的对数线性化方程。

1. $\Theta_t(1-\nu)(C_t-\xi C_{t-1})^{-\nu}-\tilde{\lambda}_{1t}P_t-\beta\xi(1-\nu)E_t\Theta_{t+1}(C_{t+1}-\xi C_t)^{-\nu}=0$

当 $\nu=1$ 时，$\Theta_t/(C_t-\xi C_{t-1})-\lambda_{1t}=\beta\xi E_t\Theta_{t+1}/(C_{t+1}-\xi C_t)$

【推导：

稳态值：$(1-\nu)(1-\xi)^{-\nu}(1-\beta\xi)=C^\nu\lambda_1$；当 $\nu=1$ 时，$(1-\beta\xi)/(1-\xi)=C\lambda_1$

对数线性化：

$\Theta_t(1-\nu)(C_t-\xi C_{t-1})^{-\nu}-\lambda_{1t}=\beta\xi(1-\nu)E_t\Theta_{t+1}(C_{t+1}-\xi C_t)^{-\nu}$

$\Theta_t(C_t-\xi C_{t-1})^{-\nu}-1/(1-\nu)\lambda_{1t}=\beta\xi E_t\Theta_{t+1}(C_{t+1}-\xi C_t)^{-\nu}$

$$\Rightarrow \frac{(C-\xi C)^{-\nu}\times\Theta\hat{\Theta}_t-\nu\Theta(C-\xi C)^{-\nu-1}\times C\hat{C}_t+\nu\Theta(C-\xi C)^{-\nu-1}\times\xi C\hat{C}_{t-1}-1/(1-\nu)\times\lambda_1\hat{\lambda}_{1t}}{\beta\xi/[(1-\xi)C]^{-\nu}}$$

$$=\beta\xi E_t\frac{(C-\xi C)^{-\nu}\times\Theta\hat{\Theta}_{t+1}-\nu\Theta(C-\xi C)^{-\nu-1}\times C\hat{C}_{t+1}+\nu\Theta(C-\xi C)^{-\nu-1}\times\xi C\hat{C}_t}{\beta\xi/[(1-\xi)C]^{-\nu}}$$

$$\Rightarrow(C-\xi C)^{-\nu}\times\Theta\hat{\Theta}_t-\nu\Theta(C-\xi C)^{-\nu-1}\times C\hat{C}_t+\nu\Theta(C-\xi C)^{-\nu-1}\times\xi C\hat{C}_{t-1}-1/(1-\nu)\times\lambda_1\hat{\lambda}_{1t}$$

$$=\beta\xi E_t[(C-\xi C)^{-\nu}\times\Theta\hat{\Theta}_{t+1}-\nu\Theta(C-\xi C)^{-\nu-1}\times C\hat{C}_{t+1}+\nu\Theta(C-\xi C)^{-\nu-1}\times\xi C\hat{C}_t]$$

$$\Rightarrow\hat{\Theta}_t-(1+\xi)\nu(1-\xi)^{-1}\times\hat{C}_t+\nu(1-\xi)^{-1}\xi\hat{C}_{t-1}-1/(1-\nu)(1-\xi)^\nu C^\nu\times\lambda_1\hat{\lambda}_{1t}$$

$$=\beta\xi E_t[\hat{\Theta}_{t+1}-\nu(1-\xi)^{-1}\times\hat{C}_{t+1}]$$

$$\Rightarrow(1-\xi)\hat{\Theta}_t-(1+\xi)\nu\times\hat{C}_t+\nu\times\xi\hat{C}_{t-1}-1/(1-\nu)(1-\xi)^{\nu+1}C^\nu\times\lambda_1\hat{\lambda}_{1t}$$

$$=\beta\xi E_t[(1-\xi)\hat{\Theta}_{t+1}-\nu\hat{C}_{t+1}]$$

当 $\nu=1$ 时，对数线性化如下：

$\Theta_t/(C_t-\xi C_{t-1})-\lambda_{1t}=\beta\xi E_t\Theta_{t+1}/(C_{t+1}-\xi C_t)$

$$\Rightarrow\frac{1/[(1-\xi)C]\times\Theta\hat{\Theta}_t-\Theta/[(1-\xi)C]^2\times C\hat{C}_t+\Theta\xi/[(1-\xi)C]^2\times C\hat{C}_{t-1}-\lambda_1\hat{\lambda}_{1t}}{\beta\xi/[(1-\xi)C]}$$

$$=\beta\xi E_t\frac{1/[(1-\xi)C]\times\Theta\hat{\Theta}_{t+1}-\Theta/[(1-\xi)C]^2\times C\hat{C}_{t+1}+\Theta\xi/[(1-\xi)C]^2\times C\hat{C}_t}{\beta\xi/[(1-\xi)C]}$$

$\Rightarrow\Theta\hat{\Theta}_t-\Theta/[(1-\xi)C]\times C\hat{C}_t+\Theta\xi/[(1-\xi)C]\times C\hat{C}_{t-1}-(1-\xi)C\lambda_1\hat{\lambda}_{1t}$

$=\beta\xi E_t\{\Theta\hat{\Theta}_{t+1}-\Theta/[(1-\xi)C]\times C\hat{C}_{t+1}+\Theta\xi/[(1-\xi)C]\times C\hat{C}_t\}$

$\Rightarrow\hat{\Theta}_t-1/(1-\xi)\times\hat{C}_t+\xi/(1-\xi)\times\hat{C}_{t-1}-(1-\xi)C\lambda_1\hat{\lambda}_{1t}$

$=\beta\xi E_t\{\hat{\Theta}_{t+1}-1/(1-\xi)\hat{C}_{t+1}+\xi/(1-\xi)\times\hat{C}_t\}$

根据稳态值,整理可得:

$(1-\xi)\hat{\Theta}_t-(1+\xi)\nu\times\hat{C}_t+\nu\times\xi\hat{C}_{t-1}-(1-\xi)(1-\beta\xi)\hat{\lambda}_{1t}=\beta\xi E_t[(1-\xi)\hat{\Theta}_{t+1}-\nu\times\hat{C}_{t+1}]$

当 $\nu=1$ 时, $(1-\xi)\hat{\Theta}_t-\hat{C}_t+\xi\hat{C}_{t-1}-(1-\xi)(1-\beta\xi)\hat{\lambda}_{1t}=\beta\xi E_t[(1-\xi)\hat{\Theta}_{t+1}-\hat{C}_{t+1}+\xi\hat{C}_t]$】

2. $\lambda_{1t}w_t=\phi(1-N_t-H_t)^\gamma$

【推导:

稳态值: $\lambda_1 w=\phi(1-N-H)^\gamma$

对数线性化:

$\lambda_{1t}w_t=\phi(1-N_t-H_t)^\gamma\Rightarrow\hat{\lambda}_{1t}+\hat{w}_t=\varphi\gamma(1-N-H)^{\gamma-1}/\lambda_1 w\times(-N\hat{N}_t-H\hat{H}_t)$

根据稳态值,整理可得: $\hat{\lambda}_{1t}+\hat{w}_t+\gamma/(1-N-H)(N\hat{N}_t+H\hat{H}_t)=0$】

3. $E_{\Omega_t}[\phi\alpha_1\alpha_2/Q_{t-1}(1-N_t-H_t)^\gamma(e^{\alpha_2(Q_t/Q_{t-1}-g^*)}-e^{-\alpha_2(Q_t/Q_{t-1}-g^*)})-\tilde{\lambda}_{1t}+\tilde{\lambda}_{2t}\tilde{R}_{Ht}+\tilde{\lambda}_{3t}]+\beta E_{\Omega_{t+1}}[-\phi(1-N_{t+1}-H_{t+1})^\gamma\alpha_1\alpha_2 Q_{t+1}/Q_t^2(e^{\alpha_2(Q_{t+1}/Q_t-g^*)}+e^{-\alpha_2(Q_{t+1}/Q_t-g^*)})]=0$

【推导:

稳态值:

$\alpha_2\lambda_1 w(H_t+2\alpha_1)/q-\lambda_1+\lambda_2\tilde{R}-\beta\alpha_2\lambda_1 w/q(H+2\alpha_1)=0$

$$\Rightarrow \alpha_2 w(H_t+2\alpha_1)/q-1+\lambda_2/\lambda_1\widetilde{R}-\beta\alpha_2 w/q(H+2\alpha_1)=0$$

$$\Rightarrow (1-\beta)\alpha_2 w(H_t+2\alpha_1)/q-1+\lambda_2/\lambda_1\times(1/\beta)=0$$

$$\Rightarrow \lambda_2/\lambda_1=\beta[1-(1-\beta)\alpha_2 w(H_t+2\alpha_1)/q]$$

对数线性化：

将 $\lambda_{1t}w_t=\phi(1-N_t-H_t)^{\gamma}$ 和 $\alpha_1[e^{\alpha_2(Q_t/Q_{t-1}-g^*)}+e^{-\alpha_2(Q_t/Q_{t-1}-g^*)}]=H_t+2\alpha_1$ 代入整理可得：

$$E_{\Omega_t}\{\alpha_2\lambda_{1t}w_t q_t^2(H_t+2\alpha_1)/q_{t-1}-\lambda_{1t}q_t^2+\lambda_{2t}\widetilde{R}_t q_t^2\}-\beta\alpha_2 E_{\Omega_{t+1}}[\lambda_{1t+1}w_{t+1}q_{t+1}\pi_{t+1}(H_{t+1}+2\alpha_1)]=0$$

$$E_{\Omega_t}\lambda_{1t}q_t^2=E_{t-1}\{\alpha_2\lambda_{1t}w_t q_t^2(H_t+2\alpha_1)/q_{t-1}+\lambda_{2t}\widetilde{R}_t q_t^2\}-\beta\alpha_2 E_{\Omega_{t+1}}[\lambda_{1t+1}w_{t+1}q_{t+1}\pi_{t+1}(H_{t+1}+2\alpha_1)]$$

$$E_{\Omega_t}\lambda_{1t}q_t^2=E_{t-1}\{\alpha_2\lambda_{1t}w_t(H_t+2\alpha_1)/q_{t-1}+\lambda_{2t}\widetilde{R}_t\}q_t^2-\beta\alpha_2 E_{\Omega_{t+1}}[\lambda_{1t+1}w_{t+1}q_{t+1}\pi_{t+1}(H_{t+1}+2\alpha_1)]$$

$$E_{\Omega_t}(\hat{\lambda}_{1t}+2\hat{q}_t)=E_{\Omega_t}\frac{\alpha_2 w(H+2\alpha_1)/q\times\lambda_1\hat{\lambda}_{1t}+\alpha_2\lambda_1(H+2\alpha_1)/q\times w\hat{w}_t+\alpha_2\lambda_1 w/q\times H\hat{H}_t}{\lambda_1 q^2}$$

$$q^2+E_{\Omega_t}\frac{\alpha_2\lambda_1 w(H+2\alpha_1)}{\lambda_1 q^2}\left(-\frac{1}{q^2}\right)q^2\times q\hat{q}_{t-1}+E_{\Omega_t}\frac{\widetilde{R}\times\lambda_2\hat{\lambda}_{2t}+\lambda_2\times\widetilde{R}\hat{\widetilde{R}}_t}{\lambda_1 q^2}q^2$$

$$-\beta\alpha_2 E_{\Omega_{t+1}}\frac{\lambda_1 wq\pi(H+2\alpha_1)(\hat{\lambda}_{1t+1}+\hat{w}_{t+1}+\hat{q}_{t+1}+\hat{\pi}_{t+1})+\lambda_1 wq\pi H\hat{H}_{t+1}}{\lambda_1 q^2}$$

进一步整理可得：

$$E_{\Omega_t}(\hat{\lambda}_{1t}+2\hat{q}_t)=\alpha_2 w/qE_{\Omega_t}[(H+2\alpha_1)(\hat{\lambda}_{1t}+\hat{w}_t-\hat{q}_{t-1})+H\hat{H}_t]+\lambda_2/\lambda_1\widetilde{R}E_{\Omega_t}(\hat{\lambda}_{2t}+\hat{\widetilde{R}}_t)$$

$$-\beta\alpha_2 w/qE_{\Omega_{t+1}}[(H+2\alpha_1)(\hat{\lambda}_{1t+1}+\hat{w}_{t+1}+\hat{q}_{t+1}+\hat{\pi}_{t+1})+H\hat{H}_{t+1}]。$$

根据 SS，整理可得：

$$E_{\Omega_t}(\hat{\lambda}_{1t}+2\hat{q}_t)=\alpha_2 w/qE_{\Omega_t}[(H+2\alpha_1)(\hat{\lambda}_{1t}+\hat{w}_t-\hat{q}_{t-1})+H\hat{H}_t]$$

$$+\beta[1-(1-\beta)\alpha_2 w(H_t+2\alpha_1)/q]\widetilde{R}E_{\Omega_t}(\hat{\lambda}_{2t}+\overset{\sim}{\hat{R}_t})$$

$$-\beta\alpha_2 w/qE_{\Omega_{t+1}}[(H+2\alpha_1)(\hat{\lambda}_{1t+1}+\hat{w}_{t+1}+\hat{q}_{t+1}+\hat{\pi}_{t+1})+H\hat{H}_{t+1}]$$

定义 $\widetilde{H}\equiv H+2\alpha_1$，整理可得：

$$E_{\Omega_t}(\hat{\lambda}_{1t}+2\hat{q}_t)=\alpha_2 w/qE_{\Omega_t}[\widetilde{H}(\hat{\lambda}_{1t}+\hat{w}_t-\hat{q}_{t-1})+H\hat{H}_t]$$

$$+[1-(1-\beta)\alpha_2 w/q\widetilde{H}]E_{\Omega_t}(\hat{\lambda}_{2t}+\overset{\sim}{\hat{R}_t})$$

$$-\beta\alpha_2 w/qE_{\Omega_{t+1}}[\widetilde{H}(\hat{\lambda}_{1t+1}+\hat{w}_{t+1}+\hat{q}_{t+1}+\hat{\pi}_{t+1})+H\hat{H}_{t+1}]\}$$

4. $\lambda_{2t}=\beta E_t[-\alpha_2\lambda_{1t+1}w_{t+1}(H_{t+1}+2\alpha_1)/q_t+\lambda_{1,t+1}/\pi_{t+1}]$

【推导：

稳态值：$\lambda_2=\beta[-\alpha_2\lambda_1 w_t(H_t+2\alpha_1)/q+\lambda_1/\pi]\Rightarrow\alpha_2\lambda_1 w_t(H_t+2\alpha_1)/q$
$=\lambda_1-\lambda_2/\beta$

根据 $\lambda_1-\lambda_2\widetilde{R}=\alpha_2\lambda_1 w(H+2\alpha_1)/q$，可知：$\lambda_1-\lambda_2/\beta=\lambda_1-\lambda_2\widetilde{R}$，整理可
得：$\widetilde{R}=1/\beta$。

对数线性化：

$$\lambda_{2t}=\beta E_t[-\alpha_2\lambda_{1t+1}w_{t+1}(H_{t+1}+2\alpha_1)/q_t+\lambda_{1,t+1}/\pi_{t+1}]$$

$$\Rightarrow\hat{\lambda}_{2t}=\beta E_t\left[\frac{-\alpha_2\lambda_1 w_t(H_t+2\alpha_1)/q\hat{\lambda}_{1t+1}-\alpha_2\lambda_1 w_t(H_t+2\alpha_1)/q\hat{w}_{t+1}}{\lambda_2}\right.$$
$$\left.+\frac{-\alpha_2\lambda_1 w_t H/q\hat{H}_{t+1}+\alpha_2\lambda_1 w_t(H_t+2\alpha_1)/q^2\times q\hat{q}_t+\lambda_1/\pi\times\hat{\lambda}_{1,t+1}-\lambda_1/\pi^2\times\pi\hat{\pi}_{t+1}}{\lambda_2}\right]$$

$$\Rightarrow\lambda_2\hat{\lambda}_{2t}=\beta E_t\left[\begin{array}{l}-\alpha_2\lambda_1 w_t(H_t+2\alpha_1)/q\hat{\lambda}_{1t+1}-\alpha_2\lambda_1 w_t(H_t+2\alpha_1)/q\hat{w}_{t+1}\\-\alpha_2\lambda_1 w_t H/q\hat{H}_{t+1}+\alpha_2\lambda_1 w_t(H_t+2\alpha_1)/q\times\hat{q}_t+\lambda_1\hat{\lambda}_{1,t+1}-\lambda_1\hat{\pi}_{t+1}\end{array}\right]$$

根据稳态值，整理可得：

$$\lambda_2\hat{\lambda}_{2t}=\beta E_t[-(\lambda_1-\lambda_2\widetilde{R})(\hat{\lambda}_{1t+1}+\hat{w}_{t+1}-\hat{q}_t)-\alpha_2\lambda_1 wH/q\hat{H}_{t+1}+$$

$$\lambda_1(\hat{\lambda}_{1,t+1}-\hat{\pi}_{t+1})]$$

$$\lambda_2/\lambda_1\times\hat{\lambda}_{2t}=\beta E_t[-(1-\lambda_2/\lambda_1\times\tilde{R})(\hat{\lambda}_{1t+1}+\hat{w}_{t+1}-\hat{q}_t)-\alpha_2wH/q\,\hat{H}_{t+1}$$

$$+(\hat{\lambda}_{1,t+1}-\hat{\pi}_{t+1})]$$

$$\beta[1-\alpha_2w(H+2\alpha_1)/q]\hat{\lambda}_{2t}=\beta E_t[-\alpha_2w(H+2\alpha_1)/q(\hat{\lambda}_{1t+1}+\hat{w}_{t+1}-$$

$$\hat{q}_t)-\alpha_2wH/q\,\hat{H}_{t+1}+(\hat{\lambda}_{1,t+1}-\hat{\pi}_{t+1})]$$

$$\hat{\lambda}_{2t}-\alpha_2w(H+2\alpha_1)/q[\hat{\lambda}_{2t}+\hat{q}_t-E_t(\hat{\lambda}_{1t+1}+\hat{w}_{t+1})]=E_t[-\alpha_2wH/q$$

$$\hat{H}_{t+1}+(\hat{\lambda}_{1,t+1}-\hat{\pi}_{t+1})]$$

定义 $\tilde{H}\equiv H+2\alpha_1$，整理可得：

$$\hat{\lambda}_{2t}-\alpha_2\tilde{H}(w/q)\times[\hat{\lambda}_{2t}+\hat{q}_t-E_t(\hat{\lambda}_{1t+1}+\hat{w}_{t+1})]=E_t[-\alpha_2(w/q)\times$$

$$H\hat{H}_{t+1}+(\hat{\lambda}_{1,t+1}-\hat{\pi}_{t+1})]\rrbracket$$

5. $m_t=\tilde{R}_td_t+f_t+b_t$

【推导：

稳态值：$m=\tilde{R}d+f+b\xrightarrow{b=0}m=\tilde{R}d+f$

对数线性化：$m_t=\tilde{R}_td_t+f_t+b_t\Rightarrow m_t=\dfrac{\tilde{R}d\tilde{R}_t+\tilde{R}d\,\hat{d}_t+f\,\hat{f}_t+b\,\hat{b}_t}{m}\Rightarrow$

$$mm_t=\tilde{R}d(\tilde{R}_t+\hat{d}_t)+f\,\hat{f}_t+b\,\hat{b}_t$$

根据稳态值，整理可得：

$$mm_t=(m-f-b)(\tilde{R}_t+\hat{d}_t)+f\,\hat{f}_t+b\,\hat{b}_t\xrightarrow{b=0}mm_t=(m-f)(\tilde{R}_t+\hat{d}_t)$$

$$+f\,\hat{f}_t，即：$$

$$m_t=(1-f/m)(\tilde{R}_t+\hat{d}_t)+f/m\times\hat{f}_t\rrbracket$$

6. $C_t=q_t+w_tN_t$

【推导：

稳态值：$C = q + wN$

对数线性化：$C_t = q_t + w_t N_t \Rightarrow \hat{C}_t = (q\hat{q}_t + wN \times (\hat{w}_t + \hat{N}_t))/C \Rightarrow C\hat{C}_t$

$= q\hat{q}_t + wN(\hat{w}_t + \hat{N}_t)$

根据稳态值，整理可得：$C\hat{C}_t = q\hat{q}_t + (C-q)(\hat{w}_t + \hat{N}_t)$，即：$C/q \times \hat{C}_t =$

$\hat{q}_t + (C/q - 1)(\hat{w}_t + \hat{N}_t)$】

7. $H_t + 2\alpha_1 = \alpha_1 \left[e^{\alpha_2(q_t/q_{t-1} \times \pi_t - g^*)} + e^{-\alpha_2(q_t/q_{t-1} \times \pi_t - g^*)} \right]$

【推导：

稳态值：$H + 2\alpha_1 = \alpha_1 \left[e^{\alpha_2(1-g^*)} + e^{-\alpha_2(1-g^*)} \right]$

对数线性化：

$$\frac{H\hat{H}_t}{H+2\alpha_1} = \alpha_1 \left[\frac{e^{\alpha_2(1-g^*)}\frac{\alpha_2\pi}{q}q\hat{q}_t - e^{\alpha_2(1-g^*)}\frac{\alpha_2 q\pi}{q^2}q\hat{q}_{t-1} + e^{\alpha_2(1-g^*)}\alpha_2\pi\hat{\pi}_t}{H+2\alpha_1} \\ + \frac{e^{-\alpha_2(1-g^*)}\frac{-\alpha_2\pi}{q}q\hat{q}_t + e^{-\alpha_2(1-g^*)}\frac{\alpha_2 q\pi}{q^2}q\hat{q}_{t-1} - e^{-\alpha_2(1-g^*)}\alpha_2\pi\hat{\pi}_t}{H+2\alpha_1} \right]$$

$$\frac{H\hat{H}_t}{H+2\alpha_1} = \alpha_1 \left[\frac{e^{\alpha_2(1-g^*)}\alpha_2\hat{q}_t - e^{\alpha_2(1-g^*)}\alpha_2\hat{q}_{t-1} + e^{\alpha_2(1-g^*)}\alpha_2\hat{\pi}_t}{H+2\alpha_1} \\ + \frac{-e^{-\alpha_2(1-g^*)}\alpha_2\hat{q}_t + e^{-\alpha_2(1-g^*)}\alpha_2\hat{q}_{t-1} - e^{-\alpha_2(1-g^*)}\alpha_2\hat{\pi}_t}{H+2\alpha_1} \right]$$

$$H\hat{H}_t = \alpha_1\alpha_2 \left[e^{\alpha_2(1-g^*)} - e^{-\alpha_2(1-g^*)} \right](\hat{q}_t - \hat{q}_{t-1} + \hat{\pi}_t)$$

根据稳态值，整理可得：$H\hat{H}_t = \alpha_2(H+2\alpha_1)(\hat{q}_t - \hat{q}_{t-1} + \hat{\pi}_t)$】

8. $q_t = m_{t-1}/\pi_t - d_t$

【推导：

稳态值：$q = m - d$

对数线性化：$q_t = m_{t-1}/\pi_t - d_t \Rightarrow \hat{q}_t = \dfrac{m/\pi \times \hat{m}_{t-1} - m/\pi^2 \times \pi\hat{\pi}_t - d\hat{d}_t}{q}$

$$\Rightarrow q\,\hat{q}_t = m(\hat{m}_{t-1} - \hat{\pi}_t) - \hat{d}\,\hat{d}_t$$

根据稳态值,整理可得: $q\,\hat{q}_t = m(\hat{m}_{t-1} - \hat{\pi}_t) - (m-q)\hat{d}_t$,即: $\hat{q}_t = m/q$
$\times(\hat{m}_{t-1} - \hat{\pi}_t) - (m/q-1)\hat{d}_t$ 】

9. $Y_t = A_t K_t^{\theta} N_t^{1-\theta}$

【推导:

稳态值: $Y = AK^{\theta}N^{1-\theta}$

对数线性化: $Y_t = A_t K_t^{\theta} N_t^{1-\theta} \Rightarrow \hat{y}_t = \hat{A}_t + \theta\hat{K}_t + (1-\theta)\hat{N}_t$,即: $\hat{y}_t = \hat{A}_t +$
$\theta\hat{K}_t + (1-\theta)\hat{N}_t$ 】

10. $\tilde{K}_t = \Phi(I_t/\tilde{K}_{t-1})\tilde{K}_{t-1} + (1-\delta u_t)\tilde{K}_{t-1}$

【推导:

稳态值: $\tilde{K} = \Phi(I/\tilde{K})\tilde{K} + (1-\delta u)\tilde{K} \xrightarrow{\Phi(I/\tilde{K})=I/\tilde{K}, u=1} \tilde{K} = I +$
$(1-\delta)\tilde{K} \Rightarrow I = \delta\tilde{K}$,即: $I = \delta\tilde{K}$。

对数线性化:

$$\tilde{K}_t = \Phi(I_t/\tilde{K}_{t-1})\tilde{K}_{t-1} + (1-\delta u_t)\tilde{K}_{t-1}$$

$$\Rightarrow \hat{\tilde{K}}_t =$$

$$\Phi'\frac{1}{\tilde{K}}\tilde{K}I\hat{I}_t + \left(-\Phi'\frac{I}{\tilde{K}^2}\tilde{K}\tilde{K}\hat{\tilde{K}}_{t-1} + \Phi\tilde{K}\hat{\tilde{K}}_{t-1} + (1-\delta u)\tilde{K}\hat{\tilde{K}}_{t-1}\right) - \delta\tilde{K}u\hat{u}_t$$

$$\Rightarrow \hat{\tilde{K}}_t = \frac{\Phi'I\hat{I}_t + \left(-\Phi'\frac{I}{\tilde{K}} + \Phi + 1 - \delta\right)\tilde{K}\hat{\tilde{K}}_{t-1} - \delta\tilde{K}\hat{u}_t}{\tilde{K}}$$

$$\xrightarrow{\Phi'=1, \Phi=\frac{I}{\tilde{K}}} \hat{\tilde{K}}_t = \frac{I\hat{I}_t + (1-\delta)\tilde{K}\hat{\tilde{K}}_{t-1} - \delta\tilde{K}\hat{u}_t}{\tilde{K}}$$

根据稳态值,整理可得:$\hat{\tilde{K}}_t = \delta(\hat{I}_t - \hat{u}_t) + (1-\delta)\hat{\tilde{K}}_{t-1}$】

11. $K_t = u_t \tilde{K}_{t-1}$

【推导:

稳态值:$K = u\tilde{K} \xrightarrow{u=1} K = \tilde{K}$

对数线性化:$K_t = u_t \tilde{K}_{t-1} \Rightarrow \hat{K}_t = \hat{u}_t + \hat{\tilde{K}}_{t-1}$,即:$\hat{K}_t = \hat{u}_t + \hat{\tilde{K}}_{t-1}$】

12. $\tilde{l}_t = w_t N_t$

【推导:

稳态值:$\tilde{l} = wN$

对数线性化:$\hat{\tilde{l}}_t = \hat{w}_t + \hat{N}_t$】

13. $\chi K_t = \theta \mu_t Y_t$

【推导:

稳态值:$\chi K = \theta \mu Y$

对数线性化:$\hat{K}_t = \hat{\mu}_t + \hat{y}_t$】

14. $\tilde{R}_t \tilde{l}_t = (1-\theta)\mu_t Y_t$

【推导:

稳态值:$\tilde{R}\tilde{l} = (1-\theta)\mu Y$

对数线性化:$\hat{\tilde{R}}_t + \hat{\tilde{l}}_t = \hat{\mu}_t + \hat{y}_t$】

15. $f_t = (1-\mu_t)Y_t$

【推导:

稳态值:$f = (1-\mu)Y \Rightarrow Y/f = 1/(1-\mu) \Rightarrow f = (1-\mu)Y, \mu = (\eta_p - 1)/\eta_p$

对数线性化:

$f_t = (1-\mu_t)Y_t \Rightarrow \hat{f}_t = [(1-\mu)Y\hat{Y}_t - Y\mu\hat{\mu}_t]/f$

根据稳态值,整理可得:$\hat{f}_t = \hat{Y}_t - \mu/(1-\mu) \times \hat{\mu}_t$】

16. 根据式(12)和式(13),推导混合新凯恩斯菲利普斯曲线($HNK\text{-}PC$):$\hat{\pi}_t = 1/(1+\beta)\hat{\pi}_{t-1} + \beta/(1+\beta)E_t\hat{\pi}_{t+1} + (1-\beta\theta_p)(1-\theta_p)/[(1+\beta)\theta_p] \times \hat{\mu}_t$。

【推导:

根据式 $P_{jt}^* = \dfrac{\eta_p E_t^j \sum\limits_{\tau=0}^{\infty}(\beta\theta_p)^{\tau}\widetilde{\lambda}_{1,t+\tau}Y_{t+\tau}(P_{t+\tau})^{\eta_p}\widetilde{\mu}_{t+\tau}}{(\eta_p-1)E_t^j \sum\limits_{\tau=0}^{\infty}(\beta\theta_p)^{\tau}\widetilde{\lambda}_{1,t+\tau}Y_{t+\tau}(P_{t+\tau})^{\eta_p-1}X_{t,t+\tau}}$,我们可

以得到(考虑对称均衡,省略下标 j 以使表达更加简洁明了):

$$\hat{P}_t^* = (1-\theta_p\beta)(\hat{P}_t + \hat{\mu}_t) + \theta_p\beta E_t\hat{P}_{t+1}^*$$

根据式 $P_t = [(1-\theta_p)(P_t^*)^{1-\eta_p} + \theta_p(\pi_{t-1}P_{t-1})^{1-\eta_p}]^{1/(1-\eta_p)}$,我们可以

推导如下:

$$P_t^{1-\eta_p} = [\theta_p(\pi_{t-1}P_{t-1})^{1-\eta_p} + (1-\theta_p)(P_t^*)^{1-\eta_p}]$$

$$\Rightarrow \frac{(1-\eta_p)P^{-\eta_p}\times P}{P^{1-\eta_p}}\hat{P}_t = \frac{\theta_p(1-\eta_p)}{P^{1-\eta_p}}(\pi^{-\eta_p}P^{1-\eta_p}\times\hat{\pi}_{t-1} + \pi^{1-\eta_p}P^{-\eta_p}\times P$$

$$\hat{P}_{t-1}) + \frac{(1-\theta_p)(1-\eta_p)(P^*)^{-\eta_p}\times P^*}{P^{1-\eta_p}}\hat{P}_t^*$$

$$\Rightarrow (1-\eta_p)P^{-\eta_p}\times P\hat{P}_t = \theta_p(1-\eta_p)(P^{1-\eta_p}\times\hat{\pi}_{t-1} + P^{-\eta_p}\times P\hat{P}_{t-1}) +$$

$$(1-\theta_p)(1-\eta_p)(P^*)^{-\eta_p}\times P^*\hat{P}_t^*$$

$$\Rightarrow P^{1-\eta_p}\times\hat{P}_t = \theta_p P^{1-\eta_p}\times(\hat{\pi}_{t-1}+\hat{P}_{t-1}) + (1-\theta_p)(P^*)^{1-\eta_p}\times\hat{P}_t^*$$

根据式(13)可知,当经济处于稳态时:$P = P^*$,将其代入上式整理可得:

$\hat{P}_t = \theta_p(\hat{\pi}_{t-1}+\hat{P}_{t-1}) + (1-\theta_p)\hat{P}_t^*$。然后,将 $\hat{P}_t^* = (1-\theta_p\beta)(\hat{P}_t + \hat{\mu}_t) +$

$\theta_p\beta E_t\hat{P}_{t+1}^*$代入整理,可得:$\hat{P}_t = \theta_p(\hat{\pi}_{t-1}+\hat{P}_{t-1}) + (1-\theta_p)[(1-\theta_p\beta)(\hat{P}_t +$

$\hat{\mu}_t) + \theta_p\beta E_t\hat{P}_{t+1}^*]$。根据 $\hat{P}_t = \theta_p(\hat{\pi}_{t-1}+\hat{P}_{t-1}) + (1-\theta_p)\hat{P}_t^*$,可得:$E_t\hat{P}_{t+1}^*$

$$=[\hat{P}_{t+1}-\theta_p(\hat{\pi}_t+\hat{P}_t)]/(1-\theta_p)，将其代入后整理如下：$$

$$\hat{P}_t=\theta_p(\hat{\pi}_{t-1}+\hat{P}_{t-1})+(1-\theta_p)[(1-\theta_p\beta)(\hat{P}_t+\hat{\mu}_t)+\theta_p\beta E_t\hat{P}^*_{t+1}]$$

$$\Rightarrow\hat{P}_t=\theta_p(\hat{\pi}_{t-1}+\hat{P}_{t-1})+(1-\theta_p)[(1-\theta_p\beta)(\hat{P}_t+\hat{\mu}_t)+\theta_p\beta E_t(\hat{P}_{t+1}-\theta_p(\hat{\pi}_t+\hat{P}_t))/1-\theta_p]$$

$$\Rightarrow\hat{P}_t=\theta_p(\hat{\pi}_{t-1}+\hat{P}_{t-1})+(1-\theta_p)(1-\theta_p\beta)(\hat{P}_t+\hat{\mu}_t)+\theta_p\beta E_t[\hat{P}_{t+1}-\theta_p(\hat{\pi}_t+\hat{P}_t)]$$

$$\Rightarrow\hat{P}_t=\theta_p(\hat{\pi}_{t-1}+\hat{P}_{t-1})+(1-\theta_p\beta-\theta_p+\theta_p^2\beta)\hat{P}_t+(1-\theta_p)(1-\theta_p\beta)\hat{\mu}_t+\theta_p\beta E_t[\hat{P}_{t+1}-\theta_p(\hat{\pi}_t+\hat{P}_t)]$$

$$\Rightarrow0=\theta_p(\hat{\pi}_{t-1}+\hat{P}_{t-1})+(-\theta_p\beta-\theta_p)\hat{P}_t+(1-\theta_p)(1-\theta_p\beta)\hat{\mu}_t+\theta_p\beta E_t[\hat{P}_{t+1}-\theta_p\hat{\pi}_t]$$

$$\Rightarrow\theta_p(1+\beta)\hat{P}_t=\theta_p(\hat{\pi}_{t-1}+\hat{P}_{t-1})+\theta_p\beta E_t[\hat{P}_{t+1}-\theta_p\hat{\pi}_t]+(1-\theta_p)(1-\theta_p\beta)\hat{\mu}_t$$

$$\Rightarrow(1+\beta)\hat{P}_t=(\hat{\pi}_{t-1}+\hat{P}_{t-1})+\beta E_t[\hat{P}_{t+1}-\theta_p\hat{\pi}_t]+(1-\theta_p)(1-\theta_p\beta)/\theta_p\hat{\mu}_t$$

$$\Rightarrow\hat{P}_t-\hat{P}_{t-1}=\hat{\pi}_{t-1}+\beta E_t(\hat{P}_{t+1}-\hat{P}_t)-\beta\hat{\pi}_t+(1-\theta_p)(1-\theta_p\beta)/\theta_p\hat{\mu}_t$$

定义 $\pi_t\equiv P_t/P_{t-1}$ 可知，$\hat{\pi}_t=\hat{P}_t-\hat{P}_{t-1}$，且稳态通货膨胀率$(\pi)$为1，代入上式整理可得：

$$\hat{P}_t-\hat{P}_{t-1}=\hat{\pi}_{t-1}+\beta E_t(\hat{P}_{t+1}-\hat{P}_t)-\beta\hat{\pi}_t+(1-\theta_p)(1-\theta_p\beta)/\theta_p\hat{\mu}_t$$

$$\Rightarrow\hat{\pi}_t=\hat{\pi}_{t-1}+\beta E_t\hat{\pi}_{t+1}-\beta\hat{\pi}_t+(1-\theta_p)(1-\theta_p\beta)/\theta_p\hat{\mu}_t$$

$$\Rightarrow(1+\beta)\hat{\pi}_t=\hat{\pi}_{t-1}+\beta E_t\hat{\pi}_{t+1}+(1-\theta_p)(1-\theta_p\beta)/\theta_p\hat{\mu}_t$$

因此，我们可以得到混合新凯恩斯菲利普斯曲线：$\hat{\pi}_t=1/(1+\beta)\hat{\pi}_{t-1}+\beta/(1+\beta)E_t\hat{\pi}_{t+1}+(1-\beta\theta_p)(1-\theta_p)/[\theta_p(1+\beta)]\times\hat{\mu}_t$】

17. $b_t=\tilde{R}_t x_t$

【推导：

稳态值：$b = \tilde{R}x \xrightarrow{x=0} b = 0$

对数线性化：$b_t = \tilde{R}_t x_t \Rightarrow \hat{b}_t = \hat{\tilde{R}}_t + \hat{x}_t$，即：$\hat{b}_t = \hat{\tilde{R}}_t + \hat{x}_t$】

18. $\tilde{l}_t = x_t + d_t$

【推导：

稳态值：$\tilde{l} = x + d \Rightarrow \tilde{l} = d$

对数线性化：$\hat{\tilde{l}}_t = x/l \times \hat{x}_t + d/l \times \hat{d}_t$。根据 $x = 0$，整理可得：$\hat{\tilde{l}}_t = \hat{d}_t$】

19. $\log g_t = (1 - \rho_m)\log g^* + \rho_m \log g_{t-1} + \varepsilon_{mt}, \varepsilon_{mt} \sim N(0, \sigma_m^2)$。

【推导：

稳态值：$g = g^*$

对数线性化：$\hat{g}_t = \rho_m \hat{g}_{t-1} + \varepsilon_{mt}, \varepsilon_{mt} \sim N(0, \sigma_m^2)$】

20. $C_t + I_t = Y_t$

【推导：

稳态值：$C + I = Y$

对数线性化：$\hat{Y}_t = C/Y \times \hat{C}_t + I/Y \times \hat{I}_t$。根据稳态值，整理可得：$\hat{Y}_t = (1 - I/Y)\hat{C}_t + I/Y \times \hat{I}_t$】

21. $m_t = m_{t-1}/\pi_t + x_t$

【推导：

稳态值：$x = 0$

对数线性化：$m_t = m_{t-1}/\pi_t + x_t \Rightarrow \hat{m}_t = (m/\pi \times \hat{m}_{t-1} - m/\pi^2 \times \hat{\pi}_t + x \hat{x}_t)/m \Rightarrow \hat{m}_t = \hat{m}_{t-1} - \hat{\pi}_t + x/m \times \hat{x}_t$。

根据稳态值，整理可得：$\hat{m}_t = \hat{m}_{t-1} - \hat{\pi}_t$】

第三部分:求解均衡系统

我们采用 Marimon 和 Scott(1999,第三章)的方法来求解均衡系统,下面我们对该求解方法给出一个简要描述。

首先,将经济系统中的所有变量分成状态变量、控制变量和外生冲击等三类,具体如下:

状态变量(4):$x_t = (\hat{\tilde{K}}_t, \hat{\lambda}_{1t}, \hat{\lambda}_{2t}, \hat{\tilde{m}}_t)'$

控制变量(16):$y_t = (\hat{Y}_t, \hat{C}_t, \hat{I}_t, \hat{N}_t, \hat{H}_t, \hat{K}_t, \hat{\mu}_t, \hat{w}_t, \hat{\tilde{R}}_t, \hat{q}_t, \hat{d}_t, \hat{\pi}_t, \hat{b}_t,$
$\hat{f}_t, \hat{\tilde{l}}_t, \hat{x}_t)'$

外生冲击(1):$z_t = (\hat{g}_t)'$

然后,将由方程(1)～方程(21)所构成的对数线性化系统方程组分类改写成下列递归形式:

$$x_t = Px_{t-1} + Qz_t, y_t = Rx_{t-1} + Sz_t, z_t = Nz_{t-1} + \varepsilon_t;$$

最后,使用待定系数法(Undetermined Coefficient Method)解得$\{P, Q,$
$R, S, N\}$[①],从而可以给定一单位货币供给冲击$(\hat{g}_t)$,对实际产出$(\hat{Y}_t)$和居民消费$(\hat{C}_t)$等宏观经济变量进行脉冲反应实验。

---

① 事实上,可以证明该均衡系统满足 Blanchard-Kahn 条件,即非前定(Non-predetermined)变量的变量个数等于大于 1 的特征值个数。因此,该模型存在唯一鞍点均衡解。

第七章

融资约束、劳动收入份额
下降与中国低消费

第一节 引 言

改革开放以来,中国依赖高储蓄、高投资与高外部需求的增长方式成就了经济增长的奇迹。同时,也使中国经济陷入内外失衡。外部失衡表现为持续扩大的贸易顺差和巨额外汇储备;内部失衡表现为经济结构不合理,过度依赖投资来拉动经济增长,要素价格与资源配置存在深层次矛盾。在内外失衡的格局下,中国经济增长的可持续性正在受到挑战。从消费需求来看,我国最终消费率从 1990 年的 62.5% 下降为 2011 年的 48.2%,其中,居民消费率从 1990 年的 48.8% 下降为 2011 年的 35.3%(图 7.1,数据来源:中经专网统计数据库),成为世界消费率最低的国家。如何拉动居民消费一直是政策制定和理论研究的热点,这对于中国实现经济增长方式转变、保证经济持续增长至关重要。

目前,关于中国"高储蓄、低消费"的成因,国内外学者多从居民的消费与储蓄行为上进行研究。比较有代表性的包括预防性储蓄动机(龙志和与周浩明,2000;施建淮和朱海婷,2004;Meng, 2003;Chamon 和 Prasad,

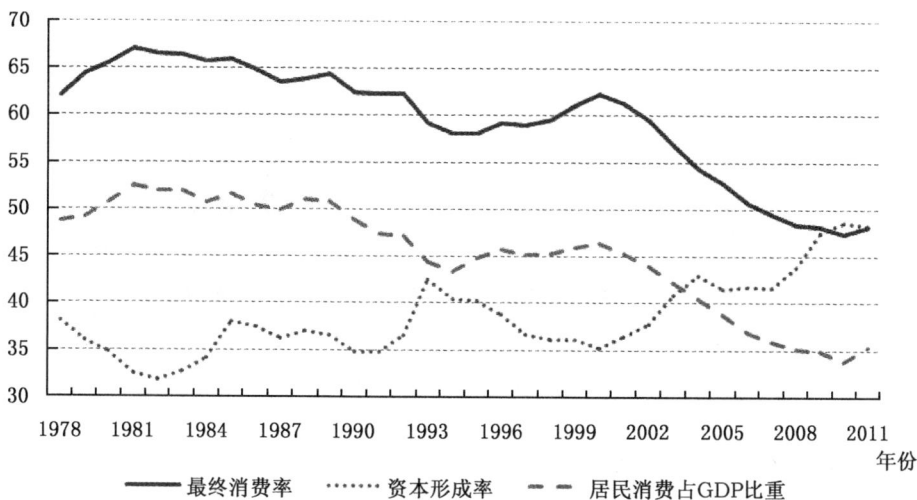

图 7.1 1978～2011 年中国最终消费率、资本形成率与居民消费率

2008),流动性约束(万广华等,2001;Wen,2009),消费习惯(龙志和等,2002;艾春荣和汪伟,2008),生育政策与人口结构等(Kraay,2000;Modigliani 和Cao,2004;Wei 和 Zhang,2009;汪伟,2009a,2010,2011)。

毫无疑问,这些因素对解释家庭储蓄倾向的上升是重要的。[1] 然而将其作为消费占 GDP 比重下降的主要原因却并不可信。事实上,统计数据显示,从 20 世纪 90 年代开始,中国居民储蓄占 GDP 的比重呈现出先下降后上升的态势,从 1992 年的 21.1% 下降到 2001 年的 16.5%,然后再上升到 2008 年的 22.5%,整个时段仅仅上升了 1.4 个百分点(见图 7.2),只能解释同期消费在 GDP 中比重下降的 13 个百分点中的约 11%,因此,居民储蓄占 GDP 的比重上升对解释消费比重下降作用有限。要解释中国的低消费现象,需要进一步寻找更有说服力的解释。

从部门储蓄率的变化来看,20 世纪 90 年代以后,企业储蓄率迅速上

---

① 这里,居民的储蓄倾向是指居民储蓄占居民可支配收入的比重。

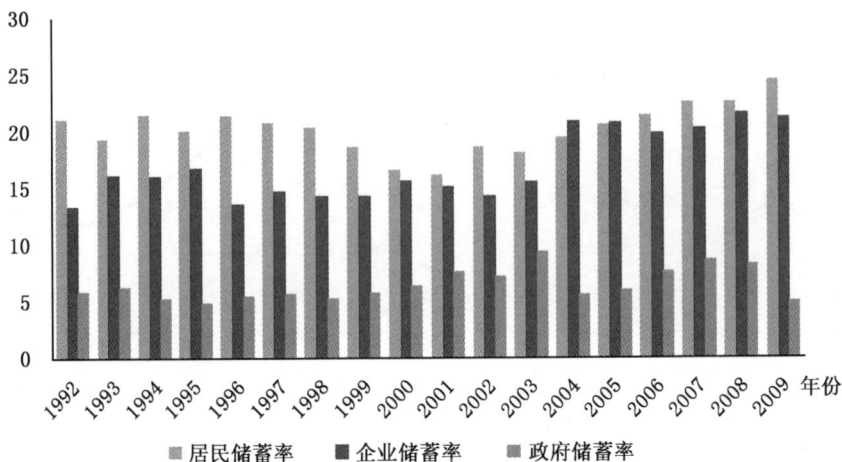

图 7.2 1992～2009 年中国部门储蓄率的变化

升。[①] 企业储蓄率从 13.3％上升至 21.6％，上升近 8.3 个百分点。一些研究认为，企业储蓄上升的原因一方面来自企业效益的改善，另一方面是企业的利润很少进行分配（Kuijs，2006；李扬和殷剑锋，2007）。由于企业增加的利润较少分配给家庭，导致居民可支配收入在国民收入中的比重持续下降。根据资金流量表的数据进行推算，居民可支配收入在国民收入中的比重，从1992 年的 69.2％持续下降到 2009 年的 56.5％，作为居民可支配收入主要来源的劳动者报酬在国民收入中的份额也不断下降，从 1995 年的 51.4％持续下降到 2009 年的 38.3％（见图 7.3，数据来源：历年中国统计年鉴）。与发达国家相比，中国劳动收入份额远处于较低水平（白重恩和钱震杰，2009a；白重恩和钱震杰，2009b；罗长远和张军，2009），国民收入分配格局正朝着不利于居民的方向发展，这很可能是居民消费率偏低的原因。

从图 7.3 不难看出，居民消费占 GDP 的比重、居民可支配收入占国民收入的比重以及劳动收入份额的时间序列似乎存在同步变化的趋势。一些

[①] 虽然政府储蓄率在 20 世纪 90 年代中期以来总体上呈上升态势，但是政府储蓄在总储蓄中份额较小，对国民储蓄率的上升贡献也有限。

实证研究也证实了这一推断,如方福前(2009)发现劳动收入份额与最终消费率呈现出显著的正相关关系。然而,对于导致国民收入分配格局变化的微观机制却鲜有文献探讨。

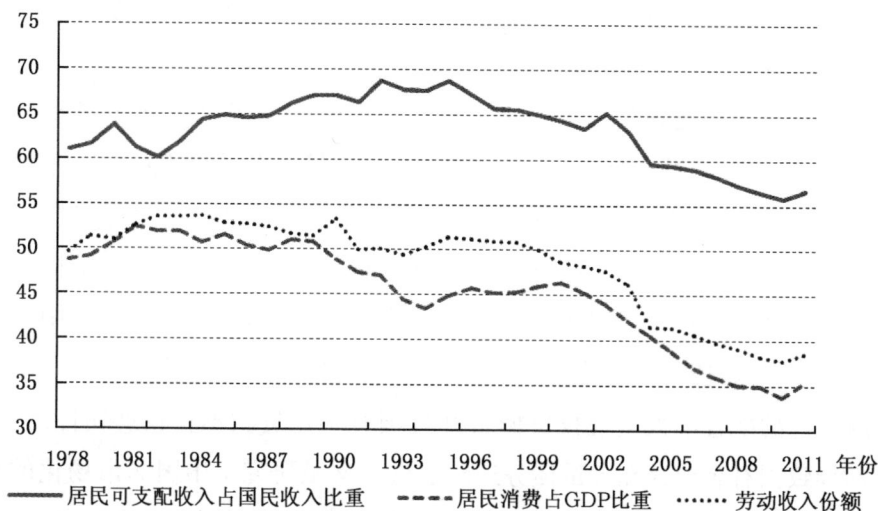

数据来源:1978~2011年居民消费占GDP比重来自中经网统计数据库,1992~2011年的居民可支配收入占GDP比重根据历年统计年鉴公布的资金流量表数据进行计算,1978~1991年数据由作者根据Modigliani和Cao(2004)方法进行估算,1978~2006年劳动收入份额数据来自白重恩等(2009a),2007~2009年的数据为作者根据白重恩等(2009a)文中方法进行估算得到。

图7.3　1978~2009年中国居民消费率、居民可支配收入比重、劳动收入份额变化

那么,是什么样的微观机制导致了上述宏观经济现象呢?要合理解释上述现实,我们认为需要从中国经济的金融抑制与金融市场的摩擦入手。随着中国经济越来越市场化,在国退民进的大趋势下,国有企业和国有经济的比重不断下降,而民营企业的数量及其在经济中的份额不断上升。统计数据显示,1998年民营经济仅占我国经济总量的33%,[①]但截至2012年,民

① http://baike.baidu.com.cn/view/70917.htm。

营经济在我国 GDP 中的比重已经超过了 60%[1]，中小企业占全国企业总数的比例甚至达到了 99%，所创造的城镇就业岗位占全部就业岗位的比例到达了 80%。[2] 中小（民营）企业吸纳了大部分的就业，符合中国当前劳动力相对丰裕的要素禀赋特征（林毅夫等，2001），日益成为中国经济发展的主动力，因此，对家庭收入和消费行为的影响重大。

民营企业的迅速发展催生了大量融资需求，而中国的金融改革虽然有所推进，但相对于民营企业的成长速度、商品市场和劳动力市场的改革却是滞后的，这导致民营企业特别是中小民营企业融资难的问题日益突出。中国银行业是由计划经济体制下的金融体制转变而来，中国银行业结构高度垄断，主要以大型国有商业银行为主导，国有银行与国有企业形成了中国的纵向信用体系，使得国有企业因体制内金融支持更加容易获得贷款。由于金融资源的配置不太重视投资回报并且国有企业贷款不存在惩罚性约束，因而导致国有企业存在大量债务违约。许多文献研究了中国非市场化的银行系统及政府如何向国有企业提供扶植性贷款（Anderson，2006；Lardy，1998；Karacadeg，2003；Dobson 和 Kashyap，2006），这最终导致大量银行不良贷款累积，直接推动了 20 世纪 90 年代中期中国银行业的改制，特别是四大国有商业银行的重组上市。改制和上市后的国有商业银行在追求利润最大化的动机驱使下，在信贷方面变得谨慎，降低了贷款的意愿。银行倾向于对国有企业和内部资金雄厚的大型（民营）企业发放贷款，导致民营企业特别是中小民营企业面临的信贷约束收紧，大量中小（民营）企业融资困难，主要依赖其利润留成进行内部投资（Dollar 和 Wei，2007；Riedel，2007；Song，2010）。这可以从统计年鉴公布的企业固定资产投资的资金来源数据上得到印证：20 世纪 90 年代以来，企业投资中的自筹资金与其他资金比重从 1992 年 62.5% 上升到 2011 年的 80.9%，而从银行获得的国内贷款的比重

---

① http://paper.people.com.cn/rmrb/html/2013 − 02/03/nw.D110000renmrb_20130203_8 − 01.htm。

② http://politics.gmw.cn/2013−03/31/content_7167078.htm。

则从 27.4％下降到 13.4％(见图 7.4,数据来源:历年《中国统计年鉴》)。

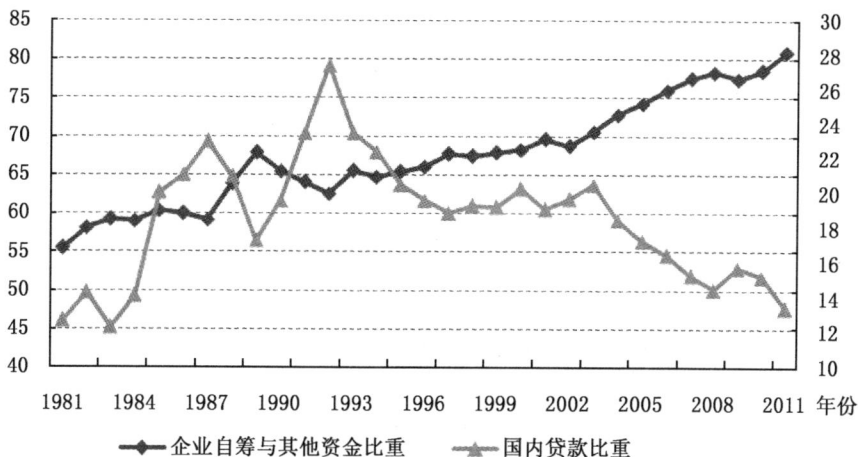

图7.4 企业固定资产投资资金来源

与民营经济的融资需求日益强烈和信贷约束趋紧相比,由于国有企业容易获得银行贷款,我们有理由相信,民营企业的自筹资金率(从银行获得国内贷款率)要远高于(低于)国有企业。因此,在国退民进的大趋势下,随着国有经济的比重和国有企业的投资在总投资中比重的不断下降和民营经济的日益壮大,总的企业自筹资金占固定资产投资比重的上升主要与民营企业的融资约束趋紧相关。显然,上述融资约束的数据与现实是相吻合的,通过计算中国统计年鉴公布的 20 世纪 90 年代中期至今的国有企业(含国有控股企业)固定资产投资占总投资比重数据发现,这一指标呈不断下降的趋势,它与总的企业自筹资金占固定资产投资比重呈明显的负相关性(见图7.5),相关系数高达 96％以上,这意味着加总的企业自筹资金占总固定资产投资的比重能够较好地反映民营企业的融资约束。

同时,从图 7.3 与图 7.4 中不难看出,企业融资约束的变化趋势与同时段居民可支配收入比重以及劳动收入份额的变化趋势相吻合。我们认为,企业融资约束对家庭收入有两方面的影响:一方面中小(民营)企业在外部

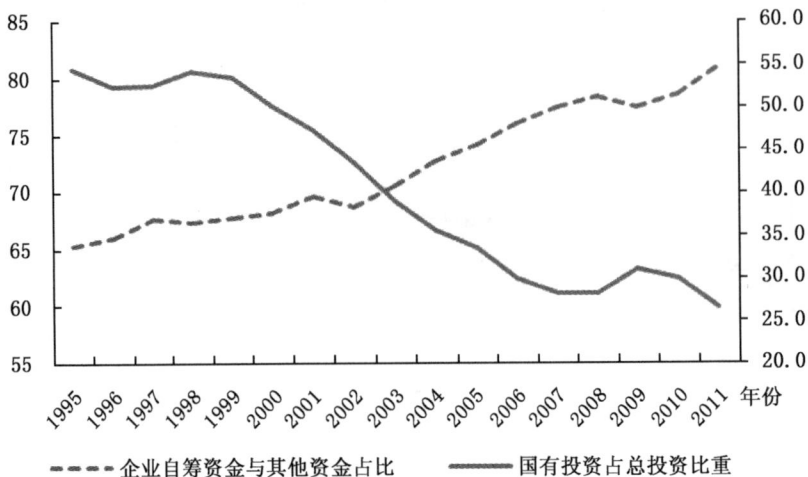

图 7.5　国退民进与企业自筹资金的关系

融资困难时,主要通过内部储蓄来放松借贷约束,这导致居民从企业分配到的利润大幅下降,降低了家庭的收入份额。另一方面,企业吸收了大部分的劳动力就业,而中小(民营)企业的营运资本规模有限,主要依赖银行贷款获得营运资金来支付工人的工资和其他支出。在受到借贷约束时,这种借贷约束就像是对劳动投入进行征税,使得企业不倾向使用劳动。在这种情况下,中小(民营)企业倾向于减少劳动力的雇用或压缩现有员工的工资水平,这两者都对家庭的劳动收入份额造成打压,而且企业的借贷约束越强,这种扭曲就越大,劳动份额也就越低。融资约束对资本积累的影响主要表现为:当企业存在融资约束时,企业储蓄额外一单位资本的回报不仅仅在于下一期的资本边际产品,而且可以从融资约束的放松中受益。因此,只要融资约束是紧的,那么,企业进行内部储蓄的回报就会高于资本的边际产品,从而导致更高的资本积累,融资约束下的高投资回报可能是中国投资率居高不下的重要原因,也是企业减少向家庭部门的利润分配和家庭低消费的内在逻辑。[1]

目前，从理论上分析企业融资约束、劳动收入份额与消费三者关系的文献很少。为此，本章构建一个企业受到借贷约束与投资扭曲的动态一般均衡模型，在校验模型现实解释能力的基础上进行传导机制分析与实证计量研究。我们的模型所要揭示的现实是：不发达的金融部门和持续增加的企业融资困难能够非常好地解释居民收入和消费的同步变化。我们认为，从90年代中期以来，金融环境的变化导致企业的微观行为发生变化，从而降低了劳动收入的份额。在面对家庭收入份额减少时，理性消费者选择的消费方式与宏观数据中消费在国民收入中的比重下降相一致。

本章余下部分结构安排如下：第二节从企业面临的金融环境构建理论模型；第三节对模型进行校验并进行传导机制的分析；第四节通过计量分析进一步揭示融资约束、劳动收入份额与居民消费之间的定量关系；第五节总结全文并给出本章的政策启示。

第二节　理论模型

现有的大部分研究经济波动的文献都是假设不存在经济增长，这主要是考虑到美国等西方发达国家每年 2% 左右较低的经济增长速度，即使如此也有研究表明模型是否包含增长趋势对于经济波动的考察也是重要的。考虑到中国经济改革开放以来年均 10% 的经济增速，我们认为采用含有经济增长的经济周期模型更具有合理性。鉴于中国金融系统存在大量的流动性和低利率，很难想象中国企业会面临融资约束，这实际上与中国的金融市场分割有关。于是，理论模型构建的首要问题是如何使之吻合现实经济，这意味着引入和刻画与研究问题相关的经济特征是至关重要的。

---

①　根据 Bai 等(2006)的研究，改革开放以来中国的投资回报率平均在 23% 以上，目前仍然维持在 20% 左右。他们认为中国维持高投资回报率的原因主要是两个：一是全要素生产率和劳动力的快速增长使得资本产出比上升相比并不快；二是中国的工业部门向资本集约型转变，需要更高的投资率。我们认为融资约束也是重要原因之一。

目前,中国的金融市场还不是很发达,存在较高程度的金融抑制,主要体现在不同类型的企业面临的融资约束存在较大差异。值得注意的是,中国的银行系统表现出明显的所有制关联特征(Huang,2003、2006),国有银行具有天然维持国有企业信贷融资需求的资本结构,与中小(民营)企业相比,国有企业因体制内的金融支持而更加容易获得贷款。也就是说,企业的信贷融资约束主要是对中小(民营)企业而言的。然而,中小(民营)企业吸纳了大部分的就业,符合中国当前劳动力相对丰裕的要素禀赋特征(林毅夫等,1999),日益成为中国经济发展的主动力,因此,对家庭收入和消费行为的影响重大。为了进一步弄清楚上述融资安排的内生性影响因素,我们在模型中引入了国家对银行的信贷指导,以及由此导致的银行不良贷款问题。重要的是,与国有企业相比,中小(民营)企业具有更高的生产效率,但是却难以通过信贷融资扩大生产规模,受此约束,中小(民营)企业主要集中于劳动密集型行业,这又进一步通过影响就业和劳动收入来影响家庭的消费和储蓄行为。出于对上述中国现实国情的考察,我们在模型中将企业分为国有企业和中小(民营)企业,主要区别在于信贷融资约束、生产效率、要素密集度等方面。同时,我们在模型中引入了银行部门,银行利润的主要来源在于存贷款利差,这正是中国银行业的盈利模式,银行的存款资金来源于家庭储蓄和央行货币注入,贷款主要是抵(质)押性质的,同时受到政府银行信贷指导的影响,并伴随着不良贷款问题出现。

一、家庭

如前所述,在中国居民低消费的众多因素中,数据表明家庭收入可能是最重要的,因为自 20 世纪 90 年代以来居民消费持续下降了约 15 个百分点,而在此期间居民收入占 GDP 的比重下降近 13 个百分点。因此,劳动收入份额下降是本章关注的重点之一。家庭收入份额的下降也可能是投资回报收入或政府转移支付下降的结果,但毫无疑问,工资性收入作为家庭收入的主要组成部分,是家庭收入份额下降的根本原因。那么,家庭收入份额又为何下降呢？这需要从中国的劳动力市场中寻找答案。

区别于充分就业的模型，我们假设含有 N_t 个劳动力的家庭，每期只有一定比例的人参加工作，事实上尽管关于剩余劳动力的数量存在争议（侯东民，2009），但中国仍然是一个劳动力过剩的国家。由于经济中存在国有企业和中小（民营）企业，家庭成员中的 N_t^S 和 N_t^P 分别到国有企业、中小（民营）企业参加工作。一方面，Heckman 和 MaCurdy(1980)、Hansen(1985)等的研究发现，总劳动时间的大部分变动是由就业人数的变动造成的，引入不可分劳动可以使模型更具有解释力。就中国的实际情况来看，一方面，巨大的就业压力和工作制度使劳动者缺乏自由调整工作时间的灵活性；另一方面，国有企业改革、农村劳动力转移以及乡镇、中小（民营）企业在劳动合同制度上的不健全，造成了中国劳动力市场上工作变动频繁的现状。因此，为了使模型更加贴近中国实际，我们采用 Rogerson(1984) 和 Hansen(1985)的不可分劳动，即劳动者要么工作，要么不工作，无法选择工作时间的多少。假设代表性家庭总劳动人口 (N_t) 在国有企业和中小（民营）企业工作的比例分别为 θ_t^S 和 θ_t^P，满足 $\theta_t^S < \theta_t^P$，这表示相对于中小（民营）企业而言，劳动者更难在国有企业找到工作；$\theta_t^S + \theta_t^P \in (0,1)$，这表示社会中总是存在一定的失业人口或在其他所有制企业就业，他们既不在国有企业工作，也不在中小（民营）企业工作。假设国有企业的工作时间为 h_0^S，中小（民营）企业的工作时间为 h_0^P，满足 $h_0^S < h_0^P$，表示国有企业有相对较好的工作条件，这也是 $\theta_t^S < \theta_t^P$ 的原因之一。

假设家庭存在如下效用函数：

$$\max_{\langle \tilde{c}_t, \theta_t^S, \theta_t^P, M_t, D_t \rangle} E_t \sum_{t=0}^{\infty} \beta^t N_t \left[\log(\tilde{c}_t - h\tilde{c}_{t-1}) - \phi \Phi(\theta_t^S h_0^S, \theta_t^P h_0^P) \right] \quad (7.1)$$

这里，$\tilde{c}_t = C_t / N_t$ 表示人均消费，人口增长速度为 $n_{t+1} = N_{t+1}/N_t$，n_{t+1} 刻画了人口的变动趋势，我们假设 n_{t+1} 外生给定。结构参数 ϕ 表示劳动者进入劳动力市场的成本，ϕ 越大表示成本越高，劳动给家庭带来负效用，Φ 表示家庭劳动的效用函数形式，满足 $\Phi' > 0$ 且 $\Phi'' \leqslant 0$。

下面考虑家庭的预算约束。在 t 期，家庭收入包括来自国有企业和中小(民营)企业的工资性收入（$(\theta_t^S w_t^S h_0^S + \theta_t^P w_t^P h_0^P) N_t$）、上一期储蓄的本息收入 $(1+r_{t-1}) D_{t-1}$、企业利润（Π^S 和 Π^P）、银行股利（B_t）和上一期的货币余额（M_{t-1}）；家庭的支出则包括消费支出（$N_t \widetilde{c_t}$）、本期货币余额（M_t）和金融储蓄 D_t。于是，家庭满足如下预算约束：

$$N_t \widetilde{c_t} + M_t + D_t \leqslant (\theta_t^S W_t^S h_0^S + \theta_t^P W_t^P h_0^P) N_t + (1+r_{t-1}^d) D_{t-1} + \Pi_t^S + \Pi_t^P + B_t + M_{t-1} \tag{7.2}$$

通过求解家庭的最优化问题，我们得到如下一阶条件：

$$\frac{\phi \Phi_{\theta_t^P}'}{W_t^P} = \frac{1}{\widetilde{c_t} - h \widetilde{c_{t-1}}} - \beta h n_{t+1} E_t \frac{1}{\widetilde{c_{t+1}} - h \widetilde{c_t}}$$

$$\frac{\phi \Phi_{\theta_t^S}'}{W_t^S} = \frac{1}{\widetilde{c_t} - h \widetilde{c_{t-1}}} - \beta h n_{t+1} E_t \frac{1}{\widetilde{c_{t+1}} - h \widetilde{c_t}} \tag{7.3}$$

$$\Phi_{\theta_t^S}' / \Phi_{\theta_t^P}' = W_t^S / W_t^P \tag{7.4}$$

这里，$\Phi_{\theta_t^S}'$ 和 $\Phi_{\theta_t^P}'$ 分别表示在国有企业和中小(民营)企业就业的边际效用。从(7.3)式可以看出，家庭消费主要受工资（W^S，W_t^P）或工资性收入水平的影响，人口增长率 n_{t+1} 和消费习惯 h 等因素的影响之外。在家庭不存在习惯偏好的情况下，即 $h=0$ 时，家庭人均消费 $\widetilde{c_t}$ 是工资的线性增函数。同时，我们从(7.4)式可以看出，家庭在国有企业还是中小(民营)企业就业取决于二者之间的相对工资水平。

二、企业

从企业的异质性及其面临的金融环境差异出发，我们将企业划分为国有和中小(民营)两类企业，并将中国现实经济中的各种摩擦，如不良贷款、企业融资约束和政府信贷投向指导等引入到模型中来。不良贷款倾向于降低资本成本，比如由于不存在惩罚性约束，国有企业存在大量债务违约。许多文献研究了中国非市场化的银行系统以及政府如何直接向战略新兴产业和扶植性企业进行贷款（Anderson，2006；Lardy，1998；Karacadeg，2003；Dobson 和 Kashyap，2006），这最终导致大量银行不良贷款的累积，直接推动了中国银行业的改制，特别是四大国有商业银行的重组上市。但是，我们不能忽视中国存在大量融资困难的中小型（民营）企业的事实，这一点在 2008 年全球金融危机下表现十分突出，相对于国有企业和政府鼓励的企业，中小型企业很难得到融资。由此可见，不良贷款、融资约束和政府信贷指导等金融摩擦与国内同时存在国有企业和中小（民营）企业的经济现实是紧密联系在一起的，考察他们之间的内在关系，具有重要的理论和政策意义。

　　根据中国所有制结构的经济现实，企业异质性主要表现在三个方面：第一，融资约束。在国际比较研究中，Allen 等（2005）发现中国在债权人权利、投资者保护、会计准则、不良贷款率和反腐败等方面问题较多，这导致中国企业严重依赖利润留成来为企业投资和日常运营融资。然而，金融压抑对国有企业和中小（民营）企业的影响并不相同：相对于国有企业而言，中小（民营）企业难以获得信贷支持。中国的银行主要为国有性质的企业，体制内金融支持使得国有企业基本上不存在信贷约束，其投资行为也容易受政府导向的影响（Genevieve 和 Wei，2005）。张杰（2000）、Dollar 和 Wei（2007）、Riedel（2007）以及 Song（2010）等同样发现中小（民营）企业很少依赖银行贷款，更多地依赖保留利润、家庭亲朋借贷的方式为其投资行为进行融资。同时，中国资本市场上的其他融资方式对中小（民营）企业的作用还很小。尽管中国股票市场近年来发展迅速，对国有企业上市融资变得越来越重要，但是对中小（民营）企业的影响较小（Gregory 和 Tenev，2001；Riedel，2007）。第二，技术水平。一般认为，相对于国有企业而言，中小（民营）企业更加市场化，且承担了较少的社会管理责任，具有更高的劳动生产率。第三，要素密集度。中小（民营）企业的资本产出比和资本劳动比国有企业低得多，2010 年国有企业的资本产出比为 1.75，而中小（民营）企业仅为 0.67（《中国统计年鉴 2011》），国有企业的单位劳动资本量是中小（民营）企业的 5 倍多。受国有企业改革"抓大放小"、"有所为、有所不为"等政策方针的影响,国有企业更多从事资本密集型产品的生产,占十大资本密集型行业的 57.9%,中小(民营)企业则主要生产劳动密集型产品,如纺织品。中小(民营)企业主要集中于劳动密集型行业,也从另一个方面说明中小(民营)企业受到严重的融资约束。

综上所述,我们假设国有企业和中小(民营)企业分别采用如下生产函数:

$$Y_t^S = (K_{t-1}^S)^{\alpha_s}(A_t L_t^S)^{1-\alpha_s}, Y_t^P = (K_{t-1}^P)^{\alpha_p}(\omega A_t L_t^P)^{1-\alpha_p} \tag{7.5}$$

这里,$\alpha_s > \alpha_p$ 表示国有企业具有更高的资本密集度,$\omega > 1$ 表示中小(民营)企业具有更高的生产效率。定义 $g_{t+1} = A_{t+1}/A_t$ 为技术水平的增长速度。国有企业和中小(民营)企业所雇用的劳动分别满足 $L_t^S = h_0^S \theta_t^S N_t$ 和 $L_t^P = h_0^P \theta_t^P N_t$,这是劳动力市场的出清条件。我们对国有企业和中小(民营)企业的设定,强调了要素密集度的差别,这与 Song(2010)对金融一体化企业(financially integrated firm)和企业家企业(entrepreneurial firm)的定义不同,更加贴近中国的经济现实。

我们通过引入营运资本将就业增长和融资约束联系在一起,营运资本是企业流动资产的净头寸,定义为当期资产(应收账款、存货、现金和其他等价资产)减去当期负债(包括应付账款和短期债务)。营运资本用于支付工人工资,促进销售和生产。如果信贷融资不足,那么企业将无法得到用于日常经营的营运资本。这一方面是由于固定投资变动的边际成本较高而运营成本更具有流动性,从而调整成本较低;另一方面是由于企业固定资本可以进行抵押贷款,从而增强企业的信贷融资能力,因而企业在受到融资约束时,往往将营运资本用于平滑固定资产投资(Fazzari 和 Petersen,1993)。虽然两类企业均需贷款来支付运营资本(working capital),但是国有企业容易获得信贷融资,基本不存在融资约束(borrowing constraint);中小(民营)企业则存在较强的融资约束,其抵押融资能力取决于其固定资产规模(K_t^P)。

同时,中国银行业的不良贷款(Nonperforming Loans,NPLs)在 2004 年一度达到 GDP 的 26%(Aziz,2006),虽然伴随着国有四大行的重组上市,银行业不良贷款的比例因大幅冲销而降低,但是不良贷款依然是银行业健康与否的关键监测指标,因而我们在模型中刻画了中国存在不良贷款的经济现实。下面我们具体给出国有企业和中小(民营)企业的最优化问题:

(一)国有企业的最优化问题

中国政府通常通过制定产业发展规划等方式引导银行贷款投向和企业投资流向,即存在政府信贷指导(government guidance to bank lending),如《国家十二五规划重点扶植产业》。政府信贷指导带有明显的计划经济色彩,因而企业在不同产业贷款上获批的概率应该存在差异,简单起见,我们假设所有国有企业面临相同的获批概率。在 t 期末,国有企业向银行申请贷款,银行的贷款合同规定了贷款的利率和额度,即 $\{r_t^l, I_t^S\}$,贷款被批准的概率为 ε_t,被拒绝的概率为 $(1-\varepsilon_t)$。如果贷款无法获得审批,国有企业将依靠自有资本进行生产投资;如果获批则可以得到其所需要的贷款额度。相对于中小(民营)企业而言,国有企业具有显著的政府导向性,这与"有所为、有所不为"的国企改革方针相关,即国有企业要在关键行业、重要领域发挥主导作用,国有企业逐渐退出竞争性领域,政府减少对经济的直接干预,部分中小型国有企业也通过股份制改造变为中小(民营)企业,因而为了突出国有企业,特别是大型央企,在政府信贷指导上与中小(民营)企业的显著性差别,我们假设中小(中小(民营))企业不存在政府信贷指导。

国有企业的贷款不仅用于支付运营资本,而且还用于投资建设,其最优化问题如下:

$$\max_{\langle K_t^s, L_t^s \rangle} E_t \sum_{t=0}^{\infty} \lambda^t \Pi_t^S = E_t \sum_{t=0}^{\infty} \lambda^t \begin{bmatrix} (K_{t-1}^S)^{a_s} (A_t L_t^S)^{1-a_s} - (1+r_t^d) \\ (1-\mu_t^s)(W_t^S L_t^S + \varepsilon_t I_t^S) \end{bmatrix} \quad (7.6)$$

$$\text{s.t} \quad prob(I_t^S > 0) = \varepsilon_t$$

这里,Π_t^S 表示存在信贷融资约束下第 t 期国有企业的利润,μ_t^s 表示国有企业因经营不力而导致无法偿还的不良贷款比例,其他的现实原因还包括缺乏有效地惩罚性约束机制、银行默许、政府担保等,这被称为"输血"或传统贷款。$K_t^S = (1-\delta^s)K_{t-1}^S + I_t^S$ 为国有企业投资的累积方程,ε_t 刻画了国有企业在政府信贷指导下融资成功的概率。如果融资成功,国有企业有一个正的投资,即 $I_t^S>0$,否则 $I_t^S=0$。这一设定能够描述符合政府信贷指导与产业规划的国有企业能够留在市场,而不符合政府信贷指导产业规划的国有企业的资本将趋于萎缩,最终退出市场,这为国有企业的改革提供了一个简单的刻画。

求解上述最优化问题得到关于资本和劳动的最优一阶条件,分别如下:

$$(1+r_t^l)(1-\mu_t^s)\varepsilon_t=\lambda E_t\left[\alpha_s Y_{t+1}^S/K_t^S+\varepsilon_{t+1}(1+r_{t+1}^l)(1-\mu_{t+1}^s)(1-\delta^s)\right]$$

(7.7)

$$(1-\alpha_s)Y_{t+1}^S/L_t^S-(1+r_t^l)(1-\mu_t^s)W_t^S=0 \qquad (7.8)$$

这里,式(7.7)反映了国有企业在信贷指导下的投资跨期优化条件:当期获得银行的单位投资贷款的贷款实际利息乘以获批的概率(ε_t)等于下一期的资本的边际产品加上单位贷款投资折旧后的余值继续使用带来的收益与下一期的获批概率(ε_{t+1})的乘积的期望贴现值。式(7.8)反映了国有企业雇用劳动力的优化条件,即劳动的边际产品等于实际支付的工资性成本。

我们容易得到国有企业的劳动收入占比:

$$LS_t^S=\frac{W_t^S L_t^S}{Y_t^P}=\frac{1-\alpha_s}{(1+r_t^l)(1-\mu_t^S)} \qquad (7.9)$$

式(7.9)表明影响国有企业的劳动收入占比的主要因素是国有企业的要素密集度(α_S)、银行的贷款利息(r_t^l)以及不良贷款率(μ_t^S)。国有企业的要素密集度一般高于民营企业,但一些研究(白重恩和钱震杰,2010;罗长远和张军,2009)发现,我国国有企业内部的劳动收入份额一般要高于民营企业,他们认为主要的原因是垄断程度增加和国有企业改制(或民营化),我们认为国有企业具有较高的隐性不良贷款和较低的实际贷款成本也可能是重要原因。在国退民进的大背景下,随着国有企业数量的减少和国有经济在国民经济中的比重不断下降,国有企业的劳动收入在国民经济中的占比总体将会趋于下降。

(二)中小(民营)企业的最优化问题

虽然近年来中国银行业的改革取得了显著进展,特别是四大行(BOC、

CCB、ICBC 和 ABC)不断加强内部风险控制,大幅度降低了不良贷款(NPLs)的比例,但是这也导致银行更加惜贷,特别是受政府信贷指导倾向的影响,中小(民营)企业长期以来面临融资难的问题。这也促成了中国经济的一个显著特征,即企业内部储蓄(internal savings)成为中小企业进行投资的主要来源。从 1999 年开始,企业利润成为企业投资的主要来源,并不断增长;到 2004 年,国内投资的一半以上靠内部储蓄融资,银行贷款仅占总投资项目的 1/4,Kuijs(2005)、Brooks 和 Barnett(2006)也有类似的结论。之所以会出现内部储蓄成为主要投资方式,原因主要在于企业的所有制结构和中国滞后的金融市场,即不发达的银行系统无法满足投资需求,特别是广大中小(民营)企业。大量的研究和调查表明,国内中小(民营)企业受到明显的信贷约束,这反映了偏向于支持国有企业的金融体制(Huang,2003)。20 世纪 90 年代后期便开始的银行业重组改制降低了银行贷款的意愿,而不完善的债券和股票市场没有为中小(民营)企业提供直接的融资渠道。根据世界银行的调查,相对于其他东亚国家而言,中国企业更多认为融资约束是企业发展的主要障碍,特别是中小(民营)企业。我们当然不认为大型(国有)企业就不存在融资约束,政府信贷指导便是例子。但是,正如前面所提到的,这样的简化处理可以更清楚地考察中小(民营)企业普遍存在的融资约束是否如此严重,从而为中国居民的消费和投资行为提供一种可信的经济学解释。

中小(民营)企业贷款仅仅用于支付营运资本,固定投资则由自有资金(internal saving)来完成,但是企业存在贷款的融资约束(Aziz,2006;Einarsson 和 Marquis,2001;Kobayashi 和 Inaba,2005),其最优化问题如下:

$$\max_{\{K_t^P, L_t^P\}} E_t \sum_{t=0}^{\infty} \lambda^t \Pi_t^P = E_t \sum_{t=0}^{\infty} \lambda^t \big[(K_{t-1}^P)^{\alpha_P} (\omega A_t L_t^P)^{1-\alpha_P} - (1+r_t^l)$$
$$(1-\mu_t^p) W_t^P L_t^P - I_t^P \big]$$

$$\text{s. t} \quad (1+r_t^l) W_t^P L_t^P \leqslant \xi(K_{t-1}^P) \qquad (7.10)$$

这里,μ_t^p 表示中小(民营)企业无法偿还的不良贷款比例,$I_t^P = K_t^P -$

$(1-\delta^P)K_{t-1}^P$ 为中小(民营)企业投资的累积方程。中小(民营)企业在生产之前需要先行支付工资 $W_t^P L_t^P$,但是融资存在抵押按揭约束(collateral constraint),抵押贷款的额度是企业固定资产(K_{t-1}^P)的函数 $\xi(K_{t-1}^P)$。简单起见,设定 $\xi(K_{t-1}^P)=\theta_t K_{t-1}^P$,即固定资产越多,贷款额度越高。$0<\theta_t<1$ 表示中小(民营)企业无法进行杠杆式融资,这是由于存在信息不对称、监督成本过高等原因,银行不愿意提供除固定资产抵押外更多的按揭贷款。

求解上述最优化问题得到关于资本和劳动的最优一阶条件,分别如下:

$$(1-\alpha_p)Y_t^P/L_t^P=(1+r_t^l)(1-\mu_t^p+\mu_t)W_t^P \qquad (7.11)$$

$$1=\lambda[\alpha_p Y_{t+1}^P/K_t^P+(1-\delta^P)+\mu_{t+1}\theta_{t+1}] \qquad (7.12)$$

由此可得信贷融资约束下的劳动收入占比与资本产出比,分别为:

$$LS_t^P=\frac{W_t^P L_t^P}{Y_t^P}=\frac{1-\alpha_p}{(1+r_t^l)(1-\mu_t^p+\mu_t)} \qquad (7.13)$$

$$KS_t^P=\frac{K_{t-1}^P}{Y_t^P}=\frac{\alpha_p}{1/\lambda-1+\delta^P-\mu_t\theta_t} \qquad (7.14)$$

这里,参数 μ_t 为信贷融资约束的拉格朗日乘子,表示单位信贷对企业利润的影响。对比式(7.13)、式(7.14)可以发现,只要企业的信贷约束是紧的,即 $\mu_t>0$ 时,那么存在借贷约束下的中小(民营)企业的劳动收入占比将低于没有借贷约束下的劳动收入占比,而资本产出比则恰好反过来,这意味着信贷融资约束下的民营企业会更多通过内源融资的方式进行投资,尽可能压低家庭部门的工资,由于工资性收入减少,从而降低了家庭的消费能力。

中小(民营)企业的投资跨期优化条件是:$1=\lambda[\alpha_p Y_{t+1}^P/K_t^P+(1-\delta^P)+\mu_{t+1}\theta_{t+1}]$。我们可以看出:如果没有融资约束,企业利润最大化时的最优投资决策意味着当期一单位的投资应当等于下一期的资本的边际产品 $\alpha_p Y_{t+1}^P/K_t^P$ 与折旧后的余值 $(1-\delta^P)$ 之和的贴现值,即 $\lambda[\alpha_p Y_{t+1}^P/K_t^P+(1-\delta^P)]$,当融资约束是紧的,即 $\mu_t>0$ 时,那么一单位投资的回报比无扭曲情况下的投资回报高 $\mu_{t+1}\theta_{t+1}$。此外,中国目前的现实是银行更愿意与大企业打交道,银行的贷款政策具有歧视性。一方面,企业规模越大,可以获得的贷款就越多;另一方面,企业规模越大,银行更愿意提供更高的贷款比例,即 θ_t 越高。因此,根据上述事实,当企业存在融资约束时,企业储蓄额外一单位资本的回报不仅仅在于下一期的资本边际产品,而且可以从融资约束的放松中受益。因此,只要融资约束是紧的,那么企业进行内部储蓄的回报就会高于资本的边际产品,从而导致更高的资本积累[1],这也是在信贷融资约束下中小(民营)企业尽可能压低家庭部门的工资收入,通过更多的内部资本积累不断发展壮大自己的内在动力和逻辑,同时也是企业高投资与家庭低消费的重要内生机制。

三、金融机构和货币当局

银行等金融机构主要负责吸收存款、发放贷款,为企业的生产经营提供资金。银行的可贷资金(loanable funds)包括居民净储蓄存款($D_t - D_{t-1}$)和央行新增货币供给($X_t = M_t - M_{t-1}$)两个部分,其贷款主要用于国有企业和中小(民营)企业的营运资本贷款($W_t^S L_t^S + W_t^P L_t^P$),以及国有企业的投资贷款,贷款利率为 r_t^l。

与中国当前银行业的盈利模式相对应,银行的利润主要来源于存贷款利差,即金融机构的利润为 $B_t = r_t^l((1-\mu_t^S)(W_t^S L_t^S + \varepsilon_t I_t^S) + (1-\mu_t^P) W_t^P L_t^P) - r_{t-1}^d D_{t-1}$,这里,$r_t^l > r_t^d$ 表示存贷款利率管制下的绝对存贷利差。金融市场的出清条件为 $D_t - D_{t-1} + X_t = W_t^S L_t^S + W_t^P L_t^P + \varepsilon_t I_t^S$。

中国的货币政策实践比较复杂,不仅包括存款准备金率、央票发行等数量型货币政策,而且包括名义利率等价格型货币政策,制定存贷款基准利率。长期以来,由于中国利率还未实现市场化,且受计划经济的影响,中国人民银行长期以来以调控货币供给量的数量型货币政策为主[2],同时形成了

---

① 关于融资约束作为最优机制安排的微观环境,感兴趣的读者可以参见 Bernanke 和 Gertler (1989)、Carlstrom 和 Fuerst(1997)。基于该模型,Chakraborty(2005)、Kobayashi 和 Inaba(2005)解释了日本在 20 世纪 90 年代的 10 年迷失问题。

② 2011 年以来国内关于央行采用数量型工具还是价格型工具的讨论日趋激烈,周小川指出选用货币政策工具时应考虑经济条件,使用数量型和价格型工具的可能性都不能排除,而应对通货膨胀将重点使用调整利率的价格型工具。

银行部门的绝对存贷利差。

第三节　模型校验与传导机制分析

一、参数校准与贝叶斯估计

我们通过数值模拟对文中模型的现实解释能力进行校验,这就需要给出符合中国实际的结构参数值。对此,我们将所有参数分为两大类:一类根据现有研究文献,结合经济含义和中国经济数据对参数进行校准(详见表7.1);另一类参数则采用贝叶斯估计方法,避免使用难以观测到的经济变量,以解决此类参数的弱识别性问题,同时用于部分校准参数的稳健性检验(详见表7.2)。

(一)基本参数校准

首先,校准中国经济增长速度的参数。与新古典经济增长理论相一致,中国经济增长的源泉主要是技术进步和人口增长。根据 Brandt 和 Zhu (2010)、Heshmati 和 Kumbhakr(2010)等文献对中国 1978~2008 年间全要素生产率(TFP)的估计,可以测算中国技术进步速度约为 3.7%,据此设定 g 为 1.037。根据《中国人口统计年鉴(1978~2011)》,设定人口增速 n 为 1.010 2。

其次,校准家庭偏好参数。稳态时,家庭的主观折现因子 β 为 $n/(1+r^d)$,这里,r^d 为存款利率,根据 Zhang(2009)的计算方式,1992~2008 年中国平均名义存款利率为 0.031 5,从而设定 β 为 0.98。参数 h 表示家庭的消费习惯强度,王君斌等(2011)采用 GMM 方法的估计值为 0.583,我们也采用这一设定。参数 $\phi=1.25$ 为实验设定,表示劳动力进入劳动力市场的搜寻匹配成本,经过稳健性检验该设定并不显著影响模型的结果。参数 h_0^S 和 h_0^P 分别表示国有企业和中小(民营)企业的日均工作时间,为了不失一般性,我们设定 $h_0^S=8$ 和 $h_0^P=12$,这表示国有企业通常是 8 小时工作制,与此相比,中小(民营)企业的职工工作时间更长。

最后,校准厂商的生产参数。关于中国经济的资本份额,有大量文献(Chow 和 Li,2002;张军,2002;王小鲁等,2000)进行了研究,一般认为资本份额为 0.5 左右,但是还没有关于国有企业资本份额和中小(民营)企业资本份额的分别研究。我们依据国有企业和中小(民营)企业的生产函数,通过估计对应的一阶对数差分回归方程得到相关参数值。具体而言,我们选取 1978～2011 年的相关经济数据进行估计,其中,国有企业产值和中小(民营)企业产值来源于中经专网统计数据库;中小(民营)资本存量 $K_{p,t-1}^{P}$ 通过其资本累计方程估计得到;国有资本存量 $K_{p,t-1}^{S}$ 由社会资本总量扣除中小(民营)资本存量后得到,其中,1978～2007 年的社会资本总量来自 Li(2011)对中国实物资本的测算数据,[①]2008～2011 年的国有资本数据则采用指数平滑方法得到。在数据平稳性检验的基础上,我们估计得到 $\alpha^{S}=0.62$ 和 $\alpha^{P}=0.38$。[②] 学术界对中国资本折旧率的估算各不相同,Chow 和 Li(2002)在估算中国资本存量时,对 1978～1992 年的资本折旧率取值为 0.04,1993～1998 年的资本折旧率略为上升,平均为 0.056;王小鲁和樊纲(2000)选取的折旧率为 0.05;王益煊和吴优(2003)采用余额递减法估计了几种资产的折旧率:城镇住宅折旧率为 0.08,非住宅建筑的折旧率为 0.09,机器设备折旧率为 0.036～0.138,市政建设折旧率为 0.036,农村住宅和其他折旧率为 0.015。在研究中国经济波动的文献中,大部分选取的资本折旧率为 0.10(陈昆亭等,2004;胡永刚、刘方,2007)。由于国有企业投资主要投向交通设施、能源矿产等方面,因而较中小(民营)企业投资的折旧率低,于是我们设定中小(民营)企业资本的年折旧率为 $\delta_{p}=0.10$,设定国有企业资本的年折旧率为 $\delta_{g}=0.04$。[③]

---

① 数据来源网址:http://fbstaff.city.edu.hk/efkwli/ChinaData.html。

② D.W. 检验发现:回归残差项非序列相关。同时,回归系数在 10% 的显著性水平下均显著。

③ 我们也考察了资本折旧率取其他数值时的模拟结果,整体来看,模型模拟结果对资本折旧率的取值并不敏感。

表 7.1　　　　　　　　　　　模型基准参数的校准值

经济增速：$g=1.037,n=1.0102$
家庭偏好参数：$\beta=0.98$, $h=0.583$, $\phi=1.25$, $h_0^S=8$, $h_0^P=12$
厂商生产参数：$\alpha^S=0.62$, $\alpha^P=0.38$, $\delta^S=0.04$, $\delta^P=0.10$

(二)贝叶斯估计方法

基于动态一般均衡模型的贝叶斯估计在最大似然估计的基础上强调了待估参数分布的重要性。一方面可以利用研究者掌握的待估参数的信息，另一方面由于其估计方法是基于状态空间模型，可以避免使用难以观测到的变量，如资本存量和资本折旧率，因而近年来被大量用于估计 DSGE 模型，如 Shorfheide(2000)、Smets 和 Wounters(2003)、Negro 等(2007)。由于篇幅原因，我们只给出简单的描述，有关估计过程的详细解说，读者可以参考 DeJong 等(2000)以及 An 和 Schorfheide(2007)。

与传统的校准(Calibration)方法不同，贝叶斯方法假设参数 Θ 是随机变量而非一个固定值。因此，估计的第一步是设定参数的先验分布 $f^p(\Theta)$，这取决于研究者对参数的先验信息，一般是根据传统文献中的校准值来设定，具体见下文讨论。第二步，根据模型的均衡路径，利用 Kalman 滤波方法从状态空间方程中计算出给定参数 Θ 下，控制变量(即观察到的数据样本)J_t 的联合条件密度函数：$f(J_1,\cdots,J_r|\Theta)$。第三步，根据贝叶斯公式可以计算出参数 Θ 的后验分布与 $f(J_1,\cdots,J_r|\Theta)f^p(\Theta)$ 成正比，即：

$$f(\Theta\mid J_1,\cdots,J_r)=\frac{f(J_1,\cdots,J_r\mid\Theta)f^p(\Theta)}{\int f(J_1,\cdots,J_r\mid\Theta)f^p(\Theta)d\Theta} \tag{7.15}$$

计算上式的最大值，将后验分布中概率密度最大的点记为 $\widetilde{\Theta}$。由于分母部分其实是 $J_1,\cdots,J_r$ 的联合边际分布，与 Θ 无关，因而找 $\widetilde{\Theta}$ 等价于最优化步骤一和步骤二中计算得到的联合分布 $f(J_1,\cdots,J_r|\Theta)f^p(\Theta)$。由于后验分布需要计算式分母中的积分，而通常该积分又极其复杂，因此一般采用数值模拟的方法。我们采用的是随机行走 Metropolic-Hastings 的抽样算

法,具体参见 Geweke(2005)。

我们使用的数据为 1992~2010 年的年度实际总消费 C_t,通过取自然对数使之与模型中对数线性化后的经济变量相吻合。另外,通过 ADF 方法和 PP 方法对调整后的数据进行平稳性检验后发现,以上序列均为一阶单整序列,具有长期趋势而非平稳,但是一阶差分的序列,即各变量的增长率是平稳的。经过对数据的上述处理和转化,通过引入技术水平(A_t)的随机冲击,采用 $J_t = [\Delta \log C_t]$ 作为可观测经济变量进行贝叶斯参数估计。

(三)贝叶斯估计过程及其结果

家庭最优化问题及其一阶条件、国有企业和中小(民营)企业的要素需求函数、银行等金融机构和货币当局的决策方式以及市场出清条件共同定义了模型的一般均衡动力系统。

我们在稳态附近进行对数线性化,将该动力系统转化成线性差分方程组,具体推导过程可以向作者索取。根据 Blanchard 和 Kahn(1980),该系统的唯一解可以写成如下状态空间(State Space)的形式:

$$S_t = H_1(\Theta)S_{t-1} + H_2(\Theta)E_t(\zeta_t, \zeta_{t+1}, \cdots) \qquad (7.16)$$

$$J_t = G_1(\Theta)J_{t-1} + G_2(\Theta)E_t(\zeta_t, \zeta_{t+1}, \cdots) \qquad (7.17)$$

其中,S_t 为状态变量,J_t 为控制变量,函数 $E_t(\zeta_t, \zeta_{t+1}, \cdots)$ 表示给定第 t 期的信息,家庭对外冲击的前向预期;外生冲击向量为 $\zeta_t = [A_t]$;系数矩阵 H_1、H_2、G_1、G_2 为模型结构参数 Θ 的函数。于是,通过以上方程组,我们定义了外生冲击下模型在给定参数下的均衡路径,在此基础上通过贝叶斯方法对模型参数进行估计。

所需要估计的结构参数为 $\{\theta; \alpha^S, \alpha^P; \delta^S, \delta^P\}$,分别对应中小(民营)企业的信贷融资约束、国有企业和中小(民营)企业的生产参数和资本折旧参数。第一,关于信贷融资约束参数。θ 表示中小(民营)企业面临的融资约束,其值越小表示中小(民营)企业进行抵押贷款的杠杆率越低,从而受到的融资约束越紧。Worthington(1995)的研究发现美国经济的 θ 值在 0.2 到 0.6 之间,吴化斌等(2011)利用"固定资产投资资金来源"的数据测算 $\theta = 0.5$,我们这里设定其先验分布为 $N(0.67,0.018)$。第二,关于企业生产函数的参数。参数 α_1 和 α_2 分别表示国有资本存量和中小(民营)资本存量的产出份额。虽然我们已经得到了 α_1 和 α_2 的估计值,但是还需要对其稳健性进行检验。参照 Smets 和 Wouters(2003)以及 Rabanal 和 Rubio-Ramirez(2005)的贝叶斯估计方法,分别设定国有资本份额 α_1 服从均值为 0.18 的 Beta 先验分布,中小(民营)资本份额 α_2 服从均值为 0.20 的 Beta 先验分布。第三,关于资本折旧率的参数。同样出于参数稳健性的考虑,我们设定 δ_p 和 δ_g 分别服从均值为 0.10 和 0.04 的 Gamma 先验分布,这表示相对于国有资本的折旧率而言,中小(民营)资本的折旧率更快。

我们使用 MATLAB 的工具包 DYNARE 完成整个估计过程。表 7.2 给出了贝叶斯估计的结果,其中,左边两列为预先设定的先验分布和先验均值,第三列和第四列分别报告后验均值和标准差,最后一列是 95% 的置信区间,这些值都是通过 Metropolis-Hastings 算法模拟 25000 得到的。通过与校准参数值的比照,总体上说,我们的估计结果是十分稳健的。

表 7.2　　　　　　　　模型部分参数的先验分布与后验估计结果

参数	先验分布	先验均值	后验均值	标准差	置信区间
θ	正态	0.67	0.65	0.0180	$[0.6534, 0.6923]$
α_1	Beta	0.18	0.17	0.0014	$[0.1619, 0.2175]$
α_2	Beta	0.20	0.20	0.0015	$[0.1918, 0.2518]$
δ_p	Gamma	0.10	0.09	0.0002	$[0.0941, 0.1499]$
δ_g	Gamma	0.04	0.04	0.0024	$[0.0364, 0.0832]$

二、模型校验

模型经济是对现实经济的高度抽象,在依据模型解释经济现象背后的运行机理之前,我们需要先考察模型的现实解释能力,也就是说,只有与经济现实拟合较好的理论模型才能用于经济现象的解释和分析。于是,在模型结构参数赋值的基础上,我们通过数值模拟来考察模型的现实性,如图 7.6 所示。

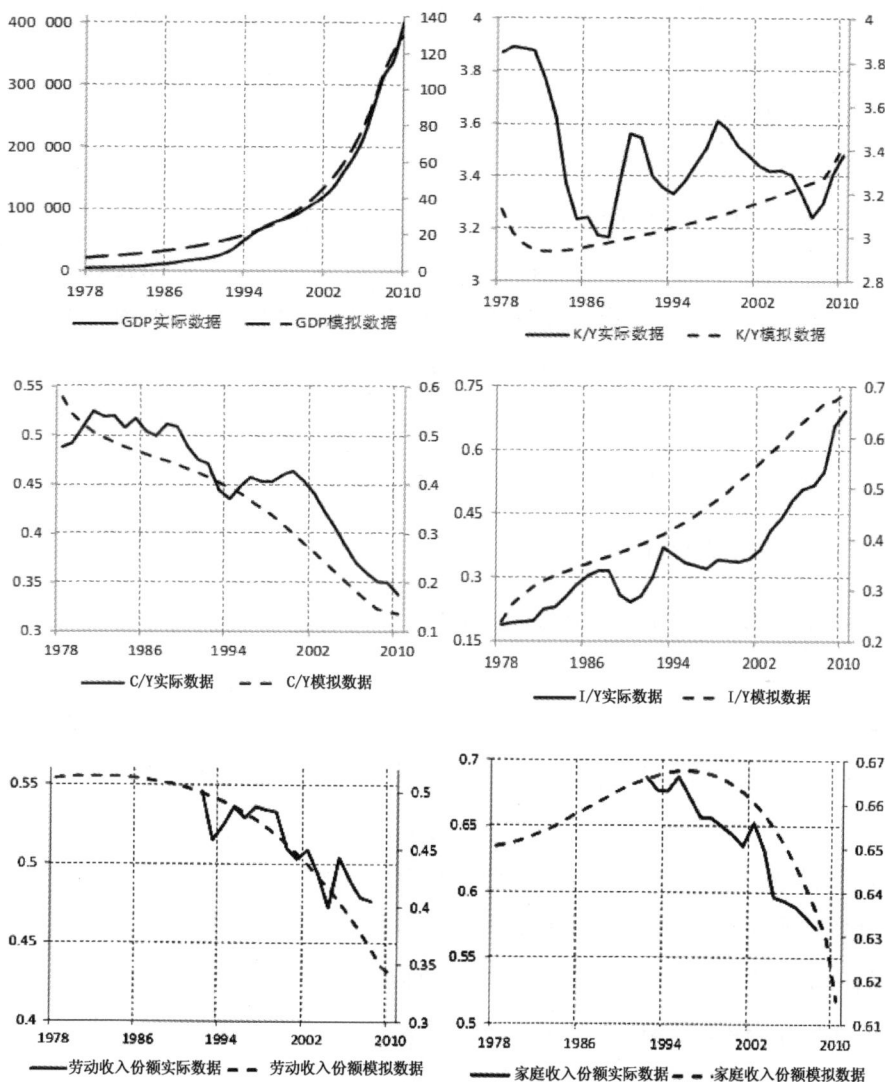

图 7.6 基于数值模拟和经验事实的模型校验(1978~2010 年)

我们主要选取了 GDP、资本产出比、消费产出比、投资产出比以及劳动收入份额和家庭收入份额6个经济变量进行对照。就GDP而言,模型经济和现实经济在增长趋势上相当吻合;就资本产出比而言,模型经济基本上可以刻画现实经济中资本产出比的"先降后升"趋势;就消费产出比和投资产出比而言,模型经济在定性和定量两个维度上均有良好的拟合度。鉴于中国家庭工资性收入的数据缺失,我们主要选取了1992~2008年的劳动收入份额和家庭总收入份额数据,从图7.6中可以看出,模型经济较好地拟合了这一时期内的趋势变动特征。

综上所述,从总体上来看,我们所构建的动态一般均衡模型较好地拟合了中国经济中的相关经验事实,这就为基于理论模型来分析中国长期以来"高储蓄、低消费"的经济现象提供了基础,对此,我们希望知道的是:到底是什么因素造成了中国居民消费的持续低迷? 这背后的经济运行机制又是什么?

三、传导机制分析

中国的金融体制是主银行制,企业主要依赖银行系统为其营运资本融资,而吸纳了大部分就业的中小(民营)企业却存在较强的信贷融资约束。营运资本是企业流动资产的净头寸,用于支付工人工资、保障生产和销售。尽管企业在营运资本和固定投资上都会受到融资约束,但是营运资本所受影响会更大。由于固定投资直接关系到企业生产的连续性和抵押资产的规模,而营运资本的流动性更强,因此,存在信贷融资约束的企业会通过降低营运资本来平滑固定投资,此时的融资约束实际上是对劳动力的变相征税,这就降低了企业雇用劳动力的激励,从而在实际工资和劳动边际产品之间产生了一个"楔子"(wedge),进而导致劳动收入份额减少,而且企业的信贷融资约束越大,其导致的劳动份额就越低。

然而,如果企业将不断增加的利润分配给家庭,劳动收入份额的下降就并不必然导致家庭收入份额的大幅下滑。企业的储蓄占国民可支配收入的比重从1992年的13.3%上升到2009年的22.2%,这意味着企业的大部分

利润被用于内部资本积累并且企业的内源融资呈不断上升的趋势。中国企业的利润很少流入家庭部门,主要是由于以下几个原因:

第一,中国的证券资本市场不发达,上市公司主要由机构投资者和政府所有,营业收入大部分作为利润留存而不是派发股利,家庭难以获得投资回报。第二,政府所有和控股大部分大型企业(央企),但是国有企业较少向政府支付股利(何帆和张明,2007),也就减少了政府部门在教育、医疗和社会保障等方面的支出,通过成本转嫁相应地增加了家庭部门的支出。第三,银行存款是中国家庭的主要投资渠道,但是受存贷款利差管制和通货膨胀的影响,中国的银行业而非家庭获得了超高的回报,家庭的利息收入呈持续下降趋势,根据中国统计年鉴资金流量表提供的数据,居民获得的利息收入从1994年的5.87%下降到2009年的2.65%。第四,融资约束会形成高于正常水平的资本回报。融资约束对资本积累的影响主要表现为:当企业存在融资约束时,企业储蓄额外一单位资本的回报不仅仅在于下一期的资本边际产品,而且可以从融资约束的放松中受益。因此,只要融资约束是紧的,那么,企业进行内部储蓄的回报就会高于资本的边际产品,从而导致更高的资本积累,融资约束下的高投资回报可能是中国投资率居高不下的重要原因。也正是由于企业的高投资回报,使得企业更加不愿意将利润分配给家庭。我们通过资金流量表计算居民部门获得的红利收入发现,1992~2009年,其平均值只占国民(居民)可支配收入的0.15%(0.24%),2007年红利收入占国民(居民)可支配收入的比重达到最大值,不过也只有0.3%(0.51%),因此,红利收入占国民(居民)收入的比重甚微,这也是企业的大量利润未分配的有力证据。正是由于上述原因的存在,企业利润较少流入家庭部门,于是劳动收入份额的下降导致家庭收入份额的下降,最终成为中国居民消费持续低迷的重要原因之一。

由此可见,信贷融资约束影响居民消费的传导路径可以总结为:当面临信贷融资约束时,一方面,企业为了保证生产经营的连续性和获取高投资回报,倾向于通过内部利润留成来积累资本;另一方面,导致企业的营运资本规模有限,在这种情况下,企业倾向于减少劳动力的雇佣或压缩现有员工的工资水平,这两者都对家庭的劳动收入份额造成打压,进而通过财富效应收紧家庭的预算约束,最终导致居民消费支出减少。到目前为止,企业的信贷融资约束是作为经济环境外生给定的,由此提出的问题是:企业的信贷融资约束又是如何形成的呢?

在中国,企业存在信贷融资约束转而通过内部储蓄进行融资的主要原因在于:金融所有制结构和不发达的金融市场,这使得现行的资本市场无法满足企业的投资需求,特别是中小(民营)企业。这种信贷融资约束主要反映了国内目前支持国有企业的融资安排制度,这造成了大量的银行不良贷款和金融风险,又反过来强化了国有企业和国有银行之间的信贷安排。政府信贷指导也是造成企业融资约束的重要原因,"为增长而竞争"的政府通过制定产业战略发展规划,直接引导银行的贷款优先安排,从而造成处于劳动密集型行业的中小(民营)企业难以正常融资。同时,鉴于政府可能改变既定的指导性产业规划,企业就面临着银行是否提供贷款的不确定性,为了规避这种不确定性,企业将寻求利润留成的内部储蓄方式,从而减少了家庭的劳动收入份额。

为了更加直观地考察企业信贷约束与家庭劳动收入份额之间的传导机制,我们采用了货币政策冲击的脉冲反应函数方式,即当央行实施扩张性货币供给向金融系统注入流动性时,如果中小(民营)企业所受到的信贷融资约束(θ)趋紧,家庭劳动收入份额的动态变动情况。对此,我们首先需要给出中国人民银行的货币供给政策规则。

目前,关于中国数量型货币供给规则的估计,国内外的相关研究还相对较少。万解秋和徐涛(2001)分析了中国内生性的货币供给规则,却没有给出相应规则的估计结果;国内对货币政策规则的估计大多集中在利率规则的估计上。Burdekin 和 Siklos(2005)认为中国人民银行执行的是McCallum

规则[1],Liu 和 Zhang(2007)在假设目标名义 GDP 年增长速度 12％(实际 GDP 增长速度 8％＋目标通货膨胀率 4％)的基础上,发现 McCallum 规则无法刻画 1991～2006 年的中国货币供给,特别是在 1997 年之前。Zhang (2009)认为 McCallum 规则在中国失效的原因在于该规则没有刻画预期通货膨胀率,在考虑预期通货膨胀的基础上,Zhang 估计了中国的货币增长率规则:$\nu_t = \iota_1 \times \nu_{t-1} + \iota_2 \times E_t \pi_{t+1} + \iota_3 \times x_t + \chi_{\nu,t}$,其中,$\chi_{\nu,t}$ 服从 AR(1)过程:$\chi_{\nu,t} = \lambda_\nu \times \chi_{\nu,t-1} + \varepsilon_t$。这里,$\nu_t$ 表示货币增长率,$\pi_t \equiv P_t / P_{t-1}$ 表示 t 期的通货膨胀率,$x_t = \hat{y}_t - \hat{y}_t^f$ 表示产出缺口,$\hat{y}_t$ 表示存在粘性价格时的实际产出,$\hat{y}_t^f$ 表示价格自由变动时的实际产出。然而,基于 1992～2006 年的数值模拟发现,该规则不能很好地模拟 1994 年以来的中国货币增长率。定义变量 $\hat{X}_t \equiv \log X_t - \log X$,表示变量 X_t 取对数后对其稳态水平的偏离,我们采用 OLS 估计方法估计的央行货币供给政策规则为:

$$\hat{m}_t = 0.8 \times \hat{m}_{t-1} + \chi_{m,t} \tag{7.18}$$

其中,随机扰动项服从 $\chi_{m,t} \sim N(0.004, 0.27^2)$。式(7.18)表明,货币供给水平政策为服从 AR(1)的随机过程,不存在特定的政策规则。通过将式(7.18)的货币供给冲击代入对数线性化后的竞争性均衡系统[2],就可以分析在不同的信贷融资约束下,家庭劳动收入份额对扩张性货币供给冲击的脉冲反应,如图 7.7 所示。从图 7.7 中可以看出,随着信贷融资约束的不断趋紧(θ 逐渐变小,此时中小(民营)企业的信贷抵押杠杆率降低),家庭的劳动收入份额伴随着明显的动态下降过程。这进一步说明,企业的信贷融资约束是造成中国劳动收入份额持续下降的重要原因,能够较好地解释中国居民消费的持续不振。

综上所述,企业信贷融资约束是造成居民消费不振的重要原因,其传导

---

① 该规则是:$g_t = h_t^* - \Delta V_t + 0.5(h_t^* - h_{t-1})$,其中,$g_t$ 表示名义货币供给增长速度,h_t^* 表示名义 GDP 增长速度,h_t 表示实际 GDP 增长速度,ΔV_t 表示货币流通速度。

② 模型的对数线性化均衡系统详见附录。

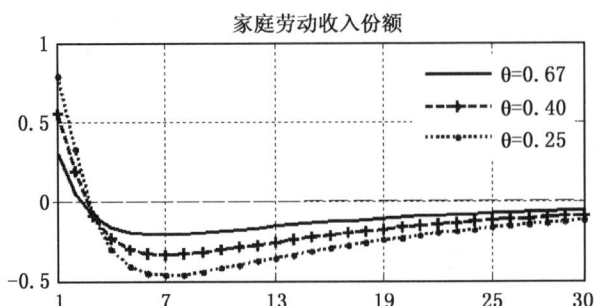

图 7.7 不同信贷融资约束下家庭劳动收入份额对扩张性货币供给冲击的脉冲反应

路径是：面临信贷融资约束的企业，通过利润留成进行内部储蓄，从而降低了家庭劳动收入的份额。重要的是，以国有银行为主的金融所有制结构不仅抑制了金融市场的发展，而且通过政府信贷指导等方式直接形成了中小（民营）企业的融资约束。

第四节 实证分析

现在我们弄清楚了信贷融资约束和居民低消费之间的运行机制，但是造成中国居民低消费的原因实际上是很多的，如人口结构与预防性储蓄（Modigliani 和 Cao，2004；Prasad 和 Rajan，2005），由此提出的问题是：信贷融资约束是否是一个重要的因素以及是影响程度多大的因素呢？ 这就需要给出实证定量分析，从而为政策实施的优先缓急提供参照。

一、计量模型设定

基于理论模型的传导机制分析，我们发现：信贷融资约束导致家庭劳动收入份额下降，进而通过降低家庭收入份额抑制居民消费，于是我们建立如下两个计量方程：

$$LS_{it} = \alpha_0 + \alpha_1 SELFRAISE_{it} + \theta' X_{it} + u_i + \varepsilon_{it} \tag{7.19}$$

$$CR_{it} = \beta_0 + \beta_1 LS_{it} + \theta' Z_{it} + \nu_i + \eta_{it} \tag{7.20}$$

在上面两个方程中,下标 i 代表地区, t 表示时间, LS_{it} 表示劳动收入占比, $SELFRAISE_{it}$ 表示企业自筹资金率,用来度量企业受到的融资约束程度; CR_{it} 表示最终消费率, u_i 、 ν_i 为观察不到的地区效应, ε_{it} 、 η_{it} 为随机扰动项。 X_{it} 是在劳动收入份额方程中的一组控制变量,也是文献中认为可能影响劳动收入份额变化的一些重要因素,包括:人均实际收入,用来表示经济发展程度;资本产出比,用来代表资本深化;人均受教育年限,用来度量人力资本状况;工业增加值占 GDP 的比重,用来反映产业结构变迁的影响;政府财政支出占 GDP 的比重,用来反映政府支出的影响;城市化率,用它反映中国城乡二元结构变化的影响;进出口总额占 GDP 比重即贸易开放度以及外商直接投资占 GDP 的比重,用来反映经济全球化的影响;就业人口占总人口的比重即劳动参与率、城镇就业人口占总就业人口的比重以及国有部门就业人口占总人口的比重 3 个指标,用来反映劳动参与以及就业结构对劳动收入占比的影响;此外,我们还控制劳均产出水平,用来反映技术进步或劳动生产率的影响。在消费方程中,控制变量 Z_{it} 主要包括经验文献中影响消费率的变量,如人均 GDP、人均 GDP 的增长率、政府财政支出占 GDP 的比重、工业增加值占 GDP 的比重、总抚养系数、城市化率、城乡收入比、劳动参与率、城镇就业人口占总就业人口的比重,以及国有部门就业人口占总人口的比重以及通货膨胀率等。根据前面的分析,应当有 $\alpha_1 < 0, \beta_1 > 0$。

二、数据描述

我们使用的数据是中国 1995~2010 年 29 个省、市、自治区的面板数据。我们使用省级收入法计算劳动收入份额,根据《中国统计年鉴》,GDP 按收入法分成劳动报酬、固定资产折旧、生产税净额和营业盈余四部分。我们将

"劳动报酬所占的比重"（％）定义为劳动收入占比。[①] 我们利用城镇固定资产投资资金来源的分类数据来构造该指标。城镇固定资产投资资金来源包括国家内预算、国内贷款、债券、利用外资、自筹资金和其他资金六项。自筹资金是指建设单位报告期内收到的，用于进行固定资产投资的上级主管部门、地方和事业单位自筹资金，从上述定义可知，自筹资金最为接近投资自有资金（内部融资）的概念。统筹企业受到的外部融资约束越强，其投资需要自筹的资金也相应越多，因此，我们将自筹资金与总资金之比作为企业受到融资约束程度的度量指标。2004～2010 年数据来自中国统计年鉴，其余数据来自分省的统计年鉴相关数据。分省的资本存量数据测算方法主要依据张军等（2004）的方法，并以历年《中国统计年鉴》公布的固定资产投资价格指数作为平减指数（以 1995 年为基期），取折旧率 9.6％推算出 29 个省、区、市 1995～2010 年的固定资本存量，并据此计算出资本产出比。人力资本数据用平均受教育年数近似得到，其中，大专以上计 16 年，高中 12 年，初中 9 年，小学 6 年，文盲 0 年。人口结构变量中的抚养系数直接来自《中国人口统计年鉴》以及《1990 年以来中国常用人口数据集》。进出口总额数据、外商直接投资数据来自《新中国五十五年统计资料汇编》和 2006～2011 年分省统计年鉴，贸易依存度用进出口总额除以支出法 GDP 得到。其他数据均来自《新中国五十五年统计资料汇编》、中经网数据库等统计资料并直接计算得到，个别缺失数据由作者运用插值法计算得出。由于重庆直到 1997 年才从四川分离出来成为直辖市，我们缺少重庆 1997 年以前的数据；另外，西藏一些年份的数据在统计年鉴上也不可得。我们将这两个省市的数据剔除，因此，我们的完全样本数量为 464 个。

[①] 需要指出的是，学术界对于劳动收入占比的计算还存在争议（罗长远，2008），为了保证结论的可信度，我们也尝试使用劳动收入占比的另一定义，即"从 GDP 中扣除生产税净额之后劳动报酬所占的份额"（％）作为被解释变量，最后发现结论变化不大。

表 7.3 　　　　　　　　　　　各变量描述性统计量

变　量	表示	观测数	均值	标准差	最小值	最大值
劳动收入份额(%)	ls	464	47.97694	7.451502	31.45414	66.4922
最终消费率(%)	consratio	464	54.3621	9.200614	29.8887	82.2244
自筹资金占比（%）	selfraise	464	69.75085	8.481158	47.52306	89.89594
人均 GDP 增长率(%)	pgdpgr	464	10.68476	3.2465	2.699997	24.3
人均 GDP	rpgdp	464	12 554.08	11 469.81	1 853	79 745.76
资本产出比	kyratio	464	2.437669	2.479562	.9787031	29.78487
政府支出/GDP(%)	fisrat	464	15.25647	7.209048	4.67901	55.0506
工业/GDP(%)	indrat	464	39.02145	8.169734	11.56877	56.49161
城市化率(%)	urbliz	464	38.52473	16.98922	13.5168	89.08887
贸易依存度(%)	open	464	29.55255	37.8488	3.207362	179.9257
外商直接投资率(%)	fdirate	464	3.353953	3.343865	.0847134	24.251
人力资本	huc	464	7.823526	1.080303	4.692565	11.5
非国有部门就业占比(%)	nonsoe	464	14.85519	8.666583	5.295265	54.65204
城镇就业占比(%)	uempl	464	33.1364	15.87459	11.90371	79.99783
劳动参与率	partic	464	52.3167	6.774802	36.04416	73.24281
劳均产出	techpg	464	2.280573	1.908449	.1608482	13.37407
总抚养系数(%)	dep	464	41.34297	8.243239	20.94823	65.48
城乡收入比	urratio	464	2.933436	0.6252665	1.711866	4.758571
通货膨胀率	infl	464	5.589613	7.018333	−3.2	28.4

　　表 7.3 给出了变量定义与数据的描述性统计量。从样本期数据的描述
性统计可以看出,分省的劳动收入份额、最终消费率、自筹资金占比、人均
GDP、人均 GDP 的增长率、资本产出比以及其他数据均具有较大的变异。
从数据的散点图(见图 7.8 和图 7.9)上可以比较清晰地看出,自筹资金占比
与劳动收入份额两个变量具有明显的反向变动趋势,二者的负相关性十分
明显,而最终消费率与劳动收入占比存在明显的同向变动特征,从数据揭示
的关系来看,这和我们的理论预测相一致。下面我们通过计量分析来检验
和揭示这些变量之间的因果关系。

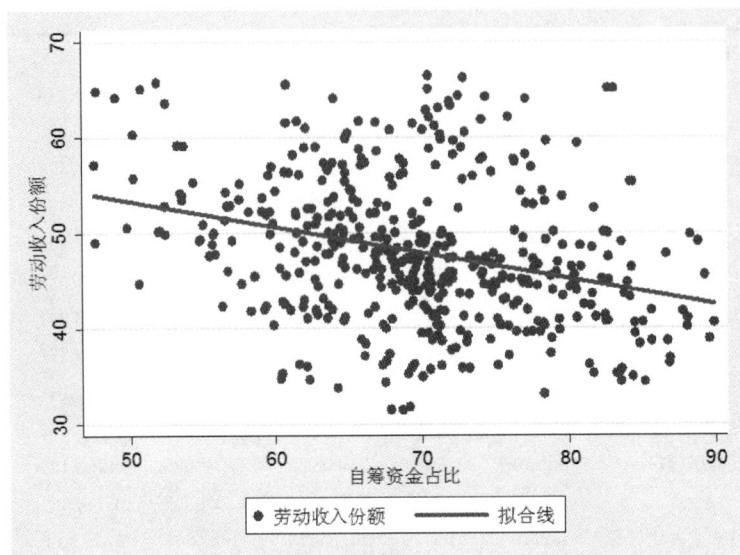

图 7.8　自筹资金占比与劳动收入份额散点图

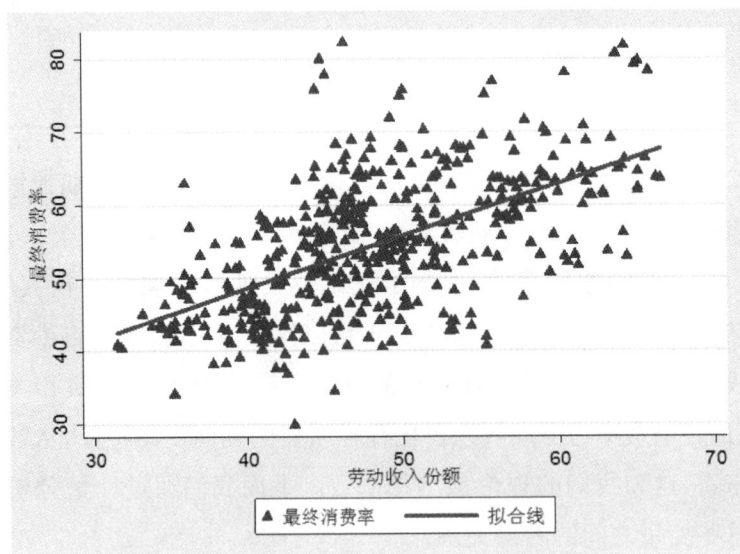

图 7.9　最终消费率与劳动收入份额散点图

三、估计结果

(一)劳动收入份额方程估计结果

由于观察不到的地区效应通常与解释变量相关,因此在我们所有的估计中全部采用固定效应模型。此外,由于数据的时间跨度为 16 年,具有较长的时间维度,因而回归模型在时间上的变异不容忽视,所以在所有回归中都加入了时间哑变量。基于前文的讨论,我们首先用劳动收入份额对文章关注的融资约束变量:企业固定资产投资资金中自筹资金占比变量进行回归,结果见表 7.4 中的估计 1。我们发现:融资约束对劳动收入份额有非常显著的负效应。如果不考虑其他控制因素,企业自筹资金占比每上升一个百分点,劳动收入份额将下降 0.205 个百分点。在后面的估计中,我们进一步控制一些文献中认为主要影响劳动收入份额的因素来探讨我们结果的稳健性。

估计 2 在估计 1 的基础上进一步引入了人均收入水平变量以控制经济发展水平对劳动收入份额的影响(Lee 和 Jayadev,2005;李稻葵等,2009;罗长远和张军,2009a,b)。融资约束变量仍然对劳动收入份额有非常显著的负效应,其估计系数与估计基本相差不大,而且人均收入水平的估计系数非常显著。估计 3 中引入了资本产出比变量,用来控制要素价格与要素投入比或资本深化对要素收入分配的影响(白重恩和钱震杰,2010;罗长远和张军,2009)。融资约束变量的估计系数与估计基本相差不大并且仍然十分显著,人均收入变量仍然不显著,而资本产出比的估计系数显著为负,在一定程度上预示着资本深化对劳动收入占比有显著的负效应,这一结论与白重恩和钱震杰(2010)的结论相似但与罗长远和张军(2009a)的结论相反。

估计 4 引入了人力资本变量,结果发现融资约束变量的系数仍然稳定在 0.21 左右,且非常显著,而人力资本变量的估计系数显著为正,说明人力资本水平的提升有助于提高劳动收入占比,这与罗长远和张军(2009a)的结论相一致。估计 5 引入了工业增加值占 GDP 比重用来反映产业结构变迁对劳动收入份额的影响,结果发现融资约束变量的系数下降到 0.17 左右,但仍然非常显著,工业产值占 GDP 比重前的估计系数显著为负,说明产业结构的变化是劳动收入份额下降的原因。估计 6 进一步控制了政府支出占 GDP 的比重这一变量,结果发现这一变量并不显著,且劳动收入份额的回归系数仍然在 0.17 左右,变化并不大。

估计 7 控制了城市化的影响,结果发现融资约束变量的估计系数为 0.16 左右,略有下降,但仍然非常显著。城市化率的估计系数显著为正,表明在人口从农业部门向非农部门转移的过程中,劳动收入份额随之上升,这与白重恩和钱震杰(2009a)的研究结论并不一致。估计 8 和 9 考虑了经济全球化因素对劳动收入份额的影响,我们先后控制了贸易依存度和外商直接投资占 GDP 的比重两个变量,结果发现融资约束变量的估计系数仍在 0.15 左右,而且仍然非常显著。反映全球化的两个指标的估计结果的显著性不尽相同,这与罗长远、张军(2009a)以及方文全(2011)的研究相一致。

在接下来的估计 10~估计 12 中,我们主要控制了劳动参与以及就业结构对劳动收入份额的影响,我们发现这三个变量对劳动收入占比下降有较好的解释作用。控制了这三个变量后的融资约束变量估计系数下降至 0.135 左右,仍然非常显著。在估计 13 中,我们进一步控制了劳均产出,用这一指标反映劳动生产率或技术进步的影响,结果发现它对劳动收入份额有显著的负向作用,这与中国的技术进步或劳动生产率的增长快于工资增长的经验事实相一致(罗长远和张军,2009a)。

表 7.4　　　　　　　　　　劳动收入份额方程的回归结果

	(1)	(2)	(3)	(4)	(5)	(6)
selfraise	−0.205***	−0.207***	−0.213***	−0.209***	−0.174***	−0.178***
	(0.0421)	(0.0408)	(0.0404)	(0.0403)	(0.0420)	(0.0427)
*rpgdp*95		2.08***	1.97***	1.78***	1.35***	1.26***
		(0.389)	(0.386)	(0.395)	(0.422)	(0.452)

	(1)	(2)	(3)	(4)	(5)	(6)
kyratio			−0.266***	−0.257***	−0.247***	−0.242***
			(0.0797)	(0.0794)	(0.0789)	(0.0795)
huc				1.717**	1.827**	1.848**
				(0.827)	(0.822)	(0.823)
indratio					−0.156***	−0.155***
					(0.0568)	(0.0569)
fisratio						−0.0378
						(0.0662)
_cons	65.52***	64.50***	65.54***	53.58***	56.74***	57.28***
	(2.706)	(2.628)	(2.616)	(6.325)	(6.381)	(6.456)
是否时间哑变量	是	是	是	是	是	是
N	464	464	464	464	464	464
R^2	0.598	0.624	0.634	0.638	0.644	0.644

注:所使用的软件包为 Stata10.0,表格括号中报告的是稳健标准误,***、**、* 分别表示在 1%、5%和 10%水平下显著。

表 7.5　　　　　　　　　劳动收入份额方程的回归结果(续)

	(7)	(8)	(9)	(10)	(11)	(12)	(13)
selfraise	−0.162***	−0.155***	−0.153***	−0.151***	−0.136***	−0.133***	−0.133***
	(0.0428)	(0.0417)	(0.0419)	(0.0413)	(0.0406)	(0.0403)	(0.0403)
*rpgdp*95	1.17***	0.0816	−0.0417	−0.490	−0.873	3.56**	3.56**
	(0.450)	(0.492)	(0.521)	(0.529)	(0.637)	(1.65)	(1.65)
kyratio	−0.250***	−0.285***	−0.271***	−0.249***	−0.264***	−0.426***	−0.426***
	(0.0790)	(0.0772)	(0.0797)	(0.0788)	(0.0772)	(0.0945)	(0.0945)
huc	1.522*	1.413*	1.441*	1.807**	1.229	0.940	0.940
	(0.826)	(0.805)	(0.806)	(0.801)	(0.795)	(0.794)	(0.794)
indratio	−0.161***	−0.0950*	−0.0987*	−0.0820	−0.0687	−0.0313	−0.0313
	(0.0565)	(0.0566)	(0.0569)	(0.0563)	(0.0556)	(0.0565)	(0.0565)
fisratio	0.0147	−0.0126	−0.0131	−0.00485	−0.00347	−0.0161	−0.0161
	(0.0685)	(0.0669)	(0.0670)	(0.0661)	(0.0654)	(0.0650)	(0.0650)

	(7)	(8)	(9)	(10)	(11)	(12)	(13)
urbliz	0.136***	0.125**	0.120**	0.189***	0.101*	0.0788	0.0788
	(0.0504)	(0.0492)	(0.0496)	(0.0525)	(0.0575)	(0.0575)	(0.0575)
tradeshare		0.0630***	0.0644***	0.0426***	0.0266*	0.00832	0.00832
		(0.0129)	(0.0131)	(0.0142)	(0.0145)	(0.0157)	(0.0157)
fdirate			−0.0721	−0.0340	−0.0199	0.0275	0.0275
			(0.100)	(0.0995)	(0.0980)	(0.0985)	(0.0985)
soelabratio				−0.246***	−0.361***	−0.315***	−0.315***
				(0.0682)	(0.0753)	(0.0763)	(0.0763)
partic					0.0302	−0.106	−0.106
					(0.0541)	(0.0711)	(0.0711)
uemplratio					0.257***	0.219***	0.219***
					(0.0593)	(0.0602)	(0.0602)
techgr						−2.560***	−2.560***
						(0.879)	(0.879)
_cons	54.42***	51.92***	52.24***	53.14***	51.00***	60.31***	60.31***
	(6.495)	(6.344)	(6.363)	(6.277)	(6.633)	(7.310)	(7.310)
是否时间哑变量	是	是	是	是	是	是	是
N	464	464	464	464	464	464	464
R^2	0.651	0.670	0.670	0.680	0.695	0.701	0.701

注:所使用的软件包为 Stata10.0,表格括号中报告的是稳健标准误,***、**、*分别表示在 1%、5%和 10%水平下显著。

(二)消费方程估计结果

基于前文的讨论,我们首先用最终消费率对文章关注的劳动收入份额变量进行回归,结果见表 7.6 的估计 1。我们发现:劳动收入份额对最终消费率有非常显著的正效应。如果不考虑其他控制因素,劳动收入占比每下降 1%,最终消费率将下降 0.405%,这是一个非常大的效应。在后面的估计中,我们进一步控制一些通常认为可能影响最终消费率的因素来探讨我们结果的稳健性。

一些文献强调经济增长率是解释消费率(或储蓄率)的一个重要因素

（比如 Modigliani，1970；Higgins 和 Williamson，1997；Loayze 等，2000；Modigliani 和 Cao，2004）。遵循他们的研究思路，我们将人均 GDP 的增长率作为一个控制变量纳入回归方程，估计 2 表明人均 GDP 的增长的确是一个非常重要的解释中国最终消费率变化的因素。控制了人均收入增长率后，劳动收入份额对消费率的影响有所下降，但劳动收入份额每下降 1‰，最终消费率仍将下降 0.327%；在估计 3 中我们控制了实际人均收入水平，我们发现实际收入水平在回归方程中显著，并且劳动收入份额的估计系数下降至 0.288，以上估计结果说明劳动收入份额对消费的影响与经济增长和经济发展的阶段不无关系。

为了克服由于遗漏变量而可能造成的内生性问题。我们在回归方程中进一步控制了可能影响最终消费率的其他潜在变量：政府财政支出占 GDP 的比例、工业 GDP 占 GDP 的比例、人口总抚养系数、城市化率、城乡收入比、劳动参与率、国有部门就业人口占总人口的比重、城镇就业人口占总就业人口的比重以及通货膨胀率等。后续估计显示，原有的解释变量仍然显著，而且新加入的控制变量，特别是政府财政支出占 GDP 的比例、工业 GDP 占 GDP 的比例、城市化率以及国有部门就业人口占总人口的比重这两个变量确实对消费率具有解释作用。我们还发现，控制这些因素后，劳动收入份额对消费率的影响下降到 0.14 左右。如果将新增的解释变量和人均收入增长率作为广义的收入变量，那么劳动收入份额对消费的影响源自收入的增长效应的部分变得更大。在上述消费方程识别下，从整体的估计结果来看，我们的估计结果具有相当高的稳健性。①

基于以上实证结果，我们认为 90 年代中期以来，不发达的金融部门和持续增加的企业融资困难能够非常好地解释其与居民收入和消费的同步变化。我们认为，从 90 年代中期以来，金融环境的变化导致劳动收入份额下

---

① 家庭劳动收入份额和消费作为经济系统中两个紧密关联的变量，估计的两个方程之间可能存在系统内生性问题，为此，我们用似乎不相关方法将两个方程构成的系统进行了重新估计，所得到的结果基本类似。对此，我们将这个系统估计的结果放在了附录中。

降。在面对家庭收入份额减少时,理性的消费者选择的消费方式与宏观数据看到的消费在国民收入中比重下降相一致。

表7.6　　　　　　　　　　　　　消费方程的回归结果

	(1)	(2)	(3)	(4)	(5)	(6)
laborshare	0.405***	0.327***	0.288***	0.283***	0.214***	0.214***
	(0.0543)	(0.0518)	(0.0516)	(0.0508)	(0.0483)	(0.0484)
pgdpgr		−0.646***	−0.473***	−0.528***	−0.427***	−0.429***
		(0.0835)	(0.0911)	(0.0908)	(0.0858)	(0.0861)
rpgdp95			2.09***	2.63***	1.74***	1.75***
			(0.483)	(0.497)	(0.477)	(0.478)
fisratio				0.268***	0.234***	0.229***
				(0.0711)	(0.0665)	(0.0677)
indratio					−0.448***	−0.444***
					(0.0569)	(0.0577)
dep						0.0275
						(0.0682)
_cons	35.23***	46.10***	45.24***	43.07***	63.42***	61.93***
	(2.965)	(3.112)	(3.055)	(3.062)	(3.852)	(5.353)
是否时间哑变量	是	是	是	是	是	是
N	464	464	464	464	464	464
R^2	0.476	0.541	0.561	0.575	0.631	0.631

注:所使用的软件包为Stata10.0,表格括号中报告的是稳健标准误,***、**、* 分别表示在1%、5%和10%水平下显著。

表7.7　　　　　　　　　　　　消费方程的回归结果(续)

	(7)	(8)	(9)	(10)	(11)	(12)	(13)
laborshare	0.201***	0.202***	0.163***	0.163***	0.143***	0.143***	0.143***
	(0.0488)	(0.0489)	(0.0500)	(0.0502)	(0.0516)	(0.0517)	(0.0517)
pgdpgr	−0.429***	−0.422***	−0.447***	−0.446***	−0.426***	−0.426***	−0.426***
	(0.0858)	(0.0864)	(0.0859)	(0.0868)	(0.0875)	(0.0878)	(0.0878)

续表

	(7)	(8)	(9)	(10)	(11)	(12)	(13)
$rpgdp95$	1.70***	1.64***	0.956*	0.976	0.596	0.593	0.593
	(0.478)	(0.485)	(0.531)	(0.639)	(0.678)	(0.694)	(0.694)
$fisratio$	0.256***	0.261***	0.267***	0.267***	0.254***	0.254***	0.254***
	(0.0693)	(0.0696)	(0.0690)	(0.0698)	(0.0701)	(0.0708)	(0.0708)
$indratio$	−0.445***	−0.445***	−0.418***	−0.417***	−0.415***	−0.415***	−0.415***
	(0.0576)	(0.0576)	(0.0578)	(0.0581)	(0.0580)	(0.0582)	(0.0582)
dep	0.0452	0.0421	0.0482	0.0471	0.0479	0.0478	0.0478
	(0.0688)	(0.0690)	(0.0684)	(0.0709)	(0.0708)	(0.0710)	(0.0710)
$urbliz$	0.0900*	0.0901*	0.151***	0.149**	0.122*	0.122*	0.122*
	(0.0518)	(0.0518)	(0.0551)	(0.0611)	(0.0633)	(0.0636)	(0.0636)
$urratio$		−0.312	−0.316	−0.315	−0.342	−0.342	−0.342
		(0.406)	(0.402)	(0.403)	(0.402)	(0.403)	(0.403)
$soelabratio$			−0.202***	−0.201***	−0.252***	−0.253***	−0.253***
			(0.0671)	(0.0707)	(0.0772)	(0.0784)	(0.0784)
$partic$				0.00344	−0.0112	−0.0113	−0.0113
				(0.0589)	(0.0595)	(0.0597)	(0.0597)
$uemplratio$					0.105	0.105	0.105
					(0.0640)	(0.0647)	(0.0647)
$infl$						−0.00167	−0.00167
						(0.0770)	(0.0770)
$\_cons$	59.01***	59.68***	63.83***	63.69***	64.00***	64.03***	64.03***
	(5.597)	(5.668)	(5.780)	(6.273)	(6.263)	(6.451)	(6.451)
是否时间哑变量	是	是	是	是	是	是	是
N	464	464	464	464	464	464	464
R^2	0.633	0.634	0.642	0.642	0.644	0.644	0.644

注：所使用的软件包为 Stata10.0，表格括号中报告的是稳健标准误，***、**、* 分别表示在 1%、5% 和 10% 水平下显著。

第五节　本章结论与政策启示

基于中小(民营)企业融资约束收紧、国民收入中劳动收入份额与消费率同步下降的中国宏观经济特征事实,本章从企业的异质性及其面临的金融环境差异出发,构建了一个包含国有和中小(民营)两类企业,且后者面临借贷约束与投资扭曲的动态一般均衡模型,在校验模型现实解释能力的基础上进行传导机制分析与实证研究。我们的理论与实证揭示了如下现实:20 世纪 90 年代中期以来,金融环境变化所导致的企业微观行为变动是中国劳动收入份额和消费率同时下降的重要原因。

中国金融所有制结构和不发达的金融市场使得现行的资本市场无法满足企业投资需求,特别是中小(民营)企业。这种信贷融资约束主要反映了国内目前支持国有企业的融资安排制度,这造成了大量的银行不良贷款和金融风险,又反过来强化了国有企业和国有银行之间的信贷安排。政府信贷指导也是造成企业融资约束的重要原因,"为增长而竞争"的政府通过制定产业战略发展规划,直接引导银行的贷款优先安排,从而造成处于劳动密集型行业的中小(民营)企业难以正常融资。同时,鉴于政府可能改变既定的指导性产业规划,企业就面临着银行是否提供贷款的不确定性。当面临信贷融资约束时,一方面,中小(民营)企业为了保证生产经营的连续性,倾向于通过内部利润留成来积累资本;另一方面,导致中小(民营)企业的营运资本规模有限,在这种情况下,中小(民营)企业倾向于减少劳动力的雇用或压缩现有员工的工资水平,这两者都对家庭的劳动收入份额造成打压。在面对家庭收入份额减少时,理性消费者选择的消费方式与宏观数据中消费在国民收入中比重的下降相一致。

"后危机"时代,"调结构、扩内需、惠民生"成为中国政府对未来经济发展的重要承诺,中国金融市场的扭曲导致要素收入分配格局向不利于居民部门方向变化,这将直接影响到内需的变化、经济结构调整的成败和社会福利水平的提高。因此,改革中国的金融体系、缓解企业的融资约束对平衡中国的经济增长极其重要。

此外,我们还需要说明的是,这是在动态一般均衡框架下对中国的金融市场环境、收入的要素分配和消费的联动机制所作的一种经济学解释,它并不排除从其他视角或者在其他分析框架下所得到的结论和观点。

第六节 附 录

一、回归附录:似不相关估计结果

	被解释变量:劳动收入份额(laborshare)		
解释变量	似乎不相关法 (FGLS)	似乎不相关法 (IFGLS)	固定效应 (FE)
selfraise	−0.137***	−0.0823***	−0.133***
	(0.0376)	(0.0231)	(0.0403)
rpgdp95	0.000412***	0.000482***	3.56**
	(0.000154)	(0.000104)	(1.65)
kyratio	−0.454***	−0.370***	−0.426***
	(0.0883)	(0.0544)	(0.0945)
huc	0.987	0.822*	0.940
	(0.741)	(0.458)	(0.794)
indratio	−0.0235	−0.0418	−0.0313
	(0.0529)	(0.0506)	(0.0565)
fisratio	−0.0205	−0.0167	−0.0161
	(0.0608)	(0.0597)	(0.0650)
urbliz	0.0732	0.0711	0.0788
	(0.0539)	(0.0532)	(0.0575)
tradeshare	0.00918	0.00847	0.00832
	(0.0146)	(0.00889)	(0.0157)

被解释变量:劳动收入份额(laborshare)			
解释变量	似乎不相关法 (FGLS)	似乎不相关法 (IFGLS)	固定效应 (FE)
fdirate	0.0206	−0.0492	0.0275
	(0.0919)	(0.0576)	(0.0985)
soelabratio	−0.300***	−0.291***	−0.315***
	(0.0714)	(0.0667)	(0.0763)
partic	−0.125*	−0.157***	−0.106
	(0.0665)	(0.0565)	(0.0711)
uemplratio	0.209***	0.205***	0.219***
	(0.0564)	(0.0545)	(0.0602)
techgr	−2.912***	−3.421***	−2.560***
	(0.821)	(0.503)	(0.879)
_cons	46.79***	47.75***	60.31***
	(8.633)	(6.642)	(7.310)
是否时间与地区哑变量	是	是	是
N	464	464	464
R^2	0.844	0.842	0.701

被解释变量:消费率(consratio)			
解释变量	似乎不相关法 (FGLS)	似乎不相关法 (IFGLS)	固定效应 (FE)
laborshare	0.223***	1.402***	0.143***
	(0.0484)	(0.0470)	(0.0517)
pgdpgr	−0.424***	−0.385***	−0.426***
	(0.0821)	(0.0780)	(0.0878)
rpgdp95	0.0000648	0.000141	0.593
	(0.0000651)	(0.0000971)	(0.694)
fisratio	0.250***	0.183*	0.254***
	(0.0664)	(0.101)	(0.0708)
indratio	−0.404***	−0.239***	−0.415***
	(0.0545)	(0.0840)	(0.0582)

续表

解释变量	似乎不相关法 (FGLS)	似乎不相关法 (IFGLS)	固定效应 (FE)
dep	0.0534	0.124*	0.0478
	(0.0664)	(0.0664)	(0.0710)
$urbliz$	0.112*	−0.0382	0.122*
	(0.0597)	(0.0911)	(0.0636)
$urratio$	−0.330	−0.169	−0.342
	(0.377)	(0.357)	(0.403)
$soelabratio$	−0.218***	0.290***	−0.253***
	(0.0735)	(0.111)	(0.0784)
$partic$	−0.0145	−0.0604	−0.0113
	(0.0560)	(0.0854)	(0.0597)
$uemplratio$	0.0810	−0.273***	0.105
	(0.0607)	(0.0921)	(0.0647)
$infl$	−0.00259	−0.0391	−0.00167
	(0.0720)	(0.0685)	(0.0770)
$\_cons$	45.18***	−1.975	64.03***
	(6.968)	(9.567)	(6.451)
是否时间与地区哑变量	是	是	是
N	464	464	464
R^2	0.877	0.700	0.644
$B-P$ 独立性检验的 P 值	0.0809	0.0000	

注:所使用的软件包为 Stata12.0,表格括号中报告的是稳健标准误,***、**、* 分别表示在1%、5%和10%水平下显著。表格中报告的是运用似乎不相关法将劳动收入份额与消费两个方程联合进行估计与运用固定效应方法进行估计的结果,估计1给出的是似乎不相关法两步估计的结果,估计2给出的是似乎不相关法迭代多次直到参数的估计值收敛的估计结果。表格中给出了两个方程独立的 Breusch-Pagan 检验的 P 值。Breusch-Pagan 检验的原假设是:两个方程的扰动项不相关,其协方差矩阵是对角阵,如果检验得到的 P 值很小,则拒绝原假设,使用似乎不相关方法对两个方程进行联合估计是必要的。

二、数学附录:模型求解与均衡系统

我们所构建的理论模型既包含经济增长也包含经济波动,于是,我们首先需要通过模型的去趋势过程,在将模型经济区分为增长部分和波动部分的基础上进行数值模拟,这一处理方法不仅在技术上更加容易实现,而且容易扩展为标准的动态随机一般均衡系统(DSGE),从而为接下来的研究提供基础。最后,我们给出了模型经济的均衡系统。

(一)模型的去趋势处理

根据模型经济的增长速度($n_{t+1} + g_{t+1}$),我们定义:$k_{t-1}^S = K_{t-1} / (A_t N_t)$,$k_{t-1}^P = K_t^P / (A_t N_t)$,$d_t = D_t / (A_t N_t)$,$c_t = C_t / (A_t N_t) = \tilde{c}_t / A_t$,$y_t = Y_t / (A_t N_t)$,$y_t^S = Y_t^S / (A_t N_t)$,$y_t^P = Y_t^P / (A_t N_t)$,$w_t^S = W_t^S / A_t$,$w_t^P = W_t^P / A_t$,$m_t = M_t / (A_{t+1} N_{t+1})$,$\pi_t^S = \Pi_t^S / (A_t N_t)$,$\pi_t^P = \Pi_t^P / (A_t N_t)$,$i_t^S = I_t^S / (A_t N_t)$,$i_t^P = I_t^P / (A_t N_t)$。

值得注意的是,根据 $X_t = M_t - M_{t-1}$ 可知,$X_t / M_{t-1} = M_t - M_{t-1} / M_{t-1} \Rightarrow X_t / M_{t-1} = z_t - 1$,这意味着 X_t 和 M_{t-1} 具有相同的增长速度;根据 $D_t + X_t = W_t^S L_t^S + W_t^P L_t^P + \varepsilon_t I_t^S$ 可知,D_t 和 X_t 具有相同的增长速度($n_t + g_t$)。因此,X_t、M_{t-1} 和 D_t 具有相同的经济增长速度($n_t + g_t$),满足 $n_t + g_t = z_t - 1$,即净货币增长率等于由人口增速和技术水平增速所决定的经济增长速度,这一点与货币数量论的基本结论一致,即 $\tilde{M}_t V_t = P_t Y_t \Rightarrow \tilde{M}_t / P_t \times V_t = Y_t \Rightarrow M_t V_t = Y_t$,这里的 $\tilde{M}_t$ 为名义货币余额,由此可得:$\dot{M}_t / M_t + \dot{V}_t / V_t = \dot{Y}_t / Y_t$,即 $z_t - 1 = n_t + g_t - v_t$,这里的 v_t 为货币流通速度,我们模型中假设每一期的货币流通 1 次,即 $v_t = 0$。

1. 家庭部门

$$\max_{\langle \tilde{c}_t, \theta_t^S, \theta_t^P, M_t, D_t \rangle} E_t \sum_{t=0}^{\infty} \beta^t N_t \left[\log(\tilde{c}_t - h\tilde{c}_{t-1}) - \phi\Phi(\theta_t^S h_0^S, \theta_t^P h_0^P) \right]$$

s.t $N_t \tilde{c}_t + M_t + D_t \leqslant (\theta_t^S W_t^S h_0^S + \theta_t^P W_t^P h_0^P) N_t + (1 + r_{t-1}^d) D_{t-1} + \Pi_t^S + \Pi_t^P + B_t + M_{t-1}$

$$\Rightarrow \max_{\{c_t, \theta_t^S, \theta_t^P, M_t, D_t\}} E_t \sum_{t=0}^{\infty} \beta^t N_t \left[\log(A_t c_t - hA_{t-1}c_{t-1}) - \phi\Phi(\theta_t^S h_0^S, \theta_t^P h_0^P) \right]$$

s. t
$$\frac{N_t \widetilde{c_t}}{A_t N_t} + \frac{M_t}{A_{t+1} N_{t+1}} \frac{A_{t+1} N_{t+1}}{A_t N_t} + \frac{D_t}{A_t N_t} \leqslant (\theta_t^S W_t^S h_0^S + \theta_t^P W_t^P h_0^P) \frac{N_t}{A_t N_t}$$

$$+ (1 + r_{t-1}^d) \frac{D_{t-1}}{A_{t-1} N_{t-1}} \frac{A_{t-1} N_{t-1}}{A_t N_t} + \frac{\Pi_t^S}{A_t N_t} + \frac{\Pi_t^P}{A_t N_t} + \frac{B_t}{A_t N_t} + \frac{M_{t-1}}{A_t N_t}$$

$$\max_{\{c_t, \theta_t^S, \theta_t^P, M_t, D_t\}} E_t \sum_{t=0}^{\infty} \beta^t N_t \left[\log A_{t-1} \left(\frac{A_t}{A_{t-1}} c_t - hc_{t-1} \right) - \phi\Phi(\theta_t^S h_0^S, \theta_t^P h_0^P) \right]$$

$\Rightarrow$ s. t
$$\frac{C_t}{A_t N_t} + g_{t+1} n_{t+1} m_t + d_t \leqslant \theta_t^S \frac{W_t^S}{A_t} h_0^S + \theta_t^P \frac{W_t^P}{A_t} h_0^P \qquad (1)$$

$$+ (1 + r_{t-1}^d)(g_t n_t)^{-1} d_{t-1} + \pi_t^S + \pi_t^P + b_t + m_{t-1}$$

$$\Rightarrow \max_{\{c_t, \theta_t^S, \theta_t^P, M_t, D_t\}} E_t \sum_{t=0}^{\infty} \beta^t N_t \left[\log A_{t-1} + \log(g_t c_t - hc_{t-1}) - \phi\Phi(\theta_t^S h_0^S, \theta_t^P h_0^P) \right]$$

s. t
$$c_t + g_{t+1} n_{t+1} m_t + d_t \leqslant \theta_t^S w_t^S h_0^S + \theta_t^P w_t^P h_0^P + (1 + r_{t-1}^d)(g_t n_t)^{-1} d_{t-1}$$

$$+ \pi_t^S + \pi_t^P + b_t + m_{t-1}$$

即：

$$\max_{\{c_t, \theta_t^S, \theta_t^P, m_t, d_t\}} E_t \sum_{t=0}^{\infty} \beta^t N_t \left[\log A_{t-1} + \log(g_t c_t - hc_{t-1}) - \phi\Phi(\theta_t^S h_0^S, \theta_t^P h_0^P) \right]$$

s. t
$$c_t + g_{t+1} n_{t+1} m_t + d_t \leqslant \theta_t^S w_t^S h_0^S + \theta_t^P w_t^P h_0^P + (1 + r_{t-1})(g_t n_t)^{-1} d_{t-1}$$

$$+ \pi_t^S + \pi_t^P + b_t + m_{t-1}$$

$$(2)$$

2. 企业部门

(1)国有企业

$$\max_{\{K_t^S, L_t^S\}} E_t \sum_{t=0}^{\infty} \lambda^t \Pi_t^S = E_t \sum_{t=0}^{\infty} \lambda^t \{(K_{t-1}^S)^{\alpha_t}(A_t L_t^S)^{1-\alpha_t}$$

$$- (1 + r_t^l)(1 - \mu_t^s)(W_t^S L_t^S + \varepsilon_t I_t^S)\}$$

s. t $prob(I_t^S > 0) = \varepsilon_t \qquad (3)$

$$\Rightarrow \Pi_t^S = (K_{t-1}^S)^{\alpha_r} (A_t L_t^S)^{1-\alpha_r} - (1+r_t^l)(1-\mu_t^s)$$
$$[W_t^S L_t^S + \varepsilon_t (K_t^S - (1-\delta^s) K_{t-1}^S)]$$

$$\Rightarrow \frac{\Pi_t^S}{A_t N_t} = \left(\frac{K_{t-1}^S}{A_t N_t}\right)^{\alpha_r} \left(\frac{A_t L_t^S}{A_t N_t}\right)^{1-\alpha_r} - (1+r_t^l)(1-\mu_t^s)$$
$$\left[W_t^S \frac{L_t^S}{A_t N_t} + \varepsilon_t \left(\frac{K_t^S}{A_{t+1} N_t} \frac{A_{t+1} N_{t+1}}{A_t N_t} - (1-\delta^s) \frac{K_{t-1}^S}{A_t N_t}\right)\right]$$

$$\Rightarrow \pi_t^S = (k_{t-1}^S)^{\alpha_r} \left(\frac{L_t^S}{N_t}\right)^{1-\alpha_r} - (1+r_t^l)(1-\mu_t^s)$$
$$\left[W_t^S \frac{L_t^S}{A_t N_t} + \varepsilon_t (g_{t+1} n_{t+1} k_t^S - (1-\delta^s) k_{t-1}^S)\right]$$

$$\Rightarrow \pi_t^S = (k_{t-1}^S)^{\alpha_r} \left(\frac{\theta_t^S h_0^S N_t}{N_t}\right)^{1-\alpha_r} - (1+r_t^l)(1-\mu_t^s)$$
$$\left[\frac{W_t^S}{A_t} \frac{\theta_t^S h_0^S N_t}{N_t} + \varepsilon_t (g_{t+1} n_{t+1} k_t^S - (1-\delta^s) k_{t-1}^S)\right]$$

$$\Rightarrow \pi_t^S = (k_{t-1}^S)^{\alpha_r} (\theta_t^S h_0^S)^{1-\alpha_r} - (1+r_t^l)(1-\mu_t^s)$$
$$[w_t^S \theta_t^S h_0^S + \varepsilon_t (g_{t+1} n_{t+1} k_t^S - (1-\delta^s) k_{t-1}^S)]$$

即：

$$\max_{\{k_t^S, \theta_t^S\}} E_t \sum_{t=0}^{\infty} \lambda^t \pi_t^S = E_t \sum_{t=0}^{\infty} \lambda^t \{(k_{t-1}^S)^{\alpha_r} (\theta_t^S h_0^S)^{1-\alpha_r} - (1+r_t^l)(1-\mu_t^s)$$
$$[w_t^S \theta_t^S h_0^S + \varepsilon_t (g_{t+1} n_{t+1} k_t^S - (1-\delta^s) k_{t-1}^S)]\}$$

国有企业的生产函数：

$$Y_t^S = (K_{t-1}^S)^{\alpha_r} (A_t L_t^S)^{1-\alpha_r} ; L_t^S = h_0^S \theta_t^S N_t$$

$$\Rightarrow \frac{Y_t^S}{A_t N_t} = \left(\frac{K_{t-1}^S}{A_t N_t}\right)^{\alpha_r} \left(\frac{A_t h_0^S \theta_t^S N_t}{A_t N_t}\right)^{1-\alpha_r}$$

$$\Rightarrow y_t^S = (k_{t-1}^S)^{\alpha_r} (\theta_t^S h_0^S)^{1-\alpha_r} \qquad (4)$$

国有企业的资本累计方程：

$$i_t^S = g_{t+1} n_{t+1} k_t^S - (1-\delta^s) k_{t-1}^S \qquad (5)$$

（2）中小（民营）企业

$$\max_{\{K_t^P, L_t^P\}} E_t \sum_{t=0}^{\infty} \lambda^t \Pi_t^P = E_t \sum_{t=0}^{\infty} \lambda_t \left[(K_{t-1}^P)^{\alpha_p} (\omega A_t L_t^P)^{1-\alpha_p} \right.$$
$$\left. - (1+r_t^l)(1-\mu_t^p) W_t^P L_t^P - I_t^P \right]$$

s.t $\quad (1+r_t^l) W_t^P L_t^P \leqslant \theta_t K_{t-1}^P$

$$\Rightarrow \max_{\{KP, LP\}} E_t \sum_{t=0}^{\infty} \lambda^t \frac{\Pi_t^P}{A_t N_t} = E_t \sum_{t=0}^{\infty} \lambda^t \left[\begin{array}{l} \left(\dfrac{K_{t-1}^P}{A_t N_t}\right)^{\alpha_p} \left(\dfrac{\omega A_t L_t^P}{A_t N_t}\right)^{1-\alpha_p} - (1+r_t^l)(1-\mu_t^p) \dfrac{W_t^P L_t^P}{A_t N_t} \\ - \left(\dfrac{K_t^P}{A_{t+1} N_{t+1}} \dfrac{A_{t+1} N_{t+1}}{A_t N_t} - (1-\delta^P) \dfrac{K_{t-1}^P}{A_t N_t}\right) \end{array} \right]$$

s.t $\quad (1+r_t^l) \dfrac{W_t^P L_t^P}{A_t N_t} \leqslant \theta_t \dfrac{K_{t-1}^P}{A_t N_t}$

$$\Rightarrow \max_{\{K_t^P, L_t^P\}} E_t \sum_{t=0}^{\infty} \lambda^t \pi_t^P = E_t \sum_{t=0}^{\infty} \lambda^t \left[\begin{array}{l} (k_{t-1}^P)^{\alpha_p} \left(\dfrac{\omega L_t^P}{N_t}\right)^{1-\alpha_p} - (1+r_t^l)(1-\mu_t^p) \dfrac{W_t^P L_t^P}{A_t N_t} \\ - (g_{t+1} n_{t+1} k_t^P - (1-\delta^P) k_{t-1}^P) \end{array} \right]$$

s.t $\quad (1+r_t^l) \dfrac{W_t^P L_t^P}{A_t N_t} \leqslant \theta_t k_{t-1}^P$

$$\Rightarrow \max_{\{K_t^P, L_t^P\}} E_t \sum_{t=0}^{\infty} \lambda^t \pi_t^P = \sum_{t=0}^{\infty} \lambda^t \left[\begin{array}{l} (k_{t-1}^P)^{\alpha_p} \left(\dfrac{\omega \theta_t^P h_0^P N_t}{N_t}\right)^{1-\alpha_p} \\ - (1+r_t^l)(1-\mu_t^p) w_t^P \dfrac{\theta_t^P h_0^P N_t}{N_t} \\ - (g_{t+1} n_{t+1} k_t^P - (1-\delta^P) k_{t-1}^P) \end{array} \right]$$

s.t $\quad (1+r_t^l) \dfrac{w_t^P \theta_t^P h_0^P N_t}{N_t} \leqslant \theta_t k_{t-1}^P$

$$\Rightarrow \max_{\{k_t^P, \theta_t^P\}} E_t \sum_{t=0}^{\infty} \lambda^t \pi_t^P = \sum_{t=0}^{\infty} \lambda^t \left[\begin{array}{l} (k_{t-1}^P)^{\alpha_p} (\omega \theta_t^P h_0^P)^{1-\alpha_p} \\ - (1+r_t^l)(1-\mu_t^p) w_t^P \theta_t^P h_0^P \\ - (g_{t+1} n_{t+1} k_t^P - (1-\delta^P) k_{t-1}^P) \end{array} \right] \qquad (6)$$

s.t $\quad (1+r_t^l) w_t^P \theta_t^P h_0^P \leqslant \theta_t k_{t-1}^P$

即：

$$\max_{\langle k_t^P, \theta_t^P \rangle} E_t \sum_{t=0}^{\infty} \lambda^t \pi_t^P = E_t \sum_{t=0}^{\infty} \lambda^t \big[(k_{t-1}^P)^{\alpha_P} (\omega \theta_t^P h_0^P)^{1-\alpha_P} - (1+r_t^l)(1-\mu_t^P)$$
$$w_t^P \theta_t^P h_0^P - (g_{t+1} n_{t+1} k_t^P - (1-\delta^P) k_{t-1}^P) \big]$$

s. t $\quad (1+r_t^l) w_t^P \theta_t^P h_0^P \leqslant \theta_t k_{t-1}^P$

中小(民营)企业的生产函数和资本累积方程:

$$y_t^P = (k_{t-1}^P)^{\alpha_P} (\omega \theta_t^P h_0^P)^{1-\alpha_P} \tag{7}$$

$$i_t^P = g_{t+1} n_{t+1} k_t^P - (1-\delta^P) k_{t-1}^P \tag{8}$$

3. 金融机构和货币当局

银行的可贷资金(loanable funds)包括:居民净储蓄存款($D_t - D_{t-1}$)和央行新增货币供给(X_t);贷款去向:国有企业和中小(民营)企业的运营资本贷款($W_t^S L_t^S + W_t^P L_t^P$),国有企业的投资贷款:$\varepsilon_t I_t^S + (1-\varepsilon_t) \times 0 = \varepsilon_t I_t^S$,利率为$r_t^l$。于是,可以得到金融机构的利润为:

$$B_t = r_t^l ((1-\mu_t^S) W_t^S L_t^S + (1-\mu_t^P) W_t^P L_t^P + \varepsilon_t I_t^S) - r_{t-1}^d D_{t-1}$$

$$\Rightarrow \frac{B_t}{A_t N_t} = r_t^l \left((1-\mu_t^S) \frac{W_t^S L_t^S}{A_t N_t} + (1-\mu_t^P) \frac{W_t^P L_t^P}{A_t N_t} + \varepsilon_t \frac{I_t^S}{A_t N_t} \right) - r_{t-1}^d \frac{D_{t-1}}{A_t N_t}$$

$$\Rightarrow b_t = r_t^l ((1-\mu_t^S) w_t^S h_0^S \theta_t^S + (1-\mu_t^P) w_t^P h_0^P \theta_t^P + \varepsilon_t i_t^S) - r_{t-1}^d (g_t n_t)^{-1} d_{t-1}$$

即:$b_t = r_t^l ((1-\mu_t^S) w_t^S h_0^S \theta_t^S + (1-\mu_t^P) w_t^P h_0^P \theta_t^P + \varepsilon_t i_t^S) - r_{t-1}^d (g_t n_t)^{-1} d_{t-1}$

金融市场的出清条件:

$$D_t - D_{t-1} + X_t = W_t^S L_t^S + W_t^P L_t^P + \varepsilon_t I_t^S$$

$$\Rightarrow \frac{D_t}{A_t N_t} - \frac{D_{t-1}}{A_{t-1} N_{t-1}} \frac{A_{t-1} N_{t-1}}{A_t N_t} + \frac{X_t}{A_t N_t} = \frac{W_t^S L_t^S}{A_t N_t} + \frac{W_t^P L_t^P}{A_t N_t} + \varepsilon_t \frac{I_t^S}{A_t N_t}$$

$$\Rightarrow d_t - (g_t n_t)^{-1} d_{t-1} + x_t = w_t^S h_0^S \theta_t^S + w_t^P h_0^P \theta_t^P + \varepsilon_t i_t^S$$

即:$d_t - (g_t n_t)^{-1} d_{t-1} + x_t = w_t^S h_0^S \theta_t^S + w_t^P h_0^P \theta_t^P + \varepsilon_t i_t^S$

货币政策当局负责发行货币:

$$X_t = M_t - M_{t-1} \Rightarrow \frac{X_t}{A_t N_t} = \frac{M_t}{A_t N_t} - \frac{M_{t-1}}{A_t N_t} \Rightarrow x_t = \frac{M_t}{M_{t-1}} \frac{M_{t-1}}{A_t N_t} - m_{t-1}$$

$$\Rightarrow x_t = z_t m_{t-1} - m_{t-1} = (z_t - 1) m_{t-1}$$

即：$x_t = (z_t - 1)m_{t-1}$

4. 市场出清

产品市场出清：$C_t + I_t^S + I_t^P = Y_t = Y_t^S + Y_t^P$，即：$c_t + i_t^S + i_t^P = y_t = y_t^S + y_t^P$。

(二)模型的最优化求解

1. 家庭

$$\max_{\{c_t, \theta_t^S, \theta_t^P, m_t, d_t\}} E_t \sum_{t=0}^{\infty} \beta^t N_t \left[\log A_{t-1} + \log(g_t c_t - h c_{t-1}) - \phi \Phi(\theta_t^S h_0^S, \theta_t^P h_0^P) \right]$$

s.t. $c_t + g_{t+1} n_{t+1} m_t + d_t \leqslant \theta_t^S w_t^S h_0^S + \theta_t^P w_t^P h_0^P + (1 + r_{t-1}^d)(g_t n_t)^{-1} d_{t-1}$
$\qquad + \pi_t^S + \pi_t^P + b_t + m_{t-1}$

构建如下拉格朗日函数，求解一阶最优条件：

$$L = \max_{\{c_t, \theta_t^S, \theta_t^P, m_t, d_t\}} E_t \sum_{t=0}^{\infty} \beta^t N_t \left\{ \begin{array}{l} \log A_{t-1} + \log(g_t c_t - h c_{t-1}) - \phi \Phi(\theta_t^S h_0^S, \theta_t^P h_0^P) \\ -\lambda_t \left\{ \begin{array}{l} c_t + g_{t+1} n_{t+1} m_t + d_t - \theta_t^S w_t^S h_0^S \\ -\theta_t^P w_t^P h_0^P - (1 + r_{t-1}^d)(g_t n_t)^{-1} d_{t-1} - \pi_t^S \\ -\pi_t^P - b_t - m_{t-1} \end{array} \right\} \end{array} \right\}$$

关于 c_t：

$$\beta^t N_t \left(\frac{g_t}{g_t c_t - h c_{t-1}} - \lambda_t \right) + \beta^{t+1} E_t N_{t+1} \frac{-h}{g_{t+1} c_{t+1} - h c_t} = 0$$

$$\Rightarrow \lambda_t = \frac{g_t}{g_t c_t - h c_{t-1}} - \beta h E_t \frac{N_{t+1}/N_t}{g_{t+1} c_{t+1} - h c_t}$$

$$\Rightarrow \lambda_t = \frac{g_t}{g_t c_t - h c_{t-1}} - \beta h E_t \frac{n_{t+1}}{g_{t+1} c_{t+1} - h c_t}$$

即：

$$\lambda_t = \frac{g_t}{g_t c_t - h c_{t-1}} - \beta h n_{t+1} E_t \frac{1}{g_{t+1} c_{t+1} - h c_t}$$

关于 θ_t^S：$\phi \Phi'_{\theta_t^S} = \lambda_t w_t^S$

关于 θ_t^P：$\phi \Phi'_{\theta_t^P} = \lambda_t w_t^P$

关于 m_t：

$$\Rightarrow \beta^t N_t (-\lambda_t g_{t+1} n_{t+1}) + \beta^{t+1} N_{t+1} E_t \lambda_{t+1} = 0$$

$$\Rightarrow \lambda_t g_{t+1} n_{t+1} = \beta n_{t+1} E_t \lambda_{t+1}$$

$$\Rightarrow \lambda_t g_{t+1} = \beta E_t \lambda_{t+1}$$

关于 d_t：

$$\beta^t N_t (-\lambda_t) + \beta^{t+1} N_{t+1} E_t \lambda_t (1 + r_t^d) (g_{t+1} n_{t+1})^{-1} = 0$$

$$\Rightarrow \lambda_t = \beta n_{t+1} E_t \lambda_{t+1} (1 + r_t^d) (g_{t+1} n_{t+1})^{-1}$$

$$\Rightarrow g_{t+1} \lambda_t = \beta E_t \lambda_{t+1} (1 + r_t^d)$$

根据上述一阶条件，进一步整理后可得：

$$\frac{\phi \Phi_{\theta_t^r}'}{w_t^p} = \frac{g_t}{g_t c_t - h c_{t-1}} - \beta h n_{t+1} E_t \frac{1}{g_{t+1} c_{t+1} - h c_t}$$

$$\frac{\phi \Phi_{\theta_t^s}'}{w_t^S} = \frac{g_t}{g_t c_t - h c_{t-1}} - \beta h n_{t+1} E_t \frac{1}{g_{t+1} c_{t+1} - h c_t}$$

2. 企业

(1)国有企业的最优化问题

$$\max_{\langle k_t^s, \theta_t^s \rangle} E_t \sum_{t=0}^{\infty} \lambda^t \pi_t^S = \sum_{t=0}^{\infty} \lambda^t \big[(k_{t-1}^S)^{\alpha_s} (\theta_t^S h_0^S)^{1-\alpha_s} - (1+r_t^l)(1-\mu_t^s)$$
$$(w_t^S \theta_t^S h_0^S + \varepsilon_t (g_{t+1} n_{t+1} k_t^S - (1-\delta^s) k_{t-1}^S)) \big]$$

构造拉格朗日函数，求解最优化一阶条件：

关于 k_t^S：

$$E_t \big[\alpha_s (k_t^S)^{\alpha_s - 1} (\theta_{t+1}^S h_0^S)^{1-\alpha_s} + \varepsilon_{t+1} (1+r_{t+1}^l)(1-\mu_{t+1}^s)(1-\delta^s) \big] - \frac{1}{\lambda}(1$$
$$+ r_t^l)(1-\mu_t^s) \varepsilon_t g_{t+1} n_{t+1} = 0$$

$$\frac{1}{\lambda}(1+r_t^l)(1-\mu_t^s) \varepsilon_t g_{t+1} n_{t+1} = E_t \left[\alpha_s \frac{y_{t+1}^S}{k_t^S} + \varepsilon_{t+1}(1+r_{t+1}^l)(1-\mu_{t+1}^s)(1-\delta^s) \right]$$

关于 θ_t^S：

$$(1-\alpha_s)(k_{t-1}^S)^{\alpha_s}(\theta_t^S h_0^S)^{-\alpha_s} h_0^S - (1+r_t^l)(1-\mu_t^s) w_t^S h_0^S = 0$$

$$(1-\alpha_s)\frac{y_t^s}{\theta_t^S h_0^S} h_0^S = (1+r_t^l)(1-\mu_t^s) w_t^S h_0^S$$

$$(1-\alpha_s)\frac{y_t^s}{\theta_t^S}=(1+r_t^l)(1-\mu_t^s)w_t^S h_0^S$$

国有企业的生产函数和资本累积方程：

$$y_t^S=(k_{t-1}^S)^{\alpha_s}(\theta_t^S h_0^S)^{1-\alpha_s}$$

$$i_t^S=g_{t+1}n_{t+1}k_t^S-(1-\delta^s)k_{t-1}^S$$

（2）中小（民营）企业

$$\max_{\langle k_t^P,\theta_t^P\rangle} E_t\sum_{t=0}^{\infty}\lambda^t\pi_t^P=\sum_{t=0}^{\infty}\lambda^t\{(k_{t-1}^P)^{\alpha_p}(\omega\theta_t^P h_0^P)^{1-\alpha_p}-(1+r_t^l)(1-\mu_t^p)w_t^P\theta_t^P h_0^P-(g_{t+1}n_{t+1}k_t^P-(1-\delta^P)k_{t-1}^P)\}$$

s.t $(1+r_t^l)w_t^P\theta_t^P h_0^P\leqslant\theta_t k_{t-1}^P$

构造拉格朗日函数，求解最优化一阶条件：

$$\max_{\langle k_t^P,\theta_t^P\rangle} E_t\sum_{t=0}^{\infty}\lambda^t\pi_t^P=E_t\sum_{t=0}^{\infty}\lambda^t\begin{bmatrix}(k_{t-1}^P)^{\alpha_p}(\omega\theta_t^P h_0^P)^{1-\alpha_p}-(1+r_t^l)(1-\mu_t^p)w_t^P\theta_t^P h_0^P\\-(g_{t+1}n_{t+1}k_t^P-(1-\delta^P)k_{t-1}^P)\\-\mu_t((1+r_t^l)w_t^P\theta_t^P h_0^P-\theta_t k_{t-1}^P)\end{bmatrix}$$

关于 k_t^P：

$$E_t[\alpha_p(k_t^P)^{\alpha_p-1}(\omega\theta_{t+1}^P h_0^P)^{1-\alpha_p}+(1-\delta^P)+\mu_{t+1}\theta_{t+1}]-\frac{1}{\lambda}g_{t+1}n_{t+1}=0$$

$$E_t\left[\alpha_p\frac{y_{t+1}^P}{k_t^P}+(1-\delta^P)+\mu_{t+1}\theta_{t+1}\right]=\frac{1}{\lambda}g_{t+1}n_{t+1}$$

关于 θ_t^P：

$$(1-\alpha_p)(k_{t-1}^P)^{\alpha_p}(\omega\theta_t^P h_0^P)^{-\alpha_p}\omega h_0^P-(1+r_t^l)(1-\mu_t^p)w_t^P h_0^P-\mu_t(1+r_t^l)w_t^P h_0^P=0$$

$$(1-\alpha_p)\frac{y_t^P}{\omega\theta_t^P h_0^P}\omega h_0^P=(1+r_t^l)(1-\mu_t^p)w_t^P h_0^P+\mu_t(1+r_t^l)w_t^P h_0^P$$

$$(1-\alpha_p)\frac{y_t^P}{\theta_t^P}=(1+r_t^l)(1-\mu_t^p)w_t^P h_0^P+\mu_t(1+r_t^l)w_t^P h_0^P$$

其他：

$$(1+r_t^l)w_t^P\theta_t^P h_0^P=\theta_t k_{t-1}^P$$

$$y_t^P=(k_{t-1}^P)^{\alpha_p}(\omega\theta_t^P h_0^P)^{1-\alpha_p}$$

$$i_t^P = g_{t+1} n_{t+1} k_t^P - (1-\delta^P) k_{t-1}^P$$

3. 金融机构和货币当局

$$b_t = r_t^l ((1-\mu_t^S) w_t^S h_0^S \theta_t^S + (1-\mu_t^P) w_t^P h_0^P \theta_t^P + \varepsilon_t i_t^S) - r_{t-1}^d (g_t n_t)^{-1} d_{t-1}$$

$$d_t - (g_t n_t)^{-1} d_{t-1} + x_t = w_t^S h_0^S \theta_t^S + w_t^P h_0^P \theta_t^P + \varepsilon_t i_t^S$$

4. 市场出清

$$c_t + i_t^S + i_t^P = y_t$$

$$y_t = y_t^S + y_t^P$$

(三)模型经济的均衡系统

1. 竞争性一般均衡系统

经济变量(19)：$\{c_t、m_t、w_t^S、r_t^l、w_t^P、d_t、\theta_t^S、\theta_t^P、b_t、k_t^S、k_t^P、y_t^S、y_t^P、i_t^S、i_t^P、\lambda_t、\mu_t、x_t、y_t\}$

$(1) y_t^P = (k_{t-1}^P)^{\alpha_P} (\omega \theta_t^P h_0^P)^{1-\alpha_P}$

$(2) y_t^S = (k_{t-1}^S)^{\alpha_s} (\theta_t^S h_0^S)^{1-\alpha_s}$

$(3) y_t = y_t^S + y_t^P$

$(4) x_t = (z_t - 1) c_t$

$(5) \Phi'_{\theta_t^S} / \Phi'_{\theta_t^P} = w_t^S / w_t^P$

$(6) \lambda_t = \phi / w_t^P$

$(7) i_t^S = g_{t+1} n_{t+1} k_t^S - (1-\delta^s) k_{t-1}^S$

$(8) i_t^P = g_{t+1} n_{t+1} k_t^P - (1-\delta^P) k_{t-1}^P$

$(9) c_t = y_t - [g_{t+1} n_{t+1} k_t^P - (1-\delta^s) k_{t-1}^P] - [g_{t+1} n_{t+1} k_t^P - (1-\delta^P) k_{t-1}^P]$

$(10) \eta_t = \dfrac{g_t}{g_t c_t - h c_{t-1}} - \beta h E_t \dfrac{g_{t+1}}{g_{t+1} c_{t+1} - h c_t} - \dfrac{\phi}{w_t^P}$

$(11) b_t = r_t^l [(1-\mu_t^S) w_t^S h_0^S \theta_t^S + (1-\mu_t^P) w_t^P h_0^P \theta_t^P + \varepsilon_t i_t^S] - r_{t-1}^d (g_t n_t)^{-1} d_{t-1}$

$(12) d_t - (g_t n_t)^{-1} d_{t-1} + (z_t - 1) c_t = w_t^S h_0^S \theta_t^S + w_t^P h_0^P \theta_t^P + \varepsilon_t i_t^S$

$(13) w_t^P = \dfrac{\theta_t k_{t-1}^P}{(1+r_t^l) \theta_t^P h_0^P}$

$$(14)\ \mu_t=\frac{(1-\alpha_p)(\omega h_0^P)^{1-\alpha_p}(k_{t-1}^P)^{\alpha_p}(\theta_t^P)^{-\alpha_p}-(1+r_t^l)(1-\mu_t^p)(\theta_t k_{t-1}^P)/[\theta_t^P(1+r_t^l)]}{(1+r_t^l)w_t^P h_0^P}$$

$$(15)\ w_t^P=\frac{\phi}{\phi n_t/(\beta w_{t-1}^P)-\eta_t}\ (给定\ w_{t-1}^P)$$

$$(16)\ \theta_t^S=k_{t-1}^P\left[\frac{(1-\alpha_s)(h_0^S)^{1-\alpha_s}}{(1+r_t^l)(1-\mu_t^s)w_t^P h_0^S}\right]^{1/\alpha_s}$$

$$(17)\ \theta_t^P=\frac{\phi n_t\theta_t k_{t-1}^P}{w_{t-1}^P[\beta\phi h_0^P(1+r_{t-1}^d)(1+r_t^l)]}$$

$$(18)\ k_{t-1}^S=\theta_t^S h_0^S\times$$

$$\left[\frac{\alpha_s}{w^P/\phi\varepsilon_{t-1}g_t n_t(1+r_{t-1}^l)(1-\mu_{t-1}^s)-\varepsilon_t(1-\delta^s)(1+r_t^l)(1-\mu_t^s)}\right]^{1/(1-\alpha_s)}$$

$$(19)\ \frac{(1-\alpha_p)(\omega h_0^P)^{1-\alpha_p}(\theta_t^P)^{-\alpha_p}}{w_t^P h_0^P(1+r_t^l)}(k_{t-1}^P)^{\alpha_p}+\frac{\alpha_p(\omega\theta_t^P h_0^P)^{1-\alpha_p}}{\theta_t}(k_{t-1}^P)^{\alpha_p-1}-$$

$$\frac{(1-\mu_t^p)}{w_t^P h_0^P\theta_t^P(1+r_t^l)}k_{t-1}^P+\frac{1-\delta^P-g_t n_t w^P/\phi}{(1+r_t^l)w_t^P h_0^P}=0$$

2. 对数线性化后的竞争性均衡系统

经济变量(21)：$\{\hat{c}_t、\hat{z}_t、\hat{w}_t^S、\hat{r}_t^l、\hat{w}_t^P、\hat{d}_t、\hat{\theta}_t^S、\hat{\theta}_t^P、\hat{b}_t、\hat{k}_t^S、\hat{k}_t^P、\hat{y}_t^S、\hat{y}_t^P、\hat{i}_t^S、\hat{i}_t^P、$

$\hat{\lambda}_t、\hat{\mu}_t、\hat{x}_t、\hat{y}_t、\widehat{Share}_t、\hat{m}_t\}$

$$(1)\ \frac{\hat{\lambda}_t-r^d\hat{\eta}_t}{1-r^d}=\frac{1}{(g-h)(1-\beta h)}\left[\beta h E_t(g\hat{c}_{t+1}-h\hat{c}_t)-(g\hat{c}_t-h\hat{c}_{t-1})\right]$$

$$(2)\ \hat{\Phi}'_{\theta_t^s}=\hat{\lambda}_t+\hat{w}_t^S$$

$$(3)\ \hat{\Phi}'_{\theta_t^p}=\hat{\lambda}_t+\hat{w}_t^P$$

$$(4)\ \hat{\lambda}_t=\frac{\beta}{1-r^d}E_t\hat{\lambda}_{t+1}$$

$$(5)\ \hat{\lambda}_t=E_t\left[\hat{\lambda}_{t+1}+\frac{r^d}{1+r^d}\hat{r}_t^d\right]$$

$$(6)\ \left[\alpha_s\frac{y^S}{k^S}+\varepsilon(1+r^l)(1-\mu^s)(1-\delta^s)\right]\frac{r^l}{(1+r^l)}\hat{r}_t^l=E_t\left[\alpha_s\frac{y^S}{k^S}(\hat{y}_{t+1}^S-\hat{k}_t^S)\right.$$

$$+\varepsilon(1-\delta^s)(1-\mu^s)\times r^l\hat{r}_{t+1}^l\Big]$$

$$(7)\ \hat{y}_t^S-\hat{\theta}_t^S-\hat{w}_t^S=\frac{r^l\hat{r}_t^l}{(1+r^l)}$$

$$(8)\ \hat{y}_t^S=\alpha_s\hat{k}_{t-1}^S+(1-\alpha_s)\hat{\theta}_t^S$$

$$(9)\ (gn-1+\delta^s)\hat{i}_t^S=gn(\hat{k}_t^S)-(1-\delta^s)\hat{k}_{t-1}^S$$

$$(10)\ E_t\left[\alpha_p\frac{y^P}{k^p}(\hat{y}_{t+1}^P-\hat{k}_t^P)+\mu\theta\hat{\mu}_{t+1}\right]=0$$

$$(11)\ (1+r^l)(1-\mu^P+\mu)(\hat{y}_t^P-\hat{\theta}_t^P-\hat{w}_t^P)=r^l\hat{r}_t^l+(1+r^l)\mu\hat{\mu}_t$$

$$(12)\ \hat{k}_{t-1}^P-\hat{w}_t^P-\hat{\theta}_t^P=\frac{r^l\hat{r}_t^l}{1+r^l}$$

$$(13)\ \hat{y}_t^P=\alpha_p\hat{k}_{t-1}^P+(1-\alpha_p)\hat{\theta}_t^P$$

$$(14)\ (gn-1+\delta^P)\hat{i}_t^P=gn\hat{k}_t^P-(1-\delta^P)\hat{k}_{t-1}^P$$

$$(15)\ b\hat{b}_t=r^l\left[w^Sh_0^S\theta^S(1-\mu^S)+w^Ph_0^P\theta^P(1-\mu^P)+\varepsilon i^S\right]\hat{r}_t^l$$
$$+r^l\left[w^Sh_0^S\theta^S(1-\mu^S)(\hat{w}_t^S+\hat{\theta}_t^S)+w^Ph_0^P\theta^P(1-\mu^P)(\hat{w}_t^P+\hat{\theta}_t^P)\right.$$
$$\left.+\varepsilon i^S\hat{i}_t^S\right]-\frac{r^dd}{gn}(\hat{r}_{t-1}^d+\hat{d}_{t-1})$$

$$(16)\ d\hat{d}_t-\frac{d}{gn}\hat{d}_{t-1}+x\hat{x}_t=w^Sh_0^S\theta^S(\hat{w}_t^S+\hat{\theta}_t^S)+w^Ph_0^P\theta^P(\hat{w}_t^P+\hat{\theta}_t^P)+$$

$$\varepsilon i^S\hat{i}_t^S$$

$$(17)\ \hat{x}_t-\hat{m}_{t-1}=z/(z-1)\hat{z}_t$$

$$(18)\ \frac{c}{y}\hat{c}_t+\frac{i^S}{y}\hat{i}_t^S+\frac{i^P}{y}\hat{i}_t^P=\hat{y}_t$$

$$(19)\ \hat{y}_t=\frac{y^S}{y}\hat{y}_t^S+\frac{y^P}{y}\hat{y}_t^P$$

(20)家庭劳动收入份额$(\widehat{Share}_t)$：

$$\widetilde{Share_t} = [h_0^S \times (w^S \hat{\theta}_t^S + \theta^S \widetilde{w}_t^S) + h_0^P \times (w^P \hat{\theta}_t^P + \theta^P \widetilde{w}_t^P)]/(\theta^S h_0^S w^S + \theta^P h_0^P w^P) - \hat{y}_t$$

（21）货币政策供给冲击：$\hat{m}_t = 0.8 \times \hat{m}_{t-1} + \chi_{m,t}$，这里，$\chi_{m,t} \sim N$ $(0.004, 0.27^2)$。

第八章

启动消费需求的政策实践：
以农村税费改革为例

第一节 引 言

消费不足一直是中国经济的症结，启动消费需求对中国转变经济发展方式和保证经济持续增长至关重要。到底什么样的政策对启动消费需求是长期有效的，这是一个极其重要的实证问题。由于居民是消费的主体，因而要讨论什么样的政策措施对启动消费需求是有效的，需要从研究居民的消费行为入手。中国特殊的城乡二元结构和分城乡的统计数据，为我们观察中国居民的消费行为的影响因素提供了两个天然的组别（何新华和曹永福，2005）。根据《中国统计年鉴》、《新中国五十五年统计资料汇编》提供的数据，改革开放以来中国城镇与农村居民消费率均呈现出明显下降的趋势（见图 8.1）。

关于中国城乡居民低消费的原因已有许多研究。综观文献，大多是从预防性储蓄（龙志和和周浩明，2000；施建淮和朱海婷，2004；Chamon 和 Prasad，2008）、流动性约束（万广华等，2001）、消费习惯（Chamon 和 Prasad，

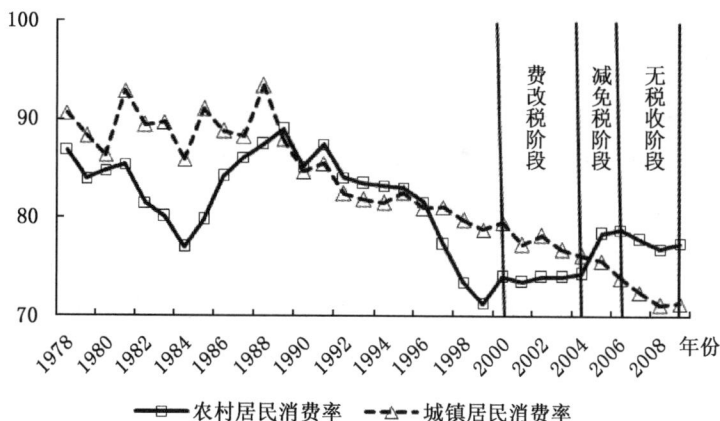

数据来源：《中国统计年鉴》、《新中国五十五年统计资料汇编》。

图 8.1 中国城镇与农村居民消费率：1978～2009 年

2008；艾春荣和汪伟，2008）、计划生育政策、人口年龄结构与性别失衡
（Kraay，2000；Modigliani 和 Cao，2004；汪伟，2009a，2010；Wei 和 Zhang，
2009）、收入分配（汪伟和郭新强，2011）等角度去解释。但从 2000 年开始，
城镇与农村居民的消费行为似乎产生了系统性的差异。2000～2004 年之后
农村居民消费率保持在较为稳定的水平，从 2004 年以后开始，农村居民消
费率呈现出明显上升的趋势，而城镇居民消费率的下降趋势却依然如故。
显然，上述诸多解释似乎难以令人满意。那么，是什么因素导致农村居民消
费率突然上升呢？本章从农村税费改革这一重大惠农政策出发研究这一现
象。

　　20 世纪 70 年代末开启的农村经济改革，极大地释放了农业生产力，带
来了改革时段内农村经济的快速发展与农民收入的超常增长。但在此后相
当长的一段时间里，特别是 20 世纪 90 年代以来，农村的税费负担日益加
重，农民的收入增长迟缓，消费水平难以提高。如何减轻农民负担，增加农
民的实际收入，启动农村消费与促进农村发展，一直是党中央十分关心的问
题。自 2000 年以来，中国政府实施了一系列旨在增加农民收入与促进农村

发展的政策,其中,农村税费改革被誉为继家庭联产承包责任制之后最重要的一项改革举措。这项史无前例的改革分两个阶段进行。第一阶段的主要内容是正税清费(即费改税),从 2000 年的安徽试点开始到 2003 年在全国推开为止,主要的政策目标是规范农村税费体制,制止农村基层政府的乱摊派和乱收费行为。在总结第一阶段改革成败得失的基础上,中国政府开始了力度更大并以全面取消农业税费为终极目标的第二阶段改革。第二阶段的主要内容是农业税的减免与取消,国家从 2004 年开始大幅度降低农业税税率,并选择吉林、黑龙江两个粮食主产省进行全部免除农业税的试点;河北、内蒙古、辽宁、江苏、安徽、江西、山东、河南、湖北、湖南、四川 11 个粮食主产省(自治区)的农业税税率降低 3 个百分点,其余省份农业税税率降低 1 个百分点(见表 8.1)。2005 年各省市全面降低或免除农业税,虽然农业税减免的程度和进程在各个省市不尽相同,但到 2006 年就实现了全面取消农业税的目标,中国从此告别了延续 2 600 多年的“皇粮国税”时代(Bai 和 Wu,2011)。

表 8.1 各省份农业税减免进程

省(市、自治区)	2003 年	2004 年	2005 年
上海	0	0	0
北京、天津、吉林、黑龙江、浙江、福建	不变	0	0
贵州	−1	−1	0
内蒙古	−3	−3	0
安徽	不变	−2.2	0
辽宁、江苏、江西、河南、湖北、湖南、广东、四川	不变	−3	0
河北、山东	不变	−3	−2
云南	不变	−1	−3
山西、广西、海南、重庆、陕西、甘肃、青海、宁夏、新疆	不变	−1	0

注:0 表示取消;−1 表示税率降低 1 个百分点;−2 表示税率降低 2 个百分点;−3 表示税率降低 3 个百分点;安徽在 2004 年是降低税率 2.2%并取消农业税附加,2006 年 1 月所有

省都取消了农业税。以上资料来自相关年份《中国经济体制改革年鉴》以及各省的发改委网站。

作为一项制度性革命，税费减免对农民增收和农村发展的作用已被许多研究所证实（周黎安和陈烨，2005；方齐云等，2005；钟甫宁等，2008；丁守海，2008）。然而，税费改革能否真正刺激农民消费，以及这种刺激作用是短暂的还是持久的，这是一个极其重要的实证性问题，却鲜有文献讨论。根据持久收入假说（Friedman，1957），当消费者经历了一次收入的增加并且认为是暂时的，他很可能较少消费这部分收入，但如果他认为收入增加是永久性的，则很可能提高消费标准。此外，李嘉图等价定律认为，如果消费者是远视的（forward looking），那么当前减税和未来税负增加对消费者的消费行为没有影响，但如果消费者是短视的，当前的减税很可能带来消费的短期上升。在税费改革的不同阶段，农民对未来的预期可能存在很大的差异，对"黄宗羲定律"[①]所揭示的历史轮回的忧虑，也会影响农民的消费行为，因此，税费改革的不同阶段对农民消费的影响很可能是不同的，这些都需要深入讨论。

由于税费改革作为一项全国范围内的改革，具有分地区逐步推进的特点，而且不同的地区与时间段，税费减免的程度也存在比较大的差异，这为我们运用计量经济学中的"自然实验"和双重差分模型来估计税费改革对农民消费所产生的影响提供了基础。利用双重差分模型的基本思路是，农村税费改革一方面制造了同一个省农民消费改革前后的差异，另一方面又制造了在同一时点上改革省与非改革省之间的差异，基于双重差异形成的估计能够有效控制其他共时性政策的影响，也能控制改革省与非改革省的事前差异，进而识别出政策变化所带来的因果效应。我们以2000～2009年分省面板数据作为样本，运用连续型双重差分估计方法来研究税费改革对农村居民消费的影响。

---

① 明末清初的著名思想家黄宗羲在研究中国历代赋税制度更迭演变的基础上发现，历史上每搞一次正税清税改革，就催生一次杂派的高潮，后人将这种现象称为"黄宗羲定律"（傅光明，2003）。

第二节 计量模型设定、估计方法与数据描述

在政府的政策实验中,各个省份税费减免的时间与力度均不尽相同,由于统计年鉴中分省的农业税数据具有可得性,并且在改革的不同时段农民的税费减免额度或者减免幅度是连续变化的,因此,样本不是"处理"非离散虚拟变量,而是连续型变量。这样,政策实验"自然"地将整个样本分为处理组(税费减免较多的)和对照组(税费减免较少的),从而可以考察它们对消费率的影响差异。这种连续型双重差分法虽然不同于一般的双重差分法,但在思想上和传统的双重差分方法类似,唯一的区别在于并不是用哑变量来区分处理组和对照组,而是考虑税费改革的连续变化,其基本的估计策略与普通的双重差分方法在本质上并没有什么差异,而且避免了人为设定一个分界来区分对照组与实验组所可能带来的误设偏差。此外,这一方法由于更好地利用了样本中的信息,从而可以得到更精确的估计。这种连续型双重差分的思想与方法,已经在不同的自然实验问题中广泛运用,如 Gruber(1994)、Kiel 和 McClain(1995)、Wooldridge(2010)、Bai 和 Wu(2011)。

值得一提的是,上述方法有一个重要的隐含假设,即除了税费改革政策之外,没有其他不随时间或地区变化的因素会系统性地影响不同地区农村居民的消费行为。为此,我们在构建计量方程时控制了地区固定效应和时间固定效应。我们还控制了各地区的主要特征变量,如人均纯收入、财政自给率等(变量选取详见下一段),以避免混淆(confounding)因素影响估计结果。基于以上讨论,我们建立如下连续型双重差分计量模型:

$$RCR_{it} = \beta_0 + \beta_1 Ruraltax_{it} + \theta' X_{it} + \alpha_i + \delta_t + \varepsilon_{it} \qquad (8.1)$$

在上面的回归方程中,下标 i 代表地区,t 表示时间;α_i 为观察不到的地区效应的控制不随时间变化的地区固定效应的影响;δ_t 为观察不到的时间固定效应的控制可能存在的各省的消费行为的时间变异;ε_{it} 为随机扰动项;RCR 表示农村居民消费率;$Ruraltax$ 表示人均税费减免额,我们主要关注

人均税费减免额（变量 *Ruraltax*）对农村居民消费率的影响；*X* 是一组潜在的影响农村居民消费率的控制变量。

为了保证被解释变量选取的科学性，我们主要从两个方面出发。第一，由于收入是最为重要的影响消费的因素，我们选取农村居民家庭人均纯收入作为解释变量，同时由于我们的回归方程是一个简化式模型，放入这一变量也是为了控制可能存在的税费减免所带来的一般均衡效应。① 第二，在选取影响居民消费率的其他经济变量时，我们主要基于相关文献进行选取，从而获得理论上和实证上的支持。类似于周黎安和陈烨（2005），我们将地方财政自给率定义为地方政府财政收入占财政支出的比重，这一变量衡量地方政府财政自给能力的大小。我们有理由相信，财政自给能力弱的地方政府，更有可能将税负转向未来，如果农民预期到这一点，其消费行为可能受到影响。在回归方程中，我们还控制了地方政府针对农业的支出占总财政支出的比重，这一变量反映政府财政支农的力度，可能对农民的农业投资和消费产生替代或互补影响。另外，科、教、文、卫支出占总财政支出的比重也是需要在模型考虑的变量，这一变量反映地方政府公共服务提供情况，在中国式的财政分权背景下，农业税的减免可能会导致地方政府在公共服务方面水平的下降（左翔等，2011），从而影响农村居民在这方面的消费。Leff（1969）、Modigliani 和 Cao（2004）认为子女和老人的抚养负担会影响个人或家庭的工作时间和收入，从而影响居民的消费行为，因而选取总抚养系数作为解释变量。物价变动与对价格的预期通常会影响居民的消费行为，我们将农村通货膨胀率作为回归方程中的一个控制变量。综上所述，控制变量 *X* 主要包括人均纯收入、地方财政自给率、地方财政支付针对农业的比重以及地方财政支出中科、教、文、卫的比重和家庭总抚养系数以及通货膨胀率等经济变量。

我们使用的数据是中国 2000～2009 年 31 个省、市、自治区的面板数据，

---

① 这里的一般均衡效应是指税费减免可能会影响农民的投资行为发生变化，进而会影响农民的收入，从而对消费产生影响。

所有数据均来自《中国统计年鉴》、《中国人口与就业统计年鉴》或使用年鉴中的数据计算得到。数据中的收入变量、农村使用人均纯收入、城镇使用人均可支配收入以及各名义量如收入、消费性支出、农业税费等均已用 2000 年不变价折算为实际量,通货膨胀率用消费价格指数减 100 表示得到。表 8.2 给出了数据的描述性统计。

表 8.2 各变量描述性统计量

变量	定 义	观测数	均值	标准差	最小值	最大值
农村居民消费率	农村人均消费性支出/纯收入	310	75.43	9.45	48.36	100.1
城镇居民消费率	城镇人均消费性支出/可支配收入	310	75.86	5.17	64.00	91.78
人均农业税费 1	常住人口人均农业各项税费之和	310	18.54	23.15	0	114.99
人均农业税费 2	户籍人口人均农业各项税费之和	310	17.98	22.30	0	105.80
农业占 GDP 比重(%)	农业产值/GDP	310	14.29	7.08	0.76	37.91
财政自给率(%)	地方政府财政收入/支出	310	50.36	20.64	5.30	125.63
农业支出比重(%)	农业支出/地方财政支出	310	7.85	2.92	2.13	18.02
科教文卫比重(%)	科教文卫支出/地方财政支出	310	23.53	3.91	13.26	34.15
总抚养系数(%)	15 岁以下+64 岁以上人口/15~64 岁人口	310	39.36	7.02	24.72	57.58
农村通货膨胀率(%)	CPI−100	310	1.92	2.36	−2.35	10.09
农业大省哑变量	农业占 GDP 的比重超过全国平均值 1,否则取 0	310	0.51	0.50	0	1
粮食主产省哑变量	凡粮食主产省取值 1,否则取 0	310	0.42	0.49	0	1

关于数据处理,我们作如下说明:首先,计算农村居民消费率。我们将农村居民消费率定义为农村居民消费性支出与农村居民纯收入的比值,而非消费性支出与 GDP 的比值,这样定义的消费率实际上是平均消费倾向。定义的理由是:居民的消费决策主要是受自身收入的影响,而 GDP 需要经过初次分配和再分配才形成居民的可支配收入,因而使用农村居民消费性支出与纯收入的比值作为农村居民消费率更能真实反映农民的消费行为。

其次,测算农村人均农业税负以及税费减免。2000~2006 年农村税费改革时期,各年的统计年鉴只公布了农业税、农业特产税、牧业税等农业税费信息,我们将这三项农业税加总得到农村居民的税费负担。① 我们关注的是人均农业税费减免对消费的影响,因此,需要获得农村人口数量的准确统计信息。《中国统计年鉴》和《中国人口与就业统计年鉴》公布了两种不同统计口径的农村人口数据。《中国统计年鉴》中的农村人口(乡村人口)是指生活在城镇以外的农村常住人口,而《中国人口与就业统计年鉴》是按照户籍口径统计的农村人口(农业人口)。在大部分省份,农业户籍人口的数量通常大于农村常住人口数量,这主要是因为大量的农民工进城打工,并且他们大部分时间是在城市生活与工作,成为城市的常住人口,但由于户籍制度的限制,他们并没有在城里取得户籍,仍然统计在农业户籍人口中。② 我们认为,税费改革主要影响的是农村常住人口的生产、生活与消费,因而使用常住人口概念的农村人口计算得到的相关数据更能反映税费改革的效果。基于以上讨论,我们使用农村税费总额除以农村常住人口数量得到改革时段的人均农业税费负担。由于农民的职业具有兼业特征,他们既从事农业生产又从事非农活动,因而我们也在后文使用户籍概念的农村人口计算得到相关数据,进行稳健性讨论。由于税费改革始于 2000 年,因此我们以 2000 年为基准年份,计算了 2000 年的税费额与相应年份的税费额(经过物价指数调整)的差,得到了改革时段各年的税费减免额,并用这个指标来衡量税费减免程度。③

最后,其他变量的详细定义见表 8.2,从数据的描述性统计可以看出,我们的数据在整体上有比较大的变异。从数据的散点图(见图 8.2)上可以比

---

① 从严格意义上来说,农民税费负担应当包括农业税、农业附加税、农业特产税、农业特产税附加、屠宰税、"三提五统"以及其他一些不合理的收费。一方面,历年统计年鉴在统计口径上并没有细分这些项目,囿于数据的限制,我们无法进行详细的统计;另一方面,在税费改革阶段,国家进行了税费合并与费改税,取消了"三提五统"等税费,因此,统计数据中的农业税统计中本身可能已经包含了上述税费的变动。

② 统计数据显示,中国目前的城市化率虽然已经超过 50%,但如果从户籍上看,中国的城市人口只占 35% 左右。

③ 这里度量的实际上是税费减免的绝对量,我们也尝试用(2000 年的税费额－相应年份的税费额)/2000 年的税费额×100 作为税费减免的相对量指标来讨论我们后文实证结果的稳健性。

较清楚地看出,农业税费减免额与农村居民消费率具有明显的同向变动趋势,二者的正相关性比较明显。作为一个反面事实,一项专门针对农民的减免税负政策,应当对城镇居民没有影响或可能有负面影响,[①],通过观察城镇居民消费率与农业税负的散点图(见图 8.3),印证了这一合乎情理的推测,这与我们前文提出的问题相契合。下面我们通过面板数据的计量分析来检验和揭示变量之间的因果关系,并讨论农村税费改革对农村居民消费的影响。

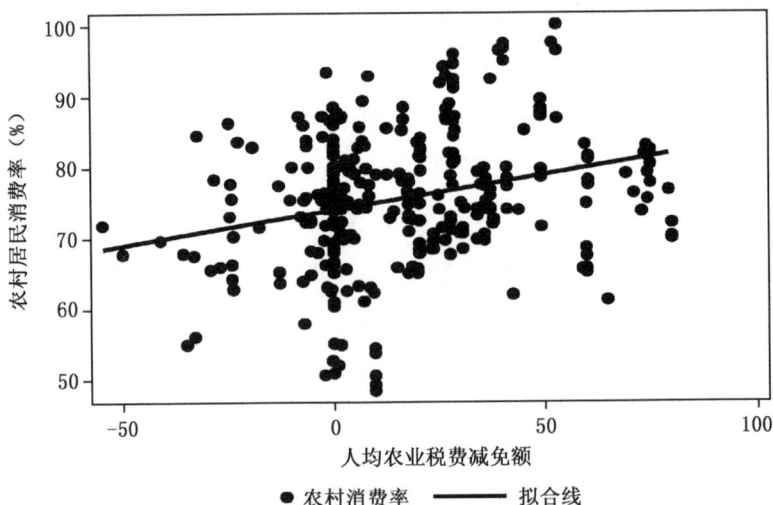

图 8.2　农村居民消费率与人均农业税费减免额散点图

---

① 对农民的免税可能影响政府的财政预算,从而可能将税负转移到城镇居民。

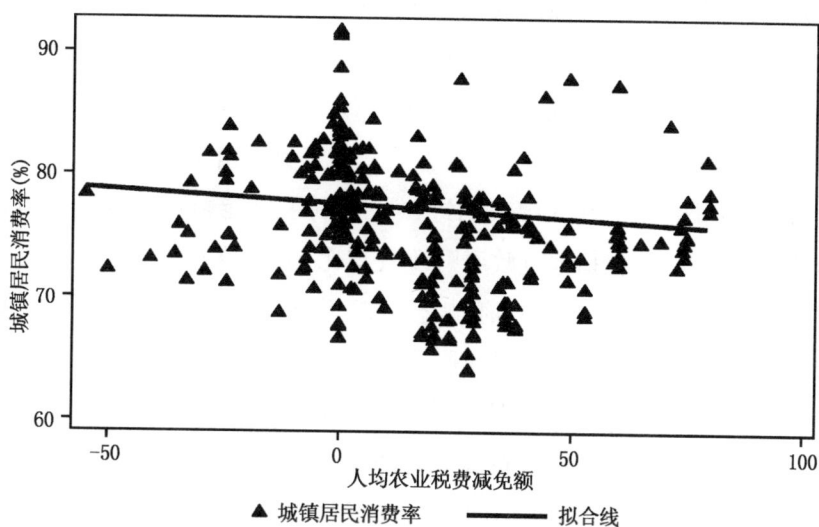

图 8.3 城镇居民消费率与人均农业税费减免额散点图

第三节 估计结果与稳健性检验

一、基本估计结果

由于观察不到的地区效应通常与解释变量相关,而且为了消除不随时间变化的不可观察的共同因素对农村居民消费的影响,我们在所有的估计中全部采用固定效应模型。首先,基于面板数据的连续型双重差分模型,我们估计了 2000~2006 年整个税费改革时段农业税费减免额的绝对量变化对农村居民消费率的影响。表 8.3 给出了相应的实证结果,其中,估计 1 给出的是没有任何控制变量的一元回归结果,结果显示我们所关注的税费减免变量的系数高度显著,这与我们上文的数据观察是一致的。从定量上来看,税费每减免 1 元,消费率将上升 0.0893 个百分点。这一影响系数实际上可能包含税费减免的一般均衡效应,即税费减免可能会影响农村居民的投资行为,从而影响其减税前的收入。为了估计税费减免直接通过增加税后收入对消费的刺激效果,在估计 2 中控制了农村居民人均纯收入,结果发现我们所关注的税费减免变量的系数虽然有所下降,但仍然十分显著,每减免 1 元税费,消费率将上升0.0764个百分点。为了克服由于遗漏变量而可能造成的内生性问题,在估计 3 中我们进一步控制了可能影响农村居民消费行为的其他主要变量,包括地方政府财政收支比、地方政府针对农业的支出占财政总支出的比重以及地方政府科、教、文、卫支出占财政总支出的比重、家庭的总抚养负担系数以及通货膨胀率等。税费减免变量新的估计系数为 0.0781,与估计 2 中的系数差别不大,说明这些控制变量对消费的整体影响并不大,也从另一侧面说明税费改革的外生性。

在估计 4~估计 6 中,我们使用相对于 2000 年的税费减免率作为衡量税费减免的指标,即用 2000 年的税费减去各年的实际税费(经过物价指数调整)再除以 2000 年的税费作为相对减税幅度,这从另一个维度上考察了税费减免对农村居民消费率的影响。类似前面的三个估计,人均减税幅度对消费率的影响十分显著。如果使用控制所有变量的估计系数作为定量分析的依据,我们发现人均税费减免幅度每上升 1 个百分点,农村居民消费率上升 0.024 个百分点。此外,我们还发现收入水平的提高对消费率的实际影响并不是很大。

表8.3 税费减免对农村居民消费率的影响估计

	被解释变量:农村居民消费率					
解释变量	(1)	(2)	(3)	(4)	(5)	(6)
人均税费减免额1	0.0893***	0.0764***	0.0781***			
	(0.0120)	(0.0144)	(0.0150)			
人均税费减免率				0.0284***	0.0238***	0.0240***
				(0.00399)	(0.00483)	(0.00505)
农村实际人均纯收入		0.00103	0.00130*		0.00111*	0.00141*
		(0.000648)	(0.000725)		(0.000658)	(0.000736)

被解释变量:农村居民消费率						
解释变量	(1)	(2)	(3)	(4)	(5)	(6)
财政自给率			0.0136			−0.00881
			(0.0377)			(0.0379)
针对农业			0.106			0.0738
支出比重			(0.235)			(0.239)
科教文卫			−0.0294			0.0383
支出比重			(0.149)			(0.152)
总抚养系数			0.0682			0.0518
			(0.111)			(0.112)
农村通货			−0.178			−0.141
膨胀率			(0.204)			(0.206)
常数项	74.03***	71.17***	67.10***	74.31***	71.21***	67.50***
	(0.260)	(1.806)	(6.044)	(0.250)	(1.856)	(6.143)
N	217	217	217	217	217	217
R^2	0.230	0.240	0.249	0.215	0.227	0.232

注:所使用的软件包为 Stata12.0,表格括号中报告的是稳健标准误,***、**、*分别表示在 1%、5%和 10%水平下显著。人均税费减免额 1 是以 2000 年为基准年份,按照农村常住人口计算的 2000 年的税费额与相应年份的税费额(经过物价指数调整)的差作为改革时段各年的税费减免额;人均税费减免率是用 2000 年的税费减去各年的实际税费(经过物价指数调整)再除以 2000 年的税费计算得到,下同。

二、税费改革两阶段对居民消费影响的差异分析

为了更清晰地观察税费改革的不同阶段对农村居民消费的影响差异,我们根据改革进程将整个样本划分为费改税阶段(2000~2003 年)以及税费减免阶段(2004~2006 年)两个时间段,回归结果见表 8.4。估计 1 报告的是第一阶段(2000~2003 年)的回归结果,我们发现税费改革变量的回归系数很小,表明税费改革政策在这一时段对农村居民消费的影响并不明显;估计 2~6 报告的是第二阶段(2004~2006 年)的回归结果。在估计 2 中,我们以 2000 年为基准,采用的税费减免变量是 2000 年的税费负担额减去第二阶段

各年实际税费负担额的差值,发现对应的回归系数较大而且在统计上高度显著。在估计 3 中,我们以第一阶段的平均为基准,采用第一阶段的平均实际税费负担额减去第二阶段各年实际税费负担额的差值来度量税费减免程度,发现这一替代性的减税变量的估计系数与估计 2 中基准减税变量的估计系数相差并不大。估计 4 和估计 5 进一步分别加入估计 2 和估计 3 中的税费减免指标与 2005、2006 两年的年份哑变量的交互项,估计 6 还通过单独加入 2005 年和 2006 年的年份哑变量来进一步控制可能存在的消费行为的时间变异,发现交互项的估计系数都为正且较为显著。以上结果都说明相比较 2004 年,2005 年和 2006 年税费减免的效果更加显著,并且该结果对于采用替代性的税费减免额指标以及是否包含时间固定效应均十分稳健。总之,表 8.4 的估计结果表明税费改革对农村居民消费的刺激作用主要在第二阶段。税费改革两个阶段对消费影响的差异可以用持久收入理论来解释:根据持久收入假说(Friedman,1957),当消费者经历了一次收入的增加并且认为是暂时的,他很可能较少消费这部分收入,但如果他认为收入增加是永久性的,则很可能提高消费标准。在改革的第一阶段,农业税费负担减轻并不明显,从现有的统计数据来看,这一时段的一些年份甚至出现了税费负担反弹的现象,农民作为理性的消费行为人,会将税费减免当作临时收入的增加来看待,因而税费改革对消费的刺激效应在这一阶段并不显著;在改革的第二阶段,2004 年作为农业税费改革承上启下的年份,农民很可能经历了一段时间的观望,在这一年的消费行为仍然比较保守,消费率在这一年上升并不明显,而在其后的 2005 年和 2006 年两年,经过与前一阶段比较,农民发现税费减免比较彻底,很可能将税费减免当作自己持久收入的上升,因而消费上升比较明显,这与我们一开始所观察到的经验事实相一致。如果用估计 2 中的系数作为第二阶段税费减免对消费率的影响系数,我们可以进行一个简单的计算,在改革的第二阶段,人均实际税费减免额约为 26 元,每 1 元税费减免带来消费率的上升是 0.0973%,因此,税费减免带来的总的消费率的上升是 0.0973%×26＝2.53%。在我们的样本期 2000～2003 年的平均消费率为 73.33%,而 2004~2006 年的平均消费率为 76.78%,消费率提高了 3.45%,税费减免可以解释这一时段消费率上升 73.3%,这是一个非常大的消费刺激效应。我们的估计结果还显示,在众多的因素中,家庭的抚养负担以及通货膨胀是影响农村居民消费的主要因素,这与 Modigliani 和 Cao(2004)、汪伟(2009)、汪伟和郭新强(2011)等的研究结论相一致。

表8.4　　　　　分时段税费减免对农村居民消费率的影响估计

解释变量	被解释变量:农村居民消费率					
	第一阶段	第二阶段	第二阶段	第二阶段	第二阶段	第二阶段
	(1)	(2)	(3)	(4)	(5)	(6)
人均税费	0.00766	0.0973**		0.00154		−0.0303
减免额1	(0.0262)	(0.0433)		(0.0542)		(0.0554)
人均税费			0.0908**		−0.0374	
减免额2			(0.0418)		(0.0522)	
税费减免额1				0.0898**		0.0898**
与2005年交互项				(0.0351)		(0.0404)
税费减免额1				0.108**		0.0795*
与2006年交互项				(0.0404)		(0.0421)
税费减免额2					0.117***	
与2005年交互项					(0.0350)	
税费减免额2					0.147***	
与2006年交互项					(0.0403)	
农村实际	−0.000720	−0.00187	−0.00211	−0.00334*	−0.00468***	−0.00677***
人均纯收入	(0.00162)	(0.00160)	(0.00162)	(0.00170)	(0.00173)	(0.00235)
财政自给率	−0.0315	0.112	0.0803	0.0907	0.127	0.0705
	(0.0378)	(0.170)	(0.170)	(0.166)	(0.159)	(0.163)
针对农业	0.216	−0.259	−0.338	−0.113	−0.351	0.462
支出比重	(0.491)	(0.479)	(0.470)	(0.461)	(0.433)	(0.532)
科教文卫	0.0542	−0.0774	−0.0714	−0.524	−0.561	−0.372
支出比重	(0.202)	(0.490)	(0.491)	(0.496)	(0.467)	(0.491)
总抚养系数	0.483***	0.0766	0.0872	0.166	0.212	0.239
	(0.179)	(0.177)	(0.178)	(0.177)	(0.172)	(0.182)
农村通货	0.266	−1.058**	−1.025*	−0.864*	−0.349	−0.265

续表·

	被解释变量:农村居民消费率					
解释变量	第一阶段	第二阶段	第二阶段	第二阶段	第二阶段	第二阶段
	(1)	(2)	(3)	(4)	(5)	(6)
膨胀率	(0.293)	(0.508)	(0.522)	(0.495)	(0.514)	(0.586)
2005年哑变量						3.591
						(2.164)
2006年哑变量						6.148**
						(2.965)
常数项	53.95***	77.87***	79.74***	88.73***	90.71***	86.86***
	(9.302)	(17.87)	(17.73)	(17.52)	(16.57)	(17.19)
N	124	93	93	93	93	93
R^2	0.129	0.520	0.518	0.580	0.615	0.613

注:所使用的软件包为Stata12.0,表格括号中报告的是稳健标准误,***、**、*分别表示在1%、5%和10%水平下显著。人均税费减免额2是以改革第一阶段按照各年(2000~2003年)常住人口平均的人均农业税费为基准,减去第二阶段各年(2004~2006年)农业税税费额作为税费减免指标,下同。表格中的税费减免额与年份交互项是指前文所定义的税额减免额指标与相应年份哑变量的乘积,下同。

三、稳健性检验

对于基本估计的结果,我们采取了构建替代性的减税指标、反事实检验与函数形式敏感性分析进行稳健性检验。在表8.5中,我们使用户籍概念的农村人口来计算人均税费减免额,从而获得替代性的减税指标。类似于表8.4,我们依然进行了6个估计,结果发现其估计系数与使用常住人口得到的结果非常接近,说明我们的估计结果对农业人口的界定是稳健的。深入思考回归结果背后的原因,我们认为户籍制度和农民对土地的依赖性可能能够提供一个合理的解释。由于户籍制度的限制,进城的农民虽然大部分时间是在城市就业,但他们中的大部分并没有在城里取得户籍,没有在城市永久性定居,他们仍然在农忙时回到农村从事农业生产活动。即使是完全脱离农业生产而从事非农产业的农民,他们实际上在农村通过其家庭的留守老人或妇女保有土地,或者通过土地流转的方式由当地务农的农民耕种其土地,国家减免的农业税费由其家庭的留守成员或当地耕种其土地的农民获得,税费改革所提高的收入仍然是留在农村。因此,使用户籍人口得到的税费改革政策对农村消费的刺激效果与使用常住人口得到的估计结果相差无几。

表 8.5 替代性的税费减免指标估计结果

解释变量	第一阶段 (1)	第二阶段 (2)	第二阶段 (3)	第二阶段 (4)	第二阶段 (5)	第二阶段 (6)
人均税费 减免额 3	0.0159 (0.0279)	0.116** (0.0476)		0.0312 (0.0571)		−0.00290 (0.0590)
人均税费 减免额 4			0.105** (0.0487)		−0.0279 (0.0576)	
税费减免额 3 与 2005 年交互项				0.0782** (0.0346)		0.0747* (0.0411)
税费减免额 3 与 2006 年交互项				0.101** (0.0409)		0.0761* (0.0426)
税费减免额 4 与 2005 年交互项					0.124*** (0.0370)	
税费减免额 4 与 2006 年交互项					0.160*** (0.0437)	
农村实际人 均纯收入	−0.000710 (0.00160)	−0.00187 (0.00158)	−0.00209 (0.00162)	−0.00372** (0.00178)	−0.00502*** (0.00176)	−0.00685*** (0.00237)
财政自给率	−0.0297 (0.0378)	0.106 (0.169)	0.104 (0.171)	0.101 (0.166)	0.155 (0.160)	0.0830 (0.164)
针对农业 支出比重	0.191 (0.487)	−0.263 (0.470)	−0.306 (0.474)	−0.0717 (0.461)	−0.334 (0.436)	0.479 (0.535)
科教文卫 支出比重	0.0602 (0.201)	−0.0515 (0.487)	−0.0417 (0.493)	−0.474 (0.500)	−0.537 (0.468)	−0.338 (0.496)
总抚养系数	0.473*** (0.179)	0.0893 (0.176)	0.0773 (0.178)	0.178 (0.178)	0.212 (0.171)	0.237 (0.185)
农村通货 膨胀率	0.249 (0.294)	−0.983* (0.511)	−1.107** (0.503)	−0.792 (0.505)	−0.440 (0.496)	−0.220 (0.591)

被解释变量:农村居民消费率

续表

解释变量	第一阶段 (1)	第二阶段 (2)	第二阶段 (3)	第二阶段 (4)	第二阶段 (5)	第二阶段 (6)
2005 年哑变量						3.560
						(2.233)
2006 年哑变量						5.723*
						(2.940)
常数项	54.32***	76.32***	78.16***	86.82***	89.81***	85.18***
	(9.313)	(17.82)	(17.94)	(17.71)	(16.75)	(17.48)
N	124	93	93	93	93	93
R^2	0.131	0.527	0.518	0.577	0.615	0.606

被解释变量:农村居民消费率

注:所使用的软件包为 Stata12.0,表格括号中报告的是稳健标准误,***、**、*分别表示在 1%、5%和 10%水平下显著。人均税费减免额 3 是以 2000 年为基准年份,按照农村户籍人口计算的 2000 年的税费额与相应年份的税费额(经过物价指数调整)的差作为改革时段各年的税费减免额;人均税费减免额 4 是以改革第一阶段按照各年(2000~2003 年)户籍人口平均的人均农业税费为基准,减去第二阶段各年(2004~2006 年)农业税税费额作为税费减免指标,下同。表格中的税费减免额与年份交互项是指前文所定义的税额减免额指标与相应年份哑变量的乘积,下同。

在控制了相关解释变量后,表 8.6 中的前三个估计使用税费减免绝对额作为主要关注的解释变量,给出的是税费改革全部时段、第一阶段与第二阶段的城镇居民消费模型回归结果。如果不考虑税负的转嫁,一项专门针对农民的减免税负政策应当对城镇居民没有影响;如果考虑税负的转嫁效应,农业税费减免甚至可能对城镇居民有负面影响。表 8.6 中的前三个估计显示,在改革的任何时段,我们关注的解释变量无一例外地不显著,这印证了上述合乎逻辑的推断。城镇居民样本的估计结果与农村样本的估计结果显示出非常明显的差异,这说明农村消费率在改革时段的上升并不是由一些其他同时影响城镇与农村的共时性因素导致的。表 8.6 中的后三个估计是使用相对减税额作为所关注的解释变量的估计结果,所得到的结果完全一致,这进一步说明农村消费在 2000~2006 年,特别是 2004~2006 年的上升很可能是农业税费改革这一政策带来的。

表8.6 反事实检验

解释变量	被解释变量:城镇居民消费率					
	全时段	第一阶段	第二阶段	全时段	第一阶段	第二阶段
	(1)	(2)	(3)	(4)	(5)	(6)
人均税费减免额1	−0.00457	0.0250	−0.0187			
	(0.00820)	(0.0176)	(0.0189)			
人均税费减免率				−0.00168	0.00398	−0.00249
				(0.00270)	(0.00496)	(0.00617)
农村实际人均纯收入	−0.000853***	−0.000766***	−0.000991***	−0.000849***	−0.000799***	−0.00105***
	(0.000118)	(0.000259)	(0.000270)	(0.000118)	(0.000262)	(0.000272)
财政自给率	0.0376*	0.0211	0.0993	0.0390**	0.0162	0.112
	(0.0196)	(0.0253)	(0.0719)	(0.0197)	(0.0252)	(0.0711)
针对农业支出比重	0.0184	−0.132	0.217	0.0225	−0.0851	0.256
	(0.125)	(0.325)	(0.195)	(0.126)	(0.328)	(0.202)
科教文卫支出比重	−0.122	−0.0349	−0.495**	−0.128	−0.0381	−0.490**
	(0.0796)	(0.133)	(0.213)	(0.0807)	(0.135)	(0.217)
总抚养系数	0.198***	0.364***	0.126	0.200***	0.384***	0.132*
	(0.0627)	(0.129)	(0.0763)	(0.0630)	(0.130)	(0.0769)
城镇通货膨胀率	−0.113	−0.282	−0.0252	−0.114	−0.248	0.0357
	(0.112)	(0.185)	(0.211)	(0.112)	(0.185)	(0.206)
常数项	77.24***	69.79***	85.03***	77.15***	69.21***	83.84***
	(3.331)	(6.205)	(7.724)	(3.347)	(6.246)	(7.707)
N	210	120	90	210	120	90
R^2	0.517	0.357	0.525	0.517	0.346	0.518

注:所使用的软件包为 Stata12.0,表格括号中报告的是稳健标准误,***、**、* 分别表示在 1%、5% 和 10% 水平下显著。

对于基本估计结果,我们还采取改变函数形式的方式来检验结论的稳健性,在表8.7 中我们将农村居民的实际消费和收入取对数并给出了相关回归结果。[①] 估计1中全时段的税费减免额的半弹性系数为 0.000907,且高度显著,这意味着税费减免每增加1元,消费将上升 0.0907%,这与基本估

---

① 由于有些年份税费减免并非都是正值,因此我们没有给出将农业税费减免取对数的估计结果。我们也尝试舍弃税费减免为负的值,这样一来,样本数量有所减少,但结论基本不变;我们还尝试了用直接用各年农业税费负担的对数值作为被解释变量,结论仍然非常显著,有兴趣的读者可以找作者索取这些结果。

计结果中的数值大体可比。类似地,估计 2 和估计 3 的结果表明,税费改革对消费的影响主要体现在第二阶段,而且估计 4 表明第二阶段的估计结果对于不同税费减免度量方法很稳健,估计 5 和 6 进一步说明第二阶段改革对消费具有重要影响的年份是 2005 年和 2006 年。以上结果表明,我们的估计结果对函数形式的设定也是稳健的。

表 8.7　　　　　　　　　　　函数形式敏感性分析

解释变量	被解释变量:对数农村居民消费					
	全时段	第一阶段	第二阶段	全时段	第一阶段	第二阶段
	(1)	(2)	(3)	(4)	(5)	(6)
人均税费减免额1	0.000907***	0.000338	0.00129**		0.0000511	
	(0.000198)	(0.000307)	(0.000632)		(0.000745)	
人均税费减免额2				0.00112*		−0.000521
				(0.000604)		(0.000703)
税费减免额1与2005年交互项					0.00117**	
					(0.000471)	
税费减免额1与2006年交互项					0.00157***	
					(0.000558)	
税费减免额2与2005年交互项						0.00160***
						(0.000460)
税费减免额2与2006年交互项						0.00223***
						(0.000558)
农村对数实际人均纯收入	1.077***	0.909***	0.874***	0.881***	0.741***	0.607***
	(0.0361)	(0.0655)	(0.123)	(0.123)	(0.145)	(0.150)
财政自给率	0.000438	−0.000144	0.00118	0.000561	0.000784	0.00121
	(0.000447)	(0.000435)	(0.00223)	(0.00220)	(0.00221)	(0.00206)
针对农业支出比重	−0.000539	−0.00465	−0.00342	−0.00476	−0.00300	−0.00830
	(0.00288)	(0.00560)	(0.00653)	(0.00643)	(0.00619)	(0.00579)
科教文卫支出比重	−0.00156	0.00128	−0.00184	−0.00200	−0.00866	−0.00918
	(0.00182)	(0.00228)	(0.00703)	(0.00707)	(0.00707)	(0.00654)
总抚养系数	0.0000835	0.00128	0.000238	0.000436	0.00156	0.00218
	(0.00143)	(0.00229)	(0.00252)	(0.00254)	(0.00246)	(0.00235)
农村通货膨胀率	−0.00317	0.00244	−0.0169**	−0.0164**	−0.0154**	−0.00926
	(0.00248)	(0.00326)	(0.00720)	(0.00745)	(0.00716)	(0.00714)

解释变量	被解释变量：对数农村居民消费					
	全时段	第一阶段	第二阶段	全时段	第一阶段	第二阶段
	(1)	(2)	(3)	(4)	(5)	(6)
常数项	−0.900***	0.348	0.737	0.711	1.915	2.972**
	(0.312)	(0.547)	(0.975)	(0.984)	(1.147)	(1.177)
N	210	120	90	90	90	90
R^2	0.934	0.771	0.897	0.896	0.911	0.921

注：所使用的软件包为 Stata12.0，表格括号中报告的是稳健标准误，***、**、*分别表示在1%、5%和10%水平下显著。表格中的税费减免额与年份交互项是指前文所定义的税额减免额指标与相应年份哑变量的乘积，下同。

第四节　分地区、消费类型估计结果

一、分地区检验

为了细致考察不同地区的农业税费减免对农村居民消费的差异，我们对省份进行了三种地区分类：一种分类方法是按照地理与经济发展程度将省份分为西部和非西部地区；[①]第二种分类方法是按照农业占 GDP 的比重将省份分为农业大省与非农业大省，具体来说，如果一个省份在样本期间的农业产值占 GDP 的比重大于全部样本的平均值，则定义这个省份为农业大省，否则为非农业大省；[②]第三种分类方法是将省份区分为粮食主产省与非粮食主产省，这一分类是根据国家进行农业税改革时关于粮食主产省试点文件中的提法确定。[③]

---

① 西部地区包括广西、重庆、四川、贵州、云南、陕西、甘肃、青海、宁夏、新疆。非西部地区包括北京、天津、河北、辽宁、上海、江苏、浙江、福建、山东、广东、海南、山西、内蒙古、吉林、黑龙江、安徽、江西、河南、湖北、湖南。

② 样本期所有样本省份的农业占 GDP 比重的平均值为15.3%，农业大省（自治区）包括河北、内蒙古、吉林、安徽、江西、河南、湖北、湖南、广西、海南、四川、贵州、云南、甘肃、宁夏、新疆，其余为非农业大省（自治区）。

③ 吉林、黑龙江、河北、内蒙古、辽宁、江苏、安徽、江西、山东、河南、湖北、湖南、四川等为粮食主产省（自治区），其余为非粮食主产省（自治区）。

表 8.8 中的估计 1 和估计 2 分别为非西部与西部地区税费改革全时段的估计结果。通过对比,我们能非常明显地看出,西部地区的税费减免对消费的影响更大,回归系数比西部以外地区要高出一半以上。究其原因,可能是西部地区是中国人均收入水平低、发展落后的地区,农业税费的减免对农民持久收入的上升作用明显,税费减免也有助于缓解低收入者的流动性约束,因而出自税费减税收入的消费倾向会更高一些,对消费的刺激作用也更强。沿用前文的方法,仍然分两个阶段来考察税费改革对消费影响的地区差异,通过估计 3~估计 6 我们发现了一个有意思的结果:改革两时段对西部以及西部以外地区的影响恰好相反。在改革的第一阶段,主要是对西部以外的地区消费有显著的刺激作用,而对西部地区在统计上没有影响;改革第二阶段则是对西部地区消费有显著的刺激作用,而对西部以外地区无影响。可能的原因是:在改革的第一阶段,由于经济发达省份的农业税费在经济中的重要性本身就不高,如陶然等(2003)的研究发现中国农村税费在省际间具有累退性,即越是经济发达的省份税费负担越轻,而越是经济落后的省份税费负担越重,这一税费负担的地区差异可能促使许多经济发达的省份如广东、上海、江苏等在改革第一阶段就较早地开始较大幅度地减免农业税费。根据田秀娟和周飞舟(2003)提供的 2002 年税费负担数据,广东 33 个试点县(市)平均税费负担减轻 72%,上海全市减负 62%,江苏和浙江则分别减负 52% 和 44%,上海甚至在 2003 年就在全国率先全面取消了农业税费。由于发达地区的财力比较雄厚,地方政府对农业税费的财政依赖性较弱,因而对国家税费减免政策的推行速度快,执行力度大,使得税费改革对农民消费的刺激效果较早地显现出来;而与此相反,西部地区的经济落后省份在税费改革的第一阶段税费负担减免较少,如甘肃的税费负担在 2002 年只减轻了 24%(田秀娟和周飞舟,2003),根据我们的统计数据发现,西部省份在 2003 年普遍出现了税费负担反弹趋势,而且直到税费改革的第二阶段

后半期,这些省份才彻底减免了税费,①因而改革对消费的作用才真正显现出来。

表 8.8 按照地理与经济发展程度分地区的估计结果

解释变量	被解释变量:农村居民消费率					
	非西部全时段	西部全时段	非西部第一阶段	西部第一阶段	非西部第二阶段	西部第二阶段
	(1)	(2)	(3)	(4)	(5)	(6)
人均税费	0.0613***	0.0967**	0.0483*	−0.114	−0.0131	0.145**
减免额 1	(0.0147)	(0.0421)	(0.0263)	(0.0908)	(0.0721)	(0.0661)
农村实际人	0.000683	0.00576**	0.000162	−0.0143	−0.00158	0.000188
均纯收入	(0.000666)	(0.00286)	(0.00130)	(0.00983)	(0.00169)	(0.00770)
财政自给率	0.0506	0.0313	−0.0646	−0.145*	−0.0315	0.616
	(0.0589)	(0.0555)	(0.0772)	(0.0755)	(0.184)	(0.608)
针对农业	−0.199	0.0636	0.317	−1.168	−0.402	−0.300
支出比重	(0.352)	(0.330)	(0.567)	(1.011)	(0.958)	(0.735)
科教文卫	−0.307*	0.484*	0.00441	0.689	−0.658	0.530
支出比重	(0.178)	(0.281)	(0.243)	(0.411)	(0.670)	(1.067)
总抚养系数	−0.161	0.294	0.0246	0.922**	−0.0569	0.653*
	(0.131)	(0.185)	(0.186)	(0.411)	(0.216)	(0.356)
农村通货	−0.372	−0.0934	0.205	−0.0700	−2.148***	0.616
膨胀率	(0.233)	(0.376)	(0.301)	(0.617)	(0.678)	(0.942)
常数项	80.20***	44.16***	70.71***	60.25*	105.4***	19.75
	(6.718)	(12.56)	(8.945)	(32.03)	(21.68)	(50.66)
N	140	77	80	44	60	33
R^2	0.318	0.380	0.110	0.382	0.578	0.634

注:所使用的软件包为 Stata12.0,表格括号中报告的是稳健标准误,***、**、*分别表示在 1%、5% 和 10% 水平下显著。

表 8.9 中估计 1 和估计 2 分别为农业大省与非农业大省税费改革全时段的估计结果。通过对比,我们不难发现,非农业大省回归系数比农业大省约高 0.015,但整体相差并不太大。农业与非农业大省的税费改革的消费刺激效应的差异主要体现在不同的改革时段上。估计 3 和估计 4 的结果显

---

① 青海、陕西、新疆、甘肃、广西、云南等西部省份都是在第二阶段后半期才彻底取消了农业税,除山东和河北两个粮食主产省,它们是最晚取消农业税的省份。

示,第一阶段改革对非农业大省的消费刺激效应显著,而对农业大省没有显著影响;估计5和估计6则表明:改革第二阶段税费减免对农业大省的消费有很强的刺激作用,但对非农业大省的影响消失。与前文的原因相似,农业大省地方政府对农业税费的财政依赖性比较强,其对减轻农民税费负担的积极性较弱,在税费改革的第一阶段,农业大省地方政府普遍的做法是在取消各种收费的同时提高了农业税税率(陶然等,2003),这使得在税费改革的第一阶段农业大省农民负担的减轻并不十分明显甚至有反弹趋势。根据我们的统计,在改革的第一阶段,所有农业大省的平均农业税费相比2000年的水平反而平均上升了6.06元,这种税费反弹趋势在费改税阶段的最后一年(2003年)表现得最为明显,如传统农业大省中的吉林、河北、河南、湖南、湖北、四川等省的人均农业税费在这一年相比2000年分别上升了54.8、34.5、32.8、23.5、28.0、24.2元,直到税费改革的第二阶段,这些省份才彻底减轻了农民负担,因而改革对消费的作用才真正显现出来。农民的预期可能也是重要原因,税费负担重的农业大省的农民对税费减免的增收效应的预期可能主要在第二阶段,改革两时段的对比可能促使他们在第二阶段提高消费水平。而非农业大省农民的税费负担在第一阶段就有彻底减轻的趋势,这可能促使这些省份的农民在第一阶段就提高了消费标准,而到了第二阶段后,这种改革的持久效果趋于减弱甚至消失。

表 8.9　　　　　　　　　　分农业大省与非农业大省估计结果

	被解释变量:农村居民消费率					
解释变量	农业大省全时段	非农业省全时段	农业大省第一阶段	非农业省第一阶段	农业大省第二阶段	非农业省第二阶段
	(1)	(2)	(3)	(4)	(5)	(6)
人均税费减免额1	0.0662**	0.0808***	−0.0907	0.0692*	0.122**	0.0428
	(0.0254)	(0.0194)	(0.0557)	(0.0344)	(0.0527)	(0.0952)
农村实际人均纯收入	0.00399*	0.000678	−0.0165**	−0.000150	−0.00166	−0.00106
	(0.00203)	(0.000699)	(0.00709)	(0.00154)	(0.00491)	(0.00209)
财政自给率	−0.105	0.0651*	−0.250**	0.0420	0.184	−0.173
	(0.0934)	(0.0383)	(0.101)	(0.0400)	(0.382)	(0.258)

续表

解释变量	被解释变量:农村居民消费率					
	农业大省全时段	非农业省全时段	农业大省第一阶段	非农业省第一阶段	农业大省第二阶段	非农业省第二阶段
	(1)	(2)	(3)	(4)	(5)	(6)
针对农业	0.171	0.0575	−0.227	−0.325	−0.0612	−0.203
支出比重	(0.369)	(0.286)	(0.746)	(0.637)	(0.835)	(0.671)
科教文卫	0.552**	−0.416**	0.554	−0.176	0.196	−0.582
支出比重	(0.249)	(0.172)	(0.346)	(0.240)	(0.677)	(0.920)
总抚养系数	0.232	−0.0100	0.395	0.363	0.214	0.00820
	(0.177)	(0.143)	(0.273)	(0.268)	(0.275)	(0.299)
农村通货	−0.129	−0.392	0.369	−0.107	−0.567	−2.313**
膨胀率	(0.309)	(0.263)	(0.423)	(0.383)	(0.659)	(1.052)
常数项	47.34***	76.00***	88.61***	62.21***	60.65*	107.7***
	(10.84)	(7.091)	(22.87)	(11.91)	(34.51)	(31.34)
N	111	106	63	61	48	45
R^2	0.300	0.343	0.340	0.182	0.597	0.520

注:所使用的软件包为 Stata12.0,表格括号中报告的是稳健标准误,***、**、* 分别表示在 1%、5%和10%水平下显著。

表 8.10 给出的是将样本分为粮食主产省与非粮食主产省的估计结果。我们意外地发现非粮食主产省的税费改革对消费的刺激效应更强。仔细思量所得到的结果,可能与我们并没有考虑税费改革所带来的对农民投资、生产和消费的一般均衡效应。由于税费减免后,投入粮食生产等农业生产活动的成本下降,收益将趋于上升。[①] 如钱克明(2005)的研究表明,税费改革对不同地区的农民的影响是不同的,粮食主产省区的农民从中受益更多。王姣和肖海峰(2007)的研究也发现,税费减免使得河南、山东与河北三个粮食主产省的农民种植业收入分别提高 8.54%、7.81% 和 7.58%。顾和军和纪月清(2008)则发现农业税费减免政策会刺激农民增加作物播种面积和增加单位面积的化肥等要素投入。因此,农民在税费减免负担减轻后,可能会

① 由于农业税费减免额是以土地面积与常年粮食产量作为计算依据,粮食生产的收益显然会因为税费减免而上升。

在当前消费与未来消费之间进行权衡,当未来的收益或消费的边际效用足够高时,农民可能会牺牲部分当前的消费,而增加粮食生产等方面的农业投入。上述影响消费的机制可能能够解释税费减免对粮食大省的农民的消费刺激效果为何偏小。[①]

表 8.10 分粮食大省与非粮食大省估计结果

解释变量	被解释变量:农村居民消费率					
	粮食主产省全时段	非粮食主产省全时段	粮食主产省第一阶段	非粮食主产省第一阶段	粮食主产省第二阶段	非粮食主产省第二阶段
	(1)	(2)	(3)	(4)	(5)	(6)
人均税费	0.0535***	0.133***	−0.00371	0.0378	0.0179	0.123**
减免额1	(0.0190)	(0.0267)	(0.0289)	(0.0570)	(0.108)	(0.0470)
农村实际人	0.00185	0.000376	−0.00762**	0.000166	0.000827	−0.00244
均纯收入	(0.00154)	(0.000852)	(0.00325)	(0.00216)	(0.00585)	(0.00146)
财政自给率	−0.0535	0.0787*	−0.0883	0.00178	0.0312	0.331*
	(0.0715)	(0.0459)	(0.0529)	(0.0544)	(0.469)	(0.179)
针对农业的	0.299	0.0876	0.274	0.263	1.175	−0.855*
支出比重	(0.374)	(0.292)	(0.462)	(0.798)	(1.169)	(0.479)
科教文卫	−0.237	0.102	0.0325	0.150	−0.254	0.0820
支出比重	(0.232)	(0.207)	(0.222)	(0.312)	(1.315)	(0.527)
总抚养系数	−0.104	0.138	−0.246	0.612**	0.0598	0.268
	(0.186)	(0.136)	(0.236)	(0.256)	(0.420)	(0.182)
农村通货	−0.728**	0.0135	0.0710	0.168	−2.243*	−0.0345
膨胀率	(0.302)	(0.270)	(0.347)	(0.431)	(1.154)	(0.555)
常数项	77.87***	61.26***	101.4***	42.75***	69.34	61.05***
	(10.72)	(7.625)	(14.24)	(12.84)	(40.37)	(19.77)
N	91	126	52	72	39	54
R^2	0.342	0.306	0.303	0.198	0.583	0.623

注:所使用的软件包为 Stata12.0,表格括号中报告的是稳健标准误,*** 、** 、* 分别表示在 1%、5%和 10%水平下显著。

[①] 农民也可能将税费减免后所获得的额外收入用于非农投资,从而获取更多的收入,在最近的一篇论文中 Bai 和 Wu(2011)讨论了这一问题。

二、分消费类型检验

表8.11关注的是税费减免对家庭不同类型消费支出项目的影响。根据国家统计局的消费分类标准,我们分析了分时段税费改革对农村居民八类消费的影响,这八类消费分别为食品支出、衣着支出、居住支出、设备用品及服务支出、医疗保健支出、交通通信支出、教育文化娱乐服务支出以及其他商品与服务支出。在所有时段,税费减免对设备用品及服务支出存在较大影响,而且第二阶段的影响更大,税费改革对食品、衣着、居住、医疗保健支出、交通通信支出、其他商品与服务的影响在全时段有很大的影响,但分时段的影响表现出差异,税费减免对交通通信在第二阶段的影响更大。税费改革在任何时段都没有表现出对教育文化娱乐服务支出的影响。总体来看,税费改革对设备用品及服务支出、交通通信支出的影响最大。由于交通支出的上升很可能与农民频繁地往返于城市与农村有关,这可能是农民就业行为变化的重要信号。事实上,一些研究,如周娴(2006)、丁守海(2008)的调查与实证发现:自农业税费改革以来,一方面,由于农业生产的成本降低,务农收益上升,吸引转移劳动力回流,务农人数回升了2.2%;另一方面,出外打工农民工的数量并未减少,反而持续增加。我们认为这两种现象同时并存的主要原因在于:其一,由于中国现行的户籍制度约束和劳动力市场的歧视,尽管农民工大量进城务工多年,但他们并没有同等享有城市居民在教育医疗、社会保障、公共服务等方面的权益,农村税费改革促使年龄大、文化低、技能差等不易通过自身实力在城市安家落户的转移劳动力回流,这表现为务农人数的回升;其二,尽管税费改革提高了务农的回报,但不足以超过非农就业与投资的收益,对于收入低的青壮年农民而言,税费减免在减轻负担的同时缓解了他们的流动性约束,可能导致这部分农民外出寻找收益更高的非农就业工作机会的概率上升。

表 8.11 分消费类型回归结果

分类消费率	人均税费减免额的回归系数		
	全时段 (1)	2000～2003 年 (2)	2004～2006 年 (3)
食品消费	0.0239*	−0.0388*	0.0115
	(0.0141)	(0.0225)	(0.0433)
衣着消费	0.00632***	0.000926	0.00485
	(0.00138)	(0.00204)	(0.00427)
居住消费	0.00695	−0.00309	0.0520*
	(0.00786)	(0.0133)	(0.0285)
家庭设备及服务	0.00684***	0.00653**	0.00879**
	(0.00141)	(0.00266)	(0.00409)
交通与通信	0.0221***	0.000309	0.0345***
	(0.00413)	(0.00532)	(0.00824)
文教娱乐用品 及服务	0.000126	0.000971	0.00250
	(0.00346)	(0.00512)	(0.0118)
医疗保健	0.0128***	−0.00168	0.00572
	(0.00276)	(0.00461)	(0.00797)
其他商品及服务	0.00281*	0.000323	−0.00382
	(0.00160)	(0.00300)	(0.00374)

注:所使用的软件包为 Stata12.0,表格括号中报告的是稳健标准误,***、**、*分别表示在 1%、5%和 10%水平下显著。

第五节 税费改革对消费的刺激效果持续性分析

2006 年 1 月,延续 2600 多年的农业税被永久性地取消了,作为一项永久性的减税政策,其对消费的影响是否具有持续性呢? 最后,我们对这一问题进行简要分析。前文的分析表明,税费改革对消费的刺激作用主要出现在 2004～2006 年时段,我们将税费取消后的 2007～2009 年时段也并入进来，并仍然相比 2000 年进行了税费减免额的计算[①]，同时我们定义了 2007、2008、2009 年三个年份哑变量，并将三个年份的哑变量与税费减免额变量相乘得到三个交互项，通过估计交互项的系数来判断取消农业税后的 2007～2009 年的税费减免额对消费的影响是否与 2004～2006 年时段具有显著差异。表 8.12 中的估计 1 给出的是没有控制 2007～2009 年哑变量的回归结果，结果表明：在控制了其他因素后，三个交互项的系数都不大且不显著，说明税费减免对消费的影响系数与 2004～2006 年时段并无差异；在估计 2 中，我们通过加入 2007～2009 年哑变量来控制时间固定效应，所得的估计结果基本与前面的结果一致。在前面的分段估计中，我们发现第二阶段税费改革对消费的影响年份主要是 2005 年与 2006 年，而 2004 年税费改革对消费的刺激作用很弱。因此，我们尝试将 2004 年从样本中排除，估计 3 和估计 4 分别类似地进行了两次估计，所得到的结论没有明显变化，估计 5 和估计 6 采用对数形式模型进行了同样的估计，所得结论仍然非常稳健。以上结果表明，税费改革对消费的刺激效果表现出很明显的持续性，这也与第一节的数据观察相吻合。

表 8.12　　　　　　　　　　税费改革对消费刺激作用持续性检验

解释变量	被解释变量：农村居民消费率				对数农村居民消费	
	2004～2009 年	2004～2009 年	2005～2009 年	2005～2009 年	2004～2009 年	2004～2009 年
	(1)	(2)	(3)	(4)	(5)	(6)
人均税费减免额 1	0.140***	0.132***	0.152**	0.150**	0.00193***	0.00209***
	(0.0300)	(0.0343)	(0.0605)	(0.0596)	(0.000464)	(0.000495)
税费减免额 1 与 2007 年交互项	0.0144	−0.00834	−0.00125	−0.0253	0.000259	−0.0000652
	(0.0273)	(0.0388)	(0.0267)	(0.0382)	(0.000370)	(0.000515)
税费减免额 1 与 2008 年交互项	0.0151	−0.000155	−0.00917	−0.00735	0.000247	0.000181
	(0.0318)	(0.0380)	(0.0320)	(0.0375)	(0.000448)	(0.000506)
税费减免额 1 与 2009 年交互项	−0.00268	−0.0444	−0.00807	−0.0516	−0.00000646	−0.000336
	(0.0313)	(0.0368)	(0.0313)	(0.0364)	(0.000433)	(0.000487)

[①]　所得到的 2007～2009 年的税费减免额与 2006 年实际上是一样的，将 2007～2009 年的数据加入进来后，数据的变异有所变小，但对结果的估计影响不会太大。

续表

解释变量	被解释变量:农村居民消费率				对数农村居民消费	
	2004～2009 年	2004～2009 年	2005～2009 年	2005～2009 年	2004～2009 年	2004～2009 年
	(1)	(2)	(3)	(4)	(5)	(6)
农村实际人均纯收入	−0.00114	−0.00211**	−0.00117	−0.00208*		
	(0.000820)	(0.000981)	(0.00100)	(0.00122)		
农村对数实际人均纯收入					0.945***	0.831***
					(0.0661)	(0.0953)
财政自给率	−0.0415	0.0812	−0.153	−0.0135	−0.000900	0.000176
	(0.0996)	(0.116)	(0.126)	(0.145)	(0.00128)	(0.00146)
针对农业的支出比重	−0.374*	−0.529**	−0.376*	−0.578**	−0.00449*	−0.00603**
	(0.194)	(0.206)	(0.224)	(0.239)	(0.00261)	(0.00273)
科教文卫支出比重	0.203	−0.0555	0.176	−0.0212	0.00181	−0.00151
	(0.209)	(0.247)	(0.226)	(0.262)	(0.00272)	(0.00326)
总抚养系数	0.130	0.215	0.162	0.251	0.00161	0.00185
	(0.152)	(0.156)	(0.197)	(0.205)	(0.00210)	(0.00211)
农村通货膨胀率	−0.360*	−0.242	−0.170	0.318	−0.00447	−0.00491
	(0.211)	(0.325)	(0.215)	(0.378)	(0.00274)	(0.00442)
2007 年哑变量		2.517		0.960		0.0479
		(2.248)		(2.536)		(0.0337)
2008 年哑变量		2.768		−0.0167		0.0497
		(2.651)		(3.151)		(0.0410)
2009 年哑变量		5.882**		6.534**		0.0745*
		(2.668)		(3.000)		(0.0405)
常数项	73.29***	73.61***	78.07***	75.48***	0.104	1.035
	(9.308)	(9.909)	(11.42)	(11.45)	(0.532)	(0.775)
N	186	186	155	155	186	186
R^2	0.256	0.281	0.156	0.203	0.927	0.928

注:所使用的软件包为 Stata12.0,表格括号中报告的是稳健标准误,***、**、*分别表示在 1%、5%和 10%水平下显著。

第六节　本章结论与政策启示

本章以 2000～2009 年分省面板数据作为样本，运用连续型双重差分估计方法研究了税费改革对农村居民消费的影响。我们发现，税费改革对农村居民消费有显著的刺激效应，税费改革在其不同阶段表现出明显的差异，其影响主要是在改革的第二阶段，可以解释这一时段消费率上升的 73.3%，而且第二阶段税费改革对消费的主要影响年份是 2005 年与 2006 年，这与这一阶段的税费改革比较彻底、农民负担明显减轻有关，并且税费改革对消费的刺激作用在彻底免除农业税的后续年份表现出较强的持续性。利用城镇样本进行反事实检验进一步印证了我们的结论，而且我们的估计结果对替代性的减税指标、函数形式的设定具有稳健性。我们还细致地讨论了税费改革对农村居民消费的地区差异和消费类型差异。分地区估计结果显示，税费改革对人均收入水平低、发展落后的西部地区以及农业大省和非粮食主产省的影响更大，且这种影响表现出阶段性差异。分消费类型来看，税费改革对设备用品及服务支出、交通通信支出的影响最大。

消费不足一直是中国经济的症结，学者们所开出的提振消费的药方也不尽相同，本章的研究结论对于政府通过永久性的减税来增加居民持久性收入进而提高居民消费的政策举措提供了经验证据。这也对当今政府已经进行或正在进行的众多减免政策，如个人所得税起征点、企业增值税、营业税调整来促进经济发展的政策实践形成了最好的注解。我们有理由相信，一系列减税政策的实施必将对党中央提出的中国到 2020 年全面建成小康社会的宏伟战略目标的实现起到至关重要的作用。

第九章

全书结论、政策启示与研究展望

第一节 全书结论与政策启示

本书对中国高储蓄现象做了全面梳理和研究,从政府、企业、居民三部门储蓄变化、计划生育政策、人口结构变化、经济增长、收入分配失衡、目标性储蓄、消费习惯、流动性约束、预防性储蓄、刚性储蓄、货币政策与金融环境等各个方面探讨了中国高储蓄现象的形成原因,并在梳理过程中提出了有针对性的政策建议。本研究以生命周期/持久收入假说以及各种消费理论作为研究的理论基础,运用随机动态一般均衡模型、结构向量自回归模型、动态面板等建模技术与计量方法进行研究,并在理论研究与实证结果的基础上结合中国经济转型期的特征化事实展开了有力度的分析,得到许多有意义的结论与启示:

1. 本书通过分析新中国成立以来至今半个多世纪的居民、政府与企业三部门的储蓄率的变化及其原因发现:在经历了一个较长的下降周期后,政府储蓄率在国民储蓄中的地位已经居于居民储蓄与企业储蓄之后。政府储蓄率的下降一方面源自政府收入在国民收入中的比重下降,另一方面源自政府储蓄倾向降低,这与市场化改革导致的国民收入分配结构变化与政府的职能变化密切相连;20 世纪 80 年代中期后随着企业体制改革的深化、预算软约束逐步"硬化"和买方市场的逐步形成,企业的效益有了明显改善,企业可支配收入在国民可支配收入中所占比重加大,因而企业储蓄在国民储蓄中的比重不断提高。改革开放后,居民收入迅速增长与储蓄倾向上升推动中国居民储蓄率走高。企业与居民储蓄率的上升是中国储蓄在高位持续的原因。得到的政策含义是:为使经济向着健康的方向发展,消除需求不足的现状,应重点放在国民收入的分配结构上,使国民收入向居民部门有所倾斜。由于我国居民的储蓄倾向偏高,经济政策的重点应当放在降低居民的储蓄倾向上,政府应该尽快扩大在教育、医疗、社会保障等社会性公共产品领域的投资,发展消费信贷市场,这一举措既能降低政府储蓄率,也有助于降低居民储蓄率。此外,应尽快建立企业分红的制度和文化,大力发展资本市场,改变企业一直自我积累融资的现状,提高直接融资的比重,这有助于降低企业储蓄率。

2. 本书基于生命周期理论,通过实证分析表明:中国的高储蓄率可能是两个急剧转变的政策共同作用的结果。第一个是最初从 20 世纪 70 年代后期开始的计划经济向市场经济的转变,伴随着中国社会和劳动力的一些特有特征,使前所未有的爆炸式增长模式成为可能,而爆炸式增长导致中国储蓄率的不断上升;第二个转变是人口政策,70 年代开始实行的计划生育政策使中国迅速实现人口转型,并通过"人口红利"的集中释放带来高储蓄。经济增长与适龄劳动力的数量的增加互相强化又进一步导致中国储蓄率的提高,人口政策渐渐打破了子女赡养老人的传统家庭的作用,在寿命延迟与养老保险体系尚未全面建立的情形下,从而鼓励个人进行积累。得到的政策含义是:抓住人口红利集中释放的有利时机,提振消费、优化产业结构、加快人力资本积累、转变经济增长方式应当成为当前经济政策的重点。

3. 本书通过建立一个考虑两类代表性家庭的两期消费决策模型,讨论了收入不平等与目标性消费如何影响中国的储蓄率。理论分析得到了两个基本结论:(1)在高收入者和中低收入者具有相同的时间偏好和消费习惯强度的情形下,基于收入不平等对目标性消费的强化效应,中低收入者比高收入者具有更高的储蓄率;(2)收入不平等程度越高,消费习惯越强,那么经济中的总储蓄率就越高。本书的第一个结论能够很好地解释为什么改革开放30多年来农村居民的储蓄倾向在平均意义上高于城镇居民。通过对改革开放30多年来的统计数据进行计量分析,本书的第二个结论也得到很好的验证。揭示收入不平等程度加剧、居民的目标性消费动机与储蓄率变化的内在关系,对于我们正确认识高储蓄现象并从调节收入分配来制定相应的政策具有重要意义。得到的政策启示是:要破解当前贫富差距拉大和中国消费需求不足的困局,需要从调节国民收入分配格局入手,加大对中低收入阶层的转移支付并建立和完善住房、教育、医疗和养老等公共服务体系,这也是缓解当前社会矛盾、促进社会公平和构建和谐社会的题中要义。

4. 本书通过运用各种在生命周期/持久收入假说基础上发展起来的消费(储蓄)理论,对中国居民的消费行为的检验表明:在总消费增长率变动上,城镇与农村表现出一定程度的耐久性,在非耐用消费支出上农村居民表现出一定的习惯,但城镇居民的消费习惯几乎不存在。无论是城镇还是农村居民的消费变动都呈现出对预期收入变动的过度敏感。城镇居民总消费变动的敏感性明显高于农村,而与此恰好相反,城镇居民的非耐用消费支出变动的收入敏感系数则低于农村。过度敏感性表现出比较明显的非对称模式,城镇样本关于消费变动的估计支持了"损失厌恶"理论,而农村样本则支持了流动性约束或短视假说。城镇和农村居民都表现出较强的预防性储蓄动机。得到的政策含义是:政府应当不断提高居民的持久收入,打破短视、流动性约束、损失厌恶与预防性动机造成的居民高储蓄和低消费倾向,为居民消费的持续稳定增长奠定坚实的基础。

5. 本书基于刚性储蓄的动态新凯恩斯主义模型,通过引入家庭的流动性约束、消费习惯和预防性储蓄动机等影响家庭消费行为的现实因素,讨论了货币政策影响居民消费的传导机制。本书的研究发现:扩张性货币政策主要通过刚性储蓄下的流动性效应和可贷资金效应增加产出,价格粘性和投资调整成本则是导致产出超调的主要因素;扩张性货币政策主要通过流动性约束和预防性储蓄动机抑制居民消费,居民的消费习惯则是产生消费持续性的重要原因。上述结论对于正确认识货币政策的传导机制、增强货币政策的针对性和灵活性及有效性以及通过实施合理的货币政策实现保持经济平稳较快发展和拉动内需的双重任务具有一定的借鉴意义。

6. 本书从金融市场扭曲的视角揭示了企业融资约束、劳动收入份额与中国低消费的内在联系。基于中小(民营)企业面临信贷融资约束、国民收入中劳动收入份额与消费率同步下降的中国经济特征事实,本书从企业的异质性及其面临的金融环境差异出发,构建了一个包含国有和中小(民营)两类企业,而后者面临借贷约束与投资扭曲的动态一般均衡模型,在校验模型现实解释能力的基础上对上述特征事实进行传导机制分析与实证研究。本书理论与实证揭示了如下现实:20 世纪 90 年代中期以来,中国金融环境的变化导致中小(民营)企业面临的信贷约束收紧。为了应对融资困境,大量中小(民营)企业被迫通过利润留成方式进行内源融资,从而减少了对居民部门的利润分配,降低了家庭劳动收入的份额。与之相对应,国有银行主导的体制内金融支持不仅抑制了金融市场的发展,而且通过政府信贷指导等方式约束了中小(民营)企业的信贷融资能力。面对家庭收入份额的减少,理性消费者选择抑制消费,从而解释了居民消费占国民收入比重持续下降这一现象。"后危机"时代,"调结构、扩内需、惠民生"成为中国政府对未来经济发展的重要承诺,中国金融市场的扭曲导致要素收入分配格局向不利于居民部门方向的变化,将直接影响到内需的变化、经济结构调整的成败和社会福利水平的提高。因此,改革中国的金融体系、缓解企业的融资约束对平衡中国的经济增长极端重要。

7. 本书研究发现,税费改革对农村居民消费具有显著的刺激效应,这一研究结论对于政府通过永久性的减税来增加居民持久性收入进而提高居民消费的政策举措提供了经验证据。这提示我们,减税在政府的刺激消费需求的政策组合中应当作为一种主要的政策工具。

第二节　未来研究展望

自 2000 年进入老龄化社会以来,中国的国民储蓄率从 38.7% 上升至 2011 年的 51.8%。国际经验表明,通常进入老龄化社会后,储蓄率将趋于下降,但中国的储蓄率却不降反升。人口老龄化对储蓄率的影响将呈现出什么样的阶段性特征? 关于这一问题,本书的研究还有所欠缺,尚待从理论和实证方面进行深入研究。

中国地区发展不平衡,区域经济发展差异也较大。储蓄率的变化与经济增长通常具有正相关性,而区域间储蓄率的变化将呈现何种态势,将关系到中国的区域经济平衡发展问题,因而研究中国的储蓄在区域间的变化及其原因也是一个非常有价值的研究问题,这方面的内容在本书还没有较好的体现,留待以后深入研究。

根据《中国统计年鉴》、《新中国六十年统计资料汇编》中提供的数据,改革开放以来中国城镇与农村居民消费率均呈现出明显下降的趋势。但从 2000 年开始,城镇与农村居民的消费行为似乎产生了系统性的差异。2000~2004 年之后农村居民消费率保持在较为稳定的水平,从 2004 年以后开始,农村居民消费率呈现出明显上升的趋势,而城镇居民消费率的下降趋势却依然如故。我们从农村税费改革这一重大惠农政策出发成功解释了农村消费率的上升趋势,然而城镇消费率持续下降的原因依然需要进一步解读。如在当前城市房价高企的现实背景下,从理论与实证层面讨论有房一族和无房一族两类城市居民的不同消费与储蓄行为,可能能够对上述问题提供一个解答。

需求变化是产业结构演进的重要原因。需求结构变化是产业结构调整的强制力量和外部动力,它能引导投资决策改变方向,从而影响全社会投资结构的变化,同时需求结构优化和升级转型的层次性与阶段性又为优化产业结构带来机遇。反过来,产业结构的升级又会催生出新的需求,从而带动需求结构升级。中国的消费率偏低、消费结构难以升级与产业结构的升级缓慢是相互关联的,当前关于这方面的研究还很少。因此,在消费结构理论和产业结构变迁理论框架下,构建中国消费结构与产业结构相互影响的作用机理具有重要的理论与现实意义,有助于解释中国经济转型的动力机制。深入分析提高居民消费水平、依靠内需促进产业结构升级与转型的内生和外生的制约因素,也是今后需要研究和解决的问题。

参考文献

1.艾春荣、汪伟:习惯偏好下的中国居民消费的过度敏感性——基于1995~2005年省际动态面板数据的分析,《数量经济技术经济研究》第11期,2008。

2.艾春荣、汪伟:农户非农与持久收入假说:理论与实证,《管理世界》第1期,2010。

3.白重恩、钱震杰:国民收入的要素分配:统计数据背后的故事,《经济研究》第3期,2009a。

4.白重恩、钱震杰:谁挤占了居民收入:中国国民收入分配格局分析,《中国社会科学》第5期,2009b。

5.白重恩、钱震杰:劳动收入份额决定因素:来自中国省际面板数据的证据,《世界经济》第12期,2010。

6.保罗·舒尔茨:人口结构和储蓄:亚洲的经验证据及其对中国的意义,《经济学(季刊)》第4卷第4期,2005。

7.卞志村:我国货币政策外部时滞的经验分析,《数量经济技术经济研究》第3期,2004。

8.蔡昉:人口转变、人口红利与经济增长可持续性——兼论充分就业如何促进经济增长,《人口研究》第2期,2004。

9.曹康霖:储蓄理论与中国的现实,《经济学家》第1期,1996。

10.陈昆亭、龚六堂、邹恒甫:基本RBC方法模拟中国经济的数值试验,《世界经济文汇》第2期,2004a。

11.陈昆亭、龚六堂、邹恒甫:什么造成了经济增长的波动,供给还是需求:中国经济的RBC分析,《世界经济》第4期,2004b。

12.陈昆亭、龚六堂:粘滞价格模型以及对中国经济的数值模拟,《数量经济技术经济研究》第 8 期,2006。

13.陈利平:高增长导致高储蓄:一个基于消费攀比的解释,《世界经济》第 11 期,2005。

14.陈晓玲、尹丹:农村教育:投资与收益的不对称性,《农村经济》第 1 期,2004。

15.陈彦斌:中国新凯恩斯菲利普斯曲线研究,《经济研究》第 12 期,2008。

16.陈宗胜、周云波:非法非正常收入对居民收入差别的影响及其经济学解释,《经济研究》第 4 期,2001。

17.陈宗胜、周云波:《再论改革与发展中的收入分配》,经济科学出版社 2002 年版。

18.丁守海:农业税减免能持续提高务农收入吗:基于二元就业制度及劳动力返流的分析,《教学与研究》第 2 期,2008。

19.郭庆旺、赵志耘:政府储蓄的经济分析,《管理世界》第 6 期,1999。

20.郭浩:对中国资金流量表的分析,《财经科学》第 4 期,2001。

21.范剑平:城镇居民消费倾向为何下降,国家信息中心经济研究所报告,1999。

22.方福前:中国居民消费需求不足原因研究——基于中国城乡分省数据,《中国社会科学》第 2 期,2009。

23.方齐云、陆新华、鄢军:我国农村税费改革对农民收入影响的实证分析,《中国农村经济》第 5 期,2005。

24.方文全:中国劳动收入份额决定因素的实证研究:结构调整抑或财政效应,《金融研究》第 2 期,2011。

25.傅光明:走出黄宗羲定律怪圈的四大障碍和对策,《农业经济问题》第 11 期,2003。

26.顾和军、纪月清:农业税减免政策对农民要素投入行为的影响——基于江苏省句容市的实证研究,《农业技术经济》第 3 期,2008。

27.郭新强、汪伟、杨坤:刚性储蓄、货币政策与居民消费动态,《金融研究》第 2 期,2013。

28.杭斌:基于持久收入和财富目标的跨时消费选择——中国城市居民消费行为的实证研究,《统计研究》第 2 期,2007。

29.侯东民:从"民工荒"到"返乡潮":中国的刘易斯拐点到来了吗?,《人口研究》第 2 期,2009。

30.何德旭、田红勤、陈林:发展信用债券市场、提高直接融资比重,《金融理论与实践》第 1 期,2008。

31.何帆、张明:中国国内储蓄、投资和贸易顺差的未来演进趋势,《财贸经济》第 5 期,2007。

32.何新华、曹永福:从资金流量表看中国的高储蓄率,《国际经济评论》第 11 期,2005。

33.洪永森:计量经济学的地位、作用和局限,《经济研究》第 5 期,2007。

34.胡永刚、刘方:劳动调整成本、流动性约束与中国经济波动,《经济研究》第 10 期,2007。

35.黄少安、陈屹立:宏观经济因素与犯罪率:基于中国 1978～2005 年的实证研究,工作论文,2007。

36.黄赜琳:中国经济周期特征和财政政策效应:一个基于三部门 RBC 模型的实证分析,《经济研究》第 6 期,2005。

37.黄志刚:资本流动、货币政策与通货膨胀动态,《经济学(季刊)》第 4 期,2010。

38.孔东民:前景理论、流动性约束与消费行为的不对称——以我国城镇居民为例,《数量经济与技术经济研究》第 4 期,2005。

39.李春吉、孟晓宏:中国经济波动:基于新凯恩斯注意垄断竞争模型分析,《经济研究》第 10 期,2006。

40.龙志和、周浩明:中国城镇居民预防性储蓄实证研究,《经济研究》第 11 期,2000。

41.李稻葵、刘霖林、王红领:GDP 中劳动份额演变的 U 型规律,《经济研究》第 1 期,2009。

42.李广众:政府支出与居民消费:替代还是互补,《世界经济》第 5 期,2005。

43.李焰:关于利率与我国居民储蓄关系的探讨,《经济研究》第 11 期,1999。

44.李扬、殷剑锋:劳动力转移过程中的高储蓄、高投资和中国经济增长,《经济研究》第 2 期,2005。

45.李扬、殷剑锋:中国高储蓄率问题探究——1992～2003 年中国资金流量表的分析,《经济研究》第 6 期,2007。

46.李扬、殷剑锋、陈洪波:中国:高储蓄、高投资和高增长研究,《财贸经济》第 1 期,2007。

47.李永友、丛树海:居民消费和中国财政政策的有效性:基于居民最有消费决策行为的经验分析,《世界经济》第 5 期,2006。

48.林毅夫、李永军:中小金融机构发展与中小企业融资,《经济研究》第 1 期,2001。

49.李子奈:计量经济模型方法论的若干问题,《经济学动态》第 7 期,2007。

50.李子奈:关于计量经济学模型方法的思考,《中国社会科学》第 2 期,2010。

51.刘家新、赵宗华:中国政府储蓄实践的历史考察,《经济论坛》第 2 期,2002。

52.刘建国:我国农户消费倾向偏低的原因分析,《经济研究》第 3 期,1999。

53.刘兆博、马树才:基于微观面板数据的中国农民预防性储蓄研究,《世界经济》第 2 期,2007。

54.龙志和、王晓辉、孙艳:中国城镇居民消费习惯形成实证分析,《经济科学》第 6 期,2002。

55.龙志和、周浩明:中国城镇居民预防性储蓄实证研究,《经济研究》第 11 期,2000。

56.罗长远:卡尔多"特征事实"再思考:对劳动收入占比的分析,《世界经济》第 11 期,2008。

57.罗长远、陈琳:融资约束会导致劳动收入份额下降吗:基于世界银行提供的中国企业数据的实证研究,《金融研究》第 3 期,2012。

58.罗长远、张军:劳动收入占比下降的经济学解释:基于中国省际面板数据的分析,《管理世界》第 5 期,2009a。

59.罗长远、张军:经济发展中的劳动收入占比:基于中国产业数据的实证研究,《中国社会科学》第 4 期,2009b。

60.欧阳俊、刘建民、秦宛顺:居民消费流动性约束的实证分析,《经济科学》第 5 期,2003。

61.潘彬、罗新星、徐选华:政府购买与居民消费的实证研究,《中国社会科学》第 5 期,2006。

62.齐福全、王志伟:北京市农村居民消费习惯实证分析,《中国农村经济》第 7 期,2007。

63.齐天翔:经济转轨时期的中国居民储蓄研究——兼论不确定性与居民储蓄的关系,《经济研究》第 9 期,2000。

64.钱克明:2004 年中央"一号文件"执行效果分析,《农业经济问题》第 2 期,2005。

65.任若恩、覃筱:中美两国可比居民储蓄率的计量,《经济研究》第 3 期,2006。

66.申朴、刘康兵:中国城镇居民消费行为过度敏感性的经验分析:兼论不确定性、流动性约束与利率,《世界经济》第 1 期,2003。

67.施建淮、朱海婷:中国城市居民预防性储蓄及预防性动机强度:1999－2003,《经济研究》第 10 期,第 66－74 页,2004。

68.世界银行:《2006 年世界发展报告:公平与发展(中文版)》,清华大学出版社 2006 年版。

69.宋冬林、金晓彤、刘金叶:我国城镇居民消费过度敏感性的实证检验与经验分析,《管理世界》第 5 期,2003。

70.宋铮:中国居民储蓄行为研究,《金融研究》第 6 期,1999。

71.孙祁祥:模式转换时期的收入流程分析,中国金融出版社 1993 年版。

72.孙风:预防性储蓄理论与中国居民消费行为,《南开经济研究》第 1 期,2001。

73.陶然、刘兴明、章奇:农民负担、政府管制与财政体制改革,《经济研究》第 4 期,2003。

74.田岗:不确定性、融资约束与我国农村高储蓄现象的实证分析,《经济科学》第 1 期,2005。

75.田秀娟、周飞舟:税费改革与农民负担:效果、分布和征收方式,《中国农村经济》第 9 期,2003。

76.万广华、张茵、牛建高:流动性约束、不确定性与中国居民消费,《经济研究》第 11 期,2001。

77.万广华、史清华、汤树梅:转型经济中农户储蓄行为:中国农村的实证研究,《经济研究》第 5 期,2003。

78.万解秋、徐涛:货币供给的内生性与货币政策的效率——兼评我国当前货币政策的有效性,《经济研究》第 3 期,2001。

79.汪红驹、张慧莲:不确定性和流动性约束对我国居民消费行为的影响,《经济科学》第 6 期,2002。

80.汪伟:中国居民储蓄率的决定因素——基于 1995～2005 年省际动态面板数据的分析,《财经研究》第 2 期,2008a。

81.汪伟:储蓄、投资与经济增长之间的动态相关性研究——基于中国 1952～2006 年的数据分析,《南开经济研究》第 2 期,2008b。

82.汪伟:投资理性、居民金融资产选择与储蓄大搬家,《当代经济科学》第 2 期,2008c。

83.汪伟:经济增长、人口结构变化与中国高储蓄,《经济学季刊》第 9 卷第 1 期,第 29—54 页,2009a。

84.汪伟:中国高储蓄、低消费问题研究,上海财经大学博士学位论文,2009b。

85.汪伟:计划生育政策的储蓄与增长效应:理论与中国的经验研究,《经济研究》第 10 期,2010。

86.汪伟、艾春荣、曹晖:税费改革对农村居民消费的影响研究,《管理世界》第 1 期,2013。

87.汪伟、郭新强:收入不平等与中国高储蓄率:基于目标性消费视角的理论与实证研究,《管理世界》第 9 期,2011。

88.汪伟、郭新强、艾春荣:融资约束、劳动收入份额下降与中国低消费,《经济研究》第 11

期,2013。

89.王大树:对货币时滞的测算与分析,《经济研究》第 3 期,1995。

90.王德文、蔡昉、张学辉:人口转变的储蓄效应和增长效应,《人口研究》第 5 期,2004。

91.王姣、肖海峰:我国良种补贴、农机补贴和减免农业税政策效果分析,《农业经济问题》第 2 期,2007。

92.王君斌:通货膨胀惯性、产出波动与货币政策冲击:基于刚性价格模型的通货膨胀和产出的动态分析,《世界经济》第 4 期,2010。

93.王君斌、郭新强、蔡建波:扩张性货币政策下的产出超调、消费抑制和通货膨胀惯性,《管理世界》第 3 期,2011。

94.王美艳:教育回报与城乡教育资源配置,《世界经济》第 5 期,2009。

95.王文甫:价格粘性、流动性约束与中国财政政策的宏观效应:动态新凯恩斯主义视角,《管理世界》第 9 期,2010。

96.王小鲁:我国的灰色收入与居民收入差距,《比较》第 31 期,2007。

97.王小鲁、樊纲:《我国工业增长的可持续性》,经济科学出版社 2000 年版。

98.王小鲁、樊纲:中国收入差距的走势和影响因素分析,《经济研究》第 10 期,2005。

99.王益煊、吴优:中国国有经济固定资本存量初步测算,《统计研究》第 5 期,2003。

100.吴化斌、许志伟、胡永刚、鄢萍:消息冲击下的财政政策及其宏观影响,《管理世界》第 9 期,2011。

101.武剑:储蓄、投资和经济增长——中国资金供求的动态分析,《经济研究》第 11 期,1999。

102.夏斌、廖强:货币供应量已不宜作为当前我国货币政策的中介目标,《经济研究》第 8 期,2001。

103.项怀诚:《中国财政 50 年》,中国财政经济出版社 1999 年版。

104.谢平:经济制度变迁和个人储蓄行为,《财贸经济》第 10 期,2000。

105.许宪春:中国资金流量分析,《金融研究》第 9 期,第 18～23 页,2002。

106.薛鹤翔:中国的产出持续性——基于刚性价格和刚性工资模型的动态分析,《经济学(季刊)》第 4 期,2010。

107.叶海云:试论流动性约束、短视行为与我国消费需求疲软的关系,《经济研究》第 11 期,2000。

108.余永定、李军:中国居民消费函数的理论与验证,《中国社会科学》第 1 期,2000。

109.袁志刚、宋铮:城镇居民消费行为变异与我国经济增长,《经济研究》第 11 期,1999。

110.袁志刚、宋铮:人口年龄结构、养老保险制度与最优储蓄率,《经济研究》第 11 期, 2000。

111.袁志刚、朱国林:消费理论中的收入分配与总消费,《中国社会科学》第 2 期,2002。

112.臧旭恒:《中国消费函数分析》,上海三联书店 1994 年版。

113.臧旭恒、裴春霞:流动性约束理论与转轨时期的中国居民储蓄,《经济学动态》第 2 期,2002。

114.赵德馨:中国经济 50 年发展的路径、阶段与基本经验,《中国经济史研究》第 1 期, 2000。

115.赵人伟:从收入分配和财产分布看中国渐进式改革的成绩与问题,《经济社会体制比较》第 4 期,2008。

116.赵志君:我国居民储蓄率的变动和因素分析,《数量经济技术经济研究》第 8 期, 1998。

117.张杰:民营经济的金融困境与融资次序,《经济研究》第 4 期,2000。

118.张军:资本形成、工业化与经济增长:中国的转轨特征,《经济研究》第 6 期,2002。

119.张军、吴桂英、张吉鹏:中国省际物质资本存量估算:1952~2000,《经济研究》第 10 期,2004。

120.张明:透视中国居民高储蓄现象:效率损失和因素分析,《上海经济研究》第 8 期, 2005。

121.张明:中国政府储蓄的成因分析与中期展望,《财贸经济》第 10 期,2007a。

122.张明:流动性过剩的测量、根源和风险涵义,《世界经济》第 11 期,2007b。

123.钟甫宁、顾和军、纪月清:农民角色分化与农业补贴政策的收入分配效应,《管理世界》第 5 期,2008。

124.中国人民银行课题组:中国国民储蓄与居民储蓄的影响因素,《经济研究》第 5 期, 1999。

125.周建、汪伟:资本形成、投资效率与经济增长之间的动态相关性——来自中国1978~ 2004 年数据的实证研究,《财经研究》第 2 期,2006。

126.周黎安、陈烨:中国农村税费改革的政策效果:基于双重差分模型的估计,《经济研究》第 8 期,2005。

127.周娟:免税后农民工承包土地的意愿及选择,《农村经济》,第 6 期,2006。

128.朱国林、范建勇、严燕:中国的消费不振与收入差距:理论和数据,《经济研究》第 5 期,2002。

129.朱信凯:流动性约束、不确定性与中国农户消费行为分析,《统计研究》第 1 期,2005。

130.左翔、殷醒民、潘孝挺:财政收入集权增加了基层政府公共服务支出吗? ——以河南省减免农业税为例,《经济学(季刊)》第 10 卷第 4 期,2011。

131.Abel, A., 1990, "Asset prices under habit formation and catching up with Joneses", *American Economic Review*, 80, 38—42.

132.Alesina, A., and Perotti, R., 1996, "Income Distribution, Political Instability, and Investment", *European Economic Review*, 40, 1203—1228.

133.Alesina, A., and Rodrik, D., 1994, "Distributive Politics and Economic Growth", *Quarterly Journal of Economics*, 109, 465—490.

134.Altonji, J and Siow, A, 1987, "Testing the Response of Consumption to Income Changes with (Noisy) Panel Data", *Quarterly Journal of Economics*, 102:293—328.

135.An, S. and Schorfheide, F., 2007, "Bayesian Analysis of DSGE Models", *Econometric Reviews*, 26(2—4), 113—172.

136.Anderson, Jon., 2006, "What Beijing Can and Can't Do", *UBS Investment Research*, Asian Focus.

137.Arellano, M. and Bond, S., 1991, "Some Tests of Specification for Panel Data: Monte Carlo Evidence and an Application to Employment Equations", *Review of Economic Studies*, 58, 277—297.

138.Arellano, M. and Bover, O., 1995, "Another Look at the Instrumental Variable Estimation of Error-Component Models", *Journal of Econometrics*, 68, 29—51.

139.Attanasio, O.P., Hamish Low, 2004, "Estimating Eular equations," *Review of Economic Studies*, 7, 406—435.

140.Aziz, Jahangir, 2006, "Rebalancing China's Economy: What Does Growth Theory Tell Us?", IMF Working Paper No. 06/291 (Washington: International Monetary Fund).

141.Bai, Chong-En, Chang Tai Hsieh and Yingyi Qian, 2006, "Returns to Capital in China", Brookings Papers on Economic Activity.

142.Baltagi, B. H., 1995, *Econometric Analysis of Panel Data*, New York : Wiley.

143.Becker, G., 1975, Human Capital, NBER, Cambridge.

144.Bernanke, B., 1986, "Alternative Explanations of the Money-income Correlation", Carnegie-Rochester Conference Series on Public Policy, North-Holland, Amesterdam.

145.Bernanke, B., and Mark Gertler, 1989, "Agency Costs, Net Worth, and Business Fluctuations", *American Economic Review*, 79(1), 14—31.

146.Bernheim, D., and Scholz, J.K., 1993, "Private Saving and Public Policy" in *Tax Policy and the Economy*, 7, edited by James Poterba, MIT Press, Cambridge and London.

147.Berninghaus, S. and H. Seifert-Vogt, 1993, "The Role of the Target Saving Motive in Guest Worker Migration", *Journal of Economic Dynamics and Control*, 17, 181—205.

148.Blanchard, O. and Kahn C. M., 1980, "The Solution of Linear Difference Models under Rational Expectations", *Econometrica*, 48, 1305—1311.

149.Blanchard, O. J., and Quah, Danny, 1989, "The Dynamics Effects of Aggregate Demand and Supply Disturbances", *American Economic Review*, 79(4), 654—673.

150.Blinder, A., 1975, "Distribution effects and the aggregate consumption function", *Journal of Political Economy*, 87, 608—626.

151.Blundell, R. and Bond, S., 1998, "Initial Conditions and Moment Restrictions in Dynamic Panel Data Models", *Journal of Econometrics*, 87:115—143.

152.Brandt, Loren, and Zhu, Xiaodong, 2010, "Accounting for China's Growth", IZA DP No.4764.

153.Burdekin, R.C.K., Siklos, P.L., 2005, "What Has Driven Chinese Monetary Policy Since 1990? Investigating People's Bank's Policy Rule", East-West Center Working Paper, No.85.

154.Bowman, D., Minehart, D. and Rabin, M., 1999, "Loss Aversion in a Consumption-Savings Model", *Journal of Economic Behavior and Organization*, 38,155—178.

155.Braun,P.A.,Constantinides,G.M. and Ferson,W.E., 1999, "Time Nonseparability of Aggregate Consumtion: International Evidence", *European Economic Review*, 37(5), 897—920.

156.Browning, M., and Lusardi, A., 1995, "Household saving: Micro theories and micro facts", *Journal of Economic Literature*, 34, 1797—1855.

157.Bunting, D., 1991, "Savings and the distribution of income", *Journal of Post Keynesian Economics*, 14,3—22.

158.Calvo, G., 1983, "Staggered Prices in A Utility Maximizing Framework," *Journal of Monetary Economics*, 24, 383—398.

159.Campbell, J., and G. Mankiw, 1990, "Permanent Income, Current Income, and Consumption", *Journal of Business Economics and Statistics*, 9, 265—279.

160.Campbell, J.Y. and Cochrane, J.H., 1995, "By Force of Habit: Consumption-Based Explanation of Aggregate Stock Market Behavior", *Harvard Institute of Economic Research*, Harvard University Discussion Paper, No.1708.

161.Campbell, J.Y. and Deaton, A.S., 1989. "Why Is Consumption So Smooth?", *Review of Economic Studies*, 56(3), 357—73.

162.Carlstrom, C. T., and T. S. Fuerst, 1997, "Agency Costs, Net Worth, and Business Fluctuations: A Computable General Equilibrium Analysis", *American Economic Review*, 87(5), 893—910.

163.Caroll, C.D., Weil, D.N., 1994, "Saving and Growth: A Reinterpretation", Carnegie-Rochester Conference Series on Public Policy, 40, 133—192.

164.Caroll, C.D., Overland, J.R., and Weil, D.N., 2000, "Saving and Growth with Habit Formation", *American Economic Review*, 90(3), 351—355.

165.Chakraborty, Suparna, 2005, "Real Estate Prices, Borrowing Constraints and Business Cycles: A Study of the Japanese Economy", Working Paper Department of Economics University of Minnesota.

166.Chamon, M., and Prasad, E., 2008, "Why are Saving Rates of Urban Households in China Rising?", IMF Working Paper 145.

167.Chongen Bai and Binzhen Wu, 2011, "Tax Reduction and Household Consumption and Investment Decisions in Rural China", Tsinghua University Working Paper.

168.Chow, G. C., and Li, K. W., 2002, "China Economic Growth: 1952—1998", *Economic Development and Culture Change*, pp. 247—256.

169.Christiano, L. J., 1991, "Modelling the Liquidity Effect of a Money Shock", *Federal Reserve Bank of Minneapolis Quarterly Review*, 15(1), 3—34.

170.Christiano, L. J., 1995, "Liquidity Effects, Monetary Policy, and the Business Cycle", *Journal of Money, Credit, and Banking*, 27(4), 1113—1136.

171.Christiano, L. J., and M. Eichenbaum., 1992, "Liquidity Effects and the Monetary

Transmission Mechanism", *American Economic Review*, 82(2), 346—353.

172.Christiano, L. J., M. Eichenbaum., and C. L. Evans., 2005, "Nominal Rigidites and the Dynamic Effects of a Shock to Monetary Policy", *Journal of Political Economy*, 113(1), 1—51.

173.Constantinides, G. M., 1990, "Habit Formation A Resolution of the Equity Premium Puzzle", *Journal of Political Economy*, 98(3), 519—543.

174.Cook, C., 1995, "Saving Rates and Income Distribution: Further Evidence from LDCs", *Applied Economics*, 27, 71—82.

175.Cooley, T. F., and Quadrini. V., 1999, " A Neoclassical Model of the Phillips Curve Relation", *Journal of Monetary Economics*, 44(2),165—193.

176.Deaton , A., 1991, "Saving and Liquidity Constraints", *Econometrica*, 59,1221—1248.

177.Deaton, A.,1992, *Understanding Consumption*, Oxford: Clarendon Press.

178.DeJong, D., B. F. Ingram and C. H. Whiteman, 2000, "A Bayesian Approach to Dynamic Macroeconomics", *Journal of Econometrics*, 98(2), 203—223.

179.Della Valle, P., and Oguchi, N., 1976, "Distribution, the Aggregate Consumption Function, and the Level of Economic Development: Some Cross-country Results", *Journal of Political Economy*, 84, 1325—1334.

180.Diamond, P., and Hausman, J., 1984, "Individual Retirement and Savings Behavior", *Journal of Public Economics*, 23, 81—114.

181.Dixit, A. K., and J. E. Stiglitz., 1977, "Monopolistic Competition and Optimum Product Diversity," *American Economic Review*, 67(3), 297—308.

182.Dobson, Wendy, and Anil Kashyap, 2006, "The Contradiction in China's Gradualist Banking Reforms", China Center for Economic Research, NBER.

183.Drakos, K., 2002. "Myopia, Liquidity Constraints, and Aggregate Consumption: The Case of Greece", *Journal of Economic Development*, 27(1),97—1051.

184.Duesemberry, J. S., 1952, *Income Saving and the Theory of consumer Behavior*, Harvard University Press.

185.Dynan, K. E., 2000, "Habit Formation in Consumer Preferences: Evidence from Panel Data", *The American Economic Review*, 90(3), 391—406.

186. Dynan, K. E., Skinner, J., and Zeldes, S. P, 2004, "Do the Rich Save More?", *Journal of Political Economy*, 112(2), 397—444.

187. Edwards, S. , 1995, "Why are Saving Rates so Different Across Countries?: An International Comparative Analysis", NBER Working Paper 5097.

188. Edwards, S., 1996, "Why are Latin America's Saving Rates so Low: An international Comparative Analysis", *Journal of Development Economics*, 51(1), 5—44.

189. Eichenbaum, M. S., Hansen, L. P., Singleton, K. J., 1988. "A Time Series Analysis of Representative Agent Models of Consumption and Leisure Choice under Uncertainty", *The Quarterly Journal of Economics*, 103(1):51—78.

190. Einarsson, Tor, and Milton Marquis, 2001, "Bank Intermediation over the Business Cycle", *Journal of Money, Credit, and Banking*, 33(4), 876—899.

191. Farmer, Roger E. A., 1997, "Money in a Real Business Cycle Model," *Journal of Money, Credit, and Banking*, 29(4),568—611.

192. Fazzari, Steven M., and Bruce Petersen, 1993, "Working Capital and Fixed Investment: New Evidence on Financing Constraints", *Rand Journal of Economics*,24(3), 328—342.

193. Ferson, W. E. and Constantinides, G. M., 1991. "Habit Persistence and Durability in Aggregate Consumption: Empirical Tests", *Journal of Financial Economics*, 29,199—240.

194. Flavin, M., 1985. "Excess Sensitivity of Consumption to Current Income: Liquidity Constraints or Myopia?", *Canadian Journal of Economics*, 18,117—136.

195. Friedman, M, 1957, *A Theory of the Consumption Function*, Princeton University Press.

196. Fry, M. J. and Mason, A.,1982, "The Variable Rate of Growth Effect of the Life Cycle Savings Model", *Eoconomic Enquiry*, 20, 426—442.

197. Fuhrer, J. C., 2000, "Habit Formation in Consumption and Its Implications for Monetary-Policy Models," *American Economic Review*, 90(3), 367—390.

198. Gali, J., 1992, "How Well Does the IS-LM Model Fit Postwar U.S. Data?" *Quarterly Journal of Economics*, 107, 709—738.

199. Gali, J., J.D. Lopez-Salido, and J.Valles, 2007, "Understanding the Effects of Government Spending on Consumption", *Journal of the European Economic Association*, 5:

227—270.

200.Gersovitz, Mark, 1988, "Saving and Development", Chapter 10 in Hollis Chenery and T. N. Srinivasan,eds., *Handbook of Development Economics*, 1, 381—424.

201.Geweke, J., 2005, *Contemporary Bayesian Econometrics and Statistics*, John Wiley and Sons.

202.Goldberger, A., 1973, "Dependency Rates and Savings Rates: Further Comment", *American Economic Review*, 63, 232—233.

203.Gruber.J., 1994, "State Mandated Benefits and Employer Provided Insurance", *Journal of Public Economics*, Vol.55(3), pp.433—464.

204.Guha, B., and Guha, A.S.,2008, "Target Saving in an Overlapping Generations Model", East Asian Bureau of Economic Research Macroeconomics Working Papers 1520.

205.Gupta, K., 1985, "Foreign Capital, Income Inequality, Demographic Pressures, Savings and Growth in Devoloping Countries: A Cross Country Analysis", *Journal of Economic Development*, 10(1), 63—88.

206.Hall, R, 1978, "Stochastic Implications of the Life Cycle—Permanent Income Hypothesis: Theory and Evidence", *Journal of Political Economy*, 86, 971—987.

207.Hansen, Gary D., 1985, "Indivisible Labor and the Business Cycle,"*Journal of Monetary Economics*, Elsevier, 6(3), 309—327.

208.Hansen, L.P., Singleton, K. 1983. "Stochastic Consumption, Risk Aversion, and the Temporal Behavior of Asset Returns", *Journal of Political Economy*, 91(2), 249—265.

209.Hansen, L.P., Singleton, K.J., 1996, "Efficient Estimation of Linear Asset-Pricing Models with Moving Average Errors," *Journal of Business and Economic Statistics*, 14, 53—68.

210. Heaton, J., 1993. "The Interaction between Time-nonseparable Preferences and Time Aggregation", *Econometrica*, 61(2),353—385.

211. Heshmati, A., and Kumbhakar, Subal C., "Technical Change and Total Factor Productivity Growth: The Case of Chinese Provinces", IZA DP No.4784.

212.Higgins, M. and J.G. Williamson, 1996, "Asian Demography and Foreign Capital Dependence", NBER Working Paper No.5560. Cambridge, MA: National Bureau of Economic Research.

213. Higgins, M. and Williamson J.G., 1997, "Age Structure Dynamics in Asia and Dependence on Foreign Capital", *Population and Development Review*, 23 (2) ,261—293.

214. Horioka, C.Y. and J. Wan, 2007, "The Determinants of Household Saving in China: A Dynamic Panel Analysis of Provincial Data", *Journal of Money, Credit and Banking*, 39(8), 2077—2096.

215. Huang, Yasheng, 2003, Selling China—Foreign Direct Investment During the Reform Era, Cambridge University Press.

216. Huang, Yasheng, 2006, "Assessing Financing Constraints for Domestic Private Firms in China and India: Evidence from the WBES Survey Evidence", *Indian Journal of Economics & Business, Special Issue China and India*, 1—23.

217. Hubbard, R.G., Skinner, J., and Zeldes, S.P, 1995, "Precautionary Saving and Social Insurance", *Journal of Political Economy*, 103, 360—399.

218. Jin, Ye, Li, Hongbin and Wu, Binzhen, 2009, "Income Inequality, Status Seeking, Consumption and Saving Behavior", Tsinghua University Working Paper.

219. Johansen, J. , 1992, "Determination of cointegration rank in the presence of a linear trend", Oxford Bulletin of Economics and Statistics, 54(3), 383—397.

220. Kahneman. D., and Knetsch, J. and Richard, H., 1991, "Anomalies: The Endowment Effect, Loss Aversion , and Status Quo Bias", *Journal of Economic Perspective*, 5, 193—206.

221. Kaldor, N., 1955, "Alternative Theories of Distribution", *Review of Economic Studies*, 23(2): 83—100.

222. Karacadag, Cem, 2003, "Financial System Soundness and Reforms", in Wanda Tseng and Markus Rodlauer edited China: Competing in the Global Economy, IMF, Washington.

223. Kelley, A. C. and R. M. Schmidt, 1996, "Saving , Dependency and Development", *Journal of Population Eoconomics*, 9(4): 365—386.

224. Keynes, J.M, 1936, *General Theory of Employment, Interest and Money*, Harcourt Brace & Company, New York.

225. Kiel, K.A and McClain, K.T, 1995, "House Price During Sitting Decision Stages:

The Case of an Incinerator from Rumor through operation", *Journal of Environmental Economics and Management*, Vol.28, pp.241—255.

226. Kimball, Miles S., 1991, "The Quantitative Analytics of the Basic Real Business Cycle Model," Working Paper, University of Michigan.

227. Kobayashi, Keiichiro, and Masaru Inaba, 2005, "Borrowing Constraints and Protracted Recessions", RIEIT Discussion Paper 06—E—011.

228. Kraay, A., 2000, "Household Saving in China", *World Bank Economic Review*, 14 (3), 54—57.

229. Kujis, Louis, 2005, "Investment and Saving in China", Policy Research Working Paper, No.3633 (Washington: World Bank).

230. Kuijs, Louis, 2006, "How Will China's Saving-Investment Balance Evolve?" World Bank Policy Research Working Paper 3958.

231. Lardy, Nicholas, 2008, "China's Unfinished Economic Revolution", Brookings Institution, Washing DC.

232. Lee, K. and Jayadev, A., 2005, "The Effects of Capital Account Liberalization on Growth and the Labor Share of Income: Reviewing and Extending the Cross-Country Evidence", in G. Epstein, eds., Capital Flight and Capital Controls in Developing Countries, Cheltenham: Edward Elgar.

233. Leff, N.H., 1969, "Dependency Rates and Savings Rates", *American Economic Review*, 59(5), 886—896.

234. Leland, Hayne E., 1968, "Saving and Uncertainty: The Precautionary Demand for Saving," *Quarterly Journal of Economics*, 82: 465—473.

235. Lewis, W.A., 1954, "Economic Development with Unlimited Supplies of Labor", The Manchester School, 22, 139—191.

236. Liu, L., Zhang, W., 2007, "A Model Based Approach to Monetary Policy Analysis for China", Hong Kong Monetary Authority Working Paper, 18.

237. Loayza, N., Schmidt-Hebbel, K., and Serven, L., 2000, "What Drives Private Saving Across the World?", *Review of Economics & Statistics*, 82(1),165—181.

238. Lucas, R. E.,1990, "Liquidity and Interest Rates", *Journal of Economic Theory*, 50(2), 237—264.

239. Marimon, Ramon., and Scott, Andrew., 1999, *Computational Method for the Study of Dynamic Economics*, Oxford University Press, New York.

240. Mason, A., 1987, "National Savings Rates and Population Growth", in D. G. Johnson and R. D. Lee (eds) *Population Growth and Economic Development*. Madison WI : University of Wisconsin Press.

241. Mason, A., 1988, "Saving, Economic Growth and Demographic Change", *Population and Development Review*, 14:113—144.

242. Menchik, P., and David, M., 1983, "Income Distribution, Lifetime Savings, and Bequests", *American Economic Review*, 73, 672—690.

243. Meng, Xin, 2003, "Unemployment, Consumption Smoothing, and Precautionary Saving in Urban China", *Journal of Comparative Economics*, 31(3), 465—485.

244. Modigliani, F., 1970, "The Life Cycle Hypothesis of Saving and Inter-countre Differences in the Saving Ratio", In W.A. Eltis et al., eds., in Honor of Sir Roy Harrod. London: Clarendon Press.

245. Modigliani, F., 1986, "Life Cycle, Individual Thrift, and the Wealth of Nations", *American Economic Review*, 76(3), 297—313.

246. Modigliani, F. and Brumberg, R., 1954, "Utility Analysis and the Consumption Function: An Interpretation of Cross2 Section Data", in *Post Keynesian Economics*, 388—436, Rutgers University Press.

247. Modigliani, F. and Cao, L.S., 2004, "The Chinese Saving Puzzle and the Life-Cycle Hypothesis", *Journal of Economic Literature*, 42(1), 145—170.

248. Musgrove, P., 1980, "Income Distribution and the Aggregate Consumption Function", *Journal of Political Economy*, 88, 504—525.

249. Naik, N.Y. and Moore, M.J., 1996, "Habit formation and intertemporal substitution in individual food consumption", *The Review of Economics and Statistics*, 178(2), 321—329.

250. Nason, James M., and Cogley Timothy, 1994, "Testing the Implications of Long—Run Neutrality for Monetary Business Cycle Models", *Journal of Applied Econometrics*, 9, S37—S70.

251. Naughton, B., 2007, *The Chinese Economy: Transition and Growth*, The MIT

Press.

252.Nergo, M. D. et al., 2007, "On the Fit of New Keynesian Models", *Journal of Business and Economic Statistics*, 25(2), 123—143.

253.Prasad, Eswar, and Raghu Rajan, 2006, "Modernizing China's Growth Paradigm", IMF Policy Development Paper, WP/06/71.

254.Pasinetti, L., 1962, "Rate of Profit and Income Distribution in Relation to the Rate of Economic Growth", *Review of Economic Studies*, 29, 267—279.

255.Perotti, R., 1996, "Growth, Income Distribution, and Democracy: What the Data Say", *Journal of Economic Growth*, 1, 149—187.

256.Persson, T., Tabellini, G., 1994, "Is Inequality Harmful for Growth?: Theory and evidence", *American Economic Review*, 84, 600—621.

257.Rabanal, P., and J. F. Rubio-Ramirez, 2005, "Comparing New Keynesian Models of the Business Cycle: A Bayesian Approach", *Journal of Monetary Economics*, 52(6), 1151—1166.

258.Ram, R., 1982, "Dependency Rates and Aggregate Savings: A New International Cross-Section Study", *American Economic Review*, 72, 537—544.

259.Rogerson, Richard, 1988, "Indivisible Labor, Lotteries, and Equilibrium", *Journal of Monetary Economies*, 21(1), 3—16.

260.Romer, Christina D., and Romer, David H., 2004, "A New Measure of Monetary Shocks: Derivation and Implications", *American Economic Review*, 94, 1055—1084.

261.Samwick, A., 1998, "Tax Reform and Target Saving", *National Tax Journal*, 51, 621—635.

262.Schmidt-Hebbel K. and Serven, L., 2000, "Does Income Inequality Raise Aggregate Saving?", *Journal of Development Economics*, 61, 417—446.

263.Seckin, A., 2000a, "Consumption with Habit Formation", CIRANO Scientific Series 2000s—38.

264.Seckin, A., 2000b, "Consumption with Liquidity Constraint and Habit Formation", CIRANO Scientific Series 2000s—41.

265. Shea, J., 1995. "Myopia, Liquidity Constraints, and Aggregate Consumption: A Simple Test", *Journal of Money, Credit, and Banking*, 27 (3), 798—805.

266.Shorfheide, F., 2000, "Loss Function—based Evaluation of DSGE Models", *Journal of Applied Econometrics*, 15(6), 645—670.

267.Sims, C. A., 1980, "Macroeconomics and Realicy", *Econometrica*, 8, 1—48.

268.Sims, C. A., 1986, "Are forecasting Models Usable for Policy Analysis?", *Federal Reserve Bank of Minneapolis Quarterly Review*, 10, 2—16.

269.Smith, D., 2001, "International Evidence on How Income Inequality and Credit Market Imperfections Affect Private Saving Rates", *Journal of Development Economics*, 64, 103—127.

270.Smets, F. and R. Wouters, 2007, "Shocks and Frictions in Business Cycles: A Bayesian DSGE Approach", *American Economic Review*, 97(3), 586—606.

271.Song, Zheng, Kjetil Storesletten and Fabrizio Zilibotti, 2011, "Growing Like China", *American Economic Review*, 101, 202—241.

272.Stoker , T., 1986, "Simple Tests of Distributional Effects on Macroeconomic Equations", *Journal of Political Economy*, 94(4), 763—795.

273.Venieris,Y., and Gupta, D., 1986, "Income Distribution and Sociopolitical Instability as Determinants of Savings: A Cross-Sectional Model", *Journal of Political Economy*, 94, 873—883.

274.Walsh, C. E., 2002, "Labor Market Search and Monetary Shocks", Elements of Dynamic Macroeconomic Analysis. S. Altug, J. Chadha, and C. Nolan (eds.), Cambridge: Cambridge University Press, 451—486.

275.Walsh, C. E., 2010, *Monetary Theory and Policy*, Third Edition, Massachusetts Institute of Technology.

276.Walther, H.,2004, "Competitive Conspicuous Consumption, Household Saving and Income Inequality", Vienna University of Economics and Business Administration Working Paper 40.

277.Wei, Shang-Jin and Xiaobo Zhang, 2009, "The Compctitive Saving Motive: Evidence from Rising Sex Ratios and Saving Rates in China", NBER Working Paper, No.15093.

278.Wen, Y., "Saving and Growth under Borrowing Constraints: Explaining the 'High Saving Rate' Puzzle", Working Papers 2009—045, Federal Reserve Bank of St. Louis.

279.Wooldridge, J.M., 2010, *Econometric Analysis of Cross Section and Panel Data*,

The MIT Press，Second Edition.

280.Zeldes，S.P.，1989，"Consumption and Liquidity Constraints：An Empirical Investigation"，*Journal of Political Economy*，97，305－346.

281.Zhang，W.，2009，"China's Monetary Policy：Quantity versus Price Rules"，*Journal of Macroeconomics*，31(3)，473－484.